Die Rechtfertigung von diskriminierenden umweltpolitischen Steuerungsinstrumenten

# Veröffentlichungen des Instituts für deutsches und europäisches Wirtschafts-, Wettbewerbs- und Regulierungsrecht der Freien Universität Berlin

Herausgegeben von Franz Jürgen Säcker

Band 29

PETER LANG

Frankfurt am Main · Berlin · Bern · Bruxelles · New York · Oxford · Wien

Lydia Scholz

# Die Rechtfertigung von diskriminierenden umweltpolitischen Steuerungsinstrumenten

Eine Untersuchung der Reichweite
der Warenverkehrsfreiheit und ihrer Begrenzung
durch den Umweltschutz als Vertragsziel
am Beispiel der deutschen Energiefördergesetze
EEG und KWKModG

PETER LANG
Internationaler Verlag der Wissenschaften

**Bibliografische Information der Deutschen Nationalbibliothek**
Die Deutsche Nationalbibliothek verzeichnet diese Publikation in der Deutschen Nationalbibliografie; detaillierte bibliografische Daten sind im Internet über http://dnb.d-nb.de abrufbar.

Zugl.: Berlin, Freie Univ., Diss., 2010

Gedruckt auf alterungsbeständigem, säurefreiem Papier.

D 188
ISSN 1863-494X
ISBN 978-3-631-60568-4



www.peterlang.de

*Meinem Großvater*
*Emil Baum*

# Danksagung

Herzlich danken möchte ich meinem Doktorvater Herrn Professor Dr. Dr. Dr. h.c. Franz-Jürgen Säcker für die wissenschaftliche Betreuung und wertvollen Anregungen, die maßgeblich zum Gelingen dieser Dissertation beigetragen haben. Herrn em. Professor Dr. Helmut Lecheler danke ich für die Übernahme und Erstellung des Zweitgutachtens.

Da der Hauptteil der vorliegenden Arbeit begleitend zu meiner Tätigkeit in der Rechtsabteilung der Vattenfall Europe Berlin AG & Co. KG sowie im Rahmen des hausinternen Doktorandenprogramms entstanden ist, möchte ich meinen ehemaligen Kollegen und Kolleginnen für ihre Unterstützung danken. Besonders herzlicher Dank gilt hierbei Frau Dr. Kristina Lührig, die meine Begeisterung für das Energieumweltrecht geweckt hat. In einer sehr inspirierenden und für mich prägenden Zusammenarbeit mit ihr ist nicht nur die Idee zu dieser Dissertation entstanden, sondern wurde auch ein wesentlicher Grundstein für mein wissenschaftlich-juristisches Arbeiten gelegt.

Zum Gelingen dieser Arbeit haben auch die konstruktiven fachlichen und sprachlichen Hinweise während des gesamten Entstehungsprozesses aus meinem Freundeskreis beigetragen. Hierfür und für das zeitintensive Korrekturlesen danke ich an erster Stelle Frau Ass. jur. Christiane Feldt, ebenso Frau Rechtsanwältin Britta Stegmann, Frau Ass. jur. Antje Purgand sowie Frau Susan Lippmann, M. A.

Schließlich danke ich meinem Mann Peter Scholz, der die Höhen und Tiefen, die mit so einem Projekt verbunden sind, begleitet hat, und meinen Eltern Ewald und Helga Schulz, die mich während meiner gesamten Ausbildung unterstützt haben.

Berlin, im Jahr 2011

# Inhaltsverzeichnis

# Abkürzungsverzeichnis

| | |
|---|---|
| a. A. | anderer Ansicht |
| ABGB | Allgemeines Bürgerliches Gesetzbuch Österreichs |
| ABl. EG | Amtsblatt der Europäischen Gemeinschaft |
| ABl. EU | Amtsblatt der Europäischen Union |
| AcP | Archiv für die civilistische Praxis |
| AEUV | Vertrag über die Arbeitsweise der Europäischen Union (ABl. EU 2008 Nr. C 115/47) |
| Art. | Artikel |
| AtG | Gesetz über die friedliche Verwendung der Kernenergie und den Schutz gegen ihre Gefahren (Atomgesetz) in der Fassung der Bekanntmachung vom 15. Juli 1985 (BGBl. I S. 1565), zuletzt geändert durch Artikel 1 des Gesetzes vom 31. Juli 2011 (BGBl. I S. 1704) |
| Aufl. | Auflage |
| | |
| Bd. | Band |
| BGB | Bürgerliches Gesetzbuch in der Fassung der Bekanntmachung vom 2. Januar 2002 (BGBl. I S. 42, 2909; 2003 I S. 738), zuletzt geändert durch Art. 1 des Gesetzes vom 27. Juli 2011 (BGBl. I S. 1600) |
| BGBl. | Bundesgesetzblatt |
| BT-Drs. | Drucksache des Deutschen Bundestags |
| BVerfGE | Bundesverfassungsgerichtsentscheidung |
| bzw. | beziehungsweise |
| | |
| C | Cour |
| c.i.c. | culpa in contrahendo |
| CMLRev. | Common Market Law Review |
| $CO_2$ | Kohlendioxid |
| | |
| ders. | derselbe |
| dies. | dieselbe |
| d. h. | das heißt |
| DÖV | Die Öffentliche Verwaltung |

| | |
|---|---|
| DVBl. | Deutsches Verwaltungsblatt |
| EEG | Erneuerbare-Energien-Gesetz vom 25. Oktober 2008 (BGBl. I S. 1918), zuletzt geändert durch Artikel 1 des Gesetzes vom 28. Juli 2011 (BGBl. I S. 1634) |
| EEG 2000 | Gesetz für den Vorrang erneuerbarer Energien vom 29, März 2000 (BGBl. I 2000, 305) |
| EEG 2004 | Erneuerbare-Energien-Gesetz vom 21. Juli 2004 (BGBl. I S. 1918) |
| EE-RL | Richtlinie 2009/28/EG des Europäischen Parlaments und des Rates vom 23. April 2009 zur Förderung der Nutzung von Energie aus erneuerbaren Quellen und zur Änderung und anschließenden Aufhebung der Richtlinien 2001/77/EG und 2003/30/EG (ABl. EU vom 05.06.2009 L 140/16) |
| EE-RL 2001 | Richtlinie 2001/77/EG des Europäischen Parlaments und des Rates vom 27. September 2001 zur Förderung der Stromerzeugung aus erneuerbaren Energiequellen im Elektrizitätsbinnenmarkt (ABl. EG vom 27.10.2001 L 283/33) |
| EG | Europäische Gemeinschaft; Vertrag zur Gründung der Europäischen Gemeinschaft (ABl. EG Nr. C 325, S. 33, vom 24.12.2002) |
| EGV | Vertrag zur Gründung der Europäischen Gemeinschaft (ABl. EG Nr. C 340, S. 3 vom 10.11.1997) |
| Einf. | Einführung |
| EltRL | Richtlinie 2009/72/EG des Europäischen Parlaments und des Rates vom 13. Juli 2009 über gemeinsame Vorschriften für den Elektrizitätsbinnenmarkt und zur Aufhebung der Richtlinie 2003/54/EG (ABl. EU vom 14.08.2009 L 211/55) |
| EltRL 1996 | Richtlinie 96/92/EG des Europäischen Parlaments und des Rates betreffend gemeinsame Vorschriften für den Elektrizitätsbinnenmarkt vom 19. Dezember 1996 (ABl. EG Nr. L 27, S. 20, vom 30.01.1997) |
| EltRL 2003 | Richtlinie 2003/54/EG des Europäischen Parlaments und des Rates vom 26. Juni 2003 über gemeinsame Vorschriften für den Elektrizitätsbinnenmarkt und zur Aufhebung der Richtlinie 96/92/EG (ABl. EG vom 15.7.2003 L 176/37) |

| | |
|---|---|
| EMRK | Europäische Konvention zum Schutz der Menschenrechte und Grundfreiheiten |
| endg. | endgültig |
| EnUmwR | Energieumweltrecht |
| EnWG | Energiewirtschaftsgesetz vom 7. Juli 2005 (BGBl. I S. 1970, 3621), zuletzt geändert durch Artikel 2 des Gesetzes vom 28. Juli 2011 (BGBl. I S. 1690) |
| EU | Vertrag über die Europäische Union (ABl. EU 2008 Nr. C 115/15) |
| EUV | Europäische Union; Vertrag über die Gründung der Europäischen Union (ABl. EG Nr. C 325, S. 5, vom 24.12.2002) |
| EuGH | Gerichtshof der Europäischen Union |
| EuR | Europarecht |
| EuZW | Europäische Zeitschrift für Wirtschaftsrecht |
| f. | folgende |
| ff. | fortfolgende |
| Fn. | Fußnote |
| Gesgmbh | Gesellschaft mit beschränkter Haftung nach österreichischem Recht |
| grds. | grundsätzlich |
| GRUR Int. | Zeitschrift für gewerblichen Rechtsschutz und Urheberrecht, Internationaler Teil |
| Hrsg. | Herausgeber |
| Hs. | Halbsatz |
| IPCC | Intergovernmental Panel on Climate Change |
| i. V. m. | in Verbindung mit |
| Kap. | Kapitel |
| KOM | Kommissionsdokument |
| kV | Kilovolt |
| kWh | Kilowattstunde |
| KWK | Kraft-Wärme-Kopplung |
| KWK-G 2000 | Kraft-Wärme-Kopplungsgesetzes vom 12. Mai 2000 (BGBl. I S. 703), geändert durch Artikel 38 des Gesetzes vom 10. November 2001 (BGBl. I S. 2992) |

| | |
|---|---|
| KWKModG | Kraft-Wärme-Kopplungsgesetz vom 19. März 2002 (BGBl. I S. 1092), zuletzt geändert durch Artikel 11 des Gesetzes vom 28. Juli 2011 (BGBl. I S. 1634) |
| KWK-RL | Richtlinie 2004/8/EG des Europäischen Parlaments und des Rates vom 11. Februar 2004 über die Förderung einer am Nutzwärmebedarf orientierten Kraft-Wärme-Kopplung im Energiebinnenmarkt und zur Änderung der Richtlinie 92/42/EWG (ABl. EG vom 21.2.2004 L 52/50) |
| lit. | litera |
| MWh | Megawattstunde |
| NetzzugangsVO | Verordnung (EG) Nr. 714/2009 des Europäischen Parlaments und des Rates vom 13. Juli 2009 über die Netzzugangsbedingungen für den grenzüberschreitenden Stromhandel und zur Aufhebung der Verordnung (EG) Nr. 1228/2003 (ABl. EU vom 14.08.2009 L 211/15) |
| NetzzugangsVO 2003 | Verordnung (EG) Nr. 1228/2003 des Europäischen Parlaments und des Rates vom 26. Juni 2003 über die Netzzugangsbedingungen für den grenzüberschreitenden Stromhandel (ABl. EG vom 15.7.2003 L 176/1) |
| No. | number |
| NVwZ | Neue Zeitschrift für Verwaltungsrecht |
| RdE | Recht der Energiewirtschaft |
| Rn. | Randnummer |
| Rs. | Rechtssache |
| S. | Satz; Seite |
| Slg. | Sammlung der Rechtsprechung des Gerichtshofes und des Gerichts erster Instanz |
| StrEG | Stromeinspeisungsgesetz in der Fassung vom 24.04.1998 |
| StromNZV | Stromnetzzugangsverordnung vom 25. Juli 2005 (BGBl. I S. 2243), geändert durch Artikel 10 des Gesetzes vom 28. Juli 2011 (BGBl. I S. 1634) |
| SRÜ | Seerechtsübereinkommen der Vereinten Nationen vom 10.12.1982, BGBl. 1994 II S. 1798 |

| | |
|---|---|
| u. a. | unter anderem |
| Urt. | Urteil |
| | |
| v. | vom |
| VDEW | Verband der deutschen Elektrizitätswirtschaft e.V. |
| vgl. | vergleiche |
| Vol. | Volume |
| Vorbem. | Vorbemerkung |
| | |
| z. B. | zum Beispiel |
| ZNER | Zeitschrift für neues Energierecht |
| ZPO | Zivilprozessordnung in der Fassung der Bekanntmachung vom 5. Dezember 2005 (BGBl. I S. 3202; 2006 I S. 431; 2007 I S. 1781), zuletzt geändert durch Artikel 4 des Gesetzes vom 23. Mai 2011 (BGBl. I S. 898) |

# Einleitung: Problemstellung und Gang der Untersuchung

## A. Problemstellung

Nach dem vierten Sachstandsbericht des Intergovernmental Panel on Climate Change (IPCC)[1] gilt es als gesicherte Erkenntnis, dass der Klimawandel bzw. die Klimaerwärmung auf menschliches Verhalten zurückzuführen ist.[2] Die an der UN-Klimakonferenz auf Bali im Dezember 2007 und in Kopenhagen im Dezember 2009 teilnehmenden Vertragsstaaten gehen in ihrem Aktionsplan von der Eindeutigkeit dieser Feststellung aus.[3] Nach dem Sachstandsbericht des IPCC sei der Anstieg der Konzentration von Treibhausgasen in der Erdatmosphäre als ursächlich für den Klimawandel anzusehen, der seit Beginn des Industriezeitalters nicht mehr nur auf natürlichen Ursachen, sondern auch auf menschlichem Verhalten beruht.[4] Treibhausgase verminderten die Rückstrahlung der einfallenden Sonnenenergie ins All und trügen so zur Erwärmung der Atmosphäre bei.[5] Als Folge dieser Erwärmung würden Klimaänderungen ausgelöst.[6] Beschrieben werden in dem Bericht des IPCC die weitreichenden ökologischen und ökonomischen Folgen der Klimaänderungen.[7] Mit steigender Temperatur sinke die Anpassungsfähigkeit der Ökosysteme an die Folgen des Klimawandels. Diese bestünden unter anderem in einer Verknappung der Wasserressourcen, einer

---

1 Das Intergovernmental Panel on Climate Change (IPCC) ist ein zwischenstaatlicher Ausschuss, der 1988 vom United Nations Environmental Program (UNEP) und von der World Meteorological Organization (WMO) eingerichtet wurde.

2 IPCC, Climate Change 2007: Synthesis Report – An Assessment of the Intergovernmental Panel on Climate Change, 2007, S. 37. Die Sicherheit dieser Erkenntnis ist unter Wissenschaftlern umstritten, vgl. beispielsweise Lüdecke, Klimawandel und menschgemachtes $CO_2$ – Über den Einfluss von anthropogenem $CO_2$ auf unser Klima, online unter: http://www.oekologismus.de/wp-content/upload/CO2_Bericht.pdf (abgerufen am 04.03.2007). Vgl. hierzu Lefevere, S. 171, 173 ff.

3 Aktionsplan von Bali Action Plan, Decision -/CP.13, 2007, Vorbestimmungen, online unter: http://www.bmu.bund.de/files/pdfs/allgemein/application/pdf/bali_aktionsplan.pdf (abgerufen am 15.01.2011). Ebenso Copenhagen Accord, Decision – /CP.15 vom 18.12.2009, 2, online unter: http://www.bmu.bund.de/files/english/pdf/application/pdf/cop15_cph_auv_bf.pdf (abgerufen am 15.01.2011).

4 IPCC, S. 36 f. Dies ist jedoch nicht unumstritten: vgl. Lüdecke, S. 1 ff.

5 Grunwald, S. 496.

6 Grunwald, S. 497; IPCC, S. 44 ff.

7 IPCC, S. 44 ff.

erheblichen Verringerung der Artenvielfalt und einem Rückgang der verfügbaren Nahrungsmittel.[8]

Vor diesem Hintergrund kommt einer auf die Verringerung von Emissionen ausgerichteten Klima- und Umweltschutzpolitik ein immer größerer Stellenwert zu.[9] Eine solche dem Umweltschutz dienende Emissionsänderung kann durch eine Änderung des Verhaltens emittierender Akteure erzielt werden. Dabei ist zu berücksichtigen, dass gemäß dem Sachstandsbericht des IPCC das Kohlendioxid als das Treibhausgas gilt, das maßgeblich den Klimawandel verursacht.[10] Kohlendioxid entsteht bei der Erzeugung von Elektrizität aus fossilen Brennstoffen, der die Europäische Kommission 80 Prozent aller Treibhausgasemissionen zurechnet und die sie demzufolge als Hauptursache des Klimawandels ansieht.[11] Dies zugrunde gelegt, trägt eine Verringerung der Kohlendioxidemissionen bei der Elektrizitätserzeugung zum Umweltschutz bei.

Ein solches umweltschützendes bzw. –schonendes Verhalten ist in einem von Wettbewerb geprägten Wirtschaftssystem jedoch kein Automatismus. Dies gilt zumindest dann, wenn das Unterlassen umweltschädigender Verhaltensweisen oder die Vornahme umweltschonender Handlungen für den einzelnen Akteur mit höheren Kosten verbunden ist und dementsprechend einer mikroökonomischen Rationalität zuwiderläuft.[12] Um dennoch ein umweltschonendes Verhalten bei emittierenden Akteuren wie Elektrizitätserzeugern herbeizuführen, kann sich der Gesetzgeber umweltpolitischer Instrumente bedienen, um so beispielsweise einen Anreiz für eine emissionsarme Elektrizitätserzeugung zu setzen. Der nationale Gesetzgeber hat hierbei neben dem Verfassungsrecht das Europarecht

8 IPCC, S. 46, 51.

9 So u. a. Europäische Kommission, KOM(2008) 19 endg., S. 4; ebenso bereits Gent, S. 19. Dementsprechend führt die Bundesregierung in ihrem Eckpunktepapier zum Energiekonzept 2011 aus, dass Deutschland die gesellschaftliche Grundentscheidung getroffen habe, seine Energieversorgung künftig aus erneuerbaren Energiequellen zu decken und die Treibhausgasemissionen bis 2020 um 40 %, bis 2030 um 55 %, bis 2040 um 70 % und bis 2050 um 80 % bis 95 % jeweils gegenüber 1990 zu reduzieren (so Eckpunktepapier der Bundesregierung, Der Weg zur Energie der Zukunft – sicher, bezahlbar und umweltfreundlich, Ziffer 2 und 7, online unter http://www.bmu.de/energiewende/doc/47465.php (abgerufen am 15.06.2011). Ebenso Bundesregierung, Erfahrungsbericht vom 6. Juni 2011 zum Erneuerbare-Energien-Gesetz (EEG-Erfahrungsbericht) gemäß § 65 EEG, S. 3, online unter http://www.bmu.de/files/pdfs/allgemein/application/pdf/eeg_erfahrungsbericht_2011_bf.pdf (abgerufen am 15.06.2011).

10 IPCC, S. 36 f. Kohlendioxid, $CO_2$, ist ein Gas, das bei allen Verbrennungs- und Atmungsvorgängen entsteht, indem sich zwei Sauerstoffatome aus der Luft mit einem Kohlenstoffatom verbinden, das beim Verbrennen von kohlenstoffreichen Verbindungen wie Holz, Kohle, Öl oder Erdgas freigesetzt wird.

11 Mitteilung der Kommission, KOM (2007) 1 endg., S. 3.

12 Klöpfer, § 1 Rn. 5, und Manstetten, S. 268, zeigen im Ergebnis, dass das Leitbild für Entscheidungen in der Regel eine ökonomische Rationalität ist. Vgl. hierzu Teil 1: A. I. 2.

als höherrangiges Recht zu beachten. Da politische Instrumente zum Schutz der Umwelt in der Regel in das durch freien und unverfälschten Wettbewerb geprägte Binnenmarktgefüge eingreifen, werden dem Rechtsetzungswillen des nationalen Gesetzgebers insbesondere durch das Europäische Binnenmarktrecht, das auch die Warenverkehrsfreiheit umfasst, Grenzen gesetzt. Für eine europarechts- und insbesondere binnenmarktkonforme nationale Umweltgesetzgebung gilt es daher, die Grenze zwischen dem Grundsatz des freien Warenverkehrs und den Erfordernissen des Umweltschutzes zu kennen. Diese zu bestimmen und der Frage nachzugehen, inwieweit nach dem gegenwärtigen Stand des Unionsrechts der freie Verkehr von Waren auf dem Binnenmarkt aus Gründen des Umweltschutzes beeinträchtigt werden darf, ist Gegenstand der vorliegenden Arbeit.

Die Untersuchung erfolgt am Beispiel der deutschen Energiefördergesetze EEG[13] und KWKModG[14]. Das EEG ist in dieser Fassung am 1. Januar 2009 in Kraft getreten und hat das EEG 2004 abgelöst.[15] EEG und KWKModG sehen für die kohlendioxidfreie bzw. -ärmere Elektrizitätserzeugung aus erneuerbaren Energien und mittels Kraft-Wärme-Kopplung finanzielle Anreize vor und zählen daher zu den Instrumenten zum Schutz der Umwelt bei der Elektrizitätserzeugung. Da diese Förderung nur für die Elektrizitätserzeugung auf deutschem Hoheitsgebiet gilt und nicht für eine vergleichbar umweltfreundliche Elektrizitätserzeugung in anderen Mitgliedstaaten, sind beide Gesetze der Kritik ausgesetzt, die Freiheit des Warenverkehrs in diskriminierender Weise zu beeinträchtigen. Demzufolge drängt sich die Frage auf, ob der nationale Gesetzgeber hier die Grenze zwischen freiem Warenverkehr und Umweltschutz verkannt hat.

Dieser Problemkreis ist auch nach Erlass des PreussenElektra-Urteils[16] des EuGH im Jahr 2001 nicht obsolet geworden. Bereits in diesem Urteil nahm der EuGH zum Spannungsfeld zwischen Warenverkehrsfreiheit und Umweltschutz im Hinblick auf ein deutsches Energiefördergesetz Stellung. Dem lag die vom Landgericht Kiel[17] gemäß Art. 267 AEUV vorgelegte Frage zugrunde, ob die Fördersystematik des StrEG mit der Warenverkehrsfreiheit vereinbar sei.[18] Diese Fördersystematik des StrEG galt vor Inkrafttreten der EEG-Vorläufergesetze, dem EEG 2000 und dem EEG 2004. § 2 StrEG verpflichtete Elektrizitätsversor-

13 Erneuerbare-Energien-Gesetz vom 25. Oktober 2008 (BGBl. I S. 2074), das zuletzt durch Artikel 1 des Gesetzes vom 28. Juli 2011 (BGBl. I S. 1634) geändert worden ist.

14 Kraft-Wärme-Kopplungsgesetz vom 19. März 2002 (BGBl. I S. 1092), das zuletzt durch Artikel 5 des Gesetzes vom 28. Juli 2011 (BGBl. I S. 1634) geändert worden ist.

15 Art. 7 des Gesetzes zur Neuregelung des Rechts der Erneuerbaren Energien im Strombereich und zur Änderung damit zusammenhängender Vorschriften, BT-Drs. 16/8148 vom 18.02.2008, S. 25.

16 EuGH, Rs. C-379/98 (PreussenElektra) Urt. v. 13.03.2001, Slg. 2001, I-2099, Rn. 68 ff.

17 LG Kiel, Beschluss vom 01.09.1998, RdE 1999, 116 = EuZW 1999, 29.

18 EuGH, Rs. C-379/98 (PreussenElektra) Urt. v. 13.03.2001, Slg. 2001, I-2099, Rn. 68 ff.

gungsunternehmen mit einem Netz für die allgemeine Versorgung, den in ihrem Versorgungsgebiet erzeugten Strom aus erneuerbaren Energien abzunehmen und den Strom zu einem in § 3 StrEG geregelten Mindestpreis zu vergüten. Damit war die Förderung auf Strom beschränkt, der im Versorgungsgebiet dieser Elektrizitätsversorgungsunternehmen erzeugt wurde. Zusätzlich enthielt § 1 Abs. 1 StrEG ebenso wie § 2 Nr. 1 EEG und § 2 KWKModG eine Regelung, die den Anwendungsbereich des StrEG auf Strom aus dem Geltungsbereich des Gesetzes und damit auf das deutsche Hoheitsgebiet begrenzte. Folglich war Betreibern von Anlagen, die in anderen Mitgliedstaaten der Europäischen Union Strom aus erneuerbaren Energiequellen erzeugten, der Zugang zur Förderung verwehrt.

Neben der Frage, ob es sich um eine staatliche Beihilfe handele, wenn eine gesetzliche Verpflichtung zu einer Vergütung von Strom zu Mindestpreisen über dem Marktpreis bestehe, wurde dem EuGH die Frage vorgelegt, ob die in Art. 30 EGV (nunmehr Art. 34 AEUV) geregelte Warenverkehrsfreiheit dem Fördersystem des StrEG entgegenstehe. Der EuGH beurteilte das Fördersystem des StrEG als Maßnahme mit gleicher Wirkung wie eine mengenmäßige Einfuhrbeschränkung.[19] Gleichwohl verneinte er „nach dem gegenwärtigen Stand des Gemeinschaftsrechts auf dem Elektrizitätsbinnenmarkt" einen Verstoß gegen die Warenverkehrsfreiheit, da das Fördersystem dem Umweltschutz diene[20] und ergriff insofern Partei für den Klima- bzw. Umweltschutz.[21] Das Fördersystem trage zur Verringerung der Emission von Treibhausgasen bei, die zu den Hauptursachen der Klimaänderungen zählten.[22] Da sich die Europäische Gemeinschaft[23] und

19 EuGH, Rs. C-379/98 (PreussenElektra) Urt. v. 13.03.2001, Slg. 2001, I-2099, Rn. 69–71.

20 EuGH, Rs. C-379/98 (PreussenElektra) Urt. v. 13.03.2001, Slg. 2001, I-2099, Rn. 81. Als „gegenwärtiger" Stand des Gemeinschaftsrechts im Sinne des Urteils gilt der Stand zum Zeitpunkt des Erlasses am 13.3.2001. Karpenstein/Schneller, RdE 2005, 6, 7 f., bezeichnen die vom EuGH verwendete Formel „gegenwärtiger Stand des Gemeinschaftsrechts" als sibyllinisch und als Schlüssel für das Verständnis des Urteils: Die den Mitgliedstaaten gewährte relative Freiheit zur Förderung erneuerbarer Energien ende, sobald der Gemeinschaftsgesetzgeber die rechtlichen Voraussetzungen für einen funktionierenden Elektrizitätsbinnenmarkt geschaffen habe. Dieser Frage wird in Teil 2 der Arbeit nachgegangen.

21 So die Bewertung von Gebauer/Wollenteit/Hack, ZNER 2001, 12.

22 EuGH, Rs. C-379/98, (PreussenElektra), Urt. v. 13.03.2001, Slg. 2001, I-2099, Rn. 73.

23 Die Europäische Union ist nach Inkrafttreten des Vertrags von Lissabon im Wege der Rechtsnachfolge an die Stelle der Europäischen Gemeinschaft getreten (vgl. hierzu Weber, EuZW 2008, 7). Am 13. Dezember 2007 wurde der Vertrag von Lissabon zur Änderung des Vertrags über die Europäische Union und des Vertrags zur Gründung der Europäischen Gemeinschaft unterzeichnet (ABl. EU vom 17.12.2007 Nr. C 306, 1 ff. Vgl. hierzu Pernice, EuZW 2008, 65 und Weber, EuZW 2008, 7 ff.). Der Vertrag trat am 1. Januar 2009 in Kraft. Damit einher gingen nicht nur der Erweiterung der Europäischen Union auf 27 Mitgliedstaaten geschuldete institutionelle Reformen, sondern auch eine einheitliche Rechtspersönlichkeit der Europäischen Union. Für die vorliegende Untersuchung wurde der Begriff der Europäischen Gemeinschaft dann beibehalten, wenn Zitate dargestellt werden.

ihre Mitgliedstaaten zur Bekämpfung der Klimaänderungen verpflichtet hätten, gehöre die Entwicklung der Nutzung erneuerbarer Energien daher zu den vorrangigen Zielen der Europäischen Gemeinschaft.[24] Zudem müssten die Erfordernisse des Umweltschutzes gemäß Art. 130r Abs. 1 Uabs. 1 Satz 3 EGV (nunmehr 191 Abs. 2 Uabs. 1 sowie Art. 11 AEUV) bei der Festlegung und Durchführung anderer Unionspolitiken einbezogen werden.[25]

Im Ergebnis rechtfertigte der EuGH aus Gründen des Umweltschutzes ein formal diskriminierendes Gesetz[26] in einer auf den ersten Blick undogmatischen Weise, indem er eine pauschale, an die damaligen Rechts- und Tatsachenverhältnisse anknüpfende Bewertung vornahm.[27] Erwägungen für zulässige Warenverkehrshindernisse bei der Umweltgesetzgebung der Mitgliedstaaten[28] bzw. eine Richtschnur für das Verhältnis von Warenverkehrsfreiheit und Umweltschutz lässt sich der eher zielgerichteten Argumentation in der PreussenElektra-Entscheidung des EuGH auf den ersten Blick nicht entnehmen. Daher und in Anbetracht des Umstandes, dass sich „der gegenwärtige Stand des Gemeinschaftsrechts (nunmehr Unionsrechts) auf dem Gebiet des Elektrizitätsbinnenmarktes" seit 2001 durch das Fortschreiten der Liberalisierung mit der EltRL geändert hat, ist die Frage nach einer Grenzbestimmung zwischen freiem Warenverkehr und Umweltschutz nach wie vor von aktueller Bedeutung.

## B. Gang der Untersuchung

Im ersten Teil der Arbeit werden die ökonomischen und ökologischen Aspekte der Elektrizitätserzeugung dargestellt und auf dieser Grundlage die Notwendigkeit einer Verhaltenssteuerung durch den Gesetzgeber herausgearbeitet. Exemplarisch werden die Systematik des EEG und die Systematik des KWKModG als umweltpolitische Steuerungsinstrumente zur Förderung der Elektrizitätserzeugung aus erneuerbaren Energien und in Kraft-Wärme-Kopplung sowie deren Auswirkungen auf den Binnenhandel aufgeführt.

---

24 EuGH, Rs. C-379/98 (PreussenElektra) Urt. v. 13.03.2001, Slg. 2001, I-2099, Rn. 73 f.

25 EuGH, Rs. C-379/98 (PreussenElektra) Urt. v. 13.03.2001, Slg. 2001, I-2099, Rn. 76.

26 Zur diskriminierenden Wirkung durch EEG und KWKModG vgl. Teil 3: B. II. 1. b) cc) (1) und 2. b) bb) (1).

27 So die Beurteilung von Apfelstedt, ZNER 2001, 2. Für Gebauer/Wollenteit/Hack, ZNER 2001, 12, ist der „äußerst knappe, fast beschwörende Duktus der apodiktischen Begründung" auffallend. Kritisch betrachten auch Schneider in: Schneider/Theobald, 2. Aufl., München 2008, § 21 Rn. 136, und Roggenkamp/Redgwell/Del Guayo/Ronne, S. 243, die dogmatische Herleitung dieses Ergebnisses. Davies in: Chalmers/Davies/Monti, S. 896, bezeichnen die Begründungsweise des EuGH als „context-aware and discursive".

28 Apfelstedt, ZNER 2001, 2.

Bevor anhand des EEG und KWKModG das Verhältnis von primärrechtlicher Warenverkehrsfreiheit und Umweltschutz analysiert werden kann, erfordert die Dogmatik des Unionsrechts zunächst eine Prüfung, ob einschlägiges Sekundärrecht abschließende Regelungen für die zugrunde liegenden umweltpolitischen Instrumente enthält. Dies ist dem Grundsatz geschuldet, dass sich eine Untersuchung primärrechtlicher Vorschriften verbietet, wenn der zugrunde liegende nationale Sachverhalt bereits durch Sekundärrecht eine abschließende Regelung erfahren hat. Aus diesem Grund wird das für die Elektrizitätserzeugung einschlägige Sekundärrecht im zweiten Teil einer Analyse unterzogen, inwieweit es abschließende Regelungen für nationale umweltpolitische Energieförderungsregelungen enthält. Des Weiteren ist ebenfalls im zweiten Teil zu klären, ob die Warenverkehrsfreiheit auf die deutschen Energiefördergesetze auch vor dem Hintergrund anderer primärrechtlicher Regelungskomplexe wie etwa des Beihilferegimes anwendbar ist. Das Ziel besteht darin herauszuarbeiten, ob anhand der deutschen umweltpolitischen Instrumente eine Prüfung der Warenverkehrsfreiheit vorgenommen werden kann. Für die umweltpolitischen Steuerungsinstrumente, die nach dem gegenwärtigen Stand des Unionsrechts keine Harmonisierung erfahren haben und nicht unter ein möglicherweise vorrangiges Beihilferegime fallen, besteht der europarechtliche Prüfungsmaßstab in den Grundfreiheiten, maßgeblich in der Warenverkehrsfreiheit.

Im dritten Teil wird die Reichweite und die Gewährleistung des freien Warenverkehrs untersucht, um auf dieser Grundlage zu prüfen, ob nationale umweltpolitische Steuerungsinstrumente, wie sie der deutsche Gesetzgeber zur Förderung der Stromerzeugung aus erneuerbaren Energien und KWK implementiert hat und die nicht in den Anwendungsbereich von Harmonisierungsvorschriften fallen, den durch Art. 34 AEUV intendierten zwischenstaatlichen Handel beeinträchtigen können.

Schließlich wird im vierten Teil der Frage nachgegangen, in welchem Maß die Reichweite der Warenverkehrsfreiheit durch das Umweltschutzprinzip begrenzt werden kann. Dies erfolgt im Wege einer Untersuchung des Grenzverlaufs zwischen freiem Warenverkehr und Umweltschutz anhand der einzelnen in Betracht kommenden Rechtfertigungsgrundlagen für das Umweltschutzprinzip. Auf Grundlage dieses Ergebnisses lässt sich schließlich feststellen, inwieweit die den zwischenstaatlichen Handel beeinträchtigenden umweltpolitischen Instrumente aufgrund ihrer Umweltschutzintention gerechtfertigt werden können und mithin europarechtlich zulässig sind.

Die Beschreibung des Grenzverlaufs zwischen dem Grundsatz des freien Warenverkehrs und dem Umweltschutzprinzip stellt schließlich das Ergebnis der vorliegenden Arbeit dar und beantwortet die Frage, inwieweit nach dem gegenwärtigen Stand des Unionsrechts der freie Verkehr von Waren auf dem Binnenmarkt durch nationale Regelungen zum Schutz der Umwelt beeinträchtigt werden darf. Diesem Grenzverlauf ist bei der nationalen Gesetzgebung zur Förderung umweltschonender Elektrizitätserzeugung hinreichend Rechnung zu tragen. Berücksichtigt wird dabei der Stand des Unionsrechts und der Stand des nationalen Rechts, wie er sich für beide Rechtsordnungen am 30. Juni 2011 darstellt.

# Teil 1: EEG und KWKModG als indirekte Steuerungsinstrumente für eine umweltschonende Elektrizitätserzeugung

Auf dem Frühjahrsgipfel des Europäischen Rates im März 2007 formulierte die deutsche Regierung als Ziele ihrer Ratspräsidentschaft, Ökologie und Ökonomie miteinander zu versöhnen und zu zeigen, dass Wirtschaftlichkeit und Umweltverträglichkeit keine Gegensätze seien.[29] Diese Ziele verdeutlichen das Spannungsverhältnis zwischen Ökologie und Ökonomie, das sowohl im Rahmen gesellschafts- und unternehmenspolitischer Entscheidungs- und Handlungsprozesse besteht als auch in der Systematik des Rechts, das in der Regel die geltenden Werte und Handlungsmaximen widerspiegelt.[30]

Im Folgenden wird anhand der deutschen Förderungsinstrumente im EEG und KWKModG aufgezeigt, wie diese Entscheidungsprozesse bei elektrizitätserzeugenden Akteuren durch umweltpolitische Instrumente gesteuert werden können (A.) und welches Konfliktpotenzial ökologischen Steuerungsinstrumenten im Hinblick auf das Wirtschaftsgefüge innewohnt (B), das in der Europäischen Union auf dem Binnenmarkt fußt.

## A. Der Einfluss umweltpolitischer Instrumente auf die Elektrizitätserzeugung

### I. Ökonomische Rationalität und Umweltschutz bei der Elektrizitätserzeugung

Unternehmenspolitische Entscheidungsprozesse und darauf basierende Handlungsweisen orientieren sich an ökonomischer Rationalität.[31] Der *homo oeconomicus* ist daher Leitbild in der Wirtschaftswissenschaft.[32] So sollen die Akteure

---

29 Regierungserklärung der Bundeskanzlerin zum Frühjahrsgipfel des Europäischen Rates im März 2007, online unter: http://www.bundesregierung.de/nn_1502/Content/DE/Regierungserklaerung/2007/2007-03-01-regierungserklaerung-merkel-eu-fruehjahrsgipfel.html (abgerufen am 03.04.2007).

30 Den grundsätzlichen Gegensatz von Umweltschutz und Ökonomie in seinen Ausgestaltungen zeigen auf: Epiney/Möllers, S. 5 ff.; Gent, S. 23 ff.; Klöpfer, § 1 Rn. 5.

31 Diesen Begriff verwendet Klöpfer, § 1 Rn. 5.

32 Manstetten, S. 268, der zugleich bekräftigt, dass der homo oeconomicus nicht Leitbild für die Politik sein sollte.

auf dem Binnenmarkt, dessen Errichtung gemäß Art. 3 Abs. 3. S. 1 EUV Aufgabe der Europäischen Union ist, wirtschaftliche Entscheidungen nach ökonomischen Gesichtspunkten fällen.[33] Aus Sicht eines einzelnen Akteurs stellt sich diese Rationalität nicht als eine makroökonomische, sondern vielmehr als eine mikroökonomische Rationalität dar. Die Gesellschaft, zu der auch die Marktakteure gehören, sieht sich jedoch zudem in immer größerem Umfang der Notwendigkeit ausgesetzt, ökologischen Erfordernissen Rechnung zu tragen, die daraus resultieren, dass sich seit Beginn der Industrialisierung das Klima und damit der Zustand unserer Erde als Lebensgrundlage zusehends verschlechtert.[34] Diese ökologischen Erfordernisse beziehen sich auf die Umweltmedien Boden, Luft, Wasser sowie die Biosphäre als natürliche (elementare) Lebensgrundlagen des Menschen.[35] Berücksichtigt ein Akteur aber den Schutz der Umwelt[36] in seinen Entscheidungsprozessen und richtet seine Handlungen an ökologischen Zielrichtungen aus, so kann dies mikroökonomischer Rationalität widersprechen. Ein solcher Widerspruch entsteht, wenn umweltschützendes Verhalten mit höheren Kosten verbunden ist als nicht an ökologischen Erfordernissen ausgerichtetes Verhalten. Sofern sich Kosten verursachender Umweltschutz nicht in einem Wettbewerbsvorteil niederschlägt, etwa weil ein Produkt aufgrund seiner Umweltfreundlichkeit nachgefragt wird und so einen Vorteil gegenüber nicht umweltfreundlichen Substituten erlangt, besteht für Unternehmen in der Regel kein Anreiz, sich umweltschützend zu verhalten.[37] Die Ursache hierfür wird darin gesehen, dass die Kosten, die durch den Verbrauch von Umweltgütern entstehen, nicht internalisiert werden, solange Umweltgüter als freie Güter angesehen werden.[38] Begünstigt wird ein derartiger Denkansatz dadurch, dass wirtschaftliche Fehlentscheidungen für den Akteur meist unmittelbar oder kurzfristig spürbar sind, wohingegen die Folgen von Umweltbelastung und –zerstörung vielfach erst langfristig und nur mittelbar für den Akteur wahrnehmbar werden.[39] Um dennoch den Schutz und die Schonung der Umwelt zu gewährleisten, bedarf es verhaltenssteuernder Maßnahmen des Staates, die ihrerseits mit einem Eingriff in das vom Wettbewerb geprägte Marktgefüge verbunden sein können.

---

33 So in Bezug auf die Vorgängerregelung in Art. 2 EGV zum Gemeinsamen Markt: v. Bogdandy in: Grabitz/Hilf, EGV Art. 2 Rn. 38.

34 Vgl. Einleitung: A.

35 Klöpfer, § 1 Rn. 16.

36 Klöpfer, § 1 Rn. 1, qualifiziert den Schutz der Umwelt als erstrangige staatliche und gesellschaftliche Aufgabe und Schicksalsfrage der kommenden Jahrzehnte.

37 Gent, S. 31.

38 Gent, S. 31.

39 So auch Klöpfer, § 1 Rn. 5.

All dies gilt gleichfalls im Bereich der Erzeugung von Elektrizität. Die Akteure müssen bei Entscheidungsprozessen zum einen gerade in diesem Bereich des Wirtschaftslebens dem Schutz der Umwelt gerecht werden, da – wie im Folgenden aufgezeigt wird – die Erzeugung von Elektrizität mit Umweltbeeinträchtigungen verbunden ist[40] (1.), zum anderen müssen sie als Teilnehmer am Wirtschaftsleben einer ökonomischen Rationalität Rechnung tragen (2.).

### *1. Elektrizitätserzeugung und Umweltschutz*

Die der Erzeugung von Elektrizität zuzurechnenden Beeinträchtigungen der Umwelt werden zum einen durch den Verbrauch von Bodenschätzen bzw. Ressourcen auf der „Inputseite" des Erzeugungsprozesses [a)], zum anderen durch die entstehenden Treibhausgasemissionen auf der „Outputseite" des Erzeugungsprozesses [b)] hervorgerufen.[41]

#### *a) Abbau von Primärenergieträgern*

Ein Bestandteil des Umweltschutzes ist das Gebot der Schonung nicht erneuerbarer Ressourcen, das auf einer Langzeitverantwortung für künftige Generationen fußt.[42] Ressourcen dienen bei der Erzeugung von Elektrizität als Primärenergien bzw. Energiequellen. Vor diesem Hintergrund ist die Elektrizitätserzeugung dann umweltfreundlich, wenn sie nicht erneuerbare Ressourcen unangetastet lässt oder in möglichst geringem Maße verbraucht.

Elektrizität kann aus verschiedenen Primärenergien bzw. Energiequellen gewonnen werden. Zu ihnen gehören hauptsächlich Erdgas, Öl, Kohle, Uran, Sonne, Wind, Wasser und Biomasse.[43] Diese Energiequellen lassen sich in erneuerbare und nicht-erneuerbare Energiequellen einteilen. Maßgeblich für die Einteilung ist die Erneuerbarkeit innerhalb eines aus menschlicher Sicht fassbaren Betrachtungszeitraumes.[44] Danach handelt es sich um eine nicht-erneuerbare Energiequelle, wenn die Geschwindigkeit des Verbrauchs die Geschwindigkeit der Erneuerung übersteigt, und um eine erneuerbare Energiequelle, wenn die Geschwindigkeit des Verbrauchs die Geschwindigkeit der Erneuerung nicht

40 Klöpfer, § 16 Rn. 1.

41 Dem trägt das insoweit multifunktionale Umweltenergierecht Rechnung, indem es nicht nur dem Klimaschutz, sondern zugleich der Ressourcenschonung dient, vgl. Klöpfer, § 16 Rn. 11.

42 Klöpfer, § 16 Rn. 1.

43 Vgl. Mitteilung der Kommission, KOM (2007) 1 endg., Anhang 2: Vor- und Nachteile der verschiedenen Quellen für elektrische Energie, S. 32.

44 Klöpfer, § 16 Rn. 66; Oschmann, S. 26f.; Schneider in: Schneider/Theobald, 2. Aufl., München 2008, § 21 Rn. 8.

überschreitet.[45] Diesen Maßstab zugrunde gelegt, gehören die fossilen Energieträger wie Erdgas, Erdöl und Kohle zu den nicht-erneuerbaren Energieträgern. Die Europäische Kommission geht davon aus, dass die Reserven[46] für Erdgas noch ca. 64 Jahre genügen, für Erdöl noch ca. 42 Jahre sowie für Kohle noch ca. 155 Jahre.[47] Ähnliche Vorräte existieren für den nuklearen Energieträger Uran, das noch ca. 85 Jahre abbaubar sein wird.[48] Demgegenüber zählen zu den erneuerbaren Energiequellen Sonne, Wind, Wasser und Biomasse.[49] Da die Geschwindigkeit ihres Verbrauchs die Geschwindigkeit der Erneuerung nicht überschreitet, ist die auf erneuerbaren Energiequellen basierende Energiegewinnung als ressourcensparender anzusehen. Folglich kann festgehalten werden, dass der Einsatz erneuerbarer Energieträger zur Erzeugung von Elektrizität umweltfreundlicher ist als der Einsatz endlicher fossiler und nuklearer Primärenergieträger.

Ein Schutz der Umwelt oder vielmehr eine Schonung der Umwelt kann auch dadurch erreicht werden, dass nicht erneuerbare Ressourcen in möglichst geringem Maße verbraucht werden. Wenn die Menge erzeugter Elektrizität nicht verringert werden soll, sind Ressourceneinsparungen durch einen effizienten Einsatz nicht erneuerbarer Energieträger zu erzielen. Dies ist durch den Einsatz von Technologien zu erreichen, die zu einem hohen Wirkungsgrad führen. Der Wirkungsgrad ist das Verhältnis von erzeugter Leistung zu eingesetzter Leistung.[50] Ein Verfahren, das einen hohen Wirkungsgrad und damit einen effizienten Einsatz von Primärenergieträgern beinhaltet, stellt die gekoppelte Erzeugung von Strom und Wärme im Wege der so genannten Kraft-Wärme-Kopplung (KWK) dar. Es handelt sich dabei um eine Technologie, mittels derer in einem einzigen Vorgang Strom und Nutzwärme erzeugt werden. Die Wärme steht in Form von warmem Wasser oder unter Hochdruck stehendem Dampf zur Verfügung. In konventionellen Kraftwerken, in denen Strom ungekoppelt erzeugt wird, entweicht die bei der Stromerzeugung entstehende Wärme ungenutzt. Diese Wärme

45 Oschmann, S. 27.

46 Reserven sind aktuell eindeutig identifizierbare Vorräte, die sich unter heutigen oder in naher Zukunft zu erwartenden Bedingungen technisch und wirtschaftlich abbauen lassen; Ressourcen sind demgegenüber nachgewiesen oder auch nur wahrscheinlich, aber technisch und / oder wirtschaftlich zurzeit nicht gewinnbar, mithin reichen sie über Reserven hinaus; vgl. Schneider in: Schneider/Theobald, 2. Aufl., München 2008, § 21 Rn. 2.

47 Mitteilung der Kommission, KOM (2007) 1 endg., Anhang 2: Vor- und Nachteile der verschiedenen Quellen für elektrische Energie, S. 32. Diese Zahlen variieren je nach Berechnungsmethode in den unterschiedlichen Quellen.

48 Vgl. Mitteilung der Kommission, KOM (2007) 1 endg., Anhang 2: Vor- und Nachteile der verschiedenen Quellen für elektrische Energie, S. 32.

49 Vgl. Mitteilung der Kommission, KOM (2007) 1 endg., Anhang 2: Vor- und Nachteile der verschiedenen Quellen für elektrische Energie, S. 32.

50 Leistung ist die pro Zeiteinheit verbrauchte bzw. zur Verfügung gestellte Energie.

bzw. der Wasserdampf, der die Stromgeneratoren antreibt, wird bei der Stromerzeugung in Kraft-Wärme-Kopplung über Wärmetauscher zur Erhitzung von Heizwasser genutzt. Dadurch werden Primärenergieeinsparungen erzielt. Während beispielsweise konventionelle Kraftwerke einen Wirkungsgrad von 30–40 Prozent und neuere Gas-und-Dampf-Anlagen[51] auf Gasbasis einen Wirkungsgrad von ca. 50 Prozent erreichen, können in KWK-Anlagen 85–90 Prozent des Energiegehalts des eingesetzten Primärenergieträgers in Nutzenergie umgewandelt werden.[52] Diese effizientere Ausnutzung der eingesetzten Primärstoffe führt zu Primärenergieeinsparungen und schont so nicht erneuerbare Ressourcen.[53] Mithin gilt die KWK-Technologie auch bei einem Einsatz fossiler Primärenergieträger als eine umweltschonende Art der Elektrizitätserzeugung.[54]

*b) Treibhausgasemissionen*

Im Erzeugungsprozess entstehen abhängig vom eingesetzten Primärenergieträger neben der intendierten elektrischen Energie auch Treibhausgasemissionen. Die Europäische Kommission geht übereinstimmend mit dem IPCC davon aus, dass die Emission von Treibhausgasen zu den Hauptursachen des Klimawandels zählt.[55] Nach dem Sachstandsbericht des IPCC gilt Kohlendioxid als das Treibhausgas, welches maßgeblich zum Klimawandel beiträgt.[56] Die Europäische Kommission legt zugrunde, dass bei der Erzeugung von Elektrizität aus Erdgas je nach Verfahrensweise 400 bis 440 kg $CO_2$-Äquivalent und beim Einsatz von Erdöl 550 kg $CO_2$-Äquivalent je erzeugter MWh elektrischer Energie emittiert werden.[57] Beim Einsatz des Primärenergieträgers Kohle werden nach Auffassung der Kommission sogar je nach Verfahrensweise 750 bis 800 kg $CO_2$-Äquivalent

---

51 Bei Gas-und-Dampf-Anlagen werden die Abgase der vorgeschalteten Gasturbine durch einen Dampferzeuger ohne Zusatzfeuerung geleitet, der Dampf für einen normalen Turbosatz bereitstellt. Für derartige Anlagen ergeben sich auf dieser Basis optimale Verhältnisse von Gasturbinenleistung zu Dampfturbinenleistung von etwa 2:1. Wegen des hohen Gasturbinenanteils und der hohen Gaseintrittstemperatur erreichen diese Anlagen einen niedrigen Wärmeverbrauch und somit einen hohen Wirkungsgrad, vgl. Müller, S. 244.

52 Mitteilung der Kommission, KOM(1997) 514 endg., Anhang III c), S. 48; Klöpfer, § 16 Rn. 109.

53 Die wichtigsten Primärenergieträger für dieses Erzeugungsverfahren stellen die fossilen Energieträger Erdgas und Kohle dar, doch auch erneuerbare Energiequellen können eingesetzt werden.

54 Müller, S. 260.

55 Mitteilung der Kommission, KOM(2007) 1 endg., S. 3, 6. Auf diesem Gedanken weiterhin beruhend: Communication from the European Commission, COM(2011) 112 final, S. 3.

56 Vgl. Einleitung A.

57 Vgl. Mitteilung der Kommission, KOM (2007) 1 endg., Anhang 2: Vor- und Nachteile der verschiedenen Quellen für elektrische Energie, S. 32.

je erzeugter MWh elektrischer Energie emittiert.[58] Bei einem Einsatz nuklearer Energieträger entstehen hingegen nur 15 kg $CO_2$-Äquivalent je MWh elektrischer Energie und bei den erneuerbaren Energieträgern Sonne 100 kg, bei Wind in Onshore-Anlagen[59] 30 kg, bei Wind in Offshore-Anlagen[60] 10 kg, bei einem Einsatz von Wasser je nach Größe des Kraftwerkes 5 bis 20 kg und schließlich bei Verwendung von Biomasse 30 kg $CO_2$-Äquivalent.[61] Die $CO_2$-Emissionen sind mithin – chemisch bedingt – bei dem Einsatz der Kohlenwasserstoff tragenden fossilen Brennstoffe Erdgas, Öl und Kohle weitaus höher als beim Einsatz nuklearer und erneuerbarer Energieträger. Im Hinblick auf die Emission von Treibhausgasen, die als Hauptursache des Klimawandels angesehen werden, stellt die Erzeugung von Elektrizität aus fossilen Brennstoffen gegenüber dem Einsatz nuklearer und erneuerbarer Energieträger keine umweltfreundliche Verhaltensweise dar. So rechnet die Europäische Kommission der Erzeugung von Energie aus fossilen Brennstoffen derzeit 80 Prozent aller Treibhausgasemissionen zu.[62] Eine dem Umweltschutz im Sinne einer Vermeidung von Treibhausgasemissionen Rechnung tragende Verhaltensweise stellt somit eine nicht auf fossilen Primärenergieträgern basierende Elektrizitätserzeugung dar.

Dies bedeutet im Umkehrschluss nicht, dass die Erzeugung von Elektrizität aus nuklearen Primärenergieträgern eine umweltfreundliche Variante darstellt. Zwar sind dem Einsatz nuklearer Energieträger allein im Hinblick auf emittierte Treibhausgase keine negativen Umweltwirkungen zuzuschreiben, gleichwohl birgt diese Art der Elektrizitätserzeugung andere Folgen und Risiken, die als so relevant eingestuft werden können, dass sich die im Hinblick auf den $CO_2$-Ausstoß zunächst positive Umweltbilanz ins Negative kehrt. Zu diesen Auswirkungen wird das Risiko eines Reaktorunfalls mit erheblichen auch überregionalen Auswirkungen auf Menschen und Umwelt gezählt.[63] Zudem führt bereits der planmäßige Normalbetrieb von Atomkraftwerken zu negativen Umwelteinwirkungen. Zu diesen Umwelteinwirkungen gehören die durch das Einleiten von Kühlwasser hervorgerufene Erwärmung der Gewässer sowie die ebenfalls durch das Einleiten von Kühlwasser hervorgerufene additive Strahlenbelastung, die die

58 Vgl. Mitteilung der Kommission, KOM (2007) 1 endg., Anhang 2: Vor- und Nachteile der verschiedenen Quellen für elektrische Energie, S. 32.

59 Als Onshore-Anlagen werden in Abgrenzung zu Offshore-Anlagen solche Anlagen bezeichnet, die auf dem Land stehen.

60 Offshore-Anlagen befinden sich auf dem Meer.

61 Vgl. Mitteilung der Kommission, KOM (2007) 1 endg., Anhang 2: Vor- und Nachteile der verschiedenen Quellen für elektrische Energie, S. 32.

62 Mitteilung der Kommission, KOM (2007) 1 endg., S. 3, 6.

63 Oschmann, S. 38, Fn. 44. Vgl. hierzu auch die International Atomic Energy Agency online unter: http://www.iaea.org/newscenter/news/2011/board210311.html (abgerufen am 22.03.2011) zum Reaktorunfall in Japan am 17.03.2011.

Bevölkerung über die Nahrungskette aufnimmt.[64] Diese ist nicht nur auf die Einleitung von Kühlwasser zurückzuführen, sondern entsteht zusätzlich auch allein durch den Betrieb der Anlagen, den Transport und die Lagerung abgebrannter Brennelemente. Letztlich ist die Endlagerung der radioaktiven Abfallprodukte und der außer Betrieb genommenen Kraftwerke nach wie vor ungelöst, so dass die Nutzung nuklearer Primärenergieträger für die Elektrizitätserzeugung auch vor dem Hintergrund der Langzeitverantwortung für künftige Generationen, die ein Element des Umweltschutzes ist, nicht als umweltfreundlich oder -schonend angesehen werden kann.[65]

Zumindest eine Schonung der Umwelt ist auch bei einem Einsatz fossiler Energieträger zu erreichen, wenn die $CO_2$-Emissionen reduziert werden. Dies ist – wie auch bei der Einsparung von Primärenergieträgern – durch eine Steigerung der Effizienz möglich, die durch die gekoppelte Erzeugung von Strom und Wärme erreicht werden kann. Zwar führt auch die Elektrizitätserzeugung in KWK-Anlagen zu Treibhausgasemissionen, jedoch wird durch die effiziente Nutzung der eingesetzten Primärenergien eine Entlastungswirkung erzielt.[66] KWK-Anlagen können einen Wirkungsgrad von bis zu 90 Prozent erreichen.[67] Dies spart nicht nur Primärenergien, sondern auch Treibhausgasemissionen. Ein verstärkter Einsatz der KWK könnte die $CO_2$-Emissionen in der Europäischen Union in drei Jahren um 127 Millionen Tonnen und bis 2020 um 258 Millionen Tonnen senken.[68] Daher zählt der Einsatz der KWK-Technologie auch in Bezug auf die Reduktion von Treibhausgasemissionen zur umweltfreundlichen Elektrizitätserzeugung.

### *c) Schlussfolgerung*

Die vorstehenden Ausführungen weisen einem Akteur, der bei der Erzeugung von Elektrizität dem Umweltschutz Rechnung tragen will, zielgerichtet den Weg von dem Einsatz fossiler Energieträger in Richtung einer Verwendung erneuerbarer Primärenergieträger[69] oder eines Einsatzes der KWK-Technologie, die auch

64 Oschmann, S. 38, Fn. 44.

65 Oschmann, S. 38, Fn. 44. Zu den Bedenken gegen die Nutzung nuklearer Energieträger vgl. auch Park, S. 153 ff.

66 So dem Grunde nach auch Schneider in: Schneider/Theobald, 2. Aufl., München 2008, § 21 Rn. 158, Fn. 453.

67 Vgl. Teil 1: A. I. 1. a) sowie Mitteilung der Kommission, KOM(1997) 514 endg., Anhang III c), S. 48.

68 Online unter: http://europa.eu/scadplus/leg/de/lvb/l27021.htm (abgerufen am 03.04.2007).

69 Auch wenn nahezu alle Energieträger mit Einwirkungen auf die Umwelt verbunden sind, ist anerkannt, dass die erneuerbaren Energien unter dem Gesichtspunkt der Ressourcenschonung

bei einem Einsatz fossiler Primärenergieträger als umweltschützend bewertet werden kann.[70]

Der Einsatz nuklearer Primärenergien ist unter Umweltgesichtspunkten bereits dann nicht mehr zu rechtfertigen, wenn der Akteur nicht ausschließlich die Vermeidung von Treibhausgasemissionen intendiert, sondern auch der Schonung von Ressourcen und dem Schutz des Lebens vor Strahlung Rechnung tragen will.

### 2. *Elektrizitätserzeugung und ökonomische Rationalität*

Eine allein am Umweltschutz orientierte Elektrizitätserzeugung müsste auf einen Einsatz fossiler und auch nuklearer Energieträger verzichten und diese durch erneuerbare Energieträger ersetzen. Eine Umweltschonung bei der Elektrizitätserzeugung könnte auch bei einem Einsatz fossiler Energieträger zu erreichen sein, wenn die Erzeuger die KWK-Technologie für den Erzeugungsprozess einsetzen. Im Folgenden soll untersucht werden, inwieweit sich dieser Grundsatz mit ökonomischer Rationalität vereinbaren lässt.

Eine ökonomische Rationalität erfordert, dass Elektrizität möglichst kostengünstig erzeugt wird.[71] Dabei zeigt sich im Hinblick auf die einsetzbaren Primärenergieträger folgendes Bild: Bei der Elektrizitätserzeugung aus nuklearen Energieträgern entstehen je erzeugter MWh Kosten in Höhe von 40 bis 45 Euro.[72] Eine aus Kohle erzeugte MWh Elektrizität kostet je nach Verfahrensart 30 bis 50 Euro. Bei einem Einsatz von Erdgas entstehen Kosten je nach Verfahrensart in Höhe von 35 bis 70 Euro und bei einem Einsatz von Öl 70 bis 80 Euro. Wird Elektrizität hingegen aus dem Primärenergieträger Wind erzeugt, fallen Kosten in Höhe von 35 bis 175 Euro je MWh an. Bei Nutzung der Sonnenstrahlung betragen die Kosten 140 bis 430 Euro, der Biomasse 25 bis 85 Euro und der Primärenergie Wasser 25 bis 95 Euro je MWh. Dies zeigt, dass bei der Erzeu-

---

und der Emissionsminderung als dauerhaft-umweltverträgliche Energien angesehen werden können, so Klöpfer, § 16 Rn. 65.

70 Daher wird die aus KWK-Anlagen gewonnene Energie den erneuerbaren Energieträgern weitgehend gleichgestellt, Klöpfer, § 16 Rn. 68.

71 Ein ökonomisch agierender Akteur wird in seine Entscheidung nicht ausschließlich die Kosten je erzeugter MWh Elektrizität einbeziehen, sondern auch die Beschaffungsmöglichkeiten und die Sensibilität der Brennstoffpreise in seine an ökonomischer Rationalität orientierte Entscheidung einfließen lassen. Da vorliegend jedoch lediglich intendiert ist, die Grundzüge der Wirtschaftlichkeit der Elektrizitätserzeugung aufzuzeigen, sollen allein die Kosten je erzeugter MWh Elektrizität – den wohl maßgeblichen Faktor bei der Entscheidung – berücksichtigt werden.

72 Die nachfolgenden Kostenangaben basieren auf der Mitteilung der Kommission, KOM (2007) 1 endg., Anhang 2: Vor- und Nachteile der verschiedenen Quellen für elektrische Energie, S. 32.

gung von Elektrizität aus erneuerbaren Energieträgern im Durchschnitt höhere Kosten entstehen als bei der Nutzung fossiler oder nuklearer Energieträger. Ein allein an ökonomischer Rationalität orientierter Akteur würde sich daher gegen den Einsatz erneuerbarer Energieträger entscheiden müssen.[73] Dementsprechend generieren die Akteure 50 Prozent der Stromversorgung der Europäischen Union aus den fossilen Primärenergieträgern Kohle und Gas, die nach Ansicht der Kommission auch weiterhin einen wichtigen Teil des europäischen Energiemixes darstellen dürften.[74]

Im Hinblick auf den Einsatz der KWK-Technologie ist festzustellen, dass die Kosten einem an ökonomischer Rationalität orientierten Akteur weiterhin den Weg in Richtung konventioneller Erzeugungsprozesse weisen, da die Erzeugung von Elektrizität in Kraft-Wärme-Kopplung teurer ist als die konventionelle ungekoppelte Erzeugung.[75]

### 3. *Ergebnis: Spannungsfeld zwischen Umweltschutz und ökonomischer Rationalität*

Die vorstehenden Ausführungen verdeutlichen das grundlegende Spannungsfeld, dem sich ein Akteur ausgesetzt sieht, der nach wirtschaftlichen Grundsätzen Elektrizität erzeugen und dabei dem Umweltschutz Rechnung tragen will. Die aus rein wirtschaftlichen Erwägungen zu favorisierenden Primärenergieträger fossiler und nuklearer Art belasten und bedrohen die Umwelt mehr als die kostenintensiveren erneuerbaren Energieträger.[76] Ebenso belastet und bedroht die Anwendung konventioneller Verfahren die Umwelt in größerem Maße als das kostenintensivere, aber umweltschonendere Verfahren der Kraft-Wärme-Kopplung.

---

73 Klöpfer, § 16 Rn. 8, verneint eine Wettbewerbsfähigkeit der Elektrizitätsgewinnung aus umweltverträglichen erneuerbaren Energien, weil diese auch in Zukunft kostenintensiver sein wird als die Nutzung fossiler Energieträger.

74 Mitteilung der Kommission, KOM (2007) 1 endg., S. 20.

75 Vgl. Klöpfer, § 5 Rn. 110.

76 Dies gilt auch für den Einsatz nuklearer Energieträger, wenn vom Umweltschutz nicht nur die Vermeidung und Verminderung von Treibhausgasemissionen, sondern auch die Schonung von Ressourcen und die Vermeidung von Strahlenrisiken umfasst sind. An dieser Stelle ist anzumerken, dass sich der hier und nachfolgend verwendete Begriff der konventionellen Elektrizitätserzeugung bzw. der Nutzung konventioneller Energieträger in Übereinstimmung mit den Termini der Kommission in Abgrenzung zur Stromerzeugung aus erneuerbaren Energien und in Kraft-Wärme-Kopplung versteht, vgl. Mitteilung der Kommission, KOM (2007) 1 endg., S. 7.

## II. Der Einfluss umweltpolitischer Instrumente

Der vorstehend aufgezeigte Entscheidungsprozess des Akteurs kann durch umweltpolitische Instrumente hoheitlich lenkend beeinflusst werden. Mittels dieser Instrumente kann der Gesetzgeber das Verhalten der Akteure steuern und erreichen, dass sie umweltschützend agieren. Angesichts der aufgezeigten Umweltbeeinträchtigungen drängt sich die Berücksichtigung ökologischer Belange bei der Verhaltenssteuerung im Energierecht geradezu auf.[77] Dem trägt die umweltpolitische Steuerung Rechnung, für die vor allem folgende Ansatzpunkte in Betracht kommen: der Einsatz der Primärenergien, die Umwandlung der primären in sekundäre Energien sowie deren Verbrauch, wobei die einzelnen Aspekte in Zusammenhang stehen.[78] Der Gesetzgeber kann sich zur umweltpolitischen Steuerung Instrumenten direkter (1.) und indirekter (2.) Verhaltenssteuerung bedienen.

### *1. Instrumente direkter Verhaltenssteuerung*

Instrumente der direkten Verhaltenssteuerung bestehen aus verbindlichen gesetzlichen und administrativen Verhaltensvorgaben und bedienen sich eines gebietenden oder verbietenden Zwanges.[79] Sie schreiben ihrem Adressaten zwingend ein bestimmtes umweltförderndes Verhalten, also Handeln, Dulden oder Unterlassen vor.[80] Sie können sich insbesondere als Verbote, Gebote und administrative Kontrollinstrumente wie Anzeigepflichten und Erlaubnisvorbehalte darstellen.[81] Hierzu gehört im Kontext der Wahl des Primärenergieträgers für die Erzeugung von Elektrizität § 7 Abs. 1 Satz 1 und 2 AtG. Nach dieser Vorschrift stehen die Errichtung und der Betrieb von Anlagen zur Spaltung von Kernbrennstoffen zur gewerblichen Erzeugung von Elektrizität unter einem Genehmigungsvorbehalt, wobei in § 7 Abs. 1 Satz 2 AtG ausdrücklich geregelt ist, dass hierfür keine Genehmigungen erteilt werden. Dem Grunde nach ist hier das Verbot zur Errichtung neuer Anlagen zur Erzeugung von Elektrizität aus nuklearen Primärenergieträgern niedergelegt, das auf den Beschluss des Deutschen Bundestags im Jahr 2002 zur gesetzlichen Regelung des Atomausstiegs zurückgeht.[82] Der Gesetzgeber lenkt hier das Verhalten der Elektrizität erzeugenden Akteure inso-

77 Säcker/Timmermann in: Säcker, Band 2, Energieumweltschutzrecht Einl., Rn. 1.
78 Säcker/Timmermann in: Säcker, Band 2, Energieumweltschutzrecht Einl., Rn. 1.
79 Klöpfer, § 5 Rn. 166.
80 Klöpfer, § 5 Rn. 36.
81 Klöpfer, § 5 Rn. 36, 40.
82 Gesetz zur geordneten Beendigung der Kernenergienutzung zur gewerblichen Erzeugung von Elektrizität, BGBl. I vom 26.04.2002, Nr. 26, S. 1351.

fern direkt, als bei ihrer Wahl des Primärenergieträgers eine Entscheidung für Nuklearenergie nach Ablauf der bestehenden Genehmigungen ausgeschlossen ist.[83] Gleiches gilt für die vorübergehende Einstellung des Betriebs von ausgewählten Kernkraftwerken gemäß § 19 Abs. 3 S. 2 Nr. 3 AtG vom 18. März 2011.[84] Auf diese Weise wird der Schutz der Umwelt vor Strahlenbelastung durch direkte Steuerungsinstrumente erreicht.

### 2. *Instrumente indirekter Verhaltenssteuerung*

Neben den vorstehend beschriebenen Maßnahmen direkter Verhaltenssteuerung kann der Gesetzgeber umweltschützendes Verhalten auch durch Instrumente indirekter Verhaltenssteuerung erreichen. Die Instrumente einer indirekten Verhaltenssteuerung umfassen Informationen und Appelle, direkte Finanzhilfen und steuerliche Vergünstigungen, Umweltabgaben, Zertifikats- und Kompensationslösungen, Haftungsregelungen sowie Umweltabsprachen.[85] Eine indirekte Verhaltenssteuerung verzichtet auf eine strikte Determination des Verhaltens der Normadressaten bzw. Akteure und besteht stattdessen in einer influenzierenden und motivierenden Einflussnahme auf die Entscheidungen der Akteure.[86] Umweltfreundliches Verhalten wird dabei nicht über gesetzliche Zwänge erreicht, sondern vielmehr durch die Schaffung von Anreizen.[87] Diese Anreizwirkung beeinflusst positiv die Motivation der Adressaten, so dass weiterreichende Umweltanstrengungen erreicht werden können, als dies durch gesetzliche (zwingende) Vorgaben vertretbar wäre.[88] Die Akteure verlieren hier im Gegensatz zu den Instrumenten direkter Verhaltenssteuerung grundsätzlich nicht ihre Dispositionsbefugnis. Lediglich wenn ein indirektes Steuerungsinstrument so ausgestaltet ist, dass es eine erdrosselnde Wirkung auf den Akteur ausübt, kann es faktisch die Dispositionsbefugnis des Akteurs ähnlich stark einschränken wie ein direktes Steuerungsinstrument.[89]

---

83 An dieser Steuerungsstruktur hat auch die Verlängerung der Genehmigungslaufzeit von Kernkraftwerken nichts geändert. Vgl. hierzu BT Drs. 17/3051 vom 28.09.2010, S. 1 ff.

84 Moratorium der Bundesregierung und der Ministerpräsidenten der Länder vom 18.03.2011, online unter: http://www.bundesregierung.de/nn_1079540/Content/DE/Artikel/2011/03/2011-03-16-sicherheit-hat-vorrang.html (abgerufen am 22.03.2011).

85 Kuhnt, DVBl. 1996, 1082, 1089; Säcker/Timmermann in: Säcker, Band 2, Energieumweltschutzrecht Einl., Rn. 38.

86 Klöpfer, § 5 Rn. 166.

87 Gent, S. 33.

88 Kuhnt, DVBl. 1996, 1082, 1089; Säcker/Timmermann in: Säcker, Band 2, Energieumweltschutzrecht Einl. Rn. 38.

89 Epiney/Möllers, S. 95.

Zu den Maßnahmen indirekter Verhaltenssteuerung zählen ökonomische Instrumente, die wirtschaftliche Anreize wie Subventionen oder Steuervergünstigungen für umweltfreundliches Verhalten oder Abgaben für umweltschädigendes Verhalten vorsehen.[90] Der deutsche Gesetzgeber hat sich zweier Instrumente indirekter Verhaltenssteuerung bedient, um einen Umweltschutz durch Primärenergieeinsparungen und eine Reduktion der $CO_2$-Emissionen bei der Erzeugung von Elektrizität zu erreichen. Er hat mit Erlass des EEG und des KWKModG zwei Maßnahmen ergriffen, um den Anteil der Energiegewinnung aus erneuerbaren Energien und unter Anwendung der Kraft-Wärme-Kopplung zu erhöhen. Es handelt sich dabei um Förderregelungen. Durch Vergünstigungen, die nachfolgend näher dargestellt werden, setzt der Gesetzgeber einen Anreiz, nicht erneuerbare Primärenergien einzusparen und die $CO_2$-Emissionen zu reduzieren. Diesem Anreiz liegt das folgende „nicht-gesteuerte" Verhalten der Elektrizitätserzeuger zugrunde: Wie bereits ausgeführt wurde, bedarf es zu einem Schutz der Umwelt einer Reduktion der $CO_2$-Emissionen bei der Elektrizitätserzeugung sowie einer Einsparung von Primärenergien. Beides kann zum einen durch den Wechsel von Primärenergieträgern erfolgen, zum anderen durch den Einsatz neuer bzw. anderer Verfahrensweisen bei der Elektrizitätserzeugung, die die eingesetzten Primärstoffe effizienter ausnutzen und / oder die emittierten Treibhausgase reduzieren.[91] Sowohl die Nutzung erneuerbarer und emissionsärmerer Primärenergieträger als auch der Einsatz effizienterer Technologien wie die Kraft-Wärme-Kopplung[92] verursachen höhere Kosten als die Beibehaltung einer konventionellen Elektrizitätserzeugung.[93] Aufgrund der höheren Kosten ist dem Grundsatz nach eine Entscheidung für umweltschützende Erzeugungsprozesse ökonomisch irrational. Für die von ökonomischer Rationalität gelenkten Akteure, die durch Erzeugung von Elektrizität maßgeblich nicht erneuerbare Primärenergien abbauen und klimaschädigendes $CO_2$ emittieren, wird mithin kein natürlicher Anreiz bestehen, allein aus ökonomischen Gesichtspunkten klimaschädigendes Verhalten zu unterlassen.

Dies ist der verhaltenssteuernde Anknüpfungspunkt der Umweltschutzgesetze[94] EEG und KWKModG, die durch die Förderung des Einsatzes erneuerba-

90 Klöpfer, § 5 Rn. 178.

91 Vgl. Teil 1: A. I. 1. a).

92 Zu diesen Verfahrensweisen dürfte künftig auch die $CO_2$-Abscheidung und -Speicherung im Sinne des Art. 3 Nr. 1 der CCS-Richtlinie zählen, Mitteilung der Kommission, KOM (2007) 1 endg., S. 20. Da Ausgangspunkt dieser Untersuchung EEG und KWKModG als diskriminierende, indirekt verhaltenssteuernde Maßnahmen sind, bleibt diese Technologie vorliegend unberücksichtigt.

93 Vgl. Teil 1: A. I. 2.

94 So Nagel, ZNER 2001, 231, 232, in Bezug auf das EEG 2000 unter Verweis auf § 1 EEG 2000.

rer Energien und KWK einen finanziellen Anreiz für eine umweltfreundliche Elektrizitätserzeugung setzen.[95] Diese Fördergesetze enthalten keine klassische öffentlich-rechtliche Subventionierung; der Gesetzgeber hat vielmehr in den Schwestergesetzen[96] EEG [a)] und KWKModG [b)] ein zivilrechtliches, aus Förderelementen bestehendes Anspruchssystem installiert.[97] Die Struktur und Funktionsweise dieser Förderinstrumente wird im Folgenden dargestellt:

*a) Fördersystem des EEG*

Die Förderung von Energiegewinnung unter Verwendung von erneuerbaren Energien besteht in einem aus vier Förderelementen bestehenden Anspruchssystem. Die Förderinstrumente beinhalten gemäß §§ 5 ff. EEG den vorrangigen Anschluss der Anlage, die Elektrizität aus erneuerbaren Energien erzeugt [aa)], gemäß § 8 EEG die vorrangige Abnahme [bb)] sowie die vorrangige Übertragung und Verteilung des Stromes [cc)] und schließlich gemäß §§ 16 ff. EEG die Vergütung des Stromes [dd)]. Diese Förderinstrumente werden nachfolgend jeweils einer Definition zugeführt sowie einer rechtlichen Einordnung unterzogen [ee)].

*aa) Anschluss*

§ 5 Abs. 1 Satz 1 EEG verpflichtet den Netzbetreiber, dessen Netz für die allgemeine Versorgung der jeweiligen Anlage zur Erzeugung von Strom aus erneuerbaren Energien und Grubengas am nächsten liegt, diese unverzüglich vorrangig an sein Netz anzuschließen.[98] Anschluss wird verstanden als technische Verbindung der Erzeugungsanlage mit dem Netz.[99]

---

95 Bereits vor Inkrafttreten dieser Gesetze erfolgte eine Förderung emissionsarmer Stromerzeugung im Wege eines installierten zivilrechtlichen Anspruchssystems erstmals durch das StrEG, das am 1. Januar 1991 in Kraft trat. Abgelöst wurde das Gesetz vom EEG 2000, dem Vorgängergesetz zu dem aktuellen EEG 2004 vom 21. Juli 2004, welches wiederum das Vorgängergesetz für das EEG ist, das der Deutsche Bundestag am 4. Juni 2008 beschlossen hat. Grundlage für eine Förderung von gekoppelter Strom- und Wärmeerzeugung war vor Inkrafttreten des KWKModG das Gesetz zum Schutz der Stromerzeugung aus Kraft-Wärme-Kopplung (Kraft-Wärme-Kopplungsgesetz – KWKG).

96 So treffend der Terminus von Ehricke, Rechtsharmonisierung zur Förderung der Stromerzeugung aus Kraft-Wärme-Kopplung, S. 34.

97 So auch Salje, RdE 2005, 60, 61, 65; zum EEG 2000: Weck, S. 22.

98 Im Einzelnen zum Recht auf vorrangigen Anschluss im EEG 2000: Weck, S. 60–63.

99 Zum EEG 2000: Böwing in: Säcker, 2004, EEG, § 3 Rn. 22, sowie zum vergleichbaren Anschluss einer KWK-Anlage: Büdenbender/Rosin, § 4 Rn. 47, 49, mit Verweis auf VDEW, Distribution Code 2000 – Regeln für den Zugang zu Verteilungsnetzen, VDEW-Materialien M-32/2000, S. 27. Zum identischen Begriff des Anschlusses im KWKModG Lührig in: Säcker, Band 2, KWKModG, § 4 Rn. 18.

*bb) Abnahme*

§ 8 Abs. 1 EEG sieht vor, dass der Netzbetreiber den gesamten in diesen Anlagen erzeugten Strom vorrangig abzunehmen hat. Den Begriff der Abnahme hat der Gesetzgeber auch in § 433 Abs. 2 BGB verwendet; er verpflichtet hier den Käufer, die Sache abzunehmen. Der im Kaufrecht verwendete Begriff der Abnahme wird als tatsächlicher Akt der Hinwegnahme der Ware verstanden, der den Verkäufer von der Ware entlastet.[100] Auf diese Weise soll der Verkäufer von der Last der Aufbewahrung und Obhut und von den mit dem Eigentum verbundenen Lasten befreit werden.[101] Übertragen auf den Begriff der Abnahme in § 8 Abs. 1 EEG folgt daraus, dass der Netzbetreiber den Strom in sein Netz aufzunehmen hat und den Anlagenbetreiber von den Lasten des Stromes befreit, insbesondere von denjenigen, die mit dem Eigentum am bzw. der Verfügungsgewalt über den Strom einhergehen. Damit bedeutet Abnahme nicht nur, dass der Netzbetreiber die erzeugte elektrische Energie an der im Anschlussvertrag vereinbarten Übergabestelle in sein Netz übernimmt[102] und demzufolge die Einspeisung zulässt, sondern vielmehr weitergehend, dass er wie ein Eigentümer die Verfügungsgewalt über die Elektrizität erlangt. Insofern kommt die Abnahme einem Strombezug[103] des Netzbetreibers bzw. einem Ankauf des Stromes durch den Netzbetreiber gleich.[104] Sie stellt daher nicht nur eine tatsächliche, sondern auch eine wirtschaftliche und rechtliche Übernahme des Stromes dar. § 8 Abs. 1 EEG gibt dem Anlagenbetreiber einen Abnehmer an die Hand und entledigt ihn von der Aufgabe der Vermarktung seines Stromes. Daher stellt die Abnahme ein Vermarktungsinstrument dar.

In der deutschen Rechtslehre wird dieser Vorgang häufig mit dem Begriff der Einspeisung in einer Art und Weise gleichgesetzt, als beschrieben beide Begriffe den Vorgang der Stromeinspeisung aus unterschiedlichen Blickwinkeln.[105] Dabei wird verkannt, dass die Begriffe sich nicht auf einen identischen Vorgang beziehen. Das Antonym zur Einspeisung ist nicht die wirtschaftliche Abnahme, sondern die physikalische Aufnahme des Stromes. Dies ergibt sich bereits aus der Semantik beider Begriffe. Einspeisung bedeutet insofern aus der Sicht des Anla-

---

100 Beckmann in: Staudinger, § 433 Rn. 156.

101 Beckmann in: Staudinger, § 433 Rn. 156.

102 Zum EEG 2000: Böwing in: Säcker, 2004, EEG, § 3 Rn. 36.

103 Zum insoweit vergleichbaren KWKModG Rosin in: Büdenbender/Rosin, § 4 Rn. 52.

104 Zum EEG 2000: Böwing in: Säcker, 2004, EEG, Vor § 1 Rn. 20.

105 Apfelstedt, ZNER 2001, 2, 10, der im Hinblick auf StrEG und EEG 2000 von Einspeisung und Einspeisesystem spricht; Riechmann/Brunner in: Bartsch/Röhling/Salje/Scholz, Kap. 3 Rn. 1; Karpenstein / Schneller, RdE 2005, 1, die das EEG 2004 als Stromeinspeisungsgesetz bezeichnen; Klöpfer, § 16 Rn. 82.

genbetreibers den physikalischen Vorgang der Einspeisung einer Strommenge in das Netz und aus der Sicht des Netzbetreibers die Aufnahme der Strommenge in das Netz. Mit der Einspeisung bzw. Aufnahme in das Netz allein ist der Strom jedoch nicht vermarktet, d. h. wirtschaftlich und rechtlich neu zugeordnet. Anders hingegen bei der Abnahme, die ein echtes Instrument der Vermarktung darstellt. Insofern stellt die Stromlieferung das Antonym zur Abnahme dar. Deutlich wird dies in § 17 Abs. 1 EEG, der für einen Vergütungsanspruch gemäß § 16 Abs. 1 EEG voraussetzt, dass die (von dem Netzbetreiber) zu vergütenden Strommengen in das Netz eingespeist *und* dem Netzbetreiber zur Verfügung gestellt werden. Überdies zeigt ein Vergleich mit dem Szenario der Direktvermarktung, die im EEG 2004 noch keinen Niederschlag gefunden hatte, nunmehr jedoch in § 17 EEG geregelt wird, dass die Abnahme des Stromes mehr als die bloße Einspeisung voraussetzt. Bei der Direktvermarktung findet der Anlagenbetreiber einen anderen Abnehmer als den Netzbetreiber für den Strom (der ihn zu einem höheren Preis vergütet) und bedient sich so einer anderen Vermarktungsmöglichkeit als der in § 8 Abs. 1 EEG geregelten Abnahme durch den Netzbetreiber, an dessen Netz die Anlage angeschlossen ist. In letzterem Fall findet zwar auch eine Einspeisung in das Netz und eine entsprechende Aufnahme durch den Netzbetreiber statt, aber der Netzbetreiber nimmt den Strom nicht ab, sondern leitet ihn dem Abnehmer zu. Diese Zuleitung erfolgt über eine schlichte Ausspeisung. Elektrizität kann aufgrund ihrer physikalischen Beschaffenheit nicht wie ein fester Stoff zum Abnehmer transportiert werden. Somit entspricht die an den Abnehmer ausgespeiste und von diesem abgenommene Strommenge auch nicht der eingespeisten Strommenge.[106] Die Lieferung von Strom vom Einspeiser zur Entnahmestelle des Abnehmers wird wirtschaftlich durch Bilanzierungen abgewickelt. Demnach schließt sich an die Einspeisung bzw. die Aufnahme die Frage an, wer den Strom wirtschaftlich und rechtlich abnimmt. Als mögliche Abnehmer von Strom kommen Netzbetreiber, Stromkunden und Lieferanten in Betracht. Netzbetreiber benötigen Strom für die Deckung von Verlusten[107] und für den Ausgleich von Differenzen zwischen Ein- und Ausspeisung.[108] Übertragungsnetzbetreiber haben zudem einen Bedarf an Regelenergie. Diese ist erforderlich, um Frequenzschwankungen, die durch Leistungsdifferenzen hervorgerufen werden, zu begrenzen. Neben dem Netzbetreiber können auch Kunden den Strom abnehmen oder Lieferanten, die ihrerseits Kunden mit Strom beliefern. Die wirtschaftliche bzw. rechtliche Abnahme durch diese Akteure auf dem Energiemarkt erfolgt eine juristische bzw. logische Sekunde nach der tatsächlichen

106 Vgl. hierzu Säcker/Boesche in: Säcker, Band 1, EnWG § 20 Rn. 73.

107 Die Verlustenergie ist die zum Ausgleich physikalischer Netzverluste benötigte Energie, § 2 Nr. 12 StromNZV.

108 Vgl. § 3 Nr. 1 EnWG.

Einspeisung des Stromes durch den Anlagenbetreiber und nach der Aufnahme dieses eingespeisten Stromes durch den Netzbetreiber.

Dafür, dass die Abnahme im Gegensatz zur bloßen Aufnahme des Stromes mit einer wirtschaftlichen und rechtlichen Zuordnung des Stromes verbunden ist, spricht schließlich auch die Regelung des § 37 Abs. 1 EEG. Hier ist die Verpflichtung der Energieversorgungsunternehmen niedergelegt, die Strom an Letztverbraucher liefern, die durch die Netzbetreiber aufgenommenen Strommengen ebenfalls anteilig abzunehmen, so dass sie diese dann an die Letztverbraucher liefern. Dies zeigt, dass es sich bei dem Abnahmeinstrument um einen Vermarktungsmechanismus bis hin zum Verbraucher der Energie, der diese von dem abnahmeverpflichteten Elektrizitätsversorgungsunternehmen bezieht, handelt. Dieser Vermarktungsmechanismus geht über eine bloße Einspeisung oder Aufnahme des Stromes, die nichts über dessen wirtschaftlichen Verbleib aussagen, hinaus.

Deutlich wird der graduelle Unterschied zwischen Einspeisung bzw. Aufnahme und Abnahme letztlich auch vor dem Hintergrund des Begriffes des Netzzuganges bzw. der Netznutzung und seiner Gegenleistung. Netznutzung ist die Einspeisung von Energie in ein Elektrizitätsnetz oder eine Entnahme, wie sich aus § 3 Nr. 28 EnWG ergibt. Die Netznutzung umfasst daher die Einspeisung in definierte Einspeisepunkte des Netzsystems und / oder die damit verbundene zeitgleiche Entnahme der eingespeisten elektrischen Energie an räumlich davon entfernt liegende Entnahmepunkte der Netzsysteme.[109] Den Preis im Sinne einer Gegenleistung für die Netznutzung (und damit auch für die Einspeisung) stellt das Netzentgelt dar. Der Netzbetreiber erhält demzufolge für die Aufnahme der Elektrizität ein Entgelt. Demgegenüber erhält er für die Abnahme des Stromes kein Entgelt. Vielmehr wird das Abnahmeinstrument durch die Zahlung einer Vergütung für die erhaltenen Strommengen, die dem Netzbetreiber obliegt, monetär flankiert. Diese Vergütung ist gemäß § 16 Abs. 1 i. V. m. § 17 Abs. 1 EEG für die eingespeisten *und* dem Netzbetreiber zur Verfügung gestellten Strommengen zu zahlen.[110] Dabei handelt es sich demzufolge um diejenigen Strommengen, die von der Abnahmepflicht umfasst sind. Damit kann festgestellt werden, dass es verfehlt ist, die Begriffe Einspeisung und Abnahme in einer Art und Weise gleichzusetzen, als beschrieben sie denselben Vorgang aus unterschiedlichen Blickwinkeln.

109 Säcker/Bösche in: Säcker, Band 1 EnWG § 20, Rn. 74.

110 Demgegenüber war in § 3 Abs. 1 EEG 2000 die Regelung enthalten, dass der eingespeiste Strom zu vergüten ist, vermutlich weil sich der Gesetzgeber beim EEG 2000 davon leiten ließ, dass der Anlagenbetreiber den gesamten eingespeisten Strom an den Netzbetreiber vermarkten wollte, so dass die abgenommene Strommenge der eingespeisten Strommenge entsprach.

### cc) *Übertragung und Verteilung*

Schließlich hat der Netzbetreiber gemäß § 8 Abs. 1 EEG den Strom ebenfalls vorrangig zu übertragen und zu verteilen. Der Begriff der Übertragung wird in § 3 Nr. 32 EnWG definiert als Transport von Elektrizität über ein Höchstspannungs- und Hochspannungsverbundnetz zum Zwecke der Belieferung von Letztverbrauchern oder Verteilern. In § 3 Nr. 37 EnWG wird der Begriff der Verteilung definiert. Die Verteilung von Strom umfasst danach den Transport von Elektrizität mit hoher, mittlerer oder niederer Spannung über Elektrizitätsverteilernetze, um die Versorgung von Kunden zu ermöglichen. Die Belieferung der Kunden ist gemäß § 3 Nr. 32 und 37 EnWG von der Übertragung und von der Verteilung ausgenommen. Der Strom ist somit vorrangig über die Übertragungs- und Verteilungsnetze zu transportieren.

In § 4 Abs. 1 EEG 2004, der Vorgängervorschrift, hatte der Gesetzgeber lediglich die Pflicht des Netzbetreibers ausdrücklich niedergeschrieben, den Strom vorrangig zu übertragen. Die Verteilung des Stromes war nicht aufgeführt. Daher stellt sich die Frage, ob der Gesetzgeber in § 8 Abs. 1 EEG gegenüber § 4 Abs. 1 EEG 2004 ein neues Förderinstrument der Verteilung von Strom implementiert hat. Zu klären ist, ob das Übertragungsinstrument in § 4 Abs. 1 EEG 2004 nur den Transport von Elektrizität über ein Höchstspannungs- und Hochspannungsverbundnetz umfasste oder auch den Transport über das Verteilernetz. Der Transport von elektrischer Energie über Höchstspannungs- und Hochspannungsverbundnetze wird in der Elektrizitätswirtschaft als Übertragung bezeichnet, da diese Netze die so genannten Übertragungsnetze mit einer Spannung von 380 kV, 220 kV und 110 kV darstellen. Übertragungsnetze haben die Aufgabe, hohe elektrische Leistungen über große Distanzen zu übertragen.[111] Davon unterschieden werden die so genannten Verteilernetze, über deren Leitungen zwar auch Energie transportiert wird, die jedoch die Aufgabe haben, elektrische Energie an die Verbraucher bzw. Endkunden zu verteilen.[112] Die Verteilernetze weisen eine entsprechend niedrigere Spannung auf: Niederspannung von 230 V und 400 V im örtlichen Verteilernetz, Mittelspannung von 6 kV bis 60 kV im regionalen Verteilernetz und teilweise auch Hochspannung von 110 kV im regionalen Verteilernetz von Ballungsgebieten mit großen Industriekunden.[113] Im Hinblick auf die Pflicht in § 4 Abs. 1 EEG 2004 drängte sich daher die Frage auf, ob der Begriff „übertragen“ angesichts dieser energiewirtschaftlichen Unterscheidung zwischen

111 Müller, S. 152.

112 Müller, S. 152.

113 Müller, S. 152.

Übertragungs- und Verteilernetz eng auszulegen und auf das Übertragungsnetz zu begrenzen ist.

Der Begriff der Übertragung wird in Art. 2 Nr. 3 EltRL und dementsprechend in § 3 Nr. 32 EnWG definiert als der Transport von Elektrizität über ein Höchstspannungs- und Hochspannungsverbundnetz zum Zwecke der Belieferung von Endkunden oder Verteiler mit Ausnahme der Versorgung. Der Transport über Elektrizitätsverteilernetze ist demgegenüber nicht von diesem Begriff der Übertragung umfasst, sondern wird in Art. 2 Nr. 5 EltRL und von § 3 Nr. 37 EnWG als Verteilung bezeichnet. Diese normierten Begriffsbestimmungen sprechen dafür, dass der Strom aus erneuerbaren Energien gemäß § 4 Abs. 1 EEG 2004 nur über das Höchstspannungs- und Hochspannungsverbundnetz vorrangig zu übertragen war, nicht hingegen auch über das Verteilernetz.

Ebenfalls von der Wortwahl des Gesetzgebers gedeckt ist jedoch auch eine Auslegung, die den Transport über das Verteilungsnetz einschließt, denn allein die Semantik des Begriffes „übertragen" lässt schlicht auf einen Transportvorgang schließen. Der Bezug zur Spannungsebene des Netzes resultiert erst aus einer Berücksichtigung der Begriffsbestimmungen in der EltRL und dem EnWG. Unter Berücksichtigung, dass sich in der Gesetzesbegründung zum EEG 2004 der Hinweis findet, dass die Verpflichtung zur vorrangigen Übertragung Art. 7 Abs. 1 EE-RL 2001 umsetzen soll,[114] und gemäß dieser Bestimmung die Mitgliedstaaten sicherzustellen haben, dass die Betreiber der Übertragungs- und Verteilernetze in ihrem Hoheitsgebiet die Übertragung und Verteilung von Strom aus erneuerbaren Energien gewährleisten, liegt der Schluss nahe, dass der Gesetzgeber in § 4 Abs. 1 EEG 2004 den Transport von Elektrizität auf jeder Spannungsebene regeln wollte. Dieser auf eine genetische Auslegung zurückgehende Schluss lässt sich auch bei einer systematischen Auslegung gewinnen: § 4 Abs. 1 Satz 1 EEG benennt als Übertragungsverpflichtete die Netzbetreiber. Diese werden in § 3 Abs. 7 EEG 2004 und § 3 Nr. 8 EEG definiert als Betreiber von Netzen aller Spannungsebenen für die allgemeine Versorgung mit Elektrizität. Dies spricht dafür, dass die Übertragung von Elektrizität im Sinne des Transportes in jedem Netz erfolgen sollte, an das die Anlage angeschlossen ist. Demzufolge umfasste das Förderinstrument der vorrangigen Übertragung den vorrangigen Transport sowohl im Übertragungs- als auch im Verteilernetz. Unterstrichen wird dies durch die Gesetzesbegründung zu § 8 Abs. 1 EEG, der kein Hinweis darauf zu entnehmen ist, dass der Gesetzgeber in diese Vorschrift ein gegenüber dem EEG 2004 neues Förderinstrument implementieren wollte.[115] Daher hat der Gesetzge-

114 BT-Drs. 15/2327, S. 23 zu § 4 Abs. 1 EEG 2004. Art. 7 Abs. 1 EE-RL 2001 entspricht im Wesentlichen Art. 16 Abs. 1 EE-RL.

115 BT-Drs. 16/8148, S. 43 zu § 8 Abs. 1 EEG.

ber in § 8 Abs. 1 EEG gegenüber § 4 Abs. 1 EEG 2004 kein neues Förderinstrument eingeführt, sondern lediglich eine Klarstellung vorgenommen.

Die Förderung der Übertragung und Verteilung im Sinne eines Transports des Stromes steht als Instrument neben dem Förderinstrument der Abnahme. Wenn der Anlagenbetreiber von der Vermarktungsmöglichkeit der Abnahme durch den Netzbetreiber Gebrauch macht, besteht für das Förderinstrument Übertragung und Verteilung insofern kein Raum, als der Anlagenbetreiber darauf im Falle einer Abnahme durch den Netzbetreiber nicht angewiesen ist. Ein Interesse an einer vorrangigen Übertragung und Verteilung besteht hingegen dann, wenn er einen Stromliefervertrag mit einem Dritten (vermutlich zu einem über den Vergütungssätzen der §§ 23 ff. EEG liegenden Preis) abgeschlossen hat. Dann wird er den Strom einspeisen und übertragen bzw. verteilen wollen. Diesen Vorgang fördert das Übertragungs- und Verteilungsinstrument. Mithin lässt sich resümieren, dass die Übertragung ein Förderinstrument für die selbstständige Generierung von Absatzmöglichkeiten ist, die Abnahme demgegenüber ein Förderinstrument, das in der Bereitstellung einer Absatzmöglichkeit besteht.

#### *dd) Vergütung*

Gemäß § 16 Abs. 1 EEG ist der Strom vom Netzbetreiber zu vergüten.[116] Die Höhe der Vergütung je kWh ist für jede erneuerbare Energiequelle in den §§ 23 bis 33 EEG festgelegt. Die Vergütungssätze bestehen als feste Mindestsätze, sind vom Marktpreis unabhängig und vielfach kostendeckend.[117] Die Mindestvergütungen sind insoweit unabdingbar, als keine niedrigere Vergütung erbracht werden darf.[118] Dieses Förderinstrument setzt jedoch nach dem Wortlaut des § 17 Abs. 1 EEG entsprechend den vorstehenden Ausführungen voraus, dass der Strom in das Netz des Netzbetreibers eingespeist und diesem zur Verfügung gestellt wurde. Daraus folgt, dass nur der abgenommene Strom durch den Netzbetreiber zu vergüten ist. Wählt der Anlagenbetreiber eine andere Absatzmöglichkeit und nimmt nur das Förderinstrument der vorrangigen Übertragung und Verteilung in Anspruch, kann er aus dem Vergütungsinstrument keine Ansprüche ableiten.

#### *ee) Rechtsnatur der Förderinstrumente*

In der deutschen Rechtslehre herrscht seit der Implementierung der Abnahme- und Vergütungsinstrumente in das StrEG Streit darüber, ob es sich bei den vor-

116 Ausführlich zur Vergütungspflicht im EEG 2000: Weck, S. 68 ff.

117 Säcker/Timmermann in: Säcker, Band 2, Energieumweltschutzrecht Einl. Rn. 48.

118 Altrock/Oschmann/Theobald, § 5 Rn. 13 f.

stehend beschriebenen staatlichen Mitteln indirekter Verhaltenssteuerung um gesetzliche Ansprüche oder um einen Kontrahierungszwang handelt.[119] Aus der amtlichen Überschrift und dem Regelungsgehalt von § 4 Abs. 1 EEG folgt, dass es sich bei den Förderinstrumenten Anschluss, Abnahme, Übertragung, Verteilung und Vergütung um gesetzliche Ansprüche handelt. Einer Auslegung der Förderinstrumente im Sinne eines Kontrahierungszwanges steht entgegen, dass ein Netzbetreiber gemäß § 4 Abs. 1 EEG die Erfüllung seiner Verpflichtungen aus den §§ 5 Abs. 1 Satz 1, 8 Abs. 1 und 16 Abs. 1 EEG nicht vom Abschluss eines Vertrages abhängig machen darf. Somit hat der Anlagenbetreiber nunmehr unmittelbare gesetzliche Ansprüche auf vorrangigen Anschluss, vorrangige Abnahme, vorrangige Übertragung und Verteilung sowie auf Vergütung gegen den Netzbetreiber. Gestützt wird dies durch eine historische und genetische Auslegung: Wohl wissend, dass ohne die Regelung des § 4 Abs. 1 EEG weiterhin umstritten wäre, ob die §§ 5 Abs. 1 Satz 1, 8 Abs. 1 und 16 Abs. 1 EEG unmittelbare gesetzliche Ansprüche auf Anschluss, Abnahme, Übertragung, Verteilung und Vergütung oder einen entsprechenden Kontrahierungszwang normieren, hat der Gesetzgeber sich ausdrücklich durch Einführung des § 12 Abs. 1 EEG 2004, der Vorgängerregelung des § 4 Abs. 1 EEG, für unmittelbare gesetzliche Ansprüche entschieden.[120] Somit bleibt für die Annahme eines Kontrahierungszwanges kein Raum.[121]

*b) Fördersystem des KWKModG*

Analog zum Fördersystem des EEG hat der deutsche Gesetzgeber in § 4 Abs. 1 und 3 KWKModG Förderinstrumente geschaffen, die in dem Anschluss der KWK-Anlage an das Netz des nächstgelegenen Netzbetreibers bestehen und auf die vorrangige Abnahme des KWK-Stromes sowie dessen Vergütung durch den Netzbetreiber gerichtet sind. Das Förderinstrument der (vorrangigen) Übertragung und Verteilung hat der Gesetzgeber nicht gewählt.

*aa) Anschluss*

Mit dem Anschlussinstrument in § 4 Abs. 1 KWKModG wird dem Anlagenbetreiber die technische Anbindung der KWK-Anlage an das Netz für die all-

---

119 Vgl. den Überblick über diesen Streit seit dem StrEG: Salje, EEG, § 8 Rn. 20 ff.

120 BT-Drs. 15/2327, S. 35, zu § 12 Abs. 1 EEG 2004; zur Frage, ob es sich bei § 2 StrEG und § 3 EEG 2000 um gesetzliche Ansprüche oder einen Kontrahierungszwang handelte, vgl. Altrock/ Oschmann/Theobald, § 12 Rn. 7 ff. und 12 ff.

121 So, jedoch mit kritischem Blick auf die neue Rechtslage Salje, RdE 2005, 60, 61.

gemeine Versorgung ermöglicht.[122] Im Gegensatz zu § 5 Abs. 1 Satz 1 EEG wird ein vorrangiger Anschluss auch nach der Novellierung des KWKModG nicht gewährt. Nach den Änderungen, die am 1. Januar 2009 in Kraft getreten sind, erfolgt zwar die Abnahme von KWK-Strom ebenso vorrangig wie die Abnahme von Strom aus erneuerbaren Energien, nicht jedoch der Anschluss von KWK-Anlagen an das nächstgelegene Netz. Dies folgt nicht nur aus dem Wortlaut des § 4 Abs. 1 Satz 1 KWKModG, sondern auch aus dem Wortlaut sowie dem Sinn und Zweck von § 4 Abs. 1 Satz 2 KWKModG, der die Gleichrangigkeit der Förderinstrumente des EEG und KWKModG ausdrücklich auf das Abnahmeinstrument beschränkt.

*bb) Abnahme*

§ 4 Abs. 1 KWKModG enthält des Weiteren das Förderinstrument Abnahme des KWK-Stromes. Nach der neuen Fassung des KWKModG hat die Abnahme von KWK-Strom vorrangig zu erfolgen. Dadurch stellt der Gesetzgeber KWK-Strom dem Strom aus erneuerbaren Energien gleich und gewährt den Betreibern von KWK-Anlagen die Investitionssicherheit, die Betreiber von Anlagen, in denen Strom aus erneuerbaren Energien erzeugt wird, ebenfalls innehaben.[123]

Ebenso wie beim EEG wird das KWK-Abnahmeinstrument in der deutschen Rechtslehre fälschlicherweise als Antonym zur Einspeisung dargestellt.[124] Dies ist jedoch aus den bereits in Bezug auf das EEG-Abnahmeinstrument dargelegten Gründen verfehlt.[125] Die Abgrenzung zwischen der Abnahmepflicht als Vermarktungsinstrument und der Einspeisung bzw. Aufnahme des Stromes in das Netz wird in § 4 Abs. 1 KWKModG besonders deutlich. Von der Abnahmepflicht erfasst ist nur der in der KWK-Anlage erzeugte KWK-Strom. Wegen des ausdrücklichen Wortlauts besteht die Abnahmepflicht mithin nicht für den ebenfalls in der KWK-Anlage erzeugten Kondensationsstrom.[126] Dies ist der Strom, der nicht im Wege der gekoppelten Produktion erzeugt wurde.[127] Die Beschränkung der Abnahmepflicht auf KWK-Strom bringt praktische Probleme mit sich, da im Zeitpunkt der Einspeisung nicht zwischen KWK-Strom und Kondensationsstrom

---

122 Vgl. Teil 1: A II 2 a) aa). Lührig in: Säcker, Band 2, KWKModG, § 4 Rn. 10; Rosin in: Büdenbender/Rosin, § 4 Rn. 40.

123 Begründung zu § 4 Abs. 1 KWKModG in der BT-Drs. 16/8305 vom 28.02.2008, S. 26.

124 So z.B. Karpenstein/Schneller, RdE 2005, 1, die das KWKModG als Stromeinspeisungsgesetz bezeichnen, sowie Klöpfer, § 16 Rn. 82.

125 Vgl. Teil 1: A. II. 2. a) bb).

126 Dies unterscheidet die Abnahmepflicht nach § 4 Abs. 1 KWKModG von der Abnahmepflicht in § 2 KWK-G.

127 Rosin in: Büdenbender/Rosin, § 4 Rn. 54.

unterschieden werden kann. Der KWK-Anteil lässt sich lediglich rechnerisch gemäß § 3 Abs. 4 KWKModG als Produkt aus Nutzwärme und Stromkennzahl der KWK-Anlage ermitteln. Der Netzbetreiber kann sich unter Berufung auf die in § 4 Abs. 1 KWKModG enthaltene Beschränkung seiner Abnahmepflicht weigern, den Kondensationsstromanteil abzunehmen bzw. anzukaufen.[128] In diesem Fall muss der Anlagenbetreiber den eingespeisten Kondensationsstromanteil anderweitig vermarkten. Eingespeister und abzunehmender Strom sind mithin nicht identisch. Dies verdeutlicht, dass das Antonym zur Einspeisung die Aufnahme des Stromes in das Netz, nicht hingegen dessen Abnahme ist.

*cc) Vergütung*

Als weiteres Förderinstrument sieht § 4 Abs. 3 Satz 1 und 2 KWKModG die Vergütungspflicht des Netzbetreibers für den KWK-Strom vor. Da der Anschluss und die Abnahme grundsätzlich an bzw. in ein Netz für die allgemeine Versorgung erfolgen, erhält derjenige Strom eine Förderung durch Zuschlagszahlung, der in ein Netz für die allgemeine Versorgung gelangt ist. Zudem erhält auch derjenige Strom eine Zuschlagszahlung, der in ein Netz eingespeist wird, über das er im Sinne des § 110 Abs. 3 EnWG an ein Unternehmen des produzierenden Gewerbes geliefert wird. Schuldner ist in diesem Fall der Netzbetreiber, der ein Netz für die allgemeine Versorgung betreibt, das mit dem vorstehend genannten Netz unmittelbar verbunden ist. Hierbei handelt es sich um eine Erweiterung des Fördertatbestandes, die seit dem 1. Januar 2009 mit dem neu eingefügten § 4 Abs. 3a KWKModG gilt.

Das Vergütungsregime, mit dem der Gesetzgeber die Erzeugung von KWK-Strom fördert, weicht von dem des EEG mit seinen in den §§ 23 bis 33 EEG festgesetzten Vergütungssätzen ab. Nach dem KWKModG erhält der Anlagenbetreiber für den KWK-Strom neben einem vereinbarten oder üblichen Preis einen Zuschlag. Da die vereinbarte oder übliche Vergütung am Marktpreis orientiert sein wird, besteht die gesetzliche Förderung des KWK-Stromes in der Leistung des Zuschlages, dessen Höhe sich aus § 7 KWKModG ergibt.[129] Anders als beim EEG kommt der Anlagenbetreiber aber auch dann in den Genuss der Förderung, wenn er sich um eine anderweitige Absatzmöglichkeit bemüht und ein Dritter schließlich den Strom abnimmt. Er erhält in diesem Fall vom Netzbetreiber gemäß § 4 Abs. 3 Satz 4 KWKModG den mit dem Dritten vereinbarten

128 Zutreffend bezeichnet Büdenbender die Abnahmepflicht als Ankaufpflicht, Büdenbender in: Büdenbender/Rosin, Einf. Rn. 57. In der Praxis erklären sich die Netzbetreiber in der Regel bereit, den gesamten Strom abzunehmen, vgl. Rosin in: Büdenbender/Rosin, § 4 Rn. 55.

129 Zur Ausgestaltung der Vergütung im Einzelnen vgl. Schneider in: Schneider/Theobald, 2. Aufl., § 21 Rn. 168.

Preis nebst Zuschlag gemäß § 4 Abs. 3 Satz 1 KWKModG. Der Dritte erlangt dann vom Netzbetreiber zu dem vereinbarten Preis die jeweilige Strommenge. Der Zuschlag soll die Lücke zwischen dem am Markt erzielbaren Verkaufspreis und den für die Anlage erforderlichen Deckungsbeiträgen schließen. Das Vergütungsinstrument hat mithin zur Folge, dass der Anlagenbetreiber für den abgenommenen KWK-Strom einen Preis erhält, der über dem Marktpreis liegt.

*dd) Rechtsnatur der Förderinstrumente*

In Ermangelung einer mit § 4 Abs. 1 EEG vergleichbaren Regelung ist im Rahmen des KWKModG weiterhin umstritten, ob §§ 4 Abs. 1 und 3 KWKModG dem Anlagenbetreiber unmittelbare Ansprüche auf Anschluss, Annahme und Vergütung gewähren oder ob die Vorschriften einen Kontrahierungszwang vorsehen.[130] Unter Berufung darauf, dass mit der gesetzlichen Vorgabe der Vertragsparteien, des Vertragsgegenstandes und des Preises die essentialia negotii bereits bestimmt seien, wird teilweise vertreten, dass §§ 4 Abs. 1 und 3 KWKModG ein gesetzliches Schuldverhältnis vorgeben.[131] Der Wortlaut des § 4 Abs. 3 KWKModG deutet jedoch auf einen Kontrahierungszwang hin. Nach Satz 1 ist ein vereinbarter Preis für den KWK-Strom zu entrichten. Für den Fall, dass eine Vereinbarung nicht zustande kommt, gilt nach Satz 3 der übliche Preis als vereinbart (zuzüglich eines Entgeltes für vermiedene Netznutzung). Neben dieser am Wortlaut orientierten Auslegung führt auch eine genetische Auslegung zur Annahme eines Kontrahierungszwanges: Nach dem Willen des Gesetzgebers kann der Anlagenbetreiber vom Netzbetreiber den Abschluss eines Vertrages verlangen.[132] Diese Auslegungen stützen das Ergebnis, dass der Gesetzgeber einen Kontrahierungszwang normiert hat.[133] Damit unterscheidet sich das KWK-Fördersystem bei dog-

130 Vgl. zum Streitstand Büdenbender/Rosin, § 4 Rn. 6 ff.

131 Salje, Kraft-Wärme-Kopplungsgesetz, § 4 Rn. 36.

132 BT-Drs. 14/7024, S. 11 zu § 4.

133 Lührig in: Säcker, Band 2, KWKModG § 4 Rn. 7 ff. Die Rechtsfolgen eines Kontrahierungszwanges sind umstritten. Nach Nipperdey, S. 7, ist ein Kontrahierungszwang die auf Grund einer Norm der Rechtsordnung einem Rechtssubjekt ohne seine Willensbildung im Interesse eines Begünstigten auferlegte Verpflichtung, mit diesem einen Vertrag bestimmten oder von unparteiischer Seite zu bestimmenden Inhaltes abzuschließen. Aus dieser Definition folgt, dass erst der abzuschließende Vertrag Rechtsgrundlage für die Ansprüche auf Anschluss, Abnahme und Vergütung ist. Kilian, AcP (180), 47, 82, vertritt losgelöst vom Wortlaut des Kontrahierungszwanges die Auffassung, dass auch im Fall eines gesetzlichen Kontrahierungszwanges eine gesetzliche Pflicht zur Leistung (hier: Anschluss, Abnahme und Vergütung) besteht, die prozessual direkt, ohne Klage auf Abgabe einer Willenserklärung im Sinne des § 894 ZPO durchgesetzt werden kann. Denn zumindest im Falle einer Vollstreckung sei ein vorausgehender Vertragszwang zwecklos. Vermittelnd zwischen den vorgenannten Rechtspositionen ist die Auffassung, Rechtsfolge eines Kontrahierungszwanges sei ein Doppelan-

matischer Betrachtung vom EEG-Fördersystem, das ein gesetzliches Schuldverhältnis beinhaltet.[134] Dieser Dogmatik geschuldet ist – im Verweigerungsfalle des Netzbetreibers – eine Klage auf Abgabe einer entsprechenden Willenserklärung, die durch das Urteil gemäß § 894 Abs. 1 Satz 1 ZPO ersetzt werden kann.

### *c) Zusammenfassung*

Der deutsche Gesetzgeber hat mit den gesetzlichen Ansprüchen auf vorrangigen Anschluss, vorrangige Abnahme, vorrangige Übertragung und Verteilung sowie Vergütung im EEG Instrumente geschaffen, die den Akteuren einen Anreiz geben sollen, Elektrizität aus erneuerbaren Energien zu generieren.[135] Gleichfalls mit dem Telos einer umweltschonenden Elektrizitätserzeugung hat er mit der Regelung von Kontrahierungszwängen bezogen auf Anschluss, Abnahme und Vergütung im KWKModG Instrumente installiert, die den Akteuren einen Anreiz geben sollen, Elektrizität in KWK zu erzeugen.[136]

---

spruch, zum einen ein Anspruch auf Vertragserklärung des Anspruchsgegners, zum anderen ein Anspruch auf die Leistung (Anschluss, Abnahme und Vergütung) selbst, so Bydlinski, AcP (180), 1, 25.

134 Vgl. Teil 1: A. II. 2. a) ee).

135 Mit diesem Anspruchssystem in §§ 8 Abs. 1, 16 Abs. 1 EEG wird Strom aus erneuerbaren Energien unmittelbar gefördert. Damit der hierzu verpflichtete Netzbetreiber die Belastung der Förderung nicht allein tragen muss, schließt sich daran ein weiteres Anspruchssystem an, dessen Zweck in einem bundesweiten Ausgleich der Belastungen liegt: So muss der nach § 8 Abs. 1 EEG verpflichtete Netzbetreiber den Strom an seinen vorgelagerten Übertragungsnetzbetreiber gemäß § 34 EEG weitergeben, der diesen gemäß § 35 EEG vergütet. Die Übertragungsnetzbetreiber gleichen die Strommengen und die Vergütungszahlungen gemäß § 36 Abs. 1 EEG untereinander aus, bis sie eine Energiemenge abnehmen, die dem Durchschnittswert entspricht. Schließlich hat jeder Übertragungsnetzbetreiber gegen Elektrizitätsversorgungsunternehmen in seiner Regelzone, die Strom an Letztverbraucher liefern, gemäß § 37 Abs. 1 EEG einen Anspruch auf anteilige Abnahme und Vergütung.

136 An das die Erzeugung von KWK-Strom unmittelbar fördernde Vermarktungssystem schließt sich – wie auch beim EEG – ein aus zivilrechtlichen Ansprüchen bestehendes Ausgleichssystem an: Anders als beim EEG besteht dieses jedoch nicht in einem physikalischen Ausgleich, sondern ausschließlich in einem Ausgleich finanzieller Belastungen. § 9 Abs. 1 KWKModG gibt dem zuschlagspflichtigen Netzbetreiber einen Anspruch gegen den ihm vorgelagerten Übertragungsnetzbetreiber auf finanziellen Ausgleich der Zuschlagszahlungen. Die Übertragungsnetzbetreiber haben untereinander Ansprüche auf Ausgleich ihrer Zuschlags- und Ausgleichszahlungen, bis sie im Verhältnis zu den in ihrer Zone an Letztverbraucher ausgespeisten Strommengen die gleichen Belastungen tragen, § 9 Abs. 3 KWKModG. Schließlich gewährt § 9 Abs. 4 KWKModG dem jeweiligen Übertragungsnetzbetreiber gegen die nachgelagerten Netzbetreiber einen Ausgleichsanspruch, bis alle Netzbetreiber im Verhältnis zu den an Letztverbraucher ausgespeisten Strommengen die gleichen Belastungen tragen. Diese Belastungen können gemäß § 9 Abs. 7 KWKModG bei der Berechnung der Netzentgelte in Ansatz gebracht werden.

Wirkungsvoll zur indirekten Verhaltenssteuerung dürften sich insbesondere die echten Vermarktungsinstrumente Abnahme und Vergütung des Stromes aus erneuerbaren Energien und KWK erweisen. Angesichts dieser umweltpolitischen Instrumente, die über die Möglichkeit der bloßen Einspeisung hinausgehen, ist es verfehlt, von einem „Stromeinspeisungsrecht“[137] zu sprechen. Aufgrund des Vermarktungsregimes ist vielmehr die Bezeichnung „Stromvermarktungsrecht“ treffender.

## B. Auswirkungen nationaler umweltpolitischer Instrumente auf den Binnenmarkt

### I. Auswirkungen nationaler umweltpolitischer Instrumente

Nationale umweltpolitische Instrumente bleiben in der Regel nicht ohne Auswirkungen auf den Binnenmarkt. Dieser umfasst gemäß Art. 26 Abs. 2 AEUV einen Raum ohne Binnengrenzen, in dem unter anderem der freie Verkehr von Waren gewährleistet ist. Neben den Grundfreiheiten ist das europäische Wettbewerbsrecht gemäß Art. 101 ff. AEUV ein weiterer Pfeiler des Binnenmarkts.[138] Der Binnenmarkt setzt voraus, dass die Marktteilnehmer überall ein Rechtsregime vorfinden, das grundsätzlich zu einheitlichen Wettbewerbsbedingungen führt.[139] Die rechtlichen Rahmenbedingungen der ökonomischen Prozesse müssen so gestaltet sein, dass die Akteure entweder überall gleiche (rechtliche) Rahmenbedingungen vorfinden oder aber bestehende Differenzen ohne Einfluss auf ihre ökonomischen Entscheidungen sind.[140]

Die rechtlichen Rahmenbedingungen auf dem Binnenmarkt können sich jedoch durch nationale umweltpolitische Instrumente heterogen entwickeln. Dies liegt darin begründet, dass nationale umweltpolitische Instrumente im Allgemeinen als Rechtsnormen ausgestaltet sind. Diese können wegen der Begrenzung staatlicher Hoheitsgewalt auf das jeweils eigene Staatsgebiet nur auf dem Hoheitsgebiet des verhaltenssteuernden Mitgliedstaates Wirkung entfalten. Dies folgt aus dem völkerrechtlichen Grundsatz der Gebietshoheit, wonach der räum-

137 Klöpfer, § 16 Rn. 82.

138 Protokoll (Nr. 27) über den Binnenmarkt und den Wettbewerb, ABl. EU 2008 Nr. C 115, S. 309. Auch Khan in: Geiger/Khan/Kotzur, Art. 101 AEUV Rn. 1 und Terhechte in: Grabitz/Hilf/Nettesheim, EUV Art. 3 Rn. 40f.

139 So zum insoweit vergleichbaren Gemeinsamen Markt bzw. zur Rechtslage vor Inkrafttreten des Vertrags von Lissabon: v. Bogdandy in: Grabitz/Hilf, EGV Art. 2 Rn. 38.

140 So zum insoweit vergleichbaren Gemeinsamen Markt bzw. zur Rechtslage vor Inkrafttreten des Vertrags von Lissabon: v. Bogdandy in: Grabitz/Hilf, EGV Art. 2 Rn. 38.

liche Geltungsbereich einer staatlichen Rechtsordnung auf dieses Staatsgebiet beschränkt ist.[141] Mithin können die den Rechtsnormen innewohnenden nationalen umweltpolitischen Instrumente dem Binnenmarkt, der auf möglichst homogenen rechtlichen Rahmenbedingungen fußt, entgegenlaufen.

## II. Beeinträchtigung des Binnenmarktes durch EEG und KWKModG

Im Folgenden werden die Auswirkungen der durch den deutschen Gesetzgeber in den Rechtsnormen des EEG und KWKModG implementierten umweltpolitischen Instrumente auf den Binnenmarkt sowie die Frage, ob sie die Heterogenität rechtlicher Rahmenbedingungen fördern können, untersucht. Hierzu wird zunächst in positiver Hinsicht die Reichweite der durch EEG und KWKModG intendierten Verhaltenssteuerung herausgearbeitet, um sodann die marktbeeinträchtigende Wirkung aufzuzeigen.

### *1. Reichweite der Verhaltenssteuerung durch EEG und KWKModG*

#### *a) Anwendungsbereich des EEG*

Aus dem Wortlaut des § 2 Nr. 1 und Nr. 2 EEG folgt, dass der Anwendungsbereich des Fördersystems auf Anlagen zur Erzeugung von erneuerbaren Energien und aus Grubengas im Bundesgebiet einschließlich der deutschen ausschließlichen Wirtschaftszone beschränkt ist. Bundesgebiet bedeutet insofern das Staatsgebiet der Bundesrepublik Deutschland. Hierzu zählt neben der Erdoberfläche das angrenzende Küstenmeer.[142] Das deutsche Küstenmeer umfasst eine Zone von zwölf Seemeilen, gerechnet ab der so genannten Basislinie, die meist, aber nicht notwendigerweise identisch mit der Küstenlinie ist.[143] Grundsätzlich erstreckt sich das Küstenmeer zwar nur auf eine Zone von drei Seemeilen, die Bundesrepublik hat jedoch gemäß Art. 3 SRÜ ihr Küstenmeer auf zwölf Seemeilen ausgedehnt. Dies erfolgte durch Proklamation vom 11. November 1994 mit Wirkung zum 1. Januar 1995.[144] Nach dem völkerrechtlichen Grundsatz der Gebietshoheit

141 Ipsen, § 23 Rn. 3; Vitzthum in Isensee/Kirchhof, § 16 Rn. 12.

142 Ipsen, § 23 Rn. 3.

143 Die Küstenlinie ist die Linie, in der sich Land und Wasser berühren. Als natürliche Staatsgrenze an der Meeresküste ist diese jedoch ungeeignet, da sie wegen des veränderlichen Wasserstandes und der Arbeit des Meeres, die mit dem Abreißen von Küsten und auch mit der Anschwemmung von Sand einhergeht, nicht statisch ist. Daher wurden Basislinien geschaffen, die den Seekarten zu entnehmen sind.

144 BGBl. I 1994, S. 3428.

ist der räumliche Geltungsbereich der staatlichen Rechtsordnung zunächst auf dieses Staatsgebiet beschränkt.[145]

Der Gesetzgeber hat hingegen in § 2 Nr. 1 EEG eine Erweiterung des Geltungsbereiches des EEG auf die ausschließliche Wirtschaftszone vorgenommen. Zur ausschließlichen Wirtschaftszone gehören alle Meeresgebiete jenseits der 12-Meilen-Zone, die der Bundesrepublik aufgrund internationaler Vereinbarungen zur ausschließlichen wirtschaftlichen Nutzung zugewiesen wurden.[146] Die ausschließliche Wirtschaftszone der Bundesrepublik Deutschland liegt außerhalb ihrer territorialen Souveränität in der Nord- und Ostsee.[147] Diese Wirtschaftszone erstreckt sich gemäß Art. 57 SRÜ bis zu einer Distanz von 200 Seemeilen jenseits der Basislinien. Gemäß Art. 56 Abs. 1 lit. a SRÜ wird den Küstenstaaten eine begrenzte Zone zur Nutzung der dort angesiedelten Ressourcen zugewiesen. In dieser Zone haben sie das ausschließliche Recht der Erforschung und Ausbeutung, Erhaltung und Bewirtschaftung der lebenden und nicht lebenden natürlichen Ressourcen der Gewässer über dem Meeresboden, des Meeresbodens und dessen Untergrunds sowie hinsichtlich anderer Tätigkeiten zur wirtschaftlichen Erforschung und Ausbeutung der Zone wie der Energieerzeugung aus Wasser, Strömung und Wind. § 74 SRÜ stellt sicher, dass es nicht zu einer Überschneidung der Wirtschaftszonen kommt. Nach dieser Vorschrift erfolgt die Abgrenzung der ausschließlichen Wirtschaftszone zwischen Staaten mit gegenüberliegenden oder aneinander angrenzenden Küsten durch Übereinkunft auf der Grundlage des Völkerrechts. Diese Ausdehnung des örtlichen Anwendungsbereiches im EEG auf die ausschließliche Wirtschaftszone dient dazu, auch Offshore-Windenergieanlagen zu erfassen.[148] Betreiber von Anlagen außerhalb dieser ausschließlichen Wirtschaftszone Deutschlands haben folglich keinen Anspruch auf Anschluss, Abnahme, Übertragung, Verteilung und Vergütung nach dem EEG.[149]

### *b) Anwendungsbereich des KWKModG*

Der Anwendungsbereich des KWKModG erstreckt sich gemäß § 2 KWKModG nur auf KWK-Anlagen, die im Geltungsbereich des Gesetzes gelegen sind. Nach

145 Ipsen, § 23 Rn. 3; Vitzthum in: Isensee/Kirchhof, § 16 Rn. 12.

146 Ipsen, § 53 Rn. 1, 12.

147 Bekanntmachung der Proklamation der Bundesrepublik Deutschland über die Errichtung einer ausschließlichen Wirtschaftszone der Bundesrepublik Deutschland in der Nordsee und in der Ostsee, BGBl. II 1994, S. 3769 ff.; zum EEG 2000: Weck, S. 56 f.

148 Zum insoweit vergleichbaren EEG 2004: Altrock/Oschmann/Theobald, § 2 Rn. 14 mit dem Hinweis, dass in Zukunft auch Wellenkraftwerke an Bedeutung gewinnen könnten; Klöpfer, § 16 Rn. 95.

149 Zum EEG 2000: Weck, S. 56.

dem völkerrechtlichen Grundsatz der Gebietshoheit wird der räumliche Geltungsbereich des KWKModG durch die Grenzen der Bundesrepublik Deutschland bestimmt. Dies umfasst zwar die Zwölf-Seemeilen-Zone[150], da KWK-Anlagen jedoch anders als Offshore-Windenergieanlagen ausschließlich auf dem Festland errichtet werden, ist der Anwendungsbereich des KWKModG faktisch auf das Festland der Bundesrepublik beschränkt. Mithin fallen nur diejenigen KWK-Anlagen in den Anwendungsbereich des KWKModG, die innerhalb der Grenzen der Bundesrepublik liegen.

### 2. *Ausschluss der Förderung für Strom aus Anlagen außerhalb des deutschen Hoheitsgebietes*

Im Umkehrschluss folgt aus dem in § 2 Nr. 1 EEG und § 2 Satz 1 KWKModG positiv bestimmten Anwendungsbereich der Fördergesetze, dass die Förderinstrumente nicht für Betreiber von EEG-Anlagen außerhalb der deutschen ausschließlichen Wirtschaftszone und von KWK-Anlagen, die sich nicht auf deutschem Staatsgebiet befinden, gelten.[151] Damit werden Elektrizitätsgewinnungsprozesse, die außerhalb des deutschen Staatsgebietes bzw. außerhalb der deutschen ausschließlichen Wirtschaftszone stattfinden, auch dann nicht berücksichtigt, wenn der nach den Vorgaben des EEG oder KWKModG erzeugte Strom schließlich in ein deutsches Netz für die allgemeine Versorgung gelangt.[152] Strom aus erneuerbaren Energien und KWK-Strom, der außerhalb des Geltungsbereiches des jeweiligen Fördergesetzes erzeugt wird, fällt mithin aufgrund der Inlandsbindung bzw. den Inlandsvorbehalten[153] nicht in den Anwendungsbereich deutscher Fördergesetze. Dies gilt auch für Strom, der in Anlagen außerhalb des Geltungsbereiches von EEG und KWKModG in Mitgliedstaaten der Europäischen Union erzeugt wird.

### 3. *Zusammenfassung*

Somit kann im Hinblick auf § 2 Nr. 1 EEG und § 2 Satz 1 KWKModG festgehalten werden, dass die deutschen umweltpolitischen Instrumente die rechtlichen Rahmenbedingungen für die Erzeugung von Elektrizität aus erneuerbaren Energien und in KWK in einer Weise beeinflussen, die innerhalb des Binnen-

150 Vgl. Teil 1: B. II. 1 a).

151 So auch für das EEG 2004: Altrock/Oschmann/Theobald, § 4 Rn. 25.

152 Karpenstein/Schneller, RdE 2005, 6, 7, allerdings ohne Berücksichtigung des erweiterten Anwendungsbereiches des EEG 2004 über das Staatsgebiet der Bundesrepublik Deutschland hinaus auf die deutsche ausschließliche Wirtschaftszone.

153 So der treffende Terminus von Apfelstedt, ZNER 2001, 2, 6.

marktes auf deutschem Hoheitsgebiet und – im Falle erneuerbarer Energien – in der deutschen ausschließlichen Wirtschaftszone zu einer Förderung durch diese Rechtsnormen führt, während Erzeugungsprozesse auf dem Hoheitsgebiet anderer Mitgliedstaaten hiervon ausgeschlossen sind. Dies fördert allein eine Heterogenität der rechtlichen Rahmenbedingungen auf dem Binnenmarkt und kann dessen Funktionieren daher beeinträchtigen, weil Anlagenbetreiber nicht auf dem gesamten Binnenmarkt die Förderung des EEG und KWKModG in Anspruch nehmen können.

Das Bundesamt für Seeschifffahrt und Hydrographie hat bereits 21 Offshore-Windenergieanlagen in der deutschen ausschließlichen Wirtschaftszone in Nord- und Ostsee genehmigt, mehr als 50 weitere Vorhaben in der deutschen ausschließlichen Wirtschaftszone sind geplant, die in den räumlichen Anwendungsbereich des EEG fallen werden.[154] Dies verdeutlicht den künftigen Umfang der Marktbeeinträchtigung als Folge der durch das EEG bedingten Heterogenität der rechtlichen Rahmenbedingungen für die Stromerzeugung aus erneuerbaren Energien.

An diese Feststellungen schließt sich die Frage an, ob die den umweltpolitischen Förderinstrumenten innewohnenden Ungleichbehandlungen, die auf dem Binnenmarkt stattfinden, mit den Prinzipien des Binnenmarktes, die die Freiheit des Warenverkehrs als eine seiner tragenden Säulen beinhalten, vereinbar sind. Diese Frage soll im Folgenden zum Anlass genommen werden, die Grenzlinie zwischen Umweltschutz und freiem Warenverkehr herauszuarbeiten.

154 Bundesamtes für Seeschifffahrt und Hydrographie unter http://www.bsh.de/de/Meeresnutzung/Wirtschaft/Windparks/index.jsp (abgerufen am 01.03.2011) und http://www.bsh.de/de/Das_BSH/Presse/Pressearchiv/Pressemitteilungen2009/13-2009.jsp (abgerufen am 01.03.2011).

# Teil 2: Europarechtlicher Prüfungsmaßstab für nationale umweltpolitische Instrumente zur Förderung erneuerbarer Energien und KWK

Der EuGH hat in ständiger Rechtsprechung den Grundsatz entwickelt, dass eine nationale Maßnahme nicht anhand der Bestimmungen des Primärrechts zu beurteilen ist, wenn sie in einen Bereich fällt, der auf Unionsebene abschließend harmonisiert wurde.[155] Den Prüfungsmaßstab bildet dann die sekundärrechtliche Harmonisierungsmaßnahme.[156] Andernfalls könnte ein Mitgliedstaat abweichend von einer bestehenden sekundärrechtlichen Regelung neue Binnenhandelshemmnisse unter Berufung auf im Rahmen der Grundfreiheiten anerkannte Rechtfertigungsgründe schaffen.[157] Nach der Rechtsprechung des EuGH wird den Mitgliedstaaten eine Beeinträchtigung der Grundfreiheiten jedoch nur dann zugestanden, wenn diese nicht einem gültigen sekundärrechtlichen Harmonisierungsakt zuwiderläuft.[158] Existiert ein solcher Harmonisierungsakt, sind Beeinträchtigungen der jeweiligen Grundfreiheiten unzulässig. Die Vorschriften des abgeleiteten Rechts gehen im Hinblick auf die Beurteilung nationaler Maßnahmen den Bestimmungen des Primärrechts vor.[159] Voraussetzung ist dabei jedoch, dass das harmonisierende Sekundärrecht selbst mit dem Primärrecht vereinbar ist. Daher büßt das Primärrecht auch im Falle abschließenden und rechtmäßigen Sekundärrechts nicht an Bedeutung ein. Zudem sind die Vorschriften des abge-

155 So in ständiger Praxis EuGH Rs. C-37/92 (Vanacker und Lesage) Urt. v. 12.10.1993, Slg. 1993, I-4947, Rn. 9; darauf Bezug nehmend EuGH Rs. C-324/99 (DaimlerChrysler) Urt. v. 13.12.2001, Slg. 2001, I-9897, Rn. 32; EuGH Rs. C-322/01 (DocMorris) Urt. v. 11.12.2003, Slg. 2003, I-14887, Rn. 64; EuGH Rs. C-309/02 (Radlberger) Urt. v. 14.12.2004 Rn. 53, Slg. 2004, I-11763. Ebenso Gronau/Topp, ZNER 2001, 141, 145.

156 Vgl. EuGH Rs. C-37/92 (Vanacker und Lesage) Urt. v. 12.10.1993, Slg. 1993, I-4947, Rn. 9; darauf Bezug nehmend EuGH Rs. C-324/99 (DaimlerChrysler) Urt. v. 13.12.2001, Slg. 2001, I-9897, Rn. 32; EuGH Rs. C-322/01 (DocMorris) Urt. v. 11.12.2003, Slg. 2003, I-14887, Rn. 64; EuGH Rs. C-309/02 (Radlberger) Urt. v. 14.12.2004, Slg. 2004, I-11763, Rn. 53. Auch Kingreen in: Calliess/Ruffert, 4. Aufl., AEUV Art. 36 Rn. 1 und Leible/Streinz in Grabitz/Hilf/Nettesheim, AEUV Art. 36 Rn. 38.

157 So anklingend in EuGH Rs. 120/78 (Rewe), Urt. v. 20.02.1979, Slg. 1979, 649, Rn. 8; EuGH Rs. 261/81 (Rau) Urt. v. 10.11.1982, Slg. 1982, 3961, Rn. 12; EuGH Rs. 298/87 (Smanor) Urt. v. 14.07.1988, Slg. 1988, 4489, Rn. 15, allerdings im Rahmen der Frage, inwieweit eine Berufung auf zwingende Allgemeinwohlinteressen ein Handelshemmnis rechtfertigen kann.

158 EuGH Rs. 227/82 (van Bennekom) vom 30.11.1983, Slg. 1983, 3883, Rn. 35.

159 Generalanwältin Stix-Hackl, Schlussanträge vom 11.03.2003 in der Rs. C-322/01 (DocMorris), Rn. 48.

leiteten Rechts im Lichte des Primärrechts auszulegen und können Verweisungen auf das Primärrecht enthalten.[160]

Diese Dogmatik hat zur Folge, dass die im Primärrecht verankerte Warenverkehrsfreiheit für nationale umweltpolitische Instrumente wie die deutschen Förderinstrumente nur dann den maßgeblichen Prüfungsmaßstab darstellt, wenn kein abschließendes, harmonisierendes Sekundärrecht besteht. Um anhand der deutschen umweltpolitischen Förderinstrumente die Reichweite der Warenverkehrsfreiheit bestimmen zu können, hat daher zunächst eine Überprüfung des einschlägigen Sekundärrechts daraufhin zu erfolgen, ob dieses die Förderung umweltfreundlicher Elektrizitätserzeugung bzw. die zu diesem Zweck implementierten jeweiligen Förderinstrumente abschließend harmonisiert (A.). Des Weiteren stellt sich im Hinblick auf die Vergütungsinstrumente die Frage, ob andere primärrechtliche Vorschriften wie etwa das Beihilferegime vorrangig zu berücksichtigen sind und die Warenverkehrsfreiheit als Prüfungsmaßstab verdrängen (B.).

## A. Sekundärrecht als „gegenwärtiger Stand des Unionsrechts"

Der EuGH bestimmt im Rahmen seiner Untersuchungen stets den Regelungsbereich einschlägigen Sekundärrechts.[161] Dabei beurteilt er die Frage, ob ein Rechtsbereich abschließend harmonisiert ist, nicht pauschal für den jeweiligen sekundärrechtlichen Rechtsakt, sondern separat für jede einzelne in Betracht kommende Bestimmung.[162] Abschließend ist eine Unionsregelung, wenn der Schutz des fraglichen Rechtsguts umfassend geregelt ist. Sofern die fragliche nationale Maßnahme in diesen Regelungsbereich fällt, bildet das Sekundärrecht den Beurteilungsmaßstab.[163] Besteht das einschlägige und abschließende Sekundärrecht in Richtlinienbestimmungen, ist allerdings Voraussetzung, dass die Umsetzungsfrist der Richtlinie verstrichen ist. Vor Ablauf der Umsetzungsfrist entfalten Richtlinienbestimmungen lediglich insofern Rechtswirkungen, als die Mitgliedstaaten Rechtshandlungen zu unterlassen haben, die den angestrebten Erfolg der Richtlinie vereiteln könnten. Dies folgt aus Art. 288 Abs. 3 AEUV

160 Generalanwältin Stix-Hackl, Schlussanträge vom 11.03.2003 in der Rs. C-322/01 (DocMorris), Rn. 49.

161 Vgl. den Untersuchungsgang in EuGH Rs. C-324/99 (DaimlerChrysler) Urt. v. 13.12.200, Slg. 2001, I-9897, Rn. 32 ff.

162 So der EuGH in Rs. C-309/02 (Radlberger) Urt. v. 14.12.2004, Slg. 2004, I-11763, Rn. 53 ff.

163 EuGH Rs. C-324/99 (DaimlerChrysler) Urt. v. 13.12.2001, Slg. 2001, I-9897, Rn. 42 f. mit Verweis auf Art. 249 Abs. 3 i. V. m. Art. 10 Abs. 2 EG.

i. V. m. Art. 4 Abs. 3 EUV.[164] Ist ein Regelungsbereich nicht oder nicht abschließend harmonisiert, nimmt der EuGH eine Prüfung anhand der Vertragsbestimmungen über die jeweilige Grundfreiheit vor.[165]

Den für das Förderinstrumentarium in EEG und KWKModdG einschlägigen sekundärrechtlichen Rahmen bilden die im Bereich des Energierechts erlassenen Richtlinien und Verordnungen. Hierzu gehören die EltRL, die NetzzugangsVO, die EE-RL und die KWK-RL. Diese sekundärrechtlichen Akte im Sinne des Art. 288 Abs. 2 und 3 AEUV sind im Einklang mit der Prüfungspraxis des EuGH im Folgenden daraufhin zu untersuchen, inwieweit sie die Förderung erneuerbarer Energien und KWK sowie die umweltpolitischen Steuerungsinstrumente Anschluss, Abnahme, Übertragung, Verteilung und Vergütung von Elektrizität aus erneuerbaren Energien und die Steuerungsinstrumente Anschluss, Abnahme und Vergütung von KWK-Strom abschließend regeln. Die Prüfung erfolgt mithin für das EEG und das KWKModG gesondert sowie im Rahmen dessen jeweils zum einen im Hinblick auf das Fördersystem als Ganzes und zum anderen im Hinblick auf jedes einzelne Förderinstrument.

Fehl geht indes die Annahme von *Karpenstein/Schneller*, die das Vorliegen einer abschließenden Unionsregelung für die Förderung der Elektrizitätserzeugung aus erneuerbaren Energien bereits dann bejahen wollen, sobald der Unionsgesetzgeber die rechtlichen Voraussetzungen für einen funktionierenden Elektrizitätsbinnenmarkt unter Einschluss der erneuerbaren Energien geschaffen hat.[166] Auf eine solche abstrakt-generelle Einschätzung des Sekundärrechts kommt es gerade nicht an. Vielmehr hat im Einklang mit der ständigen Prüfungspraxis des EuGH eine Analyse einschlägiger sekundärrechtlicher Bestimmungen mit Blick darauf zu erfolgen, inwieweit diese einen Rechtsbereich abschließend regeln.[167] Im Falle der Förderung durch das EEG und das KWKModG kann ein solcher abschließend harmonisierter Rechtsbereich nicht nur für die Förderung bzw. das Fördersystem als Ganzes bestehen, sondern auch für die jeweiligen Instrumente, mithin die Anschlussinstrumente, die Abnahmeinstrumente, das Übertragungs- und Verteilungsinstrument (im Rahmen des EEG) und die Vergütungsinstrumente. Im Rahmen der Prüfung muss dem Umstand Rechnung getragen werden, dass das Fördersystem diese einzelnen, in rechtlicher Hinsicht trennbaren energiewirtschaftlichen Förderinstrumente beinhaltet. So kann zum einen die Förderung der Elektrizitätserzeugung aus erneuerbaren Energien oder KWK

164 EuGH Rs. C-129/96 (Wallonische Abfälle) Urt. v. 18.12.1997, Slg. 1997 I-7411, Rn. 45; Ruffert in: Calliess/Ruffert, 4. Aufl., AEUV Art. 288 Rn. 23.

165 EuGH Rs. C-309/02 (Radlberger) Urt. v. 14.12.2004, Slg. 2004, I-11763, Rn. 56 f.

166 Karpenstein/Schneller, RdE 2005, 6, 8.

167 So der EuGH in seiner ständigen Prüfungspraxis, exemplarisch: EuGH Rs. C-309/02 (Radlberger), Urt. vom 14.12.2004, Rn. 53 ff.

auf sekundärrechtlicher Ebene eine abschließende Regelung erfahren, zum anderen aber auch jedes einzelne der energiewirtschaftlichen Instrumente. Diesem Umstand wird die Prüfungspraxis in der deutschen Rechtslehre nicht gerecht, wenn diese nur das Fördersystem als Ganzes betrachtet und es einer europarechtlichen Analyse unterzieht, nicht aber zwischen der Förderung bzw. dem Fördersystem und den jeweiligen Förderinstrumenten differenziert.[168] Das bestehende Sekundärrecht ist vielmehr daraufhin zu untersuchen, ob es für die Förderung erneuerbarer Energien und KWK und für jedes einzelne der Förderinstrumente abschließende Regelungen enthält. Soweit der Regelungsbereich des Sekundärrechts nach dem Ergebnis dieser Prüfung die Förderung erneuerbarer Energien und KWK oder eines der Förderinstrumente abschließend harmonisiert, ist eine warenverkehrsrechtliche Prüfung in Bezug auf die jeweilige Förderung oder das jeweilige Förderinstrument verwehrt. Lediglich im Hinblick auf die vom Sekundärrecht nicht abschließend geregelten Rechtsbereiche kann eine Prüfung auf primärrechtlicher Ebene vorgenommen werden.

## I. Sekundärrechtlicher Rechtsrahmen für die Förderung erneuerbarer Energien

Die Stromerzeugung aus erneuerbaren Energien ist Regelungsgegenstand der EE-RL, deren Umsetzungsfrist gemäß Art. 27 Abs. 1 EE-RL am 5. Dezember 2010 abgelaufen ist. Des Weiteren gibt die EltRL einen für erneuerbare Energien zu beachtenden Rechtsrahmen vor, da sie allgemeine Vorschriften für den gesamten Elektrizitätssektor enthält. Deren Umsetzungsfrist ist gemäß Art. 49 Abs. 1 EltRL am 3. März 2011 abgelaufen. Letztlich könnte die NetzzugangsVO einschlägige Bestimmungen vorsehen. Die EltRL und die NetzzugangsVO bilden gemeinsam mit der Richtlinie 2009/73/EG über gemeinsame Vorschriften für den Erdgasbinnenmarkt[169] den neuen Ordnungsrahmen für den Energiebinnenmarkt.[170]

---

168 So im Hinblick auf das EEG 2004 die Prüfungspraxis von Karpenstein/Schneller, RdE 2005, 6, 8 ff. sowie Klinski, ZNER 2005, 207, 208 ff., auch anklingend bei Oschmann, S. 95 f., und Altrock/Oschmann/Theobald, Einführung Rn. 84. Ebenso die deutschen Rechtsetzungsorgane in BT-Drs. Nr. 16/8148 vom 18.02.2008, S. 35.

169 Richtlinie 2009/73/EG des Europäischen Parlaments und des Rates vom 13.07.2009 über gemeinsame Vorschriften für den Erdgasbinnenmarkt und zur Aufhebung der Richtlinie 2003/55/EG, ABl. EU 2003 Nr. L 211, 94.

170 Lecheler/Gundel, EuZW 2003, 621.

### *1. EE-RL*

Die Zielrichtung der EE-RL besteht gemäß Art. 1 darin, den gemeinschaftsweiten Anteil erneuerbarer Energiequellen am Bruttoendenergieverbrauch zu steigern und einen gemeinsamen Rahmen zur Förderung erneuerbarer Energien zu schaffen.[171] Vor diesem Hintergrund gibt Art. 3 Abs. 1 i. V. m. Art. 5 bis 11 EE-RL entsprechende Zielwerte vor: Bis zum Jahr 2020 soll der Anteil von Strom aus erneuerbaren Energiequellen am Bruttoendenergieverbrauch der Europäischen Union zwanzig Prozent betragen.

Es stellt sich die Frage, inwieweit die Unionsorgane mit der EE-RL abschließende Regelungen auf Unionsebene getroffen haben, anhand derer ein mitgliedstaatliches System zur Förderung erneuerbarer Energien oder eines der im EEG genannten Förderinstrumente Anschluss der Erzeugungsanlage an das Netz, die Abnahme von Strom, die Übertragung und Verteilung sowie dessen Vergütung zu beurteilen ist. Diese Regelungen würden im Hinblick auf die europarechtliche Beurteilung der Förderinstrumente der in Art. 34 AEUV geregelten Warenverkehrsfreiheit vorgehen.[172]

#### *a) Regelungsgehalt der EE-RL im Hinblick auf ein System zur Förderung erneuerbarer Energien*

#### *aa) Telos und Genetik der EE-RL*

Die Unionsorgane haben in Art. 1 EE-RL das Telos der Richtlinie bestimmt. Dieses besteht nach dem Wortlaut der Richtlinienbestimmung neben einer Steigerung des Anteils erneuerbarer Energiequellen am Bruttoendenergieverbrauch in der Schaffung eines gemeinsamen Rahmens für die Förderung von Energie aus erneuerbaren Quellen. Dieser bezieht sich gemäß Art. 1 Satz 3 EE-RL auf Regeln für statistische Transfers zwischen Mitgliedstaaten, gemeinsame Projekte zwischen Mitgliedstaaten und mit Drittländern, Herkunftsnachweise, administrative Verfahren, Informationen und Ausbildung sowie auf den Zugang zum Elektrizi-

171 Vgl. hierzu Europäische Kommission, KOM(2008) 19 endg., S. 25.

172 Zu pauschal ist daher die Aussage von Altrock/Oschmann/Theobald, Einf. Rn. 71, die ohne nähere Prüfung zu dem Schluss kommen, dass die EE-RL als Sonderregelung den Vorschriften des EG (nunmehr AEUV) über den freien Warenverkehr vorgeht. Dies gilt freilich nur, soweit die zu beurteilenden Sachverhalte von den Bestimmungen der EE-RL umfasst sind. Bereiche, die nicht vom Regelungsgehalt der EE-RL umfasst sind, sind an Art. 34 AEUV zu messen.

tätsnetz für Energie aus erneuerbaren Quellen.[173] Die Richtlinie stellt nach ihrem Telos hingegen keinen gemeinsamen Rahmen für Förderregelungen auf. Damit geht bereits aus dem Wortlaut des Art. 1 EE-RL hervor, dass die Richtlinie keine Regelung darstellt, die die nationale Förderung erneuerbarer Energien abschließend regelt und mithin deren Prüfungsmaßstab bildet.

Bereits im Rechtsetzungsverfahren wurde deutlich, dass die Unionsorgane eine Harmonisierung der Förderregelungen nicht intendierten und stattdessen weiterhin die Wahl in das Ermessen der Mitgliedstaaten stellen wollten.[174] Wie auch vor Erlass der Vorgängerrichtlinie war ihnen bewusst, dass sich gerade die mitgliedstaatlichen Preisstützungssysteme auf den Verkauf von Strom aus erneuerbaren Energien durch nationale Erzeuger auf den nationalen Markt beschränkten und so einem gemeinschaftsweiten Handel und Wettbewerb zuwiderliefen.[175] Gleichwohl verzichteten sie in beiden Richtlinien auf eine gemeinschaftsweite Harmonisierung der Förderregelungen.[176] Niederschlag hat dies in Erwägungsgrund 25 der EE-RL gefunden. In Satz 2 wird hervorgehoben, dass die Mehrheit der Mitgliedstaaten Förderregelungen anwendet, bei denen Vorteile nur für Energie gewährt werden, die auf ihrem Hoheitsgebiet erzeugt wird. Diese Unterschiede werden zudem gerechtfertigt, indem es in Satz 3 weiter heißt, dass Mitgliedsstaaten Wirkung und Kosten ihrer Förderregelungen kontrollieren können müssen, um das ungestörte Funktionieren der Förderregelungen zu gewährleisten. Nach Erwägungsgrund 25 Satz 5 EE-RL zielt die Richtlinie nicht darauf ab, die nationalen Förderregelungen zu beeinträchtigen. Demzufolge spricht neben der Auslegung des Wortlauts in Art. 1 EE-RL und der darauf basierenden Bestimmung des Telos auch die genetische Auslegung[177] gegen die Annahme einer abschließenden Harmonisierung durch die EE-RL.

### *bb) Regelungen über Maßnahmen zur Steigerung des Verbrauchs von Strom aus erneuerbaren Energiequellen*

Unter Berücksichtigung dieses Telos stellt auch die in Art. 3 Abs. 2 EE-RL enthaltene Hauptverpflichtung der Mitgliedstaaten zur Erreichung des Richtli-

---

173 Ehricke in: Frenz/Müggenborg, Europäisches Recht der Erneuerbaren Energien Rn. 32, vertritt ebenfalls die Auffassung, dass durch Art. 1 EE-RL die Schaffung eines gemeinsamen Systems im Sinne einer Harmonisierung nationaler Förderregelungen durch die Richtlinie ausdrücklich nicht angestrebt wird.

174 Europäische Kommission, KOM(2008) 19 endg., S. 12. KOM(2008) 30 endg., S. 8.

175 Europäische Kommission, KOM(2000) 279 endg., S. 7.

176 Europäische Kommission, KOM(2000) 279 endg., S. 5; KOM(2008) 19 endg., S. 12. KOM(2008) 30 endg., S. 8.

177 Zur bestätigenden Wirkung der genetischen Auslegung vgl. Buerstedde, S. 59.

nienziels bereits aufgrund ihrer systematischen Einbettung in die EE-RL keine abschließende harmonisierende Regelung für die Förderung erneuerbarer Energien dar. Art. 3 Abs. 2 EE-RL verpflichtet die Mitgliedstaaten, Maßnahmen zu ergreifen, um effektiv zu gewährleisten, dass ihr Anteil von Energien aus erneuerbaren Quellen den vorgeschriebenen Anteil erreicht oder übersteigt. Hierzu können sie gemäß Art. 3 Abs. 3 lit. a EE-RL Förderregelungen erlassen. Der Begriff der Förderregelung wird in Art. 2 lit. k EE-RL legaldefiniert.[178] Die qualitativen Anforderungen, denen diese Maßnahmen bzw. Förderregelungen, wie etwa das deutsche Fördersystem im EEG, gerecht werden müssen, sind weder dem Wortlaut der Art. 3 Abs. 2 und 3 lit. a EE-RL noch der Legaldefinition in Art. 2 lit. k EE-RL zu entnehmen.[179] Bei der Auswahl der einzelnen Maßnahmen gesteht Art. 3 Abs. 2 und 3 lit. a EE-RL den Mitgliedstaaten vielmehr einen weiten Spielraum zu.[180] Die Maßnahmen müssen gemäß Art. 4 Abs. 4 EE-RL lediglich einer Verhältnismäßigkeitsprüfung standhalten können. Eine Harmonisierung der nationalen Fördersysteme ist damit weder nach dem Wortlaut des Art. 3 Abs. 2 und 3 lit. a EE-RL noch nach dem Telos der EE-RL intendiert, vielmehr sollen die nebeneinander bestehenden Fördermaßnahmen beibehalten und beobachtet werden.[181]

### *cc) Regelungen über Herkunftsnachweise und Genehmigungsverfahren*

Zu einem anderen Ergebnis führt auch nicht die Betrachtung der übrigen Richtlinienbestimmungen. Art. 15 EE-RL enthält die an die Mitgliedstaaten gerichtete Verpflichtung, Herkunftsnachweise für Strom aus erneuerbaren Energiequellen zuzulassen. Da Herkunftsnachweise dem Käufer die Gewissheit geben, dass die bezogene Elektrizität aus erneuerbaren Energiequellen erzeugt wurde, wird

178 Eine Förderregelung ist danach ein Instrument, eine Regelung oder ein Mechanismus, das bzw. die bzw. der von einem Mitgliedstaat oder einer Gruppe von Mitgliedstaaten angewendet wird und die Nutzung von Energie aus erneuerbaren Quellen dadurch fördert, dass die Kosten dieser Energie gesenkt werden, ihr Verkaufspreis erhöht wird oder ihre Absatzmenge durch eine Verpflichtung zur Nutzung erneuerbarer Energie oder auf andere Weise gesteigert wird. Dazu zählen unter anderem Investitionsbeihilfen, Steuerbefreiungen oder -erleichterungen, Steuererstattungen, Förderregelungen, die zur Nutzung erneuerbarer Energiequellen verpflichten, einschließlich solcher, bei denen grüne Zertifikate verwendet werden, sowie direkte Preisstützungssysteme einschließlich Einspeisetarife und Prämienzahlungen.

179 Zur EE-RL 2001 ebenso Schalast, ZNER 2004, 133, 134. So auch Oschmann, RdE 2002, 131, 134, der ebenfalls Art. 3 Abs. 1 EE-RL 2001 als so unbestimmt ansieht, dass ihm kein konkreter, über die allgemeine Verpflichtung zum Tätigwerden hinausgehender umsetzungsfähiger Inhalt entnommen werden kann.

180 So auch Ehricke in: Frenz/Müggenborg, Europäisches Recht der Erneuerbaren Energien Rn. 27.

181 So bereits zur EE-RL 2001 Schalast, ZNER 2001, 74, 80.

sichergestellt, dass der Handel mit Strom aus erneuerbaren Energiequellen zuverlässig funktioniert und praktikabel ist.[182] Daneben verpflichtet Art. 13 EE-RL die Mitgliedstaaten zur Implementierung verhältnismäßiger Genehmigungs-, Zertifizierungs- und Zulassungsverfahren für EE-Anlagen. Beide Regelungsbereiche betreffen nicht die mitgliedstaatlichen Fördersysteme im Sinne des Art. 3 Abs. 2 und 3 lit. a EE-RL und stellen damit Regelungsbereiche dar, die keine tauglichen Prüfungsmaßstäbe für das durch das EEG geschaffene Fördersystem sein können.

#### *dd) Ergebnis*

Auf Grundlage der vorstehenden Auslegungsergebnisse kann resümiert werden, dass die EE-RL keine abschließenden und harmonisierenden Bestimmungen für eine Förderung der Elektrizitätserzeugung aus erneuerbaren Energien enthält.[183] Die Richtlinie belässt die Wahl des Fördersystems auf mitgliedstaatlicher Ebene und stellt damit einen dezentralisierten Ansatz zur Förderung erneuerbarer Energien dar.[184]

Dieses Ergebnis entspricht auch der Einschätzung der Kommission: In ihrem offiziellen Bericht, den sie 2005 gemäß Art. 4 Abs. 2 EE-RL 2001 vorgelegt hat, hebt sie die Schwierigkeit hervor, die bestehenden Einspeiseregelungen auf EU-Ebene zu harmonisieren.[185] Des Weiteren hatte sie im Jahr 2007 angekündigt zu überprüfen, auf welche Art und Weise und wie erfolgreich die erneuerbaren Energien in den Mitgliedstaaten gefördert werden, um gegebenenfalls eine Harmonisierung der Fördermaßnahmen für erneuerbare Energieträger im Rahmen des Elektrizitätsbinnenmarktes vorzuschlagen.[186] Dies ist durch die EE-RL nicht erfolgt, wie sich aus Erwägungsgrund 25 EE-RL ergibt.[187] Damit wird unterstrichen, dass die Förderung erneuerbarer Energiequellen durch die EE-RL noch keine Harmonisierung erfahren hat.

### *b) Regelungsgehalt der EE-RL im Hinblick auf die Förderinstrumente des EEG*

Die Richtlinienbestimmungen könnten jedoch Regelungen für die einzelnen in das EEG implementierten umweltpolitischen Förderinstrumente enthalten.

---

182 Europäische Kommission, KOM(2000) 279 endg., S. 3, 9.

183 A. A. Altrock/Oschmann/Theobald, Einf. Rn. 84.

184 So Egenhofer/Jansen, European Review of Energy Markets, Volume 1, issue 2, 2006, 57, 59, 63 f.

185 Mitteilung der Kommission, KOM(2005) 627 endg., S. 4, 12.

186 Mitteilung der Kommission, KOM(2006) 848 endg., S. 14.

187 Mitteilung der Kommission, KOM(2008) 19 endg., S. 12. KOM(2008) 30 endg., S. 8.

*aa) Bestimmungen über den vorrangigen Anschluss*

Anders als ihre Vorgängerrichtlinie EE-RL 2001 enthält die EE-RL keine Bestimmung mit der Überschrift „Netzanschluss".[188] Regelungen zum Anschluss von Erzeugungsanlagen finden sich jedoch in Art. 16 Abs. 5 EE-RL. So enthält Art. 16 Abs. 5 lit. a EE-EL Regelungen zur Vorlage eines Kostenvoranschlags, Art. 16 Abs. 5 lit. b und c EE-RL Bestimmungen im Hinblick auf einen Zeitplan für den Anschluss. Der eigentliche Anschluss als technische Verbindung der Anlage mit dem Netz ist jedoch nicht Regelungsgegenstand in Art. 16 Abs. 5 EE-RL.

*bb) Bestimmungen über die vorrangige Abnahme*

Da sich das Abnahmeinstrument im Wortlaut der Richtlinienbestimmungen nicht ausdrücklich wiederfindet, ist der Frage nachzugehen, ob die Abnahme von anderen Regelungsgegenständen der EE-RL umfasst ist. Dies könnte bei der Regelung über den Netzzugang in Art. 16 Abs. 2 lit. b EE-RL der Fall sein. So geht *Oschmann* davon aus, dass der Pflicht, den bedingt vorrangigen Zugang für Elektrizität aus erneuerbaren Energiequellen sicherzustellen, nur mit einer Abnahmeverpflichtung der Netzbetreiber Rechnung getragen werden kann.[189] Der Begriff des Netzzuganges selbst wird im europäischen Energierecht nicht definiert.[190] Die Semantik des Begriffes Zugang, access (in der englischen Fassung) oder accès (in der französischen Fassung) legt in Bezug auf die Akteure des Energiemarktes

188 Angesichts der amtlichen Überschrift in der deutschen Fassung von Art. 7 EE-RL 2001, die „Netzanschluss" lautete, drängte sich die Frage auf, ob Art. 7 EE-RL 2001 Regelungen für das Anschlussinstrument im EEG enthielt. Ein Blick in die englische und französische Fassung der EE-RL 2001 standen einem vorschnellen Rückschluss der Überschrift auf den Regelungsgehalt der Richtlinienbestimmung jedoch entgegen: Die Überschrift in Art. 7 EE-RL 2001 in der englischen Fassung lautete: „Grid system issues". Wortgetreu ins Deutsche übersetzt, bedeutet das „Netz-System-Probleme bzw. –Themen". In der französischen Fassung war Art. 7 EE-RL 2001 überschrieben mit „Questions relatives au réseau", was wörtlich übersetzt wird durch „Fragen bezogen auf das Netz". Beide Fassungen enthielten damit Überschriften, die allgemeiner gefasst waren als diejenigen in der deutschen Fassung. Derartige Bedeutungsdivergenzen löst der EuGH durch die Anwendung anderer Auslegungsmethoden als durch die Anwendung der Methode der Wortlautauslegung. So müssen nach der Rechtsprechung des EuGH die verschiedenen sprachlichen Fassungen einer Unionsvorschrift einheitlich ausgelegt werden; falls die Fassungen voneinander abweichen, wird die Vorschrift daher nach dem allgemeinen Aufbau und dem Zweck der Regelung ausgelegt, zu der sie gehört. Dies ist dem Bestreben des EuGH geschuldet, sämtlichen Sprachfassungen eine einheitliche und unionsweite Bedeutung zuzuweisen.

189 Zur Vorgängerregelung in Art. 7 Abs. 1 Satz 2 EE-RL 2001: Oschmann, Strom aus erneuerbaren Energien im Europarecht, S. 101.

190 So findet sich zwar der Begriff Netzzugang auch in der EltRL wieder, gleichwohl enthält die Liste der Definitionen in Art. 2 EltRL keine Bestimmung des Begriffs Netz*zugang*.

den Schluss nahe, dass Netzzugang das Eintreten in den Markt bzw. die Möglichkeit bedeutet, auf dem Markt zu agieren. Bezogen auf die Ware Strom bedeutet Netzzugang das Hineinfließen des Stromes in den Markt, der durch das Netz verkörpert wird, um dort als Ware gehandelt zu werden und so von einem Akteur zum anderen zu gelangen. Dementsprechend kann Netzzugang auch als Marktzugang oder als Zugang zu den „Lebensadern" moderner Zivilisationsgesellschaften bezeichnet werden.[191] Insofern stellt der Netzzugang die Benutzung des Netzes als Nutzung fremder Infrastruktureinrichtungen im Sinne der Nutzung eines Marktplatzes dar. In der deutschen Rechtstradition wird der Begriff Netzzugang daher auch gleichgesetzt mit dem Begriff Netznutzung.[192] Diesen Begriff bzw. den Begriff der Netz*be*nutzung kennt auch das europäische Energierecht und führt ihn in Art. 2 Nr. 18 EltRL indirekt einer Definition zu. Dort wird der Netzbenutzer definiert als jede natürliche oder juristische Person, die Elektrizität in ein Übertragungs- oder Verteilungsnetz einspeist oder daraus versorgt wird. Daraus folgt, dass der europarechtliche Begriff der Netzbenutzung die Einspeisung oder Versorgung (im Sinne der Ausspeisung) umfasst. Demzufolge umfasst auch der europarechtliche Begriff des Netzzuganges den Vorgang der Einspeisung des Stromes in das Netz und dessen Ausspeisung.[193]

Der Netzzugang ist die wesentliche physikalische Voraussetzung für die Vermarktung und Zielzuführung des Stromes. Die Abnahme des Stromes stellt demgegenüber als Vermarktungsinstrument bereits die wirtschaftliche Zielzuführung dar.[194] Demzufolge umfasst der physikalische Begriff des Netzzuganges nicht den wirtschaftlichen Begriff der Abnahme. Aus diesem Grund geht auch die Annahme fehl, Art. 16 Abs. 2 lit. b EE-RL erfordere eine Umsetzung mittels Abnahmeverpflichtung durch den Netzbetreiber.[195] Das Telos des Art. 16 Abs. 2 lit. b EE-RL besteht in der Gewährleistung der (vorrangigen) physikalischen Benutzung der leitungsgebundenen Infrastruktureinrichtung Netz. Der Richtlinienbestimmung sind keine Anhaltspunkte zu entnehmen, dass der Unionsrechtsgeber dem Anlagenbetreiber auch die wirtschaftliche Vermarktung seines aus erneuerbaren Energien erzeugten Stromes abnehmen wollte.

Daher kann das Resümee gezogen werden, dass die EE-RL keine Regelungen für die Vermarktung bzw. Abnahme von Strom aus erneuerbaren Energien enthält.

---

191 Boesche, S. 70, 73.

192 Boesche, S. 94 f.; Hermann, S. 203; Tomala, S. 5.

193 So auch Möstl, RdE 2003, 90, 91, für den das Recht auf vorrangigen Netzzugang in einem vorrangigen Recht besteht, Strom in fremde Netze einzuspeisen oder durch sie durchzuleiten.

194 Vgl. Teil 1: A. II. 2. a) bb).

195 Vgl. zur Vorgängerregelung in Art. 7 Abs. 1 Satz 2 EE-RL 2001: Oschmann, Strom aus erneuerbaren Energien im Europarecht, S. 101.

*cc) Bestimmungen über die vorrangige Übertragung und Verteilung*

Neben den die Anschlusskosten und den Netzzugang betreffenden Regelungen enthält Art. 16 EE-RL in Abs. 2 lit. a und c Bestimmungen hinsichtlich Übertragung und Verteilung des Stromes aus erneuerbaren Energien.[196] Danach sollen die Mitgliedstaaten Maßnahmen ergreifen, um sicherzustellen, dass die Übertragung und Verteilung von Strom aus erneuerbaren Energien gewährleistet wird. Dies steht jedoch unter der Bedingung der Zuverlässigkeit und Sicherheit des Netzes. Bei der Behandlung von Erzeugungsanlagen gewähren die Übertragungsnetzbetreiber Erzeugungsanlagen Vorrang, die erneuerbare Energiequellen einsetzen. Damit enthält Art. 16 Abs. 2 lit. a und c EE-RL Regelungen, die die Übertragung und Verteilung von Strom aus erneuerbaren Energien zum Gegenstand haben. Prüfungsmaßstab für das im EEG angelegte Übertragungs- und Verteilungsinstrument ist diese Bestimmung jedoch nur dann, wenn sie abschließend ist und die Übertragung und Verteilung von Strom aus erneuerbaren Energien harmonisiert.[197] Dies ist angesichts der klaren Vorgabe an die Mitgliedstaaten, die durch den Wortlaut in Art. 16 Abs. 2 lit. a und c EE-RL deutlich wird, zu bejahen. Der Unionsrechtsgeber hat den Mitgliedstaaten keinen Entscheidungsspielraum gelassen, ob sie die Übertragung und Verteilung von Strom aus erneuerbaren Energien regeln. Der Annahme einer Harmonisierung in Art. 16 Abs. 2 lit. a und c EE-RL steht nicht entgegen, dass die Richtlinie keine Harmonisierung der nationalen Fördersysteme intendiert. Aus Erwägungsgrund 25 resultiert, dass die EE-RL keine Harmonisierung der Fördersysteme anstrebt. Gleichwohl können einzelne Richtlinienbestimmungen harmonisierende Vorschriften für andere Förderaspekte enthalten, wie etwa Art. 16 Abs. 2 lit. a und c EE-RL für die Übertragung und Verteilung des Stromes aus erneuerbaren Energien. Mithin bildet diese Vorschrift den Prüfungsmaßstab für das Übertragungs- und Verteilungsinstrument in § 8 Abs. 1 EEG.[198]

---

196 Nach Art. 16 Abs. 2 lit. a EE-RL gewährleisten die Mitgliedstaaten, dass die Netzbetreiber die Übertragung und Verteilung von Strom aus erneuerbaren Energien gewähren.

197 Vgl. EuGH Rs. C-37/92 (Vanacker und Lesage) Urt. v. 12.10.1993, Slg. 1993, I-4947, Rn. 9; darauf Bezug nehmend EuGH Rs. C-324/99 (DaimlerChrysler) Urt. v. 13.12.2001, Slg. 2001, I-9897, Rn. 32; EuGH Rs. C-322/01 (Doc Morris) Urt. v. 11.12.2003, Rn. 64; EuGH Rs. C-309/02 (Radlberger) Urt. v. 14.12.2004, Slg. 2004, I-11763, Rn. 53.

198 Abschließend harmonisierendes Sekundärrecht kann nur dann den Prüfungsmaßstab für nationale Maßnahmen bilden, wenn es seinerseits primärrechtskonform ist. Bei der Richtlinienbestimmung über die vorrangige Übertragung und Verteilung von Strom aus erneuerbaren Energien ist dies der Fall: Die Rechtsgrundlage der EE-RL war Art. 175 Abs. 1 EG, nunmehr Art. 192 Abs. 1 AEUV. Der Regelungsgehalt steht auch mit dem materiellen Unionsrecht, insbesondere den Grundrechten, den Grundfreiheiten, den wettbewerbsrechtlichen Bestimmungen, dem Subsidiaritätsprinzip sowie dem Verhältnismäßigkeitsgrundsatz im Ein-

*dd) Bestimmungen über die Vergütung*

Bestimmungen, die die Vergütung betreffen, haben die Rechtsetzungsorgane nicht in die EE-RL implementiert.

*c) Ergebnis*

Die vorstehende Analyse der EE-RL im Hinblick auf die Förderung erneuerbarer Energien und der im EEG niedergelegten Förderinstrumente hat zu dem Ergebnis geführt, dass Art. 16 Abs. 2 lit. a und c EE-RL die Übertragung und Verteilung von Strom aus erneuerbaren Energien abschließend regelt und mithin den Prüfungsmaßstab für das in § 8 Abs. 1 EEG niedergelegte Übertragungs- und Verteilungsinstrument bildet. Für dieses Instrument indirekter Verhaltenssteuerung stellt demzufolge nicht die in Art. 34 AEUV geregelte Warenverkehrsfreiheit den Prüfungsmaßstab dar.

Für die Förderung erneuerbarer Energien im Ganzen enthält die EE-RL ebenso wenig abschließende Regelungen wie für das Anschluss-, Abnahme- und Vergütungsinstrument. Sie bildet hierfür demzufolge nicht den Prüfungsmaßstab.

*2. EltRL*

Die EltRL zielt darauf ab, die Liberalisierung und Öffnung des Energiemarktes, zu der die EltRL 2003 einen wichtigen Beitrag leistete, fortzuschreiten.[199] Demgegenüber war die EltRL 1996[200] als bloße Zwischenstufe zu einem liberalisierten Energiebinnenmarkt zu betrachten.[201] Dies war schon in den Erwägungsgründen der EltRL 1996 festgehalten worden.[202] Schließlich forderte der Europäische Rat von Lissabon im März 2000 die Beschleunigung des Liberalisierungsprozes-

klang. Vgl. hierzu im einzelnen die zutreffende Prüfung bei Oschmann, Strom aus erneuerbaren Energien im Europarecht, S. 110ff. Inwieweit das in § 8 Abs. 1 EEG geregelte Übertragungs- und Verteilungsinstrument gegen die einschlägigen Bestimmungen der EE-RL verstößt, ist nicht Gegenstand der vorliegenden Untersuchung. Aus der Feststellung, dass das Übertragungs- und Verteilungsinstrument sekundärrechtlich abschließend geregelt ist, folgt im Rahmen dieser Arbeit lediglich, dass im Hinblick auf dieses Förderinstrument Untersuchungen zum Verhältnis Warenverkehrsfreiheit – Umweltschutz dogmatisch verwehrt sind.

199 Vgl. Erwägungsgründe 2 und 4 EltRL und Erwägungsgrund 3 EltRL 2003.

200 Richtlinie 96/92/EG des Europäischen Parlaments und des Rates vom 19. Dezember 1996 betreffend gemeinsame Vorschriften für den Elektrizitätsbinnenmarkt, ABl. EG vom 30.1.1997, Nr. L 27, 20.

201 So auch Lecheler/Gundel, EuZW 2003, 621, 622.

202 Vgl. Erwägungsgrund 39 der EltRL 1996.

ses.[203] Die Kommission reagierte darauf mit einem Vorschlag, der weitreichende Änderungen des durch die EltRL 2003 geltenden Rechtsrahmens für den Elektrizitätsbinnenmarkt vorsah.[204] Nach kontroversen und von nationalen Alleingängen geprägten Diskussionen um die Reichweite der Liberalisierung einigte sich der Rat schließlich im November 2002 über die EltRL 2003.[205] Die bereits durch die EltRL 2003 eingeleiteten und durch die EltRL übernommenen und fortgeführten Schritte hin zu einer Liberalisierung und Öffnung des Elektrizitätsbinnenmarkts werden nachfolgend im Überblick dargestellt.

*a) Liberalisierungsinstrumente der EltRL*

*aa) Überblick*

Zur Erreichung der völligen Liberalisierung des Elektrizitätsbinnenmarktes und eines leistungsfähigen Elektrizitätsbinnenmarktes wurden quantitative sowie qualitative Elemente implementiert.[206] Das quantitative Element zeichnet sich durch einen Zeitplan aus, nach dem alle Stromkunden unabhängig von ihrer wirtschaftlichen Größe ihr Versorgungsunternehmen frei wählen können sollten.[207] Dieser Zeitplan hat in Art. 33 EltRL seinen Niederschlag gefunden: Ab 1. Juli 2004 soll die Wahlfreiheit für alle gewerblichen Kunden und schließlich ab 1. Juli 2007 für alle Kunden bestehen.

Die qualitativen Elemente enthalten zwei Grundströmungen: zum einen das Verfahren für den Zugang Dritter zu den Stromnetzen, zum anderen die Entflechtung der Unternehmensaktivitäten.[208] Der nichtdiskriminierende Zugang zum Übertragungs- oder Verteilungsnetz ist unabdingbar für die Vollendung des Elektrizitätsbinnenmarktes.[209] Daher fordern Art. 12 und 25 EltRL nichtdiskriminierende, transparente Bedingungen für Netzzugang, Übertragung und Ver-

---

203 Entschließung des Europäischen Rates „Liberalisierung der Energiemärkte" vom 06.07.2000 A5/180/2000.

204 Mitteilung der Kommission, KOM (2001) 125 endg.

205 Das Verfahren, die nationalen Interessen und die Diskussionen, die den Erlass der EltRL 2003 begleiteten, werden treffend dargestellt in Lecheler/Gundel, EuZW 2003, 621; Mombaur/ Balke, RdE 2003, 161, Schütz/Tüngler, RdE 2003, 98.

206 Mitteilung der Kommission, KOM(2001) 125 endg., S. 37 ff.

207 Vgl. Erwägungsgrund 3 EltRL sowie Mitteilung der Kommission, KOM(2001) 125 endg., S. 37 f., 39 f. mit früheren Daten für die Marktöffnung als in der endgültigen Fassung der EltRL.

208 So bereits Mitteilung der Kommission, KOM(2001) 125 endg., S. 40. Dies aufgreifend: Stellungnahme des Wirtschafts- und Sozialausschusses zur RL 2003/54/EG, 2002/C 36/03, ABl. EG vom 08.02.2002, Nr. C 36, 10, Ziffer 3.2.1.

209 Vgl. Erwägungsgrund 7 EltRL 2003 sowie Mitteilung der Kommission, KOM(2001) 125 endg., S. 42 f.

teilung. Der Zugang Dritter hat in Art. 32 EltRL eine Regelung erfahren. Der Zugang zum Netz soll auf Grundlage veröffentlichter und nichtdiskriminierender Tarife erfolgen, da dies nach Auffassung der Kommission eine wesentliche Voraussetzung für einen echten Wettbewerb darstellt.[210] Zudem soll es sich um geregelte Tarife handeln.[211] Als Kontrollmechanismus für die Tarifierung und Sicherstellung eines nichtdiskriminierenden Netzzugangs sieht die EltRL in Art. 35 ff. die Errichtung nationaler Regulierungsbehörden vor.[212] Im Gegensatz zu dem geregelten Netzzugang enthielt die EltRL 1996 noch die alternativen Verfahren eines zwischen dem Versorgungsunternehmen und Kunden ausgehandelten Netzzuganges einerseits sowie des so genannten Alleinabnehmermodells andererseits.

Die Rechtsetzungsorgane der EU sehen eine Verminderung des Diskriminierungspotenzials (das einer Vollendung des Binnenmarktes entgegenstehen könnte) in der wirksamen Entflechtung des Netzbetriebs von der Erzeugung und Versorgung.[213] Bereits zum Erlass der EltRL 2003 war nach Ansicht der Kommission ein hohes Maß an Entflechtung wesentliche Voraussetzung für einen echten Wettbewerb.[214] Dies hatte in Art. 10, 15 und 18 EltRL 2003 insofern Niederschlag gefunden, dass die Übertragungs- und Verteilungsnetze durch verschiedene Rechtspersonen betrieben werden sollten, wenn vertikal integrierte Unternehmen bestanden, um einen transparenten und nichtdiskriminierenden Zugang zum Netz zu gewährleisten.[215] Diese rechtliche Entflechtung der Übertragungs- und Verteilernetzbetreiber hat jedoch nach Erwägungsgrund 10 EltRL nicht zu einer tatsächlichen Entflechtung der Übertragunsnetzbetreiber geführt. Aus diesem Grund stellt eine wesentliche Neuregelung der EltRL gemäß Art. 9 und 14 EltRL die eigentumsrechtliche Entflechung (zunächst nur) des Übertragungsnetzbetreibers von den Unternehmen dar, die Funktionen in der Erzeugung und Versorgung ausüben. Für den Verteilnetzbetreiber gilt gemäß Art. 26 EltRL weiterhin das Erfordernis einer rechtlichen Entflechtung.

Das maßgebliche Instrument zur Schaffung eines Elektrizitätsbinnenmarktes besteht in der Gewährleistung eines nichtdiskriminierenden Zugangs zum Netz. Dies stellt daher auch weiterhin das Herzstück der EltRL dar, da der Zugang zum Netz eine unabdingbare Voraussetzung zur Erreichung des Richtlinienziels,

---

210 Erwägungsgrund 13 EltRL 2003 sowie Mitteilung der Kommission, KOM(2001) 125 endg., S. 38, 42. Zum Netzzugang vgl. auch Kotlowski, S. 91, 92 ff.

211 Erwägungsgrund 15 und 18 EltRL 2003, Erwägungsgrund 36 EltRL sowie Mitteilung der Kommission, KOM(2001) 125 endg., S. 42 f.

212 Mitteilung der Kommission, KOM(2001) 125 endg., S. 43.

213 Erwägungsrund 9 EltRL.

214 Mitteilung der Kommission, KOM(2001) 125 endg., S. 38.

215 Vgl. Erwägungsgrund 8 EltRL 2003.

nämlich eines liberalisierten Elektrizitätsbinnenmarkts, auf dem ein funktionierender, echter Wettbewerb herrscht, darstellt. Alle weiteren Richtlinienbestimmungen, die beispielsweise die weiter vorangetriebene Entflechtung, ebenso die Tarifierung und auch Regulierung vorsehen, dienen der Gewährleistung eines nichtdiskriminierenden Netzzugangs.[216]

*bb) Regelungsweite der Liberalisierungsinstrumente*

Im Folgenden ist zu untersuchen, ob sich der Regelungsbereich der in der EltRL enthaltenen Liberalisierungsinstrumente auf ein System für die Förderung erneuerbarer Energien oder auf eines der im EEG normierten Förderelemente vorrangiger Anschluss an das Netz, die vorrangige Abnahme von Strom, die vorrangige Übertragung und Verteilung sowie dessen Vergütung erstreckt.

*(1) System für die Förderung erneuerbarer Energien*

Eingebettet in die Liberalisierungsvorschriften für den Betrieb des Übertragungsnetzes und des Verteilungsnetzes hat die Förderung erneuerbarer Energien eine Regelung in Art. 15 Abs. 3 und Art. 25 Abs. 4 EltRL erfahren. Nach Art. 15 Abs. 3 EltRL haben die Mitgliedstaaten die Übertragungsnetzbetreiber zu verpflichten, bei der Inanspruchnahme von Erzeugungskapazitäten im Einklang mit Art. 16 EE-RL zu handeln. Gemäß Art. 25 Abs. 4 EltRL kann den Verteilernetzbetreibern zur Auflage gemacht werden, dass bei der Inanspruchnahme von Erzeugungsanlagen solchen der Vorrang zu geben ist, in denen erneuerbare Energien oder Abfälle eingesetzt werden. Damit erfährt der Regelungsbereich der Richtlinie im Rahmen der Liberalisierungsvorschriften eine Ausdehnung auf die Stromerzeugung durch erneuerbare Energien und auf deren Förderung insoweit, als sie bei der Inanspruchnahme von Erzeugungsanlagen vorrangig behandelt werden können. Mithin stellt sich die Frage, inwieweit damit abschließende Regelungen für die Förderung erneuerbarer Energien getroffen wurden.

Ausgehend vom Wortlaut der Bestimmungen ist zunächst festzustellen, dass sich die Vorrangregelungen nur auf die Inanspruchnahme der Erzeugungsanlagen durch den Netzbetreiber beziehen. Der Formulierung der Vorschriften auch in der englischen und französischen Sprachfassung ist nicht zu entnehmen, dass auch eine Aussage zu grundsätzlichen oder sonstigen Förderungsmöglichkeiten getroffen werden sollte.[217] Da es sich zumindest bei Art. 25 Abs. 4 EltRL weiterhin um Kann-Vorschriften handelt, kommt diesen Vorrangregelungen keine

216 Vgl. Erwägungsgründe 6, 7, 8, 17 EltRL 2003.
217 So im Ergebnis auch Klinski, ZNER 2005, 207, 210.

rechtliche Verbindlichkeit zu.[218] Aufgrund dieser fehlenden Verbindlichkeit fehlt für eine abschließende Harmonisierung durch Art. 25 Abs. 4 EltRL die rechtliche Grundlage. Zu diesem Ergebnis führt (hier auch in Bezug auf Art. 15 Abs. 3 EltRL) zudem eine Auslegung orientiert an der systematischen Stellung der Bestimmungen. Die Stellung in Art. 15 EltRL über die Inanspruchnahme und den Ausgleich von Kapazitäten zeigt, dass mit der Vorrangregelung lediglich eine weitere zu beachtende Modalität bei der Inanspruchnahme von Erzeugungsanlagen geschaffen werden sollte. Gleiches gilt für die Stellung in Art. 25 EltRL, die zum Ausdruck bringt, dass es sich lediglich um eine weitere Regelung der Aufgaben der Verteilernetzbetreiber handelt. Angesichts der Bedeutung, die die Rechtsetzungsorgane der Förderung erneuerbarer Energien beimessen[219], dürfte es verwundern, wenn sie eingebettet in den Kontext der Inanspruchnahme von Erzeugungsanlagen und der Aufgaben der Verteilernetzbetreiber – mit der Platzierung in Abs. 3 und 4 fast versteckt – die Förderung erneuerbarer Energien abschließend regeln wollten.

Eine Privilegierung erneuerbarer Energien ist nicht nur in Art. 15 Abs. 3 und Art. 25 Abs. 4 EltRL vorgesehen, sondern auch in Art. 36 lit. d und e EltRL. Eingefügt in den Zielkatalog der Regulierungsbehörden wird dort geregelt, dass die Regulierungsbehörden einen Beitrag zur Förderung der Einbindung von Strom aus erneuerbaren Energien in Übertragungs- und Verteilnetze leisten. Zudem sollen die Regulierungsbehörden den Anschluss neuer Erzeugungsanlagen erleichtern, indem sie Hindernisse beseitigen, die die Einspeisung von Strom aus erneuerbaren Energiequellen verhindern könnten. Daraus lässt sich eine Besserstellung von Erzeugungsanlagen, die Strom aus erneuerbaren Energien generieren, gegenüber konventionellen Erzeugungsanlagen ableiten. Allerdings bietet diese partielle, auf den Anschluss und die Einspeisung bezogene Besserstellung keine Grundlage für die Annahme, dass der Unionsrechtsgeber damit eine abschließende Harmonisierung der Förderung erneuerbarer Energien vorgenommen hat. Gestützt wird auch dieses Ergebnis durch die systematische Stellung der Privilegierung im Rahmen der Ziele der Regulierungsbehörden. Angesichts der Bedeutung, die der Förderung erneuerbarer Energien auf Unionsebene beigemessen wird, kann nicht davon ausgegangen werden, dass abschließende Harmonisierungen dieser Förderung in einer solchen Richtlinienbestimmung an fast verstecktem Platz erfolgt.

Zudem kann aus der Existenz der zuvor erörterten EE-RL, deren Regelungsgegenstand ausschließlich in der Förderung der Stromerzeugung aus erneuerbaren Energiequellen besteht, geschlossen werden, dass diese grundsätzlich die

218 Ebenso Meyer, S. 154 und Schalast, ZNER 2004, 133, 136.

219 Vgl. Erwägungsgrund 1 EE-RL und Erwägungsgrund 2 EE-RL 2001.

Förderung erneuerbarer Energien regelt, nicht hingegen die EltRL.[220] Dies folgt aus dem allgemein gültigen Rechtsgrundsatz *lex specialis derogat legi generali.* Zu einem anderen Ergebnis führt auch nicht der allgemeine Rechtsgrundsatz *lex posterior derogat legi priori*[221] unter Berücksichtigung des Umstandes, dass die generelle EltRL nach der spezielleren EE-RL in Kraft getreten ist. Darin ist weder eine formelle Derogation[222] zu sehen, da durch die EltRL die EE-RL nicht aufgehoben wird, noch bestehen Anhaltspunkte für die Annahme einer materiellen Derogation[223]: Die Anwendung bzw. Umsetzung der EltRL neben der Anwendung bzw. Umsetzung der EE-RL führt weder zu der allgemeinen Logik widersprechenden Ergebnissen, noch wird eine Aufhebungsabsicht der Rechtsetzungsorgane in der EltRL erkennbar.[224]

Art. 15 Abs. 3, Art. 25 Abs. 4 sowie Art. 36 lit. d und e EltRL können mithin lediglich als Ergänzung zur Förderung erneuerbarer Energien verstanden werden, die das in der EE-RL geschaffene und noch zu schaffende System flankiert, nicht hingegen als die Förderung erneuerbarer Energien regelnde abschließende sekundärrechtliche Bestimmungen.

---

220 So im Ergebnis wohl auch Altrock/Oschmann/Theobald, Einführung Rn. 84; Klinski, ZNER 2005, 207, 209; Salje, EEG, § 2 Rn. 56 ff., der im Hinblick auf das die Förderung erneuerbarer Energien regelnde Sekundärrecht lediglich die EE-RL, nicht hingegen die EltRL erwähnt.

221 Dieser Rechtssatz ist der Kompetenz des rechtsetzenden Hoheitsträgers geschuldet, Normen zu setzen, die früher geltende Normen unanwendbar machen, vgl. Nettesheim, EuR 2006, 737, 738.

222 Bei einer formellen Derogation wird die ältere Vorschrift durch die jüngere ausdrücklich außer Kraft gesetzt, so dass letztere die ältere ersetzt, vgl. Bydlinski, Juristische Methodenlehre und Rechtsbegriff, S. 573. Eine formelle Derogation ist beispielsweise durch Art. 48 EltRL erfolgt, welche die Aufhebung der EltRL 2003 vorsieht.

223 Bei der materiellen Derogation wird eine neue Norm erlassen, deren Anwendung zugleich mit der älteren logisch unmöglich ist, vgl. Bydlinski, Juristische Methodenlehre und Rechtsbegriff, S. 573.

224 Die gleiche Frage stellte sich im Hinblick auf die Vorgängerrichtlinien EE-RL 2001 und EltRL 2003. Zu berücksichtigen war dabei, dass das Ziel der EE-RL 2001 in der Schaffung eines gemeinsamen Rahmens zur Förderung erneuerbarer Energien bestand. Dieser Gemeinschaftsrahmen sollte erst auf Grundlage der auf einzelstaatlicher Ebene gesammelten Erfahrungen vorbereitet werden, welche die Mitgliedstaaten der Kommission gemäß Art. 3 Abs. 2 EE-RL 2001 im Abstand von fünf Jahren mitzuteilen hatten. Dies war Teil eines eng aufeinander abgestimmten Systems von Berichtspflichten, welche weiterhin in Art. 6 EE-RL 2001 verankert waren und aufgrund derer die Kommission gemäß Art. 4 Abs. 1 EE-RL 2003 einen Vorschlag für einen Gemeinschaftsrahmen vorlegen sollte. Weder der EltRL selbst noch den vorbereitenden Rechtsetzungsmaterialien war ein Hinweis darauf zu entnehmen, dass dieser Gemeinschaftsrahmen bereits durch die EltRL 2003 geschaffen worden war. Dieser Gemeinschaftsrahmen sollte angesichts der mitgliedstaatlichen Berichtspflichten, die in fünfjährigen Abständen zu erfüllen waren, langfristig und wohl überlegt vorbereitet werden. Die EE-RL 2001 hatte vielmehr weiterhin nach Inkrafttreten der EltRL 2003 (freilich jedoch nur bis zum Inkrafttreten der EE-RL) volle Gültigkeit.

*(2) Bestimmungen über den vorrangigen Anschluss*

Der Netzanschluss von Erzeugungsanlagen wird ausdrücklich in Art. 5 EltRL geregelt. Die Mitgliedstaaten haben dafür Sorge zu tragen, dass für den Netzanschluss von Erzeugungsanlagen technische Vorschriften mit Mindestanforderungen an die Auslegung und den Betrieb ausgearbeitet und veröffentlicht werden, wobei die technischen Vorschriften nichtdiskriminierend sein müssen. Harmonisiert werden durch Art. 5 EltRL mithin die technischen Vorschriften, nicht hingegen die Gewährleistung der technischen Verbindung der Anlage mit dem Netz im Sinne eines entsprechenden Anspruchs. Angesichts seines rein technischen Regelungsgegenstandes stellt Art. 5 EltRL somit keine Harmonisierungsvorschrift für den Anspruch auf Herstellung der technischen Verbindung einer Erzeugungsanlage mit dem Netz im Sinne des § 5 Abs. 1 Satz 1 EEG dar.

Der Netzanschluss von Kraftwerken, die mit Erzeugungsanlagen gleichzusetzen sind, hat des Weiteren eine Regelung EltRL erfahren. Der Richtliniengeber bestimmt hier einen nichtdiskriminierenden Anschluss neuer Kraftwerke an das Übertragungsnetz auf der Basis von transparenten und effizienten Verfahren. Damit bringt der Richtliniengeber hier zum Ausdruck, dass auch der Anschluss neuer Erzeugungsanlagen durch die EltRL die Stufe einer Harmonisierung erreicht hat. Eingekleidet in den Aufgabenkatalog der nationalen Regulierungsbehörden schreibt Art. 37 Abs. 6 lit. a EltRL weiterhin vor, die Bedingungen und Tarife für den Anschluss neuer Elektrizitätserzeuger so auszugestalten, dass notwendige Investitionen in die Netze vorgenommen werden können und somit deren Lebensfähigkeit gewährleistet ist. Dieser Regelung ist gleichfalls immanent, dass der Anschluss durch die EltRL die Stufe einer Harmonisierung erreicht hat.

Es stellt sich jedoch die Frage, ob sich diese Harmonisierung in der EltRL auch auf den Anschluss solcher Erzeugungsanlagen erstreckt, welche Strom aus erneuerbaren Energiequellen generieren. Diese Frage drängt sich in Anbetracht des Rechtsgrundsatzes *lex specialis derogat legi generali* und der Feststellung auf, dass hinsichtlich der Förderung regenerativer Energien die EE-RL gegenüber der EltRL die speziellere Norm verkörpert.[225] Die Rechtsauffassung von *Klinski*[226] zum Verhältnis der EltRL 2003 und der EE-RL 2001 in Bezug auf den europarechtlichen Prüfungsmaßstab für die Förderung erneuerbarer Energien führte zu dem Ergebnis, dass die EltRL 2003 keine abschließende Regelung für den Anschluss von Erzeugungsanlagen enthielt, wenn diese Strom aus erneuerbaren Energien generieren und der Anschluss Bestandteil eines nationalen Fördersystems ist. Denn *Klinski* verneint grundsätzlich die Anwendbarkeit der EltRL 2003

225 Vgl. Teil 2: A. I. 2. a) bb) (1).

226 Klinski, ZNER 2005, 207, 210.

auf die durch das EEG vorgenommene Förderung, da diese allein Regelungsgegenstand der EE-RL 2001 sei.[227] Der EltRL 2003 könnten daher keine abschließenden Bestimmungen zur Harmonisierung der nationalen Förderinstrumente für Strom aus erneuerbaren Energien entnommen werden.[228] Andernfalls würden mit der EltRL 2003 die Regelungsspielräume der EE-RL 2001 eingeschränkt, ohne dass der Richtliniengeber eine entsprechende Regelungsabsicht transparent gemacht habe.[229] Der Auffassung von *Klinski* kann jedoch nur in Bezug auf das System zur Förderung erneuerbarer Energien zugestimmt werden.[230] Soweit es hingegen um die Beurteilung einzelner in ein solches System implementierter Förderinstrumente wie des Anspruchs auf Anschluss einer Erzeugungsanlage geht, kann dieser Auffassung zum Verhältnis der EltRL zur EE-RL nicht gefolgt werden. Dies ergibt sich bereits daraus, dass Regelungsgegenstand der EE-RL zwar die Förderung erneuerbarer Energien ist, nicht jedoch einzelne, konkrete energiewirtschaftliche Förderinstrumente.[231] Soweit energiewirtschaftliche Instrumente Regelungsgegenstand anderer Sekundärrechtsakte wie der EltRL sind, bilden diese Sekundärrechtsakte den Prüfungsmaßstab auch dann, wenn die Instrumente der Förderung erneuerbarer Energien im Sinne des Art. 3 Abs. 2 und 3 lit. a EE-RL dienen. *Klinski* verkennt insoweit, dass die nationalen Maßnahmen zur Förderung erneuerbarer Energien trotz des weiten Spielraumes, den der Richtliniengeber in Art. 3 Abs. 2 und 3 lit. a EE-RL den Mitgliedstaaten bei der Ausgestaltung der Fördersysteme zubilligt, europarechtskonform ausgestaltet sein müssen und demzufolge auch im Einklang mit sonstigem Sekundärrecht stehen müssen. Andernfalls stellte Art. 3 Abs. 2 und 3 lit. a EE-RL einen Freibrief für den Erlass europarechtswidriger Maßnahmen unter dem Deckmantel der durch die EE-RL ausdrücklich geforderten Förderung erneuerbarer Energien dar. Die Förderinstrumente müssen auch einer Prüfung am Maßstab des sonstigen einschlägigen Sekundärrechts Stand halten. Daher stehen die vom Mitgliedstaat gewählten Förderinstrumente im Einklang mit dem einschlägigen Sekundärrecht, sofern dieses das jeweilige Förderinstrument betreffende abschließende Regelungen enthält. Der EltRL kommt im Hinblick auf einzelne Förderinstrumente neben der EE-RL mithin volle Gültigkeit zu.

Zudem ist zu berücksichtigen, dass der Rechtsgeber trotz Kenntnis der EE-RL weder in der EltRL noch in deren Rechtsetzungsmaterialien zum Ausdruck gebracht hat, dass der Anschluss von Anlagen, die Strom aus erneuerbaren Energiequellen erzeugen, von Art. 23 und 37 Abs. 6 lit. a EltRL nicht umfasst sein soll.

227 Klinski, ZNER 2005, 207, 210.
228 Klinski, ZNER 2005, 207, 210.
229 Klinski, ZNER 2005, 207, 210.
230 Vgl. Teil 2: A. I. 2. a) bb) (1).
231 Vgl. Teil 2: A. I. 1. a) dd).

Etwas anderes folgt auch nicht aus der Sonderregelung für erneuerbare Energien in Art. 36 lit. d und e EltRL. Darin ist keine Ausnahme für erneuerbare Energien dergestalt zu sehen, dass der Anschluss von Erzeugungsanlagen, die Strom aus erneuerbaren Energien generieren, von der Regelung des Art. 23 und Art. 37 Abs. 6 lit. a EltRL nicht umfasst und mithin nicht harmonisiert ist. Aus der Sonderstellung folgt vielmehr lediglich, dass die Erzeugungsanlagen, die Strom aus erneuerbaren Energien generieren, privilegiert werden. Mithin kann auf Grundlage der vorstehenden Ausführungen festgestellt werden, dass das Anschlussinstrument in Art. 23 und 37 Abs. 6 lit. a EltRL abschließend geregelt und harmonisiert wurde, einschließlich des Anschlusses solcher Erzeugungsanlagen, die Strom aus erneuerbaren Energien erzeugen.[232]

Demzufolge bilden Art. 23 und Art. 37 Abs. 6 lit. a EltRL den sekundärrechtlichen Prüfungsmaßstab für das in § 5 Abs. 1 Satz 1 EEG enthaltene Förderinstrument des vorrangigen Anschlusses von Anlagen zur Erzeugung von Strom aus erneuerbaren Energien.[233]

*(3) Bestimmungen über die vorrangige Abnahme*

Ebenso wenig wie in der EE-RL findet sich in der EltRL eine ausdrückliche Regelung über die Abnahme von Strom. Daher sind die Regelungsgegenstände einzelner Bestimmungen der EltRL dahingehend zu untersuchen, ob sie das Förderinstrument der (vorrangigen) Abnahme erfassen.

---

232 Inwieweit der in § 5 Abs. 1 Satz 1 EEG geregelte Anspruch auf vorrangigen Anschluss gegen die einschlägigen Bestimmungen der EltRL verstößt, ist nicht Gegenstand der vorliegenden Untersuchung. Die Feststellung, dass der Anspruch auf Anschluss sekundärrechtlich abschließend geregelt ist, hat im Rahmen der vorliegenden Arbeit zur Folge, dass im Hinblick auf das Anschlussinstrument Untersuchungen zum Verhältnis Warenverkehrsfreiheit und Umweltschutz nicht zulässig sind.

233 Sekundärrecht, das einen Regelungsbereich abschließend harmonisiert, stellt nur dann den Prüfungsmaßstab für nationale Maßnahmen dar, wenn es seinerseits primärrechtskonform ist. Bei der Bestimmung über den Anschluss von Erzeugungsanlagen ist dies der Fall. Rechtsgrundlage für die EltRL bildet Art. 95 Abs. 1 Satz 2 EG bzw. nunmehr Art. 114 Abs. 1 Satz 2 AEUV. Dieser enthält eine Harmonisierungskompetenz für die Verwirklichung des Binnenmarktes, dessen Funktionsfähigkeit gemäß Art. 26 Abs. 2 AEUV auch im Hinblick auf die Warenverkehrsfreiheit zu gewährleisten ist. Auch die materielle Primärrechtskonformität ist gegeben, vgl. Schneider in: Schneider/Theobald, 1. Aufl., § 2 Rn. 67 f., zur insoweit vergleichbaren EltRL 1996. Insbesondere zu den Grenzen dieser Ermächtigungsgrundlage im Stromsektor: Schmidt-Preuß, S. 27, 37. Dieser sieht beispielsweise die Einrichtung einer Regulierungsbehörde als von Art. 95 EG bzw. nunmehr Art. 114 AEUV nicht mehr gedeckt an.

#### (a) *Netzzugangsregelungen*

Der nichtdiskriminierende Netzzugang stellt das Liberalisierungsherz der Richtlinie dar. Art. 1 Satz 2 EltRL bestimmt als Regelungsgegenstand der Richtlinie den Marktzugang. Da der Elektrizitätsmarkt leitungsgebunden ist und durch das Netz verkörpert wird[234], ist Marktzugang gleichbedeutend mit Netzzugang. Ein nichtdiskriminierender Netzzugang ist für einen funktionierenden Wettbewerb und die Vollendung des Elektrizitätsbinnenmarktes von größter Bedeutung.[235] Dies hat u. a. in Art. 3 Abs. 2 Satz 2 EltRL seinen Niederschlag gefunden. Danach müssen gemeinwirtschaftliche Verpflichtungen, die Mitgliedstaaten Elektrizitätsunternehmen auferlegen können, den gleichberechtigten Zugang von Elektrizitätsunternehmen in der Europäischen Union zu den nationalen Verbrauchern sicherstellen. Dieser Zugang ist unabdingbar mit einem Zugang zum Netz verbunden.

Wie jedoch im Rahmen des Netzzugangsbegriffes in Art. 16 Abs. 2 lit. b EE-RL bereits ausgeführt wurde, umfasst die Gewährleistung des Netzzuganges als physikalische Sicherstellung der Teilnahme auf dem leitungsgebundenen Markt zwar die Einspeisung des Stromes in das Netz, nicht hingegen dessen wirtschaftliche Vermarktung des auf diesem Markt gehandelten Gutes Strom, die mit einer Entbindung von der rechtlichen Verfügungsgewalt verbunden ist.[236] Damit können die Netzzugangsvorschriften bereits dem Wortlaut nach nicht die Abnahme von Strom regeln.

Dieses entspricht auch dem Telos der EltRL, das gemäß Art. 1 Satz 2 EltRL in der Organisation und Funktionsweise des Elektrizitätssektors, dem Marktzugang, Ausschreibungen und der Vergabe von Genehmigungen sowie dem Betrieb der Netze besteht. Dem tragen gemäß Art. 1 Satz 1 EltRL die Vorschriften für die Elektrizitätserzeugung, -übertragung, -verteilung und -versorgung Rechnung. Dies zeigt, dass Regelungsgegenstand der Netzzugangsregelungen in der EltRL nicht die Vermarktung der Ware Strom ist. Vielmehr zielt die durch den Netzzugang gewährleistete Liberalisierung darauf ab, dass der freie Handel der Ware Strom auf dem leitungsgebundenen Markt ermöglicht wird. Die Vermarktungsmöglichkeiten belässt der Rechtsgeber bei den Akteuren des Elektrizitätsmarktes. Mithin regeln die Netzzugangsvorschriften nicht die Abnahme des Stromes.

---

234 So stellen die Übertragungs- und Verteilersysteme die maßgeblichen Infrastruktureinrichtungen dar, die den Wettbewerb erst ermöglichen. Vgl. Mitteilung der Kommission, KOM(2001) 125 endg., S. 20.

235 So schon zur EltRL 2003 die Erwägungsgründe 6 und 7.

236 Vgl. Teil 2: A. I. 1. b) bb).

### *(b) Einspeisungsregelungen*

Art. 15 Abs. 2 EltRL regelt die Einspeisung aus Erzeugungsanlagen. Es wurde bereits dargelegt, dass die Begriffe Einspeisung und Abnahme keine Antonyme darstellen. Demzufolge kann Art. 15 Abs. 2 EltRL nicht dahingehend ausgelegt werden, dass er Regelungen über die Abnahme von Strom enthält. Der Regelungsgegenstand der EltRL, der im Wesentlichen in der Gewährleistung eines Zuganges zum Markt besteht, wird mithin nicht durch Art. 15 Abs. 2 EltRL dahingehend erweitert, dass er sich auch auf die Abnahme von Strom erstreckt. Diese Auslegung findet eine Stütze in der vom EuGH vorgenommen Prüfung im Verfahren PreussenElektra:[237] Der EuGH wählte als Prüfungsmaßstab für die in § 2 StrEG enthaltene Abnahmepflicht die primärrechtlich verankerte Warenverkehrsfreiheit, ohne einzelne, in Betracht kommende Bestimmungen der EltRL 1996 einer Analyse zu unterziehen, inwieweit diese die Abnahmepflicht bereits abschließend regelten. Hierbei ist zu berücksichtigen, dass die in Art. 15 Abs. 2 EltRL geregelte Einspeisung aus Erzeugungsanlagen bereits einen nahezu wörtlich gleichen, jedenfalls aber materiell-rechtlich identischen Niederschlag in Art. 8 Abs. 2 EltRL 1996 gefunden hatte. Der EuGH zog nicht einmal in Betracht, den Regelungsgehalt dieser Vorschrift in Bezug auf die Abnahmeverpflichtung einer Analyse zu unterziehen, um den Prüfungsmaßstab für die Abnahmeverpflichtung zu ermitteln. Vielmehr nahm er die Prüfung ohne weitere Erörterung anhand des ehemaligen Art. 30 EGV (nunmehr Art. 34 AEUV) vor. Dies unterstützt die vorstehende Auslegung des Art. 15 Abs. 2 EltRL dahingehend, dass die Abnahme nicht unter den Begriff der Einspeisung fällt.

### *(c) Regelungen über die Inanspruchnahme von Erzeugungsanlagen*

Nach Art. 15 Abs. 3 Satz 2 EltRL kann dem Übertragungsnetzbetreiber und nach Art. 25 Abs. 3 EltRL dem Verteilernetzbetreiber zur Auflage gemacht werden, dass bei der Inanspruchnahme von Erzeugungsanlagen solchen der Vorrang zu geben ist, in denen erneuerbare Energien oder Abfälle eingesetzt werden oder die nach dem Prinzip der Kraft-Wärme-Kopplung arbeiten. Damit erfährt der Regelungsbereich der Richtlinie ausdrücklich eine Ausdehnung auf die Stromerzeugung durch erneuerbare Energien und auf deren Förderung insoweit, als sie bei der Inanspruchnahme von Erzeugungsanlagen vorrangig behandelt werden können.[238] Die Frage, ob damit die Förderung erneuerbarer Energien harmoni-

237 EuGH Rs. C-379/98 (PreussenElektra) Urt. vom 13.03.2001, Slg. 2001, I-2099, Rn. 68 ff.

238 Mit Verweis auf die Bindungswirkung des Art. 6 EG (nunmehr Art. 11 AEUV) sehen Krzeminska, S. 125, 128, und Schalast, S. 133, 136, diese Regelung als überflüssig an.

siert wurde, war zu verneinen.[239] Im Zusammenhang mit der hier zu erörternden Erstreckung der Richtlinie auf die Abnahmepflicht bleibt jedoch Raum für die Frage, ob eine Regelung zur Inanspruchnahme von Erzeugungsanlagen die Abnahme des in diesen Anlagen erzeugten Stromes umfasst. Die Inanspruchnahme der Erzeugungsanlagen entspricht der Behandlung der Stromeinspeisung im Sinne der den Netzbetreibern obliegenden Lastregelung.[240] Eine unmittelbare Verbindung zur wirtschaftlichen Abnahme des Stromes besteht daher nicht. Einer Einbeziehung der wirtschaftlichen Abnahme in die Regelung über die Inanspruchnahme von Erzeugungsanlagen steht auch das Telos der EltRL entgegen, das auf die Organisation und Funktionsweise des Elektrizitätssektors, den Marktzugang, Ausschreibungen und Vergabe von Genehmigungen sowie den Betrieb der Netze gerichtet ist, nicht hingegen auf die Vermarktung des Stromes. Die EltRL will vielmehr nur die physikalischen und rechtlichen Strukturen für eine funktionierende Vermarktung zur Verfügung stellen.

Dieses Ergebnis wird durch den EuGH in seiner PreussenElektra-Rechtsprechung bestätigt.[241] Die EltRL 1996 enthielt in Art. 8 Abs. 3 für Übertragungsnetzbetreiber und in Art. 11 Abs. 3 für Verteilernetzbetreiber gleichlautende Bestimmungen wie Art. 15 Abs. 3 und Art. 25 Abs. 4 EltRL. Zwar zog der EuGH die in den Vorschriften enthaltene Vorrangregelung als Argument für eine Vereinbarkeit einer Abnahmeverpflichtung mit Art. 30 EGV (nunmehr Art. 34 AEUV) heran[242], eine vorangestellte Untersuchung dahingehend, ob diese Vorschriften auf sekundärrechtlicher Ebene die Abnahme abschließend regeln, nahm er hingegen nicht vor.[243] Angesichts seiner Prüfungspraxis, die der EuGH zur Festlegung der sekundär- oder primärrechtlichen Prüfungsebene in ständiger Rechtsprechung herausgebildet hat, kann dies als ein Indiz dafür angesehen werden, dass er den Art. 8 Abs. 3 und Art. 11 Abs. 3 EltRL 1996 eine Qualität als abschließende Regelung über die Abnahme von Strom aus erneuerbaren Energien

---

239 Vgl. Teil 2: A. I. 1. a) dd).

240 Dies legt ein Vergleich der deutschen und englischen Sprachfassungen von Art. 15 Abs. 3 und Art. 25 Abs. 4 EltRL und von Art. 16 Abs. 2 lit. a EE-RL nahe: Die Inanspruchnahme von Erzeugungsanlagen wird im Englischen durch Dispatching of generating installations ausgedrückt. Dispatching, was im Sinne von Lastverteilung verstanden werden kann, wird in Art. 16 Abs. 2 lit. c EE-RL verwendet. Daraus folgt, dass sich die Inanspruchnahme auf die Behandlung bei der Einspeisung im Sinne der Lastregelung bezieht.

241 EuGH Rs. C-379/98 (PreussenElektra) Urt. vom 13.03.2001, Slg. 2001, I-2099, Rn. 68 ff.

242 EuGH Rs. C-379/98 (PreussenElektra) Urt. vom 13.03.2001, Slg. 2001, I-2099, Rn. 77.

243 Vgl. im Gegensatz dazu exemplarisch die vorangehenden Prüfungen, die der EuGH in seiner ständigen Rechtsprechung zur Bestimmung der einschlägigen sekundär- oder primärrechtlichen Prüfungsebene vornimmt: EuGH Rs. C-37/92 (Vanacker und Lesage) Urt. v. 12.10.1993, Slg. 1993, I-4947, Rn. 9; darauf Bezug nehmend EuGH Rs. C-324/99 (DaimlerChrysler) Urt. v. 13.12.2001, Slg. 2001, I-9897, Rn. 32; EuGH Rs. C-322/01 (Doc Morris) Urt. v. 11.12.2003, Rn. 64; EuGH Rs. C-309/02 (Radlberger) Urt. v. 14.12.2004, Slg. 2004, I-11763, Rn. 53.

absprach. Andernfalls hätte er eine Prüfung der Abnahmepflicht anhand dieser Regelungen vorgenommen, nicht hingegen an der primärrechtlich verankerten Warenverkehrsfreiheit. Damit kann auch unter Berufung auf den EuGH festgestellt werden, dass Art. 15 Abs. 3 und Art. 25 Abs. 4 EltRL das Förderinstrument Abnahme nicht abschließend regeln.[244]

*(d) Beschaffungsregelungen*

Ebenso wenig führt das in Art. 15 Abs. 6 an die Übertragungsnetzbetreiber sowie in Art. 25 Abs. 5 EltRL an die Verteilernetzbetreiber gerichtete Gebot, die Energie zur Deckung von Energieverlusten und Kapazitätsreserven nach transparenten, nichtdiskriminierenden und marktorientierten Verfahren zu beschaffen, zu einer Erweiterung des Regelungsbereiches der EltRL auf die Vermarktung von Strom im Sinne von Abnahmepflichten. Zwar geht die beschaffte Energie ähnlich wie bei der Abnahme von Strom von erneuerbaren Energien in den Herrschaftsbereich des Netzbetreibers über, gleichwohl stehen dem Gleichklang dieser beiden Instrumente ihre unterschiedlichen Zielrichtungen entgegen. Während die Stromabnahme durch den Netzbetreiber allein bezweckt, den Anlagenbetreibern eine leichte Vermarktungsmöglichkeit an die Hand zu geben, ist die Beschaffung allein darauf gerichtet, einen vom Netzbetreiber selbst bestimmten Bedarf zu decken, und zwar ohne die Intention, Strom zu vermarkten.

*(e) Ergebnis*

Auf Grundlage der vorstehenden Ausführungen lässt sich resümieren, dass das Abnahmeinstrument auf sekundärrechtlicher Ebene durch die in der EltRL vorgesehenen Liberalisierungsinstrumente keine Regelung erfahren hat.[245]

---

244 So im Ergebnis auch Klinski, ZNER 2005, 207, 210, basierend auf der Rechtsauffassung, dass im Hinblick auf die Förderung erneuerbarer Energien die EE-RL als speziellere Rechtsnorm die EltRL verdrängt wird und daher Art. 11 Abs. 3 und Art. 14 Abs. 4 EltRL nicht anwendbar sind. Dieser Auffassung wird nicht gefolgt. Vgl. insoweit Teil 2: A. I. 2. a) bb) (2).

245 Angesichts dessen verwundert die Gesetzesbegründung zu dem ebenfalls das Abnahmeinstrument regelnden § 3 Abs. 1 EEG 2000: Dieses rechtfertigt der deutsche Gesetzgeber damit, dass die Elektrizitätsbinnenmarkt-Richtlinie der Europäischen Union (in diesem Fall EltRL 1996) die Abnahme und Vergütung von Strom aus erneuerbaren Energien vorschreibe, BT-Drs. 14/2776, S. 22. Die EltRL 1996 enthielt aber in materieller Hinsicht in Bezug auf die hier geprüften Bestimmungen keine weitergehenden Regelungen. Die Prüfung der einschlägigen Bestimmungen der EltRL unter Zugrundelegung der durch den EuGH und in allgemeiner Rechtspraxis anerkannten Auslegungsmethoden orientiert an Wortlaut, Systematik, Telos, Genetik und Historie vermag die Rechtsauffassung des deutschen Gesetzgeber nicht zu stützen.

### *(4) Bestimmungen über die vorrangige Übertragung und Verteilung*

Bereits aus Art. 1 Satz 1 EltRL geht hervor, dass die Richtlinie gemeinsame Vorschriften für die Elektrizitätsübertragung und –verteilung enthält. Zu diesen Vorschriften gehören Art. 12 und Art. 25 EltRL. Art. 12 lit. f EltRL verbietet den Übertragungsnetzbetreibern ebenso wie Art. 25 Abs. 2 EltRL den Verteilernetzbetreibern jegliche Diskriminierung von Netzbenutzern oder Kategorien von Netzbenutzern. Zudem umfassen die Netzzugangsvorschriften die Durchleitung und den Transport von Energie.[246] Aus diesem Grund regelt die EltRL in ihren Liberalisierungsvorschriften sekundärrechtlich die Übertragung und Verteilung von Elektrizität.

Im Hinblick darauf, dass die Übertragung und Verteilung von Strom aus erneuerbaren Energien auch in Art. 16 Abs. 2 lit. a EE-RL eine abschließende Regelung erfahren hat, treten jedoch unter Berücksichtigung des Rechtsgrundsatzes *lex specialis derogat legi generali*[247] die Art. 12 lit. f sowie Art. 25 Abs. 2 EltRL hinter Art. 16 Abs. 2 lit. a EE-RL zurück.

### *(5) Bestimmungen über die Vergütung*

Regelungen, die die Vergütung von Elektrizität betreffen, sind der EltRL nicht zu entnehmen. Auch Art. 15 Abs. 3 Satz 2 und Art. 25 Abs. 4 EltRL, die eine Vorrangregelung für die Inanspruchnahme von Erzeugungsanlagen, in denen erneuerbare Energieträger eingesetzt werden, beinhalten, enthalten keine Regelung über die Vergütung. Wie bereits ausgeführt wurde, bezieht sich die Inanspruchnahme auf die Behandlung der Anlagen bei den Stromeinspeisungsvorgängen.[248] Ebenso wenig wie davon die Abnahme des Stromes im Sinne eines Ankaufs erfasst ist, fällt die Vergütung von Strom unter den Begriff der Inanspruchnahme. Das Vergütungsinstrument hat durch die EltRL somit keine (abschließende) Regelung erfahren.[249]

---

246 Vgl. Teil 2: A. I. 2. a) bb) (3) (a).

247 Vgl. Teil 2: A. I. 2. a) bb) (1).

248 Vgl. Teil 2: A. I. 2. a) bb) (3) (c).

249 Ebenso wie im Hinblick auf das Abnahmeinstrument rechtfertigt der Gesetzgeber des § 3 Abs. 1 EEG 2000 das dort enthaltene Vergütungsinstrument damit, dass die EltRL der Europäischen Union (in diesem Fall EltRL 1996) die Abnahme und Vergütung von Strom aus erneuerbaren Energien vorschreibe, BT-Drs. 14/2776, S. 22. Dem kann aus oben genannten Gründen ebenso wenig wie im Hinblick auf das Abnahmeinstrument gefolgt werden.

*(6) Ergebnis*

Die Liberalisierungsinstrumente der EltRL regeln in Art. 23 und Art. 37 Abs. 6 lit. a den Anschluss von Erzeugungsanlagen und in Art. 12 lit. f sowie Art. 25 Abs. 2 die Übertragung sowie Verteilung von Strom. Demzufolge geben Art. 23 und Art. 37 Abs. 6 lit. a EltRL den Prüfungsmaßstab für das Anschlussinstrument in § 5 Abs. 1 Satz 1 EEG vor. Der sekundärrechtliche Prüfungsmaßstab für das Übertragungs- und Verteilungsinstrument in § 8 Abs. 1 EEG wird durch Art. 16 Abs. 2 lit. a EE-RL vorgegeben. Diese Bestimmung verdrängt als spezielle Regelung hinsichtlich Übertragung und Verteilung die Art. 12 lit. f sowie Art. 25 Abs. 2 EltRL als Prüfungsmaßstab.

*b) Reichweite der allgemeinen Vorschriften für die Organisation des Sektors in Art. 3 EltRL*

Neben Richtlinienbestimmungen, die unmittelbar auf die vollständige Marktöffnung gerichtet sind und Liberalisierungsinstrumente enthalten, sind in Kapitel II EltRL allgemeine Vorschriften für die Organisation des Sektors niedergelegt. Niederschlag hat hier in genereller Weise der Grundsatz der Nichtdiskriminierung gefunden sowie die an die Mitgliedstaaten gerichtete Möglichkeit, den Elektrizitätsunternehmen gemeinwirtschaftliche Verpflichtungen aufzuerlegen. Beide Bereiche sind im Folgenden nach ihrem Regelungsgehalt für das EEG-Fördersystem und die dort implementierten einzelnen Instrumente zu untersuchen.

*aa) Grundsatz der Nichtdiskriminierung in Art. 3 Abs. 1 EltRL*

Gemäß Art. 3 Abs. 1 EltRL tragen die Mitgliedstaaten dafür Sorge, dass Elektrizitätsunternehmen im Hinblick auf die Errichtung eines wettbewerbsorientierten, sicheren und unter ökologischen Aspekten nachhaltigen Elektrizitätsmarktes betrieben werden und hinsichtlich ihrer Rechte und Pflichten gleich behandelt werden. Dieser Grundsatz der Nichtdiskriminierung gilt jedoch nur im Rahmen des Anwendungsbereiches der EltRL. Dieser wird in Art. 1 Satz 1 EltRL umrissen: Die Richtlinie will demnach die Elektrizitätserzeugung, -übertragung, -verteilung und –versorgung regeln. Im Rahmen dieser Sektorenbereiche werden Organisation und Funktionsweise des Sektors, Marktzugang, Ausschreibungs- und Genehmigungsverfahren sowie der Betrieb der Netze geregelt. Die vorstehende Prüfung[250] hat zu dem Ergebnis geführt, dass im Rahmen des Anwendungsbereiches die Ansprüche auf Anschluss und Übertragung sowie Verteilung

250 Vgl. Teil 2: A. I. 2. a) bb) (6).

vom Regelungsgehalt der EltRL umfasst sind, nicht hingegen die Ansprüche auf Abnahme und Vergütung. Ebenso wenig umfasst der Anwendungsbereich die grundsätzliche Förderung erneuerbarer Energien. Demzufolge gilt auch der in Art. 3 Abs. 1 EltRL generell für den durch die EltRL geschaffenen Elektrizitätsbinnenmarkt enthaltene Grundsatz der Nichtdiskriminierung nicht für ein System zur Förderung erneuerbarer Energien oder den Bereich Vermarktung, der unter anderem gekennzeichnet wird durch Abnahme und Vergütung. Anhaltspunkte, die für eine über den Anwendungsbereich der EltRL hinausgehende Geltung dieses durch Art. 3 EltRL umrissenen Anwendungsbereiches sprechen, sind weder in den Rechtsetzungsmaterialien noch in der Richtlinie selbst ersichtlich und finden auch in systematischer Hinsicht keinen Anknüpfungspunkt.[251]

*bb) Gemeinwirtschaftliche Verpflichtungen gemäß Art. 3 Abs. 2 EltRL*

Ebenfalls zu den allgemeinen Vorschriften zur Organisation des Sektors zählt die in Art. 3 Abs. 2 EltRL normierte Möglichkeit, den Elektrizitätsunternehmen im allgemeinen wirtschaftlichen Interesse Verpflichtungen aufzuerlegen, die sich auf Sicherheit einschließlich der Versorgungssicherheit, Regelmäßigkeit, Qualität und Preis der Versorgung sowie Umweltschutz einschließlich Energieeffizienz und Klimaschutz beziehen können. Es handelt sich dabei um so genannte gemeinwirtschaftliche Ziele.[252] Nach Auffassung der Generalanwältin Stix-Hackl zählte der nahezu gleichlautende Art. 3 Abs. 2 EltRL 1996 zu den Kernbestimmungen der Richtlinie und rezipierte im Wesentlichen den Regelungsgehalt des Art. 86 Abs. 2 EG (nunmehr Art. 106 Abs. 2 AEUV) für den Stromsektor.[253] Bei der gemeinwirtschaftlichen Verpflichtung, den Umweltschutz zu gewährleisten, hatte die Kommission im Blickfeld, dass die Energieerzeuger Mindestumweltstandards einhalten, eine Mindestmenge an Strom aus erneuerbaren Energiequellen erzeugen oder andere Umweltziele erfüllen.[254] Die genetische Auslegung ergibt mithin, dass Art 3 Abs. 2 EltRL die gemeinwirtschaftlichen Verpflich-

251 A. A. zum gleichlautenden Art. 3 Abs. 1 EltRL 2003: Karpenstein/Schneller, RdE 2005, 6, 9. Die Autoren sehen eine Erstreckung des Regelungsbereichs der EltRL 2003 auf das gesamte KWK- und EEG-Fördersystem (im Hinblick auf das EEG 2004) u. a. wegen des in Art. 3 Abs. 1 EltRL 2003 enthaltenen Grundsatzes der Nichtdiskriminierung, allerdings ohne dogmatische Begründung. Vielmehr greifen sie allein auf die Existenz der in der EltRL 2003 enthaltenen Nichtdiskriminierungsgebote zurück.

252 Zu diesen Zielen gehört neben dem Schutz sozial schwächerer Kunden, dem Schutz der Grundrechte der Endkunden, dem sozialen und wirtschaftlichen Zusammenhalt sowie der Versorgungssicherheit der Umweltschutz, vgl. Mitteilung der Kommission, KOM(2001) 125 endg., S. 45.

253 Generalanwältin Stix-Hackl, Schlussanträge vom 28.10.2004 in der Rs. C-17/03, Rn. 38.

254 Mitteilung der Kommission, KOM(2001) 125 endg., S. 20.

tungen der Erzeuger regelt, nicht die der Netzbetreiber, die durch das EEG verpflichtet werden.

Ebenso spricht eine historische Auslegung dagegen, dass sich ihr Regelungsgehalt auf ein System zur Förderung erneuerbarer Energien oder auf die umweltpolitischen Förderinstrumente erstreckt: In Kenntnis des Art. 3 Abs. 2 EltRL erließen die Rechtsetzungsorgane nach Inkrafttreten dieser Bestimmung die EE-RL, die keine Harmonisierung der Förderregelungen für erneuerbare Energien im Elektrizitätsbinnenmarkt vorsieht.[255] Hätten die Unionsorgane mit dem Begriff der gemeinwirtschaftlichen Verpflichtungen in Art. 3 Abs. 2 EltRL auch die dem Umweltschutz dienende Förderung erneuerbarer Energien mittels Anschluss-, Übertragungs-, Verteilungs-, Abnahme- und Vergütungsverpflichtung abdecken wollen, so hätte dies sicher im Zuge des Rechtsetzungsverfahrens zur EE-RL zumindest zu einer entsprechenden Erörterung geführt. Einen Hinweis darauf ist den Rechtsetzungsmaterialien nicht zu entnehmen.

Ebenso wenig erstreckt der EuGH den Begriff der gemeinwirtschaftlichen Verpflichtungen auf ein System zur Förderung erneuerbarer Energien oder auf die Förderinstumente. Im PreussenElektra-Urteil[256] erörterte der EuGH nicht, ob der die gemeinwirtschaftlichen Verpflichtungen umfassende Art. 3 Abs. 2 EltRL 1996[257] auch die Förderung erneuerbarer Energien oder das Abnahme- und Vergütungsinstrument des StrEG abschließend regelte.[258] Stattdessen ging er ohne ausdrückliche Prüfung davon aus, dass der Prüfungsmaßstab für die Abnahme- und Vergütungsverpflichtung (und damit auch für die Förderung erneuerbarer Energien) auf primärrechtlicher Ebene liegt.

Aus alldem folgt, dass Art. 3 Abs. 2 EltRL keine harmonisierende Richtlinienbestimmung für ein System zur Förderung erneuerbarer Energien und für die Instrumente Anschluss, Abnahme, Übertragung, Verteilung und Vergütung darstellt.[259]

---

255 Vgl. Teil 2: A. I. 1. a) dd).

256 EuGH Rs. C-379/98 (PreussenElektra) Urt. v. 13.03.2001, Slg. 2001, I-2099, Rn. 68 ff.

257 Art. 3 Abs. 2 EltRL 1996 enthielt eine zu Art. 3 Abs. 2 EltRL fast wortgleiche Regelung zur Auferlegung gemeinwirtschaftlicher Verpflichtungen. In Art. 3 Abs. 2 EltRL wurde lediglich die Zielrichtung *Umweltschutz* der gemeinwirtschaftlichen Verpflichtungen dahingehend konkretisiert, dass sie Energieeffizienz und Klimaschutz einschließt. Über den Regelungsgehalt der Vorvorgängerbestimmung geht Art. 3 Abs. 2 EltRL mithin nicht hinaus.

258 EuGH Rs. C-379/98 (PreussenElektra) Urt. v. 13.03.2001, Slg. 2001, I-2099, Rn. 68 ff. Unerheblich ist im Kontext des Art. 3 Abs. 2 EltRL 1996, dass der EuGH das Europarecht nur im Hinblick auf die in § 2 StrEG enthaltene Abnahme- und Vergütungspflicht erörterte. Anschluss- und Übertragungs- sowie Verteilungspflicht wurden mangels Niederlegung im StrEG nicht diskutiert.

259 Demgegenüber subsumieren Karpenstein/Schneller, RdE 2005, 6, 10, allerdings ohne Begründung, die Pflicht zu „vorrangiger Abnahme und Zuschlagszahlungen“ unter den Begriff der

### c) Ergebnis

Die EltRL harmonisiert in ihren sekundärrechtlichen Bestimmungen über Liberalisierungsinstrumente den Anschluss von Erzeugungsanlagen abschließend und gibt daher den Prüfungsmaßstab für das Anschlussinstrument in § 5 Abs. 1 Satz 1 EEG vor. Die EltRL enthält zudem Bestimmungen über die Übertragung und Verteilung von Strom. Da bereits die EE-RL die Übertragung und Verteilung von Strom speziell aus erneuerbaren Energien regelt, verdrängt sie als lex specialis die EltRL, so dass das Übertragungs- und Verteilungsinstrument zwar sekundärrechtlichen Beurteilungsmaßstäben unterliegt, jedoch nicht denen der EltRL. Die Abnahme und Vergütung von Strom hat durch die EltRL keine Regelung erfahren.

### 3. NetzzugangsVO

Die NetzzugangsVO, welche zeitgleich mit der EltRL in Kraft getreten ist, zielt auf die Schaffung eines soliden Rahmenwerkes für den grenzüberschreitenden Elektrizitätshandel.[260] Mombaur[261] und Balke erheben sie zum „Schlüsselprojekt zur Herstellung eines echten Energiebinnenmarktes".[262] Ebenso wie die EltRL 2003 ging die NetzzugangsVO 2003 auf den Vorschlag der Kommission zurück, der weitreichende Änderungen des durch die EltRL 1996 vorgegebenen Rechtsrahmens für den Elektrizitätsbinnenmarkt vorsah und mit dem sie den Forderungen des Europäischen Rates von Lissabon und des Europäischen Parlaments aus dem Jahr 2000 nach einer Beschleunigung des Liberalisierungsprozesses nachkam.[263] Der Liberalisierungsprozess wurde mit einer Änderung beider Rechtsakte im Jahr 2009 durch Inkrafttreten der Nachfolgeregelungen EltRL und NetzzugangsVO weiter vorangetrieben.

Wesentliche Regelungsgegenstände der NetzzugangsVO sind die Schaffung eines Ausgleichsmechanismus für grenzüberschreitende Stromflüsse in Art. 13 NetzzugangsVO, die Harmonisierung der Grundsätze für die Entgelte im Falle grenzüberschreitender Übertragung in Art. 14 NetzzugangsVO sowie die Zuweisung verfügbarer Kapazitäten auf den Verbindungsleitungen zwischen nationalen

„aus Gründen des Umwelt- oder des Klimaschutzes besonderen Verpflichtungen" im Sinne des Art. 3 Abs. 2 EltRL.

260 So zur Vorgängerverordnung NetzzugangsVO 2003: Mitteilung der Kommission, KOM(2001) 125 endg., S. 72.

261 Mitglied des Europäischen Parlaments und als solches am Rechtsetzungsverfahren der Vorgängerverordnung NetzzugangsVO 2003 beteiligt.

262 Mombaur/Balke, RdE 2003, 161.

263 Mitteilung der Kommission, KOM(2001) 125 endg.

Übertragungsnetzen in Art. 15 und 16 NetzzugangsVO.[264] Die NetzzugangsVO ergänzt insoweit die EltRL, die keine speziellen Vorschriften für grenzüberschreitende Transaktionen enthält.[265] Während diese Regelungen bereits in der NetzzugangsVO 2003 enthalten waren, bildet die nun geltende NetzzugangsVO die Rechtsgrundlage für die Schaffung eines Europäischen Netzes der Übertragungsnetzbereiber im Strombereich und erweitert durch die Art. 4ff. NetzzugangsVO institutionell das bereits seit 2003 bestehende Regime für grenzüberschreitende Transaktionen.

Sonderregelungen für die grenzüberschreitende Behandlung regenerativ erzeugten Stromes enthält die NetzzugangsVO hingegen nicht. Da eine Ausnahme- bzw. Sondervorschrift im Rahmen des grenzüberschreitenden Netzzugangs für regenerativ erzeugten Strom fehlt, sehen sich *Karpenstein/Schneller*[266] in Bezug auf die jeweiligen Vorgängerregelungen darin bestätigt, dass die EltRL – ergänzt durch die NetzzugangsVO – eine uneingeschränkte Vollendung des Binnenmarktes verlangt mit der Folge, dass beide Sekundärrechtsakte einer Schlechterstellung von Erzeugungsanlagen aus dem europäischen Ausland entgegenstehen.[267] Diese Art der Analyse von Rechtsakten im Hinblick auf ihren Harmonisierungsgehalt entspricht nicht der Vorgehensweise des EuGH. Der EuGH bewertet stets präzise den Regelungsgehalt einzelner sekundärrechtlicher Bestimmungen.[268] Um dieser Rechtsprechung des EuGH Rechnung zu tragen, sind mithin die einzelnen Bestimmungen der NetzzugangsVO auf ihren Regelungsgehalt hin zu untersuchen.

Von den in Art. 14 und 16 NetzzugangsVO enthaltenen Grundsätzen der Entgeltbildung und Kapazitätszuweisung im Rahmen des Engpassmanagements sind weder die Förderung erneuerbarer Energien noch die Förderinstrumente Anspruch auf Anschluss, Abnahme und Vergütung von Strom umfasst. Der Regelungsgegenstand der NetzzugangsVO erstreckt sich auch nicht auf das Übertragungs- und Verteilungsinstrument, obwohl die Verordnung Regelungen zur Übertragung enthält. So will die NetzzugangsVO einen effektiven Zugang zu den Übertragungsnetzen lediglich für grenzüberschreitende Transaktionen erreichen.[269] Daher harmonisiert sie im Einzelnen die Zuweisung von Übertragungs-

264 Mitteilung der Kommission, KOM(2001) 125 endg., S. 71.

265 Mitteilung der Kommission, KOM(2001) 125 endg., S. 72.

266 Karpenstein/Schneller, RdE 2005, 6, 10.

267 Karpenstein/Schneller, RdE 2005, 6, 10.

268 EuGH Rs. C-37/92 (Vanacker und Lesage) Urt. v. 12.10.1993, Slg. 1993, I-4947, Rn. 9; darauf Bezug nehmend EuGH Rs. C-324/99 (DaimlerChrysler) Urt. v. 13.12.2001, Slg. 2001, I-9897, Rn. 32; EuGH Rs. C -322/01 (Doc Morris) Urt. v. 11.12.2003, Rn. 64; EuGH Rs. C-309/02 (Radlberger) Urt. v. 14.12.2004, Slg. 2004, I-11763, Rn. 53.

269 Erwägungsgrund 4 der NetzzugangsVO 2003.

kapazitäten und die Tarifierung, nicht hingegen den grundsätzlichen Anspruch auf Übertragung innerhalb eines Übertragungsnetzes. Dafür spricht auch, dass die NetzzugangsVO eine Ergänzung zur EltRL darstellt und letztere bereits Regelungen zum Anspruch auf Übertragung enthält. Das Recht auf vorrangige Übertragung im Sinne des § 8 Abs. 1 EEG fällt unter die Regelungen über die Übertragung *innerhalb* eines Übertragungsnetzes und nicht unter die Bestimmungen für den Zugang zu Übertragungsnetzen *bei grenzüberschreitenden Transaktionen*, wie sie in der NetzzugangsVO getroffen werden. Demzufolge ist auch das Übertragungs- und Verteilungsinstrument nicht vom Regelungsgehalt der NetzzugangsVO erfasst. Somit kommt der NetzzugangsVO im Ergebnis keine Eignung als Prüfungsmaßstab für die Förderung erneuerbarer Energien sowie für die hierfür implementierten Ansprüche auf Anschluss, Abnahme, Übertragung und Vergütung zu.

### *4. Zusammenfassung*

Auf Grundlage der vorstehenden Analyse der EE-RL, der EltRL sowie der NetzzugangsVO kann festgehalten werden, dass der Anspruch auf Anschluss von Anlagen, in denen Strom aus erneuerbaren Energien erzeugt wird, sowie der Anspruch auf Übertragung und Verteilung sekundärrechtlich abschließend geregelt sind. Für diese beiden im deutschen EEG-Fördersystem implementierten umweltpolitischen Instrumente sind demzufolge unter Beachtung der Rechtsprechung des EuGH[270] Untersuchungen im Rahmen der Warenverkehrsfreiheit als Primärrecht verwehrt.[271] Nicht Gegenstand sekundärrechtlicher Regelungen ist demgegenüber der Anspruch auf Abnahme des regenerativ erzeugten Stromes sowie dessen Vergütung. Für diese beiden in das deutsche EEG-Fördersystem implementierten Instrumente bildet das Primärrecht den Prüfungsmaßstab.

---

270 EuGH Rs. C-37/92 (Vanacker und Lesage) Urt. v. 12.10.1993, Slg. 1993, I-4947, Rn. 9; darauf Bezug nehmend EuGH Rs. C-324/99 (DaimlerChrysler) Urt. v. 13.12.2001, Slg. 2001, I-9897, Rn. 32; EuGH Rs. C -322/01 (Doc Morris) Urt. v. 11.12.2003, Rn. 64; EuGH Rs. C-309/02 (Radlberger) Urt. v. 14.12.2004, Slg. 2004, I-11763, Rn. 53.

271 Inwieweit der in § 5 Abs. 1 EEG geregelte Anspruch auf Anschluss der EE-Anlage und der gemäß § 8 Abs. 1 EEG geregelte Anspruch auf Übertragung sowie Verteilung des Stromes – gerade im Hinblick auf den Grundsatz der Nichtdiskriminierung – gegen die einschlägigen Bestimmungen der EE-RL verstößt, ist nicht Gegenstand dieser Arbeit.

## II. Sekundärrechtlicher Rechtsrahmen für die Förderung der Stromerzeugung in KWK

Die Stromerzeugung in Kraft-Wärme-Kopplung ist Regelungsgegenstand der KWK-RL, deren Umsetzungsfrist am 21. Februar 2006 endete. Ein Rechtsrahmen für energiewirtschaftliche Instrumente wird zudem durch die EltRL vorgegeben, deren Umsetzungsfrist ebenfalls bereits abgelaufen ist.[272] Durch die NetzzugangsVO wird kein harmonisierter Rechtsrahmen für die nationale Förderung der Stromerzeugung in Kraft-Wärme-Kopplung sowie für die hierfür geschaffenen Förderinstrumente vorgegeben, da diese – wie ausgeführt – die Entgeltbildung und Kapazitätszuweisung im Rahmen des Engpassmanagements bei grenzüberschreitenden Stromflüssen harmonisiert.[273]

### *1. KWK-RL*

Die KWK-RL bezweckt eine Steigerung des Anteils hocheffizienter KWK um zehn Prozent des gesamten Elektrizitätsverbrauchs der Europäischen Union bezogen auf das Jahr 2000.[274] Zur Erreichung dieses Ziels schafft sie einen Rahmen für die Förderung und Entwicklung einer hocheffizienten, am Nutzwärmebedarf orientierten und auf Primärenergieeinsparungen ausgerichteten KWK im Energiebinnenmarkt unter Berücksichtigung der spezifischen nationalen Gegebenheiten, insbesondere klimatischer und wirtschaftlicher Art. Dieser Rahmen soll nach Maßgabe einzelstaatlicher Gegebenheiten und der nationalen Energiepolitik im Rahmen der europäischen Wettbewerbsregeln die staatliche Förderung der KWK in den Mitgliedstaaten auf Grundlage des Nutzwärmebedarfs konzentrieren.[275] Hierzu werden zunächst unter anderem gemeinsame Begriffsbestimmungen für Strom aus KWK festgelegt, um für die Förderregelungen der Mitgliedstaaten den gleichen methodischen Hintergrund zu entwickeln, dessen Ziel darin besteht, die Transparenz der Auswirkungen von Förderregelungen auf den Binnenmarkt zu gewährleisten.[276]

Zu untersuchen ist, inwieweit die Rechtsetzungsorgane für die Förderung der KWK in der KWK-RL Regelungen getroffen haben, die ein mitgliedstaatliches KWK-Fördersystem oder in dieses implementierte Förderinstrumente wie den Anschluss einer KWK-Anlage an das Netz, die Abnahme des Stromes sowie dessen Vergütung abschließend regeln.

272 Vgl. Teil 2: A. I.
273 Vgl. Teil 2: A. I. 3.
274 Mitteilung der Kommission, KOM(2004) 366 endg., S. 31.
275 Mitteilung der Kommission, KOM(2002) 415 endg., S. 182, 188.
276 Mitteilung der Kommission, KOM(2002) 415 endg., S. 182, 188.

### *a) Regelungsgehalt der KWK-RL im Hinblick auf ein KWK-Fördersystem*

Bestimmungen über mitgliedstaatliche Förderregelungen enthält Art. 7 Abs. 1 KWK-RL. Diese beschränken sich jedoch auf die Festlegung, dass sich die nationale Förderung der KWK in bestehenden und künftigen Blöcken am Nutzwärmebedarf und an den Primärenergieeinsparungen zu orientieren hat. Darüber hinausgehende Vorgaben an die Ausgestaltung nationaler KWK-Förderung enthält Art. 7 Abs. 1 KWK-RL nicht. Eine abschließende Regelung und Harmonisierung nationaler KWK-Förderung ist darin nicht zu sehen.

Dies folgt zudem zum einen aus Erwägungsgrund 26, zum anderen aus Art. 7 Abs. 2 KWK-RL. In Erwägungsgrund 26 hat der Unionsrechtsgeber hervorgehoben, dass durch die KWK-RL ein harmonisierter Gemeinschaftsrahmen (nunmehr Unionsrahmen) für die KWK-Förderung nicht eingeführt werde, vielmehr sollen mitgliedstaatliche Fördermechanismen wie Investitionsbeihilfen, Steuerbefreiungen, grüne Zertifikate und direkte Preisstützungssysteme *bis* zur Einführung eines harmonisierten Gemeinschaftsrahmens ungestört funktionieren. Daneben wird durch die in Art. 7 Abs. 2 KWK-RL vorgesehene Bewertung der mitgliedstaatlichen KWK-Fördermechanismen durch die Kommission deutlich, dass durch die Vorgaben für nationale KWK-Förderung in Art. 7 Abs. 1 KWK-RL keine abschließende Regelung für die KWK-Förderung geschaffen wurde: Gemäß Art. 7 Abs. 2 KWK-RL bewertet die Kommission die Anwendung der Fördermechanismen in den Mitgliedstaaten, durch die die KWK-Erzeugung gefördert wird und die eine Beschränkung des Handels zur Folge haben könnten. Dabei prüft die Kommission, ob die Fördermechanismen zur Verwirklichung der Umweltschutzziele im Sinne der Art. 6 und 174 Abs. 1 EG (nun Art. 11 und 191 Abs. 1 AEUV) beitragen. Da eine Bewertung durch die Kommission zum einen voraussetzt, dass Handelsbeschränkungen möglich sind, die in der Regel im Rahmen des Art. 34 AEUV relevant werden, und zum anderen ein Prüfauftrag im Hinblick auf die primärrechtlich verankerten Umweltschutzbestimmungen gegeben wird, wird deutlich, dass die Bewertung der mitgliedstaatlichen Förderung am Maßstab des Primärrechts zu erfolgen hat. Mithin kann Art. 7 Abs. 1 KWK-RL keine Regelung darstellen, die abschließend die Förderung der KWK regelt.

### *b) Regelungsgehalt der KWK-RL im Hinblick auf einzelne Förderinstrumente*

Das Förderinstrument Anschluss einer KWK-Anlage an ein Netz könnte in Art. 8 Abs. 1 KWK-RL eine Regelung erfahren haben. Darin werden im Hinblick auf Übertragung und Verteilung von Strom aus hocheffizienter KWK die Art. 7 Abs. 1, 2 und 5 EE-RL 2001 (nun Art. 16 Abs. 1 bis 3 EE-RL) sowie die EltRL 2003 (nun EltRL) für anwendbar erklärt. Da jedoch die Verweisung ausdrücklich auf Übertragung und Verteilung beschränkt ist, wird die KWK-RL nicht um die in Art. 16 Abs. 5 EE-RL sowie Art. 23, Art. 36 lit. e und Art. 37 Abs. 6 lit. a EltRL enthaltenen Anschlussregelungen erweitert.[277] Dies hat zur Folge, dass der Verweis in Art. 8 Abs. 1 KWK-RL bei systematischer Auslegung nicht dazu führt, dass in die KWK-RL Anschlussregelungen implementiert sind. Darüber hinaus enthält die KWK-RL ebenso wenig wie die EE-RL Bestimmungen, die die Förderinstrumente Abnahme von KWK-Strom und dessen Vergütung regeln.[278]

#### *c) Zusammenfassung*

Aufgrund der vorstehenden Ausführungen kann zusammenfassend festgestellt werden, dass mit der KWK-RL keine sekundärrechtlichen harmonisierenden Unionsregelungen für die Förderung der KWK oder die Anschluss-, Abnahme- und Vergütungsinstrumente geschaffen wurden.

### *2. Regelungsgehalt der EltRL*

In Anbetracht des weitgehend strukturellen Gleichklangs zwischen der Förderung erneuerbarer Energien und der Förderung der KWK sowie der hierfür installierten Förderinstrumente kann im Rahmen der nachfolgenden Untersuchung, inwieweit die EltRL abschließende Regelungen für die Förderung der KWK oder für einzelne Förderinstrumente enthält, im Hinblick auf den Regelungsgehalt der EltRL auf die vorangegangene Prüfung verwiesen werden.[279]

#### *a) Regelungsgehalt der EltRL im Hinblick auf die Förderung der KWK*

Ebenso wenig wie die EltRL die Förderung erneuerbarer Energien regelt, enthält sie abschließende Bestimmungen für die Förderung der KWK.[280] Zwar kann dem Übertragungsnetzbetreiber gemäß Art. 15 Abs. 3 EltRL und dem Verteilernetz-

277 Hinzuweisen ist an dieser Stelle darauf, dass Art. 8 Abs. 2 des Vorschlags für eine Richtlinie des Europäischen Parlaments und des Rates über die Förderung der Kraft-Wärme-Kopplung auf der Grundlage des Nutzwärmebedarfs im Energiebinnenmarkt auch Anschlussregelungen enthielt; vorgesehen waren nichtdiskriminierende Regeln über Anlastung der Netzanschlusskosten, KOM(2002) 415 endg., S. 182, 203. Die Streichung der in Kraft getretenen KWK-RL wurde auch nicht unmittelbar kompensiert durch den Verweis in Art. 8 Abs. 1 KWK-RL auf die EltRL, da dieser sich nur auf Übertragung und Verteilung, nicht hingegen auf Netzanschluss bezieht.

278 Vgl. Teil 2: A. I. 1. b) bb) und dd).

279 Vgl. Teil 2: A. I. 2.

280 Vgl. Teil 2: A. I. 2. a) bb) (1).

betreiber gemäß Art. 25 Abs. 4 EltRL ebenfalls zur Auflage gemacht werden, dass bei der Inanspruchnahme von Erzeugungsanlagen solchen der Vorrang zu geben ist, die nach dem Prinzip der KWK arbeiten.[281] Gleichwohl enthält die EltRL mit dieser Vorrangregelung keine harmonisierende, abschließende Regelung für die Förderung der KWK. Dies folgt bereits aus der EltRL selbst: Nach dem Wortlaut der Vorschriften gilt die Vorrangregelung ausschließlich für die Inanspruchnahme von Erzeugungsanlagen. Eine abschließende Aussage zur umfassenden Förderung der KWK wird hingegen nicht getroffen.[282] Zudem indiziert die systematische Stellung der Vorschriften im Bereich „Inanspruchnahme und Ausgleich von Kapazitäten" und „Aufgaben der Verteilernetzbetreiber", dass der Rechtsgeber in diesem Kontext keine abschließende Regelung für die Förderung der KWK platzieren wollte.[283]

Gegen eine Harmonisierung der KWK-Förderung durch die EltRL spricht letztlich auch die Existenz der KWK-RL, die die Förderung der KWK zum Gegenstand hat.[284] Aus dem allgemeinen Rechtsgrundsatz *lex specialis derogat legi generali*[285] folgt, dass im Hinblick auf die Förderung der KWK die KWK-RL der EltRL vorgeht, da deren Regelungsgegenstand allgemeine energiewirtschaftliche Instrumente sind. Angesichts dessen kann die Förderung der KWK nicht abschließend durch die EltRL geregelt werden. Letztlich zeigt auch der Regelungsgehalt der KWK-RL selbst, dass die EltRL die Förderung der KWK nicht abschließend regelt. So soll gemäß Art. 1 KWK-RL zunächst ein Rahmen für die Förderung der KWK geschaffen werden. Dieses Telos wäre überflüssig, enthielte die EltRL abschließende Harmonisierungsregelungen. Zudem hat der Rechtsgeber in Erwägungsgrund 26 der KWK-RL zum Ausdruck gebracht, dass kein harmonisierter Rahmen für die Förderung der KWK besteht.[286] Damit stellt der Richtliniengeber klar, dass er in der zuvor erlassenen EltRL 2003, auf der die EltRL aufbaut, eine solche Harmonisierung nicht vorgenommen hat. Letztlich nimmt er in Erwägungsgrund 2 der KWK-RL ausdrücklich Bezug auf die EltRL 2003. Er führt dort aus, dass die Entwicklung der KWK im Rahmen des durch die EltRL geschaffenen Elektrizitätsbinnenmarktes einen Beitrag zur Stärkung des Wettbewerbs, auch mit Blick auf neue Marktteilnehmer, leistet. Es ist zu

281 Diese Vorrangregelung gilt auch für Erzeugungsanlagen, in denen erneuerbare Energien oder Abfälle eingesetzt werden, vgl. Teil 2: A. I. 2. a) bb) (1).

282 Vgl. Teil 2: A. I. 2. a) bb) (1).

283 Vgl. Teil 2: A. I. 2. a) bb) (1).

284 Vgl. Teil 2: A. II. 1.

285 Vgl. Teil 2: A. I. 2. a) bb) (1).

286 Dies folgt daraus, dass ausdrücklich das ungestörte Funktionieren mitgliedstaatlicher Fördersysteme *bis* zur Einführung eines harmonisierten Gemeinschaftsrahmens gewährleistet werden soll. Vgl. Teil 2: A. II. 1. a).

erwarten, dass der Richtliniengeber, hätte er diesen Beitrag schon im Rahmen der EltRL geleistet, in diesem Kontext darauf ausdrücklich Bezug genommen hätte. Nach alldem ist auf Grundlage einer systematischen, genetischen und historischen Auslegung festzustellen, dass die Förderung von KWK durch Art. 15 Abs. 3 und Art. 25 Abs. 4 EltRL nicht abschließend geregelt wurde.

*b) Regelungsgehalt der EltRL im Hinblick auf das Anschlussinstrument*

Da die EltRL Regelungen über allgemeine energiewirtschaftliche Instrumente trifft, stellt sich wie auch bei den Instrumenten zur Förderung erneuerbarer Energien die Frage, ob diese Regelungen im Hinblick auf die KWK-Förderinstrumente abschließend sind. Im Rahmen der Förderinstrumente für erneuerbare Energien wurde bereits Art. 23 EltRL analysiert, der den Anschluss von neuen Kraftwerken regelt.[287] Angesichts des Rechtsgrundsatzes *lex specialis derogat legi generali* und der Feststellung, dass die KWK-RL als speziellere Norm im Hinblick auf die Förderung der KWK der EltRL vorgeht, bedarf es auch hier einer Erörterung, ob sich Art. 23 EltRL auf Kraftwerke erstrecken kann, wenn diese Strom nach dem Prinzip der KWK generieren.[288] Dabei ist zu berücksichtigen, dass die KWK-RL keine abschließenden Regelungen über einzelne allgemeinenergiewirtschaftliche Instrumente enthält, sondern die Förderung der KWK als solche regelt. Soweit es um einzelne energiewirtschaftliche Instrumente wie den Anschluss von Kraftwerken geht, die in anderen Sekundärrechtsakten abschließend geregelt wurden, bildet dieses Sekundärrecht den Prüfungsmaßstab für das jeweilige mitgliedstaatliche energiewirtschaftliche Instrument. Dies liegt darin begründet, dass die KWK-RL im Hinblick auf den Anschluss von Kraftwerken nicht als lex specialis gegenüber der EltRL angesehen werden kann. Für die Auslegung des Art. 23 EltRL hat dies in systematischer Hinsicht zur Folge, dass die abschließende Regelung für Anschlüsse neuer Kraftwerke auch für solche Anlagen gilt, die Strom in KWK generieren.

Mithin bildet Art. 23 Abs. 1 lit. f EltRL den sekundärrechtlichen Prüfungsmaßstab für das in § 4 Abs. 1 KWKModG enthaltene Anschlussinstrument.[289]

---

287 Vgl. Teil 2: A. I. 2. a) bb) (2).

288 Eine vergleichbare Frage stellte sich bereits im Zusammenhang mit dem Instrument Anschluss von Erzeugungsanlagen, wenn diese Strom aus erneuerbaren Energien generieren. Vgl. hierzu im Einzelnen Teil 2: A. I. 2. a) bb) (2).

289 Den Prüfungsmaßstab für nationale Maßnahmen bildet dieses Sekundärrecht jedoch nur dann, wenn es seinerseits primärrechtskonform ausgestaltet ist. Bei der Bestimmung über den Anschluss von Erzeugungsanlagen ist dies der Fall. Vgl. Teil 2: A. I. 2. a) bb) (2).

### c) *Regelungsgehalt der EltRL im Hinblick auf das Abnahmeinstrument*

Die EltRL enthält demgegenüber keine Bestimmungen, in denen die Abnahme von KWK-Strom geregelt wird.[290] Wie bereits im Rahmen des Förderinstrumentes Abnahme von Strom aus erneuerbaren Energien dargelegt, ist die Stromabnahme nicht zum Regelungsgegenstand der EltRL gemacht worden. So schließen die zum Netzzugang erlassenen Harmonisierungsvorschriften die Abnahme von Strom nicht ein.[291] Ebenso wenig erstreckt sich die in Art. 15 Abs. 2 EltRL geregelte Einspeisung aus Erzeugungsanlagen auf die Abnahme von Strom.[292] Gleiches gilt für die Inanspruchnahme von Erzeugungsanlagen, für die Art. 15 Abs. 3 und Art. 25 Abs. 4 EltRL Privilegierungen für KWK-Strom vorsehen. Da die Inanspruchnahme von Erzeugungsanlagen in diesem Kontext dem Netzzugang zuzuordnen ist,[293] welcher nicht die Abnahme von Strom umfasst, können auch Art. 15 Abs. 3 und Art. 25 Abs. 4 EltRL nicht dahingehend ausgelegt werden, dass sie die Abnahme regeln. Letztlich kann auch aus dem in Art. 15 Abs. 6 EltRL an die Übertragungsnetzbetreiber sowie in Art. 25 Abs. 5 EltRL an die Verteilernetzbetreiber gerichteten Gebot, die Energie zur Deckung von Energieverlusten und Kapazitätsreserven nach transparenten, nichtdiskriminierenden und marktorientierten Verfahren zu beschaffen, nicht gefolgert werden, dass die Abnahme von KWK-Strom damit abschließend geregelt ist.[294] Da die Abnahme von Strom nach alldem nicht vom Regelungsgehalt der EltRL umfasst ist, lässt dieses den Elektrizitätsbinnenmarkt betreffende Sekundärrecht im Hinblick auf die Stromabnahme Untersuchungen im Rahmen der Warenverkehrsfreiheit zu.

### d) *Regelungsgehalt der EltRL im Hinblick auf das Vergütungsinstrument*

Ebenso wenig wie die EltRL die Abnahme von Strom regelt, enthält sie Regelungen über die Vergütung von Strom.[295]

## 3. *Zusammenfassung*

Zusammenfassend kann auf Grundlage der vorstehenden Ausführungen festgestellt werden, dass mit der Regelung in Art. 23 EltRL der Anschluss von Kraft-

290 Vgl. zur Analyse der Bestimmungen der EltRL im Hinblick auf das strukturell vergleichbare Abnahmeinstrument Teil 2: A. I. 2. a) bb) (3).
291 Vgl. hierzu im Einzelnen Teil 2: A. I. 2. a) bb) (3) (a).
292 Vgl. hierzu im Einzelnen Teil 2: A. I. 2. a) bb) (3) (b).
293 Vgl. hierzu im Einzelnen Teil 2: A. I. 2. a) bb) (3) (c).
294 Vgl. hierzu im Einzelnen Teil 2: A. I. 2. a) bb) (3) (d).
295 Vgl. hierzu im Einzelnen Teil 2: A. I. 2. a) bb) (5).

werken und damit auch der Anschluss von KWK-Anlagen abschließend harmonisiert wurde. Demzufolge bildet Art. 23 EltRL den Prüfungsmaßstab für das KWK-Anschlussinstrument. Somit gibt Art. 34 AEUV nach der in ständiger Rechtsprechung entwickelten Dogmatik zum Verhältnis zwischen Primärrecht und Sekundärrecht nicht den Prüfungsmaßstab vor.[296] Demgegenüber liegt der Prüfungsmaßstab für die Abnahme- und Vergütungsinstrumente in Ermangelung abschließenden Sekundärrechts im Primärrecht.

## B. Warenverkehrsfreiheit als Prüfungsmaßstab unter Berücksichtigung der beihilferechtlichen Vorschriften

Nachdem festgestellt wurde, dass einschlägiges Sekundärrecht Untersuchungen des Primärrechts im Hinblick auf die Abnahme- und Vergütungsinstrumente nicht entgegensteht, stellt sich des Weiteren im Hinblick auf die monetär ausgestalteten Vergütungsinstrumente die Frage, inwieweit die in Art. 107 ff. AEUV verankerten Beihilfevorschriften mit ihrer Zielrichtung, den Wettbewerb innerhalb des Binnenmarktes vor Verfälschungen zu schützen,[297] dogmatisch Untersuchungen der Warenverkehrsfreiheit erlauben. Dieser Frage liegt zugrunde, dass solche mitgliedstaatlichen Maßnahmen trotz seines weiten Anwendungsbereiches nicht anhand Art. 34 AEUV zu beurteilen sind, wenn für sie sonstige spezifische Vertragsvorschriften gelten.[298] Der EuGH begründet dies damit, dass die Rechtsfolgen, die sich aus der Anwendung oder etwaigen Verletzung unterschiedlicher Vertragsbestimmungen ergeben, nach den jeweiligen besonderen Regelungsgegenständen zu bestimmen sind und demzufolge unterschiedlicher Art sein können.[299] Mithin entspricht es der Praxis des EuGH[300], die jeweiligen Anwendungsbereiche der in Betracht kommenden Bestimmungen voneinander abzugrenzen, sofern nicht ein Fall vorliegt, für den gleichzeitig mehrere Vorschriften des Unionsrechts in Betracht kommen. Dem folgend ist zunächst der

296 Vgl. hierzu die Rechtsprechung des EuGH Rs. C-37/92 (Vanacker und Lesage) Urt. v. 12.10.1993, Slg. 1993, I-4947, Rn. 9; darauf Bezug nehmend EuGH Rs. C-324/99 (DaimlerChrysler) Urt. v. 13.12.2001, Slg. 2001, I-9897, Rn. 32; EuGH Rs. C-322/01 (Doc Morris) Urt. v. 11.12.2003, Rn. 64; EuGH Rs. C-309/02 (Radlberger) Urt. v. 14.12.2004, Slg. 2004, I-11763, Rn. 53.

297 EuGH Rs. C-171/83 R (Kommission./.Frankreich) Urt. v. 20.09.1983, Slg. 1983, 2621, Rn. 9.

298 EuGH Rs. C-74/76 (Ianelli./.Meroni) Urt. v. 22.03.1977, Slg. 1977, 557, Rn. 9/10.

299 Im Hinblick auf das Verhältnis der Vorgängerregelungen Art. 28 EG und Art. 87 ff. EG: EuGH Rs. C-74/76 (Ianelli./.Meroni) Urt. v. 22.03.1977, Slg. 1977, 557, Rn. 9/10.

300 Im Hinblick auf das Verhältnis der Vorgängerregelungen Art. 28 EG und Art. 87 ff. EG: EuGH Rs. C-74/76 (Ianelli./.Meroni) Urt. v. 22.03.1977, Slg. 1977, 557, Rn. 9/10.

Anwendungsbereich des Art. 34 AEUV von den in Art. 107ff. AEUV enthaltenen Beihilfevorschriften abzugrenzen.

## I. Verhältnis der beihilferechtlichen Vorschriften zur Warenverkehrsfreiheit

In dem Urteil *Ianelli./.Meroni* führte der EuGH mit Hinweis auf die unterschiedlichen Rechtsfolgen aus, dass die in Art. 107 AEUV bezeichneten Beeinträchtigungen nicht dem Verbot des Art. 34 AEUV unterliegen:[301] Rechtsfolge des Art. 34 AEUV sei ein zwingendes und klares Verbot mengenmäßiger Beschränkungen sowie Maßnahmen gleicher Wirkung, das zu seiner Verwirklichung keiner weiteren Maßnahmen der Mitgliedstaaten oder Organe der Europäischen Union bedürfe, unmittelbar wirke sowie Rechte des Einzelnen begründe, die von den mitgliedstaatlichen Gerichten zu wahren seien. Demgegenüber sei die in Art. 107 Abs. 1 AEUV niedergelegte Unvereinbarkeit der Beihilfen mit dem Binnenmarkt – so der EuGH mit Verweis auf die in Art. 107 Abs. 2 AEUV enthaltenen Ausnahmen[302] – weder absolut noch unbedingt. Die Feststellung der Unvereinbarkeit einer Beihilfe mit dem Binnenmarkt habe in einem geeigneten Verfahren zu erfolgen, dessen Durchführung vorbehaltlich der Kontrolle des EuGH Sache der Kommission sei. In den Art. 107 und 108 AEUV werde der Kommission ein weiter Ermessenspielraum eingeräumt und dem Rat eine weitreichende Befugnis gewährt, staatliche Beihilfen unter Abweichung von dem allgemeinen Verbot des Art. 107 Abs. 1 AEUV zuzulassen.[303] Dieser in Art. 107 und 108 AEUV enthaltene Ermessensspielraum der Unionsorgane würde faktisch eingeschränkt und die Zuständigkeitsverteilung in Frage gestellt, legte man Art. 34 AEUV so weit aus, dass eine Beihilfe einer mengenmäßigen Beschränkung im Sinne des Art. 34 AEUV mit seinen unmittelbaren Rechtsfolgen gleichzusetzen wäre.

Gleichwohl schränkt der EuGH dieses grundsätzliche Verhältnis von Art. 34ff. AEUV und Art. 107ff. AEUV ein und misst in diesem Zusammenhang insbesondere dem Umstand Bedeutung zu, dass eine Beihilfe zwar häufig schon als solche einen Schutz und demzufolge eine gewisse Abschottung des Marktes begründe, gleichwohl dürfe sie nicht zu einschränkenden Wirkungen führen, die

301 Im Hinblick auf das Verhältnis der Vorgängerregelungen Art. 28 EG und Art. 87ff. EG: EuGH Rs. C-74/76 (Ianelli./.Meroni) Urt. v. 22.03.1977, Slg. 1977, 557, Rn. 9/10.

302 Im Hinblick auf das Verhältnis der Vorgängerregelungen Art. 28 EG und Art. 87ff. EG: EuGH Rs. C-74/76 (Ianelli./.Meroni) Urt. v. 22.03.1977, Slg. 1977, 557, Rn. 11–13.

303 Im Hinblick auf das Verhältnis der Vorgängerregelungen Art. 28 EG und Art. 87ff. EG: EuGH Rs. C-74/76 (Ianelli./.Meroni) Urt. v. 22.03.1977, Slg. 1977, 557, Rn. 11/12.

über das zur Erreichung der nach dem Vertrag zulässigen Ziele einer Beihilfe erforderliche Maß hinausgingen.[304]

Ließen sich bei der Analyse einer Beihilferegelung Voraussetzungen oder Bestandteile herausarbeiten, die zwar zu dieser Regelung gehörten, zur Verwirklichung ihres Zwecks aber nicht unerlässlich seien – sog. trennbare Modalitäten –, so könne aus den Art. 107 und 108 AEUV nicht abgeleitet werden, dass bei einer Verletzung sonstiger Vertragsbestimmungen mit unmittelbarer Wirkung – wie Art. 34 AEUV – eine Berufung auf diese Vorschriften allein deshalb ausgeschlossen sei, weil der betreffende Bestandteil eine Modalität einer Beihilfe darstelle.[305] Eine Maßnahme, die als Beihilfe in den Anwendungsbereich des Art. 107 AEUV falle, könne insofern derart trennbare Modalitäten enthalten, die gleichwohl als solche in den Anwendungsbereich des Art. 34 AEUV fallen.[306] Modalitäten können aber auch derart untrennbar mit dem Zweck einer Beihilfe verknüpft sein, dass sie nicht separat beurteilt werden können. In diesem Fall erfolgt die Prüfung der Vereinbarkeit mit dem Binnenmarkt allein im Rahmen des Verfahrens nach Art. 107 ff. AEUV. Maßgebend ist daher, ob die Modalität der Gewährung oder Finanzierung der Beihilfe trennbar oder untrennbar mit dem Beihilfezweck verbunden ist. Im Falle einer trennbaren Verbindung ist ein Rückgriff auf Art. 34 AEUV erlaubt. Bei Vorliegen einer untrennbaren Verbindung genießt das Verfahren nach Art. 107 ff. AEUV Vorrang.

Demzufolge lässt der EuGH in dem Urteil *Ianelli./.Meroni* eine beschränkte Spezialität des Beihilferegimes gegenüber der Warenverkehrsfreiheit erkennen, die verkürzt zusammengefasst werden kann mit der Formel, dass die Art. 107 ff. AEUV lex specialis gegenüber Art. 34 ff. AEUV sind, wenn es sich um eine Beihilfe oder eine mit dieser untrennbar verbundenen Modalität handelt. Auf Modalitäten, die von einer Beihilfe trennbar sind, ist Art. 34 AEUV anwendbar.[307]

In anderen Urteilen, die nach dem vorstehend genannten Urteil erlassen wurden, ordnete der EuGH Art. 107 ff. AEUV nicht als lex specialis gegenüber den Vorschriften über den freien Warenverkehr ein, sondern führte aus, dass die Qualifizierung einer einzelstaatlichen Maßnahme als Beihilfe im Sinne des Art. 107 AEUV nicht bedeute, dass diese Maßnahme vom Verbot des Art. 34 AEUV

304 Im Hinblick auf das Verhältnis der Vorgängerregelungen Art. 28 EG und Art. 87 ff. EG: EuGH Rs. C-74/76 (Ianelli./.Meroni) Urt. v. 22.03.1977, Slg. 1977, 557, Rn. 15.

305 Im Hinblick auf das Verhältnis der Vorgängerregelungen Art. 28 EG und Art. 87 ff. EG: EuGH Rs. C-74/76 (Ianelli./.Meroni) Urt. v. 22.03.1977, Slg. 1977, 557, Rn. 14.

306 Im Hinblick auf das Verhältnis der Vorgängerregelungen Art. 28 EG und Art. 87 ff. EG: EuGH Rs. C-74/76 (Ianelli./.Meroni) Urt. v. 22.03.1977, Slg. 1977, 557, Rn. 14.

307 So auch Weck, S. 150.

in jedem Fall ausgenommen sei.[308] Der Umstand, dass die Art. 107 und 108 AEUV auf eine mitgliedstaatliche Maßnahme Anwendung fänden, habe nicht zur Folge, dass diese Maßnahme als solche den Verboten des Art. 34 AEUV entzogen sei.[309] Damit werde dem gemeinsamen Ziel der Vorschriften über Beihilfen in Art. 107 und 108 AEUV und über den freien Warenverkehr in Art. 34 AEUV Rechnung getragen, was darin bestehe, den freien Warenverkehr zwischen den Mitgliedstaaten unter normalen Wettbewerbsbedingungen sicherzustellen.[310] Aus dieser etwas jüngeren Rechtsprechung folgt mithin eine Gleichrangigkeit von Beihilferegime und freiem Warenverkehr.

In seinem jüngsten Urteil in der Rs. *Matra* zur Stellung der Art. 107 ff. AEUV nahm der EuGH zwar auf das Urteil *Ianelli./.Meroni* Bezug, ergänzte jedoch, dass das Verfahren nach Art. 92 und 93 EG-V (nun Art. 107 ff. AEUV) mit seinem weiten Beurteilungsspielraum bei der Entscheidung über die Vereinbarkeit einer staatlichen Beihilferegelung mit den Anforderungen des Gemeinsamen Marktes (nun Binnenmarkt) niemals zu einem Ergebnis führen dürfe, das zu den besonderen Bestimmungen des Vertrages im Widerspruch stehe, insbesondere zu den Vorschriften, die ebenfalls auf einen unverfälschten Wettbewerb innerhalb des Gemeinsamen Marktes (nun Binnenmarkt) abzielten.[311] Zu diesen Vorschriften gehören auch die Art. 34 ff. AEUV.

Nach alldem ist festzuhalten, dass – selbst wenn die Vergütungsregelungen Beihilfen darstellten – dies nicht zu dem Ergebnis führen kann, dass der freie Warenverkehr entgegen Art. 34 AEUV in ungerechtfertigter Weise beeinträchtigt wird. Demzufolge sind Untersuchungen der Warenverkehrsfreiheit im Hinblick auf das Förderinstrument Vergütung dogmatisch zulässig, selbst wenn diese eine Beihilfe darstellen.

308 EuGH Rs. C-249/81 (KOM./.Irland) Urt. v. 24.11.1982, Slg. 1982, 4005, Rn. 18; Rs. C-18/84 (KOM./.Frankreich) Urt. vom 07.05.1985, Slg. 1985, 1339, Rn. 13; Rs. C-103/84 (KOM./.Italien) Urt. v. 05.06.1986, Slg. 1986, 1759, Rn. 19; Rs. 21/88 (DuPont de Nemours) Urt. v. 20.3.1990, Slg. 1990, I-889, Rn. 20.

309 EuGH Rs. C-249/81 (KOM./.Irland) Urt. v. 24.11.1982, Slg. 1982, 4005, Rn. 18; Rs. C-18/84 (KOM./.Frankreich) Urt. v. 07.05.1985, Slg. 1985, 1339, Rn. 13; Rs. C-103/84 (KOM./.Italien) Urt. v. 05.06.1986, Slg. 1986, 1759, Rn. 19; Rs. 21/88 (DuPont de Nemours) Urt. v. 20.03.1990, Slg. 1990, I-889, Rn. 20.

310 EuGH Rs. C-18/84 (KOM./.Frankreich) Urt. vom 07.05.1985, Slg. 1985, 1339, Rn. 13; Rs. C-103/84 (KOM./.Italien) Urt. vom 05.06.1986, Slg. 1986, 1759, Rn. 19; Rs. 21/88 (DuPont de Nemours) Urt. vom 20.03.1990, Slg. 1990, I-889, Rn. 20.

311 EuGH Rs. C-225/91 (Matra) Urt. vom 15.06.1993, Rn. 41–43.

## II. Vergütungsinstrumente als Beihilfe im Sinne des Art. 107 Abs. 1 AEUV

Untersuchungen der Warenverkehrsfreiheit sind schließlich in jedem Fall dann zulässig, wenn es sich bei den Vergütungsregelungen nicht um Beihilfen im Sinne des Art. 107 Abs. 1 AEUV handelt, die mit dem Binnenmarkt unvereinbar sind. Mit dem Binnenmarkt unvereinbar sind gemäß Art. 107 Abs. 1 AEUV staatliche oder aus staatlichen Mitteln gewährte Beihilfen gleich welcher Art, die durch die Begünstigung bestimmter Unternehmen oder Produktionszweige den Wettbewerb verfälschen oder zu verfälschen drohen, soweit sie den Handel zwischen Mitgliedstaaten beeinträchtigen. Dieser Normtext zeigt, dass die Qualifizierung einer Maßnahme als Beihilfe im Sinne des Art. 107 Abs. 1 AEUV ausschließlich aufgrund ihrer Wirkungen erfolgt.[312]

### *1. Die Zuwendungskomponente der Vergütungsinstrumente*

Der Wortlaut des Art. 107 Abs. 1 AEUV erfordert zunächst, dass der Beihilfe eine Begünstigung innewohnt. Eine Begünstigung liegt dem Wortsinn nach vor, wenn die Beihilfe eine Gegenleistung darstellt, die nicht für eine Leistung erbracht wird, die dem Wert der Beihilfe entspricht oder über diesen hinausgeht. Demzufolge erfasst der Beihilfebegriff in beliebiger Form gewährte Zuwendungen, die keine marktgerechte Gegenleistung für die von dem Wirtschaftsteilnehmer, der die Beihilfe empfängt, erbrachte Leistung darstellen.[313] So wohnt dem Beihilfenbegriff der Gedanke inne, dass der Empfänger unmittelbar oder mittelbar einen finanziellen Vorteil gegenüber seinen Wettbewerbern erlangt.[314]

Das Vergütungsinstrument gemäß § 16 EEG besteht in der Zahlung eines festgelegten Mindestpreises für Strom aus erneuerbaren Energiequellen an den Anlagenbetreiber.[315] Dieser Strom stellt die Gegenleistung dar. Die Preise, die an der Europäischen Strombörse EEX für Strom erzielt werden, indizieren den Marktpreis. Diese unterliegen jedoch starken Schwankungen und reichen von ca. 25 Euro je MWh bis zu 200 Euro je MWh, hauptsächlich wird jedoch ein Preis zwischen 50 und 90 Euro je MWh erzielt.[316] Die Mindestpreise nach dem EEG sind unabhängig vom Marktpreis je nach Energiequelle in den §§ 23 bis 33 EEG festgeschrieben. Eine niedrige Vergütung darf nicht erbracht werden.[317] Der nie-

312 Cremer in: Calliess/Ruffert, 4. Aufl., AEUV Art. 107 Rn. 10.

313 Cremer in: Calliess/Ruffert, 4. Aufl., AEUV Art. 107 Rn. 10.

314 Craig/de Búrca, S. 1090.

315 Im Einzelnen hierzu: Teil 1: A. II. 2. a) dd).

316 Für die Jahre von 2006 bis 2011 online abrufbar unter: http://www.eex.com/de/Downloads/Marktdaten (abgerufen am 15.03.2011).

317 Altrock/Oschmann/Theobald, § 5 Rn. 13 f.

drigste Vergütungssatz beträgt gemäß § 31 Abs. 1 EEG 35 Euro je MWh als Grundvergütung für Strom aus Offshore-Windernergieanlagen, allerdings wird dieser Strom in den ersten zwölf Jahren ab Inbetriebnahme gemäß § 31 Abs. 2 EEG mit 120 Euro je MWh vergütet. Der höchste Vergütungsssatz ist gemäß § 33 Abs. 1 Nr. 1 EEG mit 424,80 Euro je MWh für Strom aus Solaranlagen mit einer Leistung bis einschließlich 30 kW, die auf einem Gebäude oder einer Lärmschutzwand angebracht sind, vorgesehen. Soweit die Vergütungssätze des EEG über dem Marktpreis liegen, stellen sie keine marktgerechte Gegenleistung dar.

Das Instrument zur Vergütung von KWK-Strom besteht gemäß § 4 Abs. 3 KWKModG neben der Zahlung eines vereinbarten oder üblichen Preises in der Zahlung eines Zuschlags an den Anlagenbetreiber.[318] Da der vereinbarte ebenso wie der übliche Preis Marktgrundätzen unterliegt, stellt der Zuschlag eine Begünstigung dar, dem keine adäquate Gegenleistung gegenübersteht.

Sowohl der Betrag, der Bestandteil der Vergütungspflicht nach dem EEG ist und über dem Marktpreis liegt, als auch der Zuschlag, der nach dem KWKModG gewährt wird, begründen für die Anlagenbetreiber eine Investitionssicherheit und stellen daher in betriebswirtschaftlicher Hinsicht eine Minderung der Kosten der Anlagenbetreiber dar, wodurch sie begünstigt werden.[319]

### *2. Bestimmte Unternehmen oder Produktionszweige als Begünstigtenkreis*

Die Begünstigung muss gemäß Art. 107 Abs. 1 AEUV an bestimmte Unternehmen oder Produktionszweige gerichtet sein. Der Vergütungsanspruch mit seiner begünstigenden Wirkung steht gemäß § 16 EEG und § 4 Abs. 3 i. V. m. Abs. 1 KWKModG den Betreibern von Anlagen zu, die Strom aus erneuerbaren Energien im Sinne des § 3 Nr. 3 EEG oder in Kraft-Wärme-Kopplung im Sinne des § 3 Abs. 2 KWKModG erzeugen. Da dieser Adressatenkreis bestimmbar ist, wohnt den Vergütungsinstrumenten eine Begünstigung von bestimmten Unternehmen oder Produktionszweigen inne.

### *3. Herkunft der Begünstigung*

Schließlich müssen die den Vergütungsinstrumenten innewohnenden Begünstigungen staatlich sein oder aus staatlichen Mitteln gewährt werden. Die Herkunft der Begünstigung ist mithin konstitutiv für das Vorliegen einer im Sinne des Art. 107 Abs. 1 AEUV verbotenen Beihilfe. Dieses Merkmal stellt gegenüber dem Telos des Beihilferegimes, das den Wettbewerb innerhalb des Binnenmarkts

---

318 Vgl. Teil 1: A. II. 2. b) cc).

319 Ehricke, RdE 2003, 57, 58.

vor Verfälschungen schützen soll, eine Einschränkung dar.[320] Die Beschränkung auf die staatsbezogene Herkunft der Mittel führt dazu, dass nicht alle Begünstigungen bestimmter Unternehmen oder Produktionszweige, die gleichwohl den Wettbewerb verfälschen oder zu verfälschen drohen und den Handel zwischen Mitgliedstaaten beeinträchtigen, gemäß Art. 107 Abs. 1 AEUV verboten sind. Mithin handelt es sich bei dem Beihilferegime um ein System, dass den Wettbewerb innerhalb des Binnenmarktes nur unvollständig vor Verfälschungen schützt.

Staatlich sind Beihilfen, wenn es sich bei dem Beihilfegeber um einen Hoheitsträger handelt.[321] Da die Beihilfe im Falle der Vergütungsinstrumente durch den aufnehmenden Netzbetreiber geleistet wird, der nicht als Träger hoheitlicher Gewalt anzusehen ist, liegt das Merkmal der Staatlichkeit nicht vor.

Daher stellt sich die Frage, ob die den Vergütungsinstrumenten innewohnenden Begünstigungen aus staatlichen Mitteln im Sinne des Art. 107 Abs. 1 AEUV stammen. Nach ständiger Rechtsprechung des EuGH handelt es sich dann um staatliche Mittel, wenn sie unmittelbar oder mittelbar aus dem staatlichen Haushalt gewährt werden, indem sie durch vom Staat benannte oder errichtete öffentliche oder private Einrichtungen gewährt werden.[322] Diese Definition klammert jeden Mitteltransfer zwischen Privaten vom Beihilfebegriff aus, der staatlich veranlasst ist – etwa durch eine Rechtsnorm –, aber den Staatshaushalt nicht berührt, selbst wenn durch ihn der Wettbewerb verfälscht und der Handel zwischen den Mitgliedstaaten beeinträchtigt wird. Besonders deutlich wird dies in dem Urteil des EuGH in der Rs. *PreussenElektra*. Dieser Rechtssache lag die Fördersystematik des StrEG zugrunde.[323] Grundsätzlich vergleichbar zu den in EEG und KWKModG enthaltenen Vergütungspflichten wurden Elektrizitätsversorgungsunternehmen mit einem Netz für die allgemeine Versorgung gemäß § 2 StrEG verpflichtet, den in ihrem Versorgungsgebiet erzeugten und im Wege der Abnahmepflicht im Sinne des § 2 StrEG abgenommenen Strom zu einem in § 3 StrEG geregelten Mindestpreis zu vergüten. Bevor der EuGH sich der Frage widmete, ob darin ein Verstoß gegen Art. 34

320 Aus der systematischen Stellung des Beihilferegimes im Titel VII Kapitel 1 AEUV mit der Überschrift „Wettbewerbsregeln“ folgt, dass es sich bei Art. 107 AEUV um eine Wettbewerbsvorschrift handelt.

321 Cremer in Calliess/Ruffert, 4. Aufl., AEUV Art. 107, Rn 27.

322 EuGH Rs. C-82/77 (van Tiggele) Urt. v. 24.01.1978, Slg. 1978, 25, Rn. 23/25; EuGH Rs. C-72/91 und C-73/91 (Sloman Neptun), Urt. v. 13.03.1993, Slg. 1993, I-887, Rn. 19; EuGH Rs. C-189/91 (Kirsamer-Hack/Sidal), Urt. v. 30.11.1993, Slg. 1993, I-6185, Rn. 16; EuGH Rs. C-52/97 und C-53/97 (Viscido./.Ente Poste Italiane), Urt. v. 07.05.1998, Slg. 1998, I-2629, Rn. 15; EuGH Rs. C- 379/98 (PreussenElektra), Urt. v. 13.3.2001, Slg. 2001, I-2099, Rn. 58.

323 EuGH Rs. C- 379/98 (PreussenElektra), Urt. v. 13.3.2001, Slg. 2001, I-2099. Vgl. Einleitung: A.

AEUV liege,[324] untersuchte er, ob in der Vergütungsregelung eine Beihilfe im Sinne des Art. 107 AEUV zu sehen sei. Mit Verweis auf seine frühere Rechtsprechung legte der EuGH zugrunde, dass nur solche Vorteile als Beihilfen im Sinne von Art. 107 Abs. 1 AEUV anzusehen seien, die unmittelbar oder mittelbar aus staatlichen Mitteln gewährt werden.[325] Damit manifestierte der EuGH die in der Vergangenheit nicht hinreichend eindeutige Rechtsprechung zum Beihilfebegriff.[326] Der EuGH hatte bereits in der Rs. *Tiggele*[327] mit Hinweis auf den Wortlaut des Art. 107 AEUV verlangt, dass die Zuwendungen unmittelbar oder mittelbar aus staatlichen Mitteln stammen müssen, um unter den Beihilfebegriff des Art. 107 AEUV zu fallen. Daran hielt der EuGH im Urteil *Sloman Neptun*[328] fest. Schließlich legte der EuGH auch in der Rs. *PreussenElektra* eben diesen formalen Beihilfebegriff zugrunde. Bezogen auf die Vergütungspflicht im StrEG führte der EuGH sodann aus, dass die Verpflichtung privater Elektrizitätsversorgungsunternehmen zur Abnahme von Strom aus erneuerbaren Energiequellen zu festgelegten Mindestpreisen nicht zu einer unmittelbaren oder mittelbaren Übertragung staatlicher Mittel auf die Unternehmen führten, die diesen Strom erzeugen.[329] Demzufolge könne auch die Aufteilung der sich für die privaten Elektrizitätsversorgungsunternehmen aus der Abnahmepflicht ergebenden finanziellen Belastungen zwischen diesen und anderen privaten Unternehmen keine unmittelbare oder mittelbare Übertragung staatlicher Mittel darstellen.[330] Schließlich kam er zu dem Schluss, dass auch der Umstand, dass die Abnahme- und Vergütungspflicht auf einem Gesetz beruhe und bestimmten Unternehmen unbestreitbare Vorteile gewähre, der Regelung nicht den Charakter einer staatlichen Beihilfe im Sinne von Art. 107 Abs. 1 AEUV verleihen könne.[331]

Aufgrund dieser Entwicklung in der Rechtsprechung des EuGH lässt sich entsprechend dem Wortlaut des Art. 107 Abs. 1 AEUV eine zweifelsfreie Beschränkung des Beihilfebegriffs auf tatsächlich aus unmittelbar oder mittelbar staat-

324 EuGH Rs. C- 379/98 (PreussenElektra), Urt. v. 13.3.2001, Slg. 2001, I-2099, Rn. 68 ff. Vgl. Einleitung: A.

325 EuGH Rs. C- 379/98 (PreussenElektra), Urt. v. 13.3.2001, Slg. 2001, I-2099, Rn. 58.

326 Der Generalanwalt Jacobs zeigte in seinen Schlussanträgen vom 26.10.2000 in der Rs. C-379/98 (PreussenElektra), Slg. 2001, I-2099, Rn. 118 ff. die Diversität im Beihilfebegriff auf.

327 EuGH Rs. C-82/77 (van Tiggele) Urt. v. 24.01.1978, Slg. 1978, 25, Rn. 23/25.

328 EuGH Rs. C-72/91 und C-73/91 (Sloman Neptun), Urt. v. 13.03.1993, Slg. 1993, I-887, Rn. 19.

329 EuGH Rs. C-379/98 (PreussenElektra), Urt. v. 13.03.2001, Slg. 2001, I-2099, Rn. 59.

330 EuGH Rs. C-379/98 (PreussenElektra), Urt. v. 13.03.2001, Slg. 2001, I-2099, Rn. 60.

331 EuGH Rs. C-379/98 (PreussenElektra), Urt. v. 13.03.2001, Slg. 2001, I-2099, Rn. 61.

lichen Mitteln stammenden Zuwendungen erkennen.[332] *Gellermann*[333] erklärt die sehr formale Betrachtungsweise des EuGH mit der Systematik des AEUV: Der AEUV enthalte neben den Beihilfebestimmungen weitere Vorschriften, die einem wettbewerbsverzerrenden und handelsbeeinträchtigenden Handeln der Mitgliedstaaten begegnen. Um Überschneidungen mit Art. 34 AEUV und Art. 4 Abs. 3 AEUV zu verhindern, sei es notwendig, das Wesen der Beihilfe durch die Belastung öffentlicher Mittel zu bestimmen. Diese Auffassung vermag bereits deshalb nicht zu überzeugen, weil für die Auslegung einer Norm in erster Linie ihr Wortlaut und ihr Telos maßgeblich ist, nicht hingegen vorrangig ihre Stellung innerhalb eines Systems und ihre Abgrenzung zu anderen Vorschriften in dem System, es sei denn, die Notwendigkeit einer Abgrenzung ergibt sich aus der Norm selbst. Dies gilt insbesondere deshalb, weil das sich Telos von Art. 107 AEUV von dem Telos des Art. 34 AEUV graduell unterscheidet, auch wenn beide Normen nach ihrem Wortlaut einen unbeeinträchtigten Handel zwischen den Mitgliedstaaten gewährleisten wollten: Während Art. 107 AEUV unmittelbar auf die Gewährleistung eines unverfälschten Wettbewerbs gerichtet ist, freilich nur, soweit der Handel innerhalb der Union betroffen ist, zielt Art. 34 AEUV sogleich unmittelbar auf einen ungehinderten Handel innerhalb der Union. *Ehricke* untermauert die Rechtsprechung des EuGH mit dem Argument, dass ohne die formal-enge Auslegung des Beihilfebegriffes das Staatlichkeitserfordernis praktisch aufgegeben würde mit der Folge, dass für die rechtliche Einordnung als Beihilfe nur noch die begünstigende Wirkung relevant sei und die Herkunft der Mittel vernachlässigt werde.[334] Unberücksichtigt bleibt dabei, dass das Staatlichkeitserfordernis erhalten bleibt, wenn es nicht nur durch einen unmittelbaren oder mittelbaren Transfer aus dem Staatshaushalt erfüllt werden kann, sondern auch durch einen Mitteltransfer zwischen Privaten erfolgt. Dies gilt dann, wenn der Mitteltransfer allein auf eine dem Staat zurechenbare Handlungsanweisung an die privaten Akteure aufgrund legislativen Handelns des Staates zurückgeht. Eine solche weite Auslegung lässt das Staatlichkeitserfordernis nicht obsolet werden, da durch dieses immer noch Begünstigungen ausgeschlossen werden, die nicht staatlichen Ursprungs sind wie etwa Transferleistungen privater Stiftungen.

Trotz der dargestellten Argumente gegen eine enge Auslegung des Staatlichkeitserfordernisses kann infolge der dargestellten Rechtsprechung des EuGH die Staatlichkeit der Vergütungsinstrumente nicht mit dem Hinweis darauf bejaht werden, dass der Staat durch den in das Rechtsverhältnis zwischen Privaten

332 Cremer in Calliess/Ruffert, 4. Aufl., AEUV Art. 107 Rn. 28; ebenso Gronau/Topp, ZNER 2001, 141, 143, die eine eher zweckgerichtete Auslegung vornehmen. Auch Soltész, S. 254.

333 Allerdings noch zum EG: Gellermann, DVBl. 2000, 509, 511.

334 Ehricke, RdE 2003, 57, 59.

zwingend (durch gesetzliche Ansprüche und Kontrahierungszwang) verlagerten Finanztransfer eine Aufkommenswirkung zugunsten der öffentlichen Hand vermeidet, indem er dieser eine aus staatlichen Mitteln unmittelbar oder mittelbar stammenden Finanzierung erspart.[335] In Anbetracht des Umstandes, dass die in EEG und KWKModG enthaltenen Vergütungspflichten ebenso wenig wie die Vergütungspflicht im StrEG mit einer unmittelbaren oder mittelbaren Übertragung staatlicher Mittel auf die Anspruchsberechtigten verbunden sind, ist die PreussenElektra-Rechtsprechung vollständig übertragbar. Infolgedessen stellen die in das EEG und KWKModG implementierten Vergütungsinstrumente keine Beihilfen im Sinne der Art. 107 ff. AEUV dar.[336]

## III. Zusammenfassung

In Ermangelung eines staatlichen Mittelabflusses stellen die Vergütungsinstrumente keine Beihilfen dar. Die Dogmatik des Primärrechts steht daher einer Untersuchung der Warenverkehrsfreiheit im Hinblick auf die Vergütungsinstrumente bereits aus diesem Grund nicht entgegen.[337] Die Frage nach der Spezialität des Beihilferegimes bleibt demzufolge für die Zulässigkeit einer Untersuchung der Reichweite und Grenzen der Warenverkehrsfreiheit ohne Belang.

335 So die Argumentation von Dederer/Schneller, RdE 2000, 214, 219 vor Erlass des PreussenElektra-Urteils zur garantierten Stromeinspeisungsvergütung.

336 So auch Ehricke, in: Kraft-Wärme-Kopplung als Beitrag zu Klimaschutz und Energieeinsparung, S. 34, 42 f. in Bezug auf das KWKModG. Gleichwohl hatte die Kommission ein Prüfverfahren im Hinblick auf das EEG mit dem Hinweis eingeleitet, dass das PreussenElektra-Urteil für öffentliche Unternehmen keine Aussage getroffen habe. Erst mit Schreiben vom 22.05.2002 stellte die Kommission fest, dass das EEG keine staatliche Beihilfe darstelle, weil es ohne Unterschied für private und öffentliche Netzbetreiber und Energieversorgungsunternehmen gelte und nicht darauf abziele, mit Mitteln öffentlicher Unternehmen die Stromerzeugung aus erneuerbaren Energien zu fördern, ABl. EG 2002 Nr. C 164, 3, 5.

337 Die Untersuchung, ob es es sich bei den Vergütungsinstrumenten um verbotene Beihilfen im Sinne des Art. 107 Abs. 1 AEUV handelt, erfolgte mit Blick auf die Zulässigkeit weiterführender Untersuchungen der Warenverkehrsfreiheit. Die Zulässigkeit von Erwägungen zur Warenverkehrsfreiheit ist bereits deshalb gegeben, weil die Vergütungsinstrumente aufgrund fehlenden staatlichen Mittelabflusses keine Behilfe darstellen. Die Frage, ob die Vergütungsinstrumente mit dem Binnenmarkt vereinbar oder unvereinbar sind, ist demzufolge für den weiteren Gang der Untersuchung nicht entscheidend. Folglich kommt der Beurteilung der wettbewerbsverfälschenden und handelsbeeinträchtigenden Wirkung der Vergütungsinstrumente als weitere Voraussetzungen des Verbotstatbestandes in Art. 107 Abs. 1 AEUV keine Bedeutung für die weiteren Untersuchungen zu. Vergleiche hierzu im Einzelnen: Zeitz, S. 257 ff.

## C. Zulässige Analyse der Warenverkehrsfreiheit

Zusammenfassend ist festzustellen, dass das Sekundärrecht abschließende Regelungen für die Anschlussinstrumente sowie das Übertragungs- und Verteilungsinstrument im EEG enthält. Diese Förderinstrumente können daher nicht als Grundlage für Untersuchungen der Warenverkehrsfreiheit im Hinblick auf deren Verhältnis zum Umweltschutz dienen, um der Systematik zwischen Primär- und Sekundärrecht hinreichend Rechnung zu tragen. In Ermangelung abschließender Regelungen für die Abnahme und Vergütung von Strom ist hingegen eine weitere Untersuchung im Rahmen der in Art. 34 AEUV niedergelegten Warenverkehrsfreiheit anhand der Abnahme- und Vergütungsinstrumente als Vermarktungsinstrumente zulässig.[338]

Einer Untersuchung der Warenverkehrsfreiheit anhand des umweltpolitischen Förderinstruments Vergütung von Strom aus erneuerbaren Energien und KWK steht auch das dogmatische Verhältnis von Warenverkehrsfreiheit und dem ebenfalls primärrechtlich verankerten Beihilferegime nicht entgegen.

Demzufolge kann auf Basis der umweltpolitischen Vermarktungsinstrumente für Strom aus erneuerbaren Energien und KWK die im Rahmen nationaler Gesetzgebung zu beachtende Grenzlinie zwischen Warenverkehrsfreiheit und Umweltschutz herausgearbeitet werden.

338 A. A. im Hinblick auf das EEG der Deutsche Bundestag, BT-Drs. 16/8148 vom 18.02.2008, S. 35, der ausführt, dass Art. 28 EG (nun Art. 34 AEUV) seit dem Inkrafttreten der EE-RL nicht mehr auf mitgliedstaatliche Förderpolitiken für Strom aus erneuerbaren Energien anwendbar sei. Wie in Teil 2 herausgearbeitet gilt dies jedoch nicht für Regelungsbereiche, für die die EE-RL keine abschließenden Regelungen enthält.

# Teil 3: Die Gewährleistung des zwischenstaatlichen Handels durch Art. 34 AEUV und seine Beeinträchtigung durch umweltpolitische Instrumente

Im vorangegangenen Kapitel konnte resümiert werden, dass für nationale Instrumente, die die umweltschonende Erzeugung von Strom mittels Vermarktungsregelungen indirekt steuern, nach dem gegenwärtigen Stand des Unionsrechts keine Harmonisierung erfolgt ist. Den Prüfungsmaßstab für die Beurteilung der Zulässigkeit dieser nationalen umweltpolitischen Instrumente gibt somit die primärrechtlich verankerte Grundfreiheit des freien Warenverkehrs vor.[339] Die in Art. 34 AEUV niedergelegte Freiheit des Warenverkehrs gewährleistet den zwischenstaatlichen Handel (A.). Dieser kann durch nationale umweltpolitische Steuerungsinstrumente wie die in EEG und KWKModG enthaltenen Vermarktungsregelungen beeinträchtigt werden, wenn diese so ausgestaltet sind, dass sie die Voraussetzungen des Verbotstatbestands in Art. 34 AEUV grundsätzlich erfüllen (B.).

## A. Die Gewährleistung des zwischenstaatlichen Handels durch Art. 34 AEUV

Aus Art. 3 Abs. 3 EUV folgt, dass eine der Hauptaufgaben der Union in der Begründung eines Wirtschaftsraumes besteht, in dem Waren und andere Leistungen im Rahmen einer einheitlichen Wettbewerbsordnung frei zirkulieren können, und somit ein Binnenmarkt entsteht. Daher bildet der freie Warenverkehr einen der tragenden Grundsätze der Union.[340] Dies wird in Art. 26 Abs. 2 AEUV deutlich, wonach der Binnenmarkt einen Raum ohne Binnengrenzen umfasst, in dem der freie Verkehr von Waren nach den weiteren Bestimmungen der Verträge zu gewährleisten ist. Im Zusammenhang mit verhaltenssteuernden Instrumenten zur umweltfreundlichen Erzeugung von Strom drängt sich hier zunächst die Frage auf, ob diese Gewährleistung auch für den Handel mit Strom gilt (I.).

Das in Art. 3 Abs. 1 lit. a EG als primäre Aufgabe der damaligen Gemeinschaft niedergeschriebene Verbot von Zöllen und mengenmäßigen Beschränkungen bei der Ein- und Ausfuhr von Waren sowie aller sonstigen Maßnahmen

339 Dies gilt freilich auch vor dem Hintergrund, dass das Vergütungsinstrument nicht unter das primärrechtliche Beihilferegime fällt.

340 EuGH Rs. C-112/00 (Schmidberger), Urt. v. 12.06.2003, Slg. 2003, I-5659, Rn. 51.

gleicher Wirkung zwischen den Mitgliedstaaten verdeutlicht die Priorität, die die Gründungsväter der Gemeinschaft dem zwischenstaatlichen Handel zugebilligt haben. Dieser tragende Grundsatz wird im Einzelnen in den Art. 28ff. AEUV, insbesondere durch Art. 34 AEUV, umgesetzt. Mit dem Ziel, den zwischenstaatlichen Handel von Waren zu gewährleisten, verbietet Art. 34 AEUV mengenmäßige Einfuhrbeschränkungen (II.) sowie alle Maßnahmen gleicher Wirkung zwischen den Mitgliedstaaten (III.).[341]

## I. Die Gewährleistung des freien Verkehrs von Strom

Bevor die Frage, ob die in Art. 34 AEUV enthaltene Gewährleistung des zwischenstaatlichen Handels auch für den Handel mit Strom gilt, einer Antwort zugeführt wird, soll die Funktionsweise des grenzüberschreitenden Handels mit Strom erläutert werden.

### *1. Der Handel mit Strom*

Der grenzüberschreitende Stromhandel im Sinne eines grenzüberschreitenden Verkaufs und Kaufs von Strom wird auf Basis von Fahrplänen zwischen den betroffenen Übertragungsnetzbetreibern abgewickelt. Dieser wirtschaftliche Austausch beeinflusst nicht direkt die physikalischen Stromflüsse. Er verursacht vielmehr zusätzliche Erzeugung auf der Exportseite und eine entsprechende Rücknahme der Erzeugung auf der Importseite, also einen geänderten Kraftwerkseinsatz. Dieser geänderte Kraftwerkseinsatz verursacht aufgrund physikalischer Gesetzmäßigkeiten Stromflüsse (loop flows), die nicht notwendigerweise direkt vom Exportstaat in den Importstaat, sondern teilweise großräumig über mehrere Leitungen und die Netze mehrerer Mitgliedstaaten gehen.[342] Der von den Händlerfahrplänen dargestellte wirtschaftliche Stromfluss ist mithin von dem

341 Art. 34 AEUV ist als europarechtliche Norm allein einer europarechtlichen Auslegung zugänglich. Der EuGH hat bekräftigt, dass der freie Warenverkehr ein Recht ist, dessen Ausübung nicht vom Ermessen oder der Duldung der nationalen Verwaltung abhängig sein darf, vgl. EuGH Rs. C-130/80 (Keldermann), Urt. v. 19.02.1981, Slg. 1981, 527, Rn. 14.

342 http://www.vdn-berlin.de/akt_stromfluss_2006_08_25.asp (abgerufen am: 23.04.2007) mit folgendem Beispiel zur Verdeutlichung: Seit 2003 exportiert Deutschland mehr Strom nach Frankreich, als es von Frankreich importiert. Demzufolge geben die Händlerfahrpläne eine Richtung von Deutschland nach Frankreich vor. Gleichwohl erfolgt der physikalische Stromfluss an den Kuppelstellen nicht von Deutschland nach Frankreich, sondern umgekehrt. Der Grund besteht in den großen Erzeugungseinheiten mit hohen installierten Leistungen, die dafür sorgen, dass physikalisch Strom von Frankreich nach Deutschland fließt, obwohl die Händlergeschäfte eine entgegengesetzte Richtung anzeigen. Die bestellte Leistung gelangt

physikalischen Stromfluss, auch Lastfluss genannt, zu trennen, der unabhängig von Kauf- und Verkaufsaktivitäten allein durch die in ein Leitungssystem eingespeisten und aus einem solchen System entnommenen Strommengen entsprechend dem Ohmschen Gesetz[343] und den Kirchhoffschen Gesetzen[344] beeinflusst wird.

### 2. *Strom als Ware*

Die in Art. 34 AEUV enthaltene Gewährleistung des zwischenstaatlichen Handels gilt für alle aus den Mitgliedstaaten stammenden Waren sowie für diejenigen Waren aus dritten Ländern, die sich in den Mitgliedstaaten im freien Verkehr befinden. Dies wird in Art. 28 Abs. 2 AEUV ausdrücklich für das Kapitel 3 des AEUV, in das Art. 34 AEUV implementiert wurde, bestimmt.

In der Rs. *Italienische Kunstschätze* definierte der EuGH Waren schon früh als bewegliche Sachen, die einen Geldwert haben und daher Gegenstand von Handelsgeschäften sein können.[345] Die Definition erfolgte im Rahmen des damals gültigen Art. 9 Abs. 2 EGV, der jedoch wortgleich zu Art. 28 Abs. 2 AEUV ist. Allein anhand dieser Begriffsbestimmung lässt sich nicht zweifelsfrei beantworten, ob Elektrizität unter den Warenbegriff fällt. Elektrizität hat zwar einen Geldwert und kann daher auch Gegenstand von Handelsgeschäften sein, es lässt sich jedoch bezweifeln, ob Elektrizität eine bewegliche Sache ist. Elektrizität ist ein immaterieller Stoff, der beispielsweise – anders als bewegliche Sachen – nicht gelagert werden kann.[346] Ihr fehlt es zudem an Körperlichkeit.[347] Aus diesem Grund wird der Elektrizität beispielsweise in der deutschen Rechtstradition die Sachqualität abgesprochen.[348] Demgegenüber erkennen einige andere mitglied-

---

von Deutschland entweder über die Niederlande (und Belgien), über Belgien direkt oder über die Schweiz nach Frankreich.

343 Das Ohmsche Gesetz besagt, dass der Spannungsabfall U über bestimmte elektrische Leiter, so genannte ohmsche Widerstände, direkt proportional zu dem hindurchfließenden elektrischen Strom der Stromstärke I ist.

344 Nach dem ersten Kirchhoffschen Gesetz ist die Summe der zufließenden Ströme in einem elektrischen Knotenpunkt gleich der Summe der abfließenden Ströme, da die elektrische Ladung erhalten bleibt. Nach dem zweiten Kirchhoffschen Gesetz ergibt die Summe aller Teilspannungen eines Umlaufs Null. Dies beruht auf dem Gesetz der Erhaltung der Energie, welche im Stromkreis auf der Bewegung der Ladungsträger durch ein Spannungsgefälle gegeben ist.

345 EuGH Rs. C-7/68 (Italienische Kunstschätze) Urt. v. 10.12.1968, Slg. 1968, 634, B 2.

346 So die italienische Regierung in EuGH Rs. C-158/94 (Kommission./.Italien) Urt. v. 23.10.1997, Slg. 1997, I-5789, Rn. 14.

347 Unstrittig, Michalski in: Erman, § 90 Rn. 2, darauf verweisend auch Weck, S. 150.

348 RGZ 67, 229, 232; Jickeli/Stieper in: Staudinger, § 90 Rn. 10.

staatliche Rechtstraditionen den Sachcharakter von Elektrizität an:[349] So wird in der französischen Rechtstradition die Elektrizität den meubles par nature im Sinne des Art. 528 code civil zugeordnet.[350] Auch die italienische Rechtstradition erkennt Elektrizität als Sache im Sinne des Art. 814 Codice civile an.[351] Ebenso wird im österreichischen Recht die Sacheigenschaft der Elektrizität bejaht.[352]

Ohne Subsumtion unter die von ihm entwickelte und vorstehend aufgeführte Definition stellte der EuGH in der Rs. *Almelo* fest, dass auch Elektrizität eine Ware im Sinne von Art. 30 EGV (nunmehr Art. 34 AEUV) sei.[353] Als Begründung führte er an, dass das Zolltarifschema[354] der Elektrizität den KN-Code[355] 27.16 zuweise und sie daher als Ware angesehen werde. Mit dem Erlass der VO (EWG) Nr. 2658/87, die das Zolltarifschema enthält, zeigen die Unionsorgane, dass sie von einer Erstreckung des Warenbegriffs auf die Elektrizität ausgehen. Dogmatisch angreifbar ist diese Auslegung des im Primärrecht verankerten Warenbegriffes durch den EuGH insofern, als er sich des Sekundärrechts bedient, das als vom Primärrecht abgeleitetes Recht bestenfalls als Indiz, nicht hingegen als Auslegungshilfe für die Interpretation primärrechtlicher Normen, herangezogen werden kann. Dies ist der Normenhierarchie von Primär- und Sekundärrecht sowie der Überlegung geschuldet, dass eine Norm, die aus einer anderen abgeleitet worden ist, nicht ihrerseits wiederum die Ausgangsnorm determinie-

349 Jickeli/Stieper in: Staudinger, § 90 Rn. 12.

350 Lucas, Art. 528 Rn. 2.

351 So lautet Art. 814 codice civile: „(Energie) Si considerano beni mobili le energie naturali che hanno volore economico", d. h. Energie ist eine bewegliche Sache, soweit sie einen wirtschaftlichen Wert besitzt. Vor diesem Hintergrund verwundern die Ausführungen der italienischen Regierung in der EuGH Rs. C-158/94 (Kommission./.Italien) Urt. v. 23.10.1997, Slg. 1997, I-5789, Rn. 14. Dort spricht die italienische Regierung der Elektrizität den Warencharakter mit dem Hinweis darauf ab, dass es sich um einen immateriellen Stoff handele, der nicht gelagert werden könne.

352 Dies folgt aus § 292 ABGB, umstritten ist dort lediglich die Körperlichkeit (gemäß § 292 ABGB fallen unter den österreichischen Sachbegriff sowohl körperliche als auch unkörperliche Sachen). Für die Körperlichkeit: Eccher in: Koziol/Bydlinski/Bollenberger, § 292 Rn. 1.

353 EuGH Rs. C-393/92 (Almelo) Urt. v. 27.04.1994, Slg. 1994, I-1477, Rn. 28.

354 Das gültige Zolltarifschema ist in der VO (EWG) Nr. 2658/87 des Rates vom 23.7.1987 über die zolltarifliche und statistische Nomenklatur sowie den Gemeinsamen Zolltarif (ABl. EG Nr. L 256, 1) enthalten, zuletzt geändert durch die VO (EG) Nr. 996/2006 der Kommission vom 29.6.2006 (ABl. EU Nr. L 179, 26).

355 Mit KN-Code wird der Code abgekürzt, der in der „kombinierten Nomenklatur" einer Ware zugewiesen wird. Die kombinierte Nomenklatur ist in Anhang I der VO (EWG) Nr. 2658/87 des Rates vom 23.07.1987 über die zolltarifliche und statistische Nomenklatur sowie den Gemeinsamen Zolltarif (ABl. EG Nr. L 256, 1) enthalten, zuletzt geändert durch die VO (EG) Nr. 996/2006 der Kommission vom 29.06.2006 (ABl. EU Nr. L 179, 26).

ren kann.[356] Neben dieser Bezugnahme auf das Sekundärrecht verwies der EuGH als Begründung auf seine Rechtsprechung im Fall *COSTA/Enel*, in dem er entschieden habe, dass Elektrizität (als Ware) in den Anwendungsbereich des Art. 37 EWG (nunmehr Art. 37 AEUV) fallen könne.[357] Diese Entscheidung hat er in der Rs. *COSTA/Enel* nicht ausdrücklich getroffen, sie ergibt sich vielmehr erst unter Berücksichtigung des zugrunde liegenden Sachverhaltes, der die Verstaatlichung der Erzeugung und Verteilung elektrischer Energie zum Gegenstand hatte.

Seitdem qualifiziert der EuGH Elektrizität als Ware und bestätigte seine Almelo-Rechtsprechung.[358] So stellte er in der Rs. *PreussenElektra* die Warenqualität der Elektrizität nicht mehr ausdrücklich fest.[359] Er nahm vielmehr im Hinblick auf die Förderinstrumente Abnahme und Vergütung von Strom nach dem StrEG Ausführungen zu Art. 30 EGV (nunmehr Art. 34 AEUV) vor und setzte damit wie selbstverständlich voraus, dass Elektrizität unter den Warenbegriff fällt.

Angesichts der Regelung in Art. 19 Abs. 1 EUV, nach der dem EuGH die Aufgabe zukommt, die Auslegung und Anwendung der Verträge zu sichern, und auf der mithin seine Kompetenz zur Auslegung von Primär- und Sekundärrecht fußt, kann aufgrund der vorstehenden Untersuchung seiner Rechtsprechung festgestellt werden, dass Elektrizität unter den Warenbegriff fällt. Seine Auslegung gibt jedoch keinen Aufschluss darüber, ob der EuGH Elektrizität als bewegliche Sache im Sinne seiner Rechtsprechung in der Rs. *Italienische Kunstschätze*[360] ansieht oder ob er eine „stillschweigende" Erweiterung des in der Rs. *Italienische Kunstschätze* definierten Warenbegriffs vorgenommen hat und nunmehr auch immaterielle Sachen vom Warenbegriff umfasst sieht.[361]

Die im deutschen Schrifttum vorherrschende Auffassung greift die Rechtsprechung des EuGH nicht an.[362] Mit der Begründung, dass Strom ein geldwertes, handelsfähiges, standardisiertes und zum Verbrauch bestimmtes Gut sei, wird

---

356 Ebenso Buerstedde, S. 140; Nettesheim, EuR 2006, 737, 753. Der EuGH hat auch bei der Auslegung anderer Begriffe – wie dem Begriff Essig – das Zolltarifschema herangezogen, vgl. EuGH in Rs. C-193/80 (Essig) Urt. v. 09.12.1981, Slg. 1981, 3019, Rn. 26.

357 EuGH Rs. C-393/92 (Almelo) Urt. v. 27.04.1994, Slg. 1994, I-1477, Rn. 28, mit Verweis auf EuGH Rs. C- 4/64 (COSTA/Enel) Urt. v. 15.07.1964; Slg. 1964, 1253. Dieses Urteil kann als Grundsatzurteil zum Verhältnis der EU-Rechtsordnung zu den mitgliedstaatlichen Rechtsordnungen angesehen werden, in dem der Vorrang und die Verbindlichkeit des EG (nunmehr AEUV) festgestellt wird.

358 EuGH Rs. C-158/94 (Kommission ./. Italien) Urt. v. 23.10.1997, Slg. 1997, I-5789, Rn. 17.

359 EuGH Rs. C-379/98 (PreussenElektra), Urt. v. 13.03.2001, Slg. 2001, I-2099, Rn. 68 ff.

360 EuGH Rs. C-7/68 (Italienische Kunstschätze) Urt. v. 10.12.1968, Slg. 1968, 634, B 2.

361 Von einer Erweiterung geht Herrmann in: Grabitz/Hilf/Nettesheim, AEUV Art. 28 Rn. 40 aus, indem er schreibt, dass „Waren alle beweglichen körperlichen Gegenstände sowie Gas und elektrischem Strom" seien. Damit macht er deutlich, dass Gas und Strom gerade keine körperlichen Gegenstände sind, aber dennoch vom Warenbegriff erfasst werden.

362 Bieber/Epiney/Haag, § 13 Rn. 8; Weck, S. 151.

er unter den Warenbegriff des AEUV subsumiert.[363] Der in der ursprünglichen Definition des Warenbegriffs durch den EuGH geforderten Körperlichkeit bzw. Sachqualität wird keine unabdingbare Bedeutung beigemessen. *Weck* folgt dieser Auffassung insbesondere vor dem Hintergrund der EltRL 1996, welche ausweislich ihres Erwägungsgrundes 2 von dem Grundgedanken ausgehe, dass die Verwirklichung eines wettbewerbsorientierten Elektrizitätsmarktes einen wichtigen Schritt zur Vollendung des Energiebinnenmarktes darstelle.[364] Dieses (sekundärrechtliche) Indiz für die europarechtliche Warenqualität von Strom kann auch im Hinblick auf die Nachfolgerichtlinie EltRL hilfsweise herangezogen werden, die in ihrem Erwägungsgrund 4 zum Ausdruck bringt, dass freier Warenverkehr nur in einem vollständig geöffneten Elektrizitätsbinnenmarkt möglich ist, und in Erwägungsgrund 5 die Haupthindernisse für einen voll funktionierenden Binnenmarkt im unzureichenden Netzzugang, in der Tarifierung und in einer unterschiedlichen Marktöffnung sieht. Damit wird deutlich, dass auch die Rechtsetzungsorgane der Union Elektrizität vom Warenbegriff umfasst sehen. Diesem Rückschluss von Sekundärrecht auf Primärrecht kommt jedoch lediglich eine Indizwirkung zu.

Nach alldem ist insbesondere vor dem Hintergrund der Rechtsprechung des EuGH, in der er den Warenbegriff auf Strom erstreckt, dieser als Ware im Sinne des Art. 28 Abs. 2 AEUV zu qualifizieren. Mithin gilt die in Art. 34 AEUV enthaltene Gewährleistung des zwischenstaatlichen Handels auch für den Handel mit Strom.

## II. Mengenmäßige Einfuhrbeschränkungen

Zur Gewährleistung des zwischenstaatlichen Handels gehört gemäß Art. 34 AEUV das Verbot mengenmäßiger Einfuhrbeschränkungen. Mengenmäßige Einfuhrbeschränkungen sind nach der Rechtsprechung des EuGH zunächst Maßnahmen, die die Einfuhr einer Ware vollständig verbieten.[365] Da derartige Maßnahmen die extremste Form einer Beschränkung darstellen, kommt der in Art. 34 AEUV verwendete Begriff „mengenmäßige Einfuhrbeschränkung" dem in Art. 36 AEUV enthaltenen Ausdruck „Einfuhrverbote oder –beschränkungen" faktisch gleich.

Ebenso zählen zu den mengenmäßigen Einfuhrbeschränkungen solche Maßnahmen, die sich als teilweise Untersagung der Einfuhr oder als vollständige

---

363 Weck, S. 151.

364 Weck, S. 151.

365 EuGH Rs. C-34/79 (Pornographische Artikel) Urt. v. 14.12.1979, Slg. 1979, 3795, Rn. 12.

oder teilweise Untersagung der Durchfuhr darstellen.[366] Das Verbot von mengenmäßigen Durchfuhrbeschränkungen ist neben dem Verbot mengenmäßiger Einfuhrbeschränkungen in Art. 34 AEUV enthalten. Dies ergibt sich aus Art. 36 AEUV, der bestimmt, dass Art. 34 und 35 AEUV Einfuhr-, Ausfuhr- und Durchfuhrverboten und -beschränkungen nicht entgegenstehen. Es stellt sich dabei die Frage, ob Durchfuhrverbote und -beschränkungen dabei in Art. 34 oder in Art. 35 AEUV niedergelegt sind. Angesichts der Tatsache, dass eine Ware zwecks Durchfuhr zunächst auf einen nationalen Markt gelangen muss, um aus diesem wieder austreten zu können, ist die Durchfuhr systematisch von dem die Einfuhr regelnden Art. 34 AEUV umfasst.

### III. Maßnahmen gleicher Wirkung

In Art. 34 AEUV wird der zwischenstaatliche Handel nicht nur durch ein Verbot mengenmäßiger Einfuhrbeschränkungen gewährleistet, sondern auch durch ein Verbot von Maßnahmen gleicher Wirkung wie mengenmäßige Einfuhrbeschränkungen. Während mengenmäßige Einfuhrbeschränkungen das Ziel haben, die Einfuhr von Waren spezifisch zu beschränken, so dass Waren überhaupt nicht oder nur zu einem mengen- oder wertmäßig begrenzten Teil eingeführt werden können, und so zu einer unüberwindbaren Einfuhrbeeinträchtigung führen, lassen Maßnahmen gleicher Wirkung die Einfuhr zu, erschweren diese jedoch.[367] Mit dem Verbot von Maßnahmen gleicher Wirkung wie mengenmäßige Einfuhrbeschränkungen wird dem von Protektionismus und Tradition geprägten Ideen- und Erfindungsreichtum einzelner Mitgliedstaaten Einhalt geboten, mit dem sie Maßnahmen aufrechterhalten oder installieren, die zwar die Einfuhr von Waren nicht in absoluter, unüberwindbarer Weise untersagen, jedoch gleichwohl einem freien Warenverkehr zuwiderlaufen.[368]

Der Begriff der Maßnahme gleicher Wirkung wie eine mengenmäßige Einfuhrbeschränkung hat primärrechtlich keine Definition erfahren und sich daher als klärungs- und konkretisierungsbedürftig erwiesen. Mit der RL 70/50/EWG[369]

---

366 EuGH Rs. C-2/73 (Geddo) Urt. v. 12.07.1973, Slg. 1973, 865, Rn. 7; EuGH Rs. C-118/78 (Meijer) Urt. v. 29.03.1979, Slg. 1979, 1387, Rn. 3 f.; EuGH Rs. C-232/78 (Kommission./.Frankreich) Urt. v. 25.09.1979, Slg. 1979, 2729, Rn. 10.

367 So treffend Leible/Streinz in: Grabitz/Hilf/Nettesheim, AEUV Art. 34 Rn. 52.

368 So auch Leible/Streinz in: Grabitz/Hilf/Nettesheim, AEUV Art. 34 Rn. 53.

369 RL 70/50/EG gestützt auf die Vorschriften des Art. 33 Abs. 7 EG über die Beseitigung von Maßnahmen gleicher Wirkung wie mengenmäßige Einfuhrbeschränkungen, die nicht unter andere auf Grund des EWG-Vertrages erlassene Vorschriften fallen, vom 22.12.1969, ABl. EG Nr. L 13, 29.

wurde der Begriff 1969 sekundärrechtlich konkretisiert. Zu berücksichtigen ist jedoch, dass diese sekundärrechtliche Begriffsbestimmung bei der Auslegung des primärrechtlich verankerten Begriffs der Maßnahme gleicher Wirkung nicht unmittelbar herangezogen werden kann.[370] Dies ist dem Umstand geschuldet, dass die Rechtsetzungsorgane keine generelle Kompetenz haben, Primärrecht durch den Erlass von Sekundärrecht auszulegen. Die Auslegung des Primärrechts obliegt vielmehr gemäß Art. 19 Abs. 1 EUV dem EuGH. Im Hinblick auf die Auslegung des Begriffs der Maßnahme gleicher Wirkung wie eine mengenmäßige Einfuhrbeschränkung konnte der EuGH diese Aufgabe fünf Jahre nach Erlass der Richtlinie vornehmen. Dabei hat er die so genannte Dassonville-Formel[371] entwickelt (1.), die wegen ihrer Weite zwanzig Jahre später im Keck-Urteil[372] wiederum eine Einschränkung erfahren hat (2.).

### *1. Dassonville-Rechtsprechung des EuGH*

Dem EuGH lag im Jahr 1974 im Rahmen eines Vorabentscheidungsverfahrens nach Art. 267 AEUV die Frage vor, ob es sich um eine Maßnahme gleicher Wirkung wie eine mengenmäßige Einfuhrbeschränkung handele, wenn eine Bestimmung des belgischen Rechts die Einfuhr einer Ware, die mit einer Ursprungsbezeichnung versehen war, für den Fall untersagte, dass für diese Ware nicht eine vom Exportland ausgestellte amtliche Urkunde vorlag, in der die Berechtigung zur Verwendung dieser Bezeichnung bescheinigt wurde.[373] In diesem unter dem Namen der Beklagten des nationalen Rechtsstreites „Dassonville“ bekannt gewordenen Urteil füllte der EuGH den in Art. 34 AEUV verwendeten Begriff der „Maßnahme gleicher Wirkung“ mit Leben und entwickelte folgende Formel:

Als eine Maßnahme gleicher Wirkung wie eine mengenmäßige Einfuhrbeschränkung ist jede Handelsregelung der Mitgliedstaaten anzusehen, die geeignet ist, den innergemeinschaftlichen Handel unmittelbar oder mittelbar, tatsächlich

370 So auch Richters, S. 29. Darüber hinaus leistet die in der Richtlinie vorgenommene Auslegung der Rechtsetzungsorgane auch aus folgendem, der Richtlinie selbst innewohnendem Grund keine Hilfestellung zur Beurteilung nationaler umweltpolitischer Förderinstrumente wie die Abnahme- und Vergütungspflichten: Die RL 70/50/EWG zielt ausweislich ihres Art. 1 auf die Beseitigung von Maßnahmen ab, die in den Art. 2 und 3 aufgeführt sind und die zum Zeitpunkt des Inkrafttretens des EWG-Vertrages bestanden haben. Bereits aufgrund dieses Erfordernisses, dass die Maßnahmen am 25. Mai 1957 – dem Zeitpunkt des Inkrafttretens des EWG Vertrages – in Kraft gewesen sein müssen, sind die Richtlinienbestimmungen nicht auf umweltpolitische Instrumente anwendbar, die erst danach in Kraft getreten sind.

371 EuGH Rs. C-8/74 (Dassonville) Urt. v. 11.07.1974, Slg. 1974, 837, Rn. 2–4.

372 EuGH Rs. C-267+268/91 (Keck und Mithouard), Urt. v. 24.11.1993, Slg. 1993, I-6097, Rn. 14 ff.

373 EuGH Rs. C-8/74 (Dassonville) Urt. v. 11.07.1974, Slg. 1974, 837, Rn. 2–4. Der EuGH sah die belgische Bestimmung schließlich als Maßnahme gleicher Wirkung an, Rn. 7–9.

oder potentiell zu beeinträchtigen.[374] Da mit Inkrafttreten des Vertrags von Lissabon am 1. Dezember 2009 die Europäische Gemeinschaft in die Europäische Union überführt wurde, ist es seitdem begrifflich nicht korrekt, von *innergemeinschaftlichem Handel* zu sprechen. Richtigerweise ist nun auf den *Handel innerhalb der Union* abzustellen. In neuerer Rechtsprechung trägt der EuGH diesem Umstand Rechnung, indem er jede Handelsregelung der Mitgliedstaaten, die den *Handel innerhalb der Union* unmittelbar oder mittelbar, tatsächlich oder potentiell behindert, als eine Maßnahme gleicher Wirkung wie eine mengenmäßige Beschränkung im Sinne des Art. 34 AEUV ansieht.[375]

### *a) Unbeachtlichkeit final-voluntativer Elemente*

Die Dassonville-Formel lässt die Intention des Mitgliedstaates, die den Erlass der jeweiligen Handelsregelung begleitet, unberücksichtigt. Ein entsprechendes subjektives voluntatives Element ist der Dassonville-Formel nicht zu entnehmen.[376] Zwar führte der EuGH in der Rs. *Torfaen* im Hinblick auf das britische Sonntagsverkaufsverbot aus, dass dieses nicht dazu bestimmt sei, die Handelsströme zwischen den Mitgliedstaaten zu regeln.[377] Das final-voluntative Element des britischen Sonntagsverkaufsverbots war für den EuGH gleichwohl nicht maßgebend für die Beantwortung der Frage, ob dieses als eine Maßnahme gleicher Wirkung zu bewerten sei, die als solche in den Anwendungsbereich des Art. 34 AEUV falle. Vielmehr berücksichtigte er dies erst bei der sich anschließenden Frage, ob eine Maßnahme gleicher Wirkung mit Art. 34 AEUV vereinbar sei, weil die etwaigen Beeinträchtigungen des Handels innerhalb der Union nicht über das hinausgingen, was erforderlich sei, um das angestrebte Ziel zu erreichen.[378] Auch in weiteren Urteilen, die sich mit der Frage beschäftigten, inwieweit weitere mitgliedstaatliche Reglungen mit unmittelbaren oder mittelbaren Auswirkungen auf

374 EuGH Rs. C-8/74 (Dassonville) Urt. v. 11.07.1974, Slg. 1974, 837, Rn. 5.

375 EuGH Rs. C-108/09 (Ker-Optica/ANTSZ) Urt. v. 02.12.2010, Rn. 47.

376 Mayer, EuR 2003, S. 793, 811.

377 EuGH Rs. C-145/88 (Torfaen) Urt. v. 23.11.1989, Slg. 1989, 3851, Rn. 14. Mayer, EuR 2003, S. 793, 812, weist richtigerweise darauf hin, dass die Rechtsprechung zum Anwendungsbereich der Dassonville-Formel, die zeitlich vor der durch den EuGH vorgenommenen Einschränkung durch die Keck-Rechtsprechung im Jahr 1993 liege, nur begrenzte Aussagekraft für die Beurteilung von Maßnahmen habe. Dies gelte auch für die Torfaen-Entscheidung aus dem Jahr 1989. Gleichwohl kann bei der Frage, ob die Dassonville-Formel ein final-voluntatives Element aufweist, auch auf die Torfaen-Entscheidung zurückgegriffen werden, weil der EuGH auch in seiner späteren Rechtsprechung bei der Frage nach dem Anwendungsbereich des Art. 34 AEUV den Intentionen der Mitgliedstaaten keine ausschlaggebende Bedeutung beigemessen hat.

378 EuGH Rs. C-145/88 (Torfaen) Urt. v. 23.11.1989, Slg. 1989, 3851, Rn. 11–14.

diverse Verkaufszeiten den Handel innerhalb der Union im Sinne der Dassonville-Formel beeinträchtigten, stellte der EuGH zwar fest, dass sie nicht bezweckten, den Handel zu regeln. Gleichwohl verneinte er mit dieser (fehlenden) subjektiven Komponente nicht das Vorliegen einer Maßnahme gleicher Wirkung.[379] Ebenso berücksichtigte der EuGH in der Rs. *Schmidberger* die Intention und das Ziel, das die Republik Österreich mit der Nichtuntersagung einer Versammlung verfolgte, nicht bereits bei der Frage, ob eine Maßnahme gleicher Wirkung wie eine mengenmäßige Einfuhrbeschränkung vorliege, sondern erst im Rahmen der Rechtfertigung.[380] Das Ziel einer Maßnahme ist damit für die Frage, ob diese als Maßnahme gleicher Wirkung in den Anwendungsbereich des Art. 34 AEUV fällt und dessen Beurteilungsmaßstäben unterliegt, ohne Bedeutung.[381] Demzufolge wird das Vorliegen einer Maßnahme gleicher Wirkung nach rein objektiven Kriterien bestimmt. Berücksichtigung finden voluntative Elemente erst bei der sich anschließenden Frage nach der Vereinbarkeit der Maßnahme mit Art. 34 AEUV.

### *b) Reichweite des Begriffs der Handelsregelung*

Nach dem Wortlaut des Art. 34 AEUV betrifft das Verbot von Handelsbeeinträchtigungen Maßnahmen. Der EuGH hat in seiner Dassonville-Rechtsprechung jedoch nicht diesen weitreichenden Begriff der Maßnahme verwendet, sondern den der Handelsregelung. Dies ist gleichwohl nicht als Einschränkung des Begriffs der Maßnahme zu verstehen.[382] Die zum Teil relativ zeitnah auf das Dassonville-Urteil folgende Rechtsprechung des EuGH offenbart, dass er den Begriff der Maßnahme in Art. 34 AEUV nicht in einer Weise auslegt, dass nur diejenigen mitgliedstaatlichen Regelungen erfasst werden, die sich unmittelbar auf den Handel beziehen oder den Handel regeln und demzufolge Handelsregelungen sind:[383] So spricht der EuGH bei der weiteren Anwendung der Dassonville-For-

379 EuGH Rs. C-332/89 (Französisches Sonntagsbeschäftigungsverbot) Urt. v. 28.02.1991, Slg. 1991, I-1027, Rn. 9; EuGH Rs. C-312/89 (Belgisches Sonntagsbeschäftigungsverbot) Urt. v. 28.02.1991, Slg. 1991, I-997, Rn. 8.

380 EuGH Rs. C-112/00 (Schmidberger), Urt. v. 12.06.2003, Slg. 2003, I-5659, Rn. 68.

381 Dementsprechend führen Baur/Henk-Merten/Matthey/Weck, S. 177 aus, dass eine Handelsbeeinträchtigung jede negative Beeinflussung der Einfuhren ist, unabhängig davon, in welcher Art oder mit welcher Zielsetzung, mit welcher konkreten Wirkungstechnik oder in welchem Ausmaß sie erfolgt. Zur Unbeachtlichkeit des Ziels auch Büdenbender in: Büdenbender/Rosin, Einf. Rn. 57.

382 So auch Mayer, EuR 2003, 793, 796 (Fn. 13); Weck, S. 153; Leible/Streinz in: Grabitz/Hilf/Nettesheim, AEUV Art. 34 Rn. 62.

383 So auch Leible/Streinz in: Grabitz/Hilf/Nettesheim, AEUV Art. 34 Rn. 62.

mel auch nur von „Regelungen“[384] oder „Maßnahmen“[385], teilweise verwendet er auch beide Termini nebeneinander,[386] wobei er keine Unterscheidung zwischen Maßnahmen und Regelungen trifft.[387] Somit zeigt die Folge-Rechtsprechung des EuGH, dass er von dem Begriff der Handelsregelung als unabdingbares Merkmal für eine Maßnahme im Sinne des Art. 34 AEUV Abstand genommen hat.

Da sich Art. 34 AEUV an die Mitgliedstaaten richtet, kann nur ein Hoheitsakt, aber eben auch jeder Hoheitsakt unabhängig von seiner Bezeichnung im nationalen Rechtssystem eine Maßnahme gleicher Wirkung wie eine mengenmäßige Einfuhrbeschränkung darstellen.[388]

### *c) Eignung zur Handelsbeeinträchtigung*

Konstitutives Merkmal für eine Maßnahme gleicher Wirkung wie eine mengenmäßige Einfuhrbeschränkung ist ihre Eignung zur Beeinträchtigung des Handels. Nationale Maßnahmen, die geeignet sein können, den Handel zu beeinträchtigen, lassen sich in drei Gruppen einteilen: formell diskriminierende Maßnahmen, materiell diskriminierende Maßnahmen[389] und beschränkende Maßnahmen. Eine formelle Diskriminierung liegt dann vor, wenn eine nationale Regelung ausdrücklich an die Herkunft der Ware anknüpft und aufgrund dessen die ausländische Ware benachteiligt wird.[390] Eine Regelung enthält beispielsweise dann eine formelle Diskriminierung, wenn sie bestimmt, dass ausländische Waren anders zu behandeln sind als inländische bzw. wenn sie ausdrücklich auf den

---

384 EuGH Rs. C-190/73 (Haaster), Urt. v. 30.10.1974, Slg. 1974, 1123, Rn. 13; EuGH Rs. C-120/95 (Decker und Kohll), Urt. v. 28.04.1998, Slg. 1998, I-1831, Rn. 31; EuGH Rs. C-389/96 (Aher-Waggon), Urt. v. 14.07.1998, Slg. 1998, I-4473, Rn. 18.

385 EuGH Rs. C-249/81 (Buy Irish), Urt. v. 24.11.1982, Slg. 1982, 4005, Rn. 21; EuGH Rs. C-267+268/91 (Keck und Mithouard), Urt. v. 24.11.1993, Slg. 1993, I-6097, Rn. 11; EuGH Rs. C-379/98 (PreussenElektra), Urt. v. 13.03.2001, Slg. 2001, I-2099, Rn. 69.

386 EuGH Rs. C-3+4+6/76 (Kramer u. a.), Urt. v. 14.07.1976, Slg. 1976, 1279, Rn. 53–55.

387 Dies wird in EuGH Rs. C-389/96 (Aher-Waggon), Urt. v. 14.07.1998, Slg. 1998, I-4473, Rn. 17 und 18, deutlich. Der EuGH nimmt unter Verwendung des Begriffs *Maßnahme* auf die Dassonville-Formel Bezug, um sodann unter Verwendung des Begriffs *Regelung* ein mitgliedstaatliches Gesetz darunter zu subsumieren.

388 EuGH Rs. C-311/85 (VZW), Urt. v. 01.10.1987, Slg. 1987, 3801, Rn. 30; EuGH Rs. C-65/86 (Bayer/Süllhofer), Urt. v. 27.09.1988, Slg. 1988, 5249, Rn. 11; auch Scholz/Krohs, RdE 2003, 1, und Leible/Streinz in: Grabitz/Hilf/Nettesheim, AEUV Art. 34 Rn. 62, legen den Begriff der Handelsregelung im Sinne „irgendeines“ Hoheitsaktes aus.

389 Anstelle des Begriffspaares „formelle Diskriminierung und materielle Diskriminierung“ werden auch die Begriffspaare „offene und versteckte Diskriminierung“, „direkte und indirekte Diskriminierung“ sowie „unmittelbare und mittelbare Diskriminierung“ verwendet.

390 So auch Generalanwalt van Gerven in seinen Schlußanträgen vom 16.03.94 in de Rs. C-401 und 402/92 (Tankstation t'Heuske und Bormans), Rn. 24.

Grenzübertritt einer Ware abhebt. Demgegenüber handelt es sich um eine materielle Diskriminierung, wenn die Regelung nicht ausdrücklich an die Herkunft der Ware oder einen Grenzübertritt anknüpft, aber dennoch eine Benachteiligung der ausländischen Erzeugnisse gegenüber den inländischen Erzeugnissen zur Folge hat. Eine materiell diskriminierende Regelung knüpft an Voraussetzungen oder Merkmale an, die grundsätzlich nur von inländischen Waren erfüllt werden können. Sowohl formell als auch materiell diskriminierende Maßnahmen sind grundsätzlich geeignet, den Handel innerhalb der Union im Sinne der Dassonville-Formel zu beeinträchtigen. Daneben können auch Maßnahmen, die nicht ausdrücklich zwischen in- und ausländischen Waren unterscheiden oder an Merkmale anknüpfen, die in der Regel nur von inländischen Waren erfüllt werden, geeignet sein, den Handel innerhalb der Union zu beeinträchtigen. Es handelt sich dabei um so genannte beschränkende Maßnahmen. Eine solche Beschränkung liegt dann vor, wenn eine Regelung, den Handel innerhalb der Union beeinträchtigt, ohne zu diskriminieren. Da die Dassonville-Formel auf die bloße Eignung zur Handelsbeeinträchtigung abstellt, liegt eine Maßnahme gleicher Wirkung wie eine mengenmäßige Einfuhrbeschränkung nicht nur bei Diskriminierungen vor, sondern auch bei Beschränkungen.[391]

Nach der Dassonville-Formel genügt es, wenn die Maßnahme geeignet ist, den Handel potentiell zu beeinträchtigen. Somit kann eine Maßnahme dem Verbot des Art. 34 AEUV nicht mit dem Hinweis entzogen werden, dass eine Beeinträchtigung des Handels tatsächlich nicht vorliege.[392] Mithin ist der Anwendungsbereich des Art. 34 AEUV bereits für Maßnahmen eröffnet, bei denen die bloße Möglichkeit einer Handelsbeeinträchtigung besteht. Dementsprechend fordert der EuGH keinen Nachweis, dass die Maßnahme die Einfuhr beeinträchtigt.[393]

Des weiteren muss zwischen der Maßnahme und der Handelsbeeinträchtigung ein unmittelbarer oder mittelbarer Kausalzusammenhang bestehen. Eine Eignung zur unmittelbaren Handelsbeeinträchtigung kommt einer Maßnahme dann zu, wenn ihre Anwendung direkte Auswirkungen auf die Handelsströme hat, ohne dass weitere Aktionen anderer erforderlich sind. Mittelbare Beeinträchtigungen des Handels hat eine Maßnahme demgegenüber dann, wenn sie Handlungen vorsieht oder fördert, die ihrerseits im Rahmen eines Kausalverlaufs den zwischenstaatlichen Handel beeinträchtigen.[394]

391 Horspool/Humphreys, Rn. 10.7; im Ergebnis auch Leible/Streinz in: Grabitz/Hilf/Nettesheim, AEUV Art. 34 Rn. 61.

392 EuGH Rs. C-12/74 (Kommission./.Deutschland), Urt. v. 20.02.1975, Slg. 1975, 181.

393 Dies verdeutlicht EuGH Rs. C-12/74 (Kommission./.Deutschland), Urt. v. 20.02.1975, Slg. 1975, 181, Rn. 14.

394 Dies folgt im Ergebnis auch aus den Ausführungen Leible/Streinz in: Grabitz/Hilf/Nettesheim, AEUV Art. 34 Rn. 66.

### d) *Weite der Formel*

Die Anwendung der Dassonville-Formel führt mithin dazu, dass nahezu jede staatliche bzw. hoheitliche Maßnahme rechtlicher oder tatsächlicher Natur, die einen wie auch immer gearteten Einfluss auf die Handelsströme haben könnte, in den Anwendungsbereich des Art. 34 AEUV fällt und damit einem grundsätzlichen Verbot unterliegt.[395] Die Handelsströme können in diesem Sinne durch jede negative Beeinflussung der Einfuhr, (Ausfuhr) oder Durchfuhr beeinflusst werden, unabhängig davon, in welcher Art und mit welcher Zielsetzung, mit welcher konkreten Wirkungstechnik oder in welchem Ausmaß dies erfolgt. Letztlich weist die Formel auch insofern eine Weite auf, dass sie nicht nur diskriminiere Maßnahmen in den Anwendungsbereich des Art. 34 AEUV fallen lässt, sondern ebenso unterschiedslos wirkende Beschränkungen.[396] Damit wird die Weite der Formel deutlich.[397]

## 2. *Keck-Rechtsprechung des EuGH*

In seinem *Keck*-Urteil schränkte der EuGH 1993 die fast zwanzig Jahre zuvor formulierte weite *Dassonville*-Formel ein. Der Gerichtshof hielt es für notwendig, seine Rechtsprechung zum Begriff der Maßnahme gleicher Wirkung zu überprüfen, da sich die Wirtschaftsteilnehmer immer häufiger auf Art. 34 AEUV beriefen, um jedwede Regelungen zu beanstanden, die sich als Beschränkung ihrer geschäftlichen Freiheit auswirkten, auch wenn sie nicht auf Erzeugnisse aus anderen Mitgliedstaaten gerichtet waren.[398]

Er entschied, dass die Anwendung nationaler Bestimmungen, die Verkaufsmodalitäten beschränken oder verbieten, auf Erzeugnisse aus anderen Mitgliedstaaten nicht geeignet ist, den Handel zwischen den Mitgliedstaaten im Sinne des Urteils Dassonville unmittelbar oder mittelbar, tatsächlich oder potentiell zu beeinträchtigen, sofern diese Bestimmungen für alle betroffenen Wirtschaftsteilnehmer gelten, die ihre Tätigkeit im Inland ausüben, und sofern sie den Absatz der inländischen Erzeugnisse und der Erzeugnisse aus anderen Mitgliedstaaten rechtlich wie tatsächlich in der gleichen Weise berühren.[399] Bei Vorliegen dieser Voraussetzungen spricht der EuGH den Maßnahmen die Eignung ab, den Marktzugang für Erzeugnisse aus anderen Mitgliedstaaten zu versperren oder stärker zu beeinträchtigen als für vergleichbare inländische Erzeugnisse.

395 Weck, S. 152.
396 Kotzur in: Geiger/Khan/Kotzur, Art. 34 AEUV Rn. 8.
397 Anstelle vieler: Craig/de Búrca, S. 640; Horspool/Humphreys, Rn. 10.6.
398 EuGH Rs. C-267+268/91 (Keck und Mithouard), Urt. v. 24.11.1993, Slg. 1993, I-6097, Rn. 14.
399 EuGH Rs. C-267+268/91 (Keck und Mithouard), Urt. v. 24.11.1993, Slg. 1993, I-6097, Rn. 16.

Damit unterliegen diejenigen Maßnahmen nicht dem Verbot des Art. 34 AEUV, deren Regelungsgehalt darin besteht, für alle im Inland tätigen Wirtschaftsteilnehmer Verkaufsmodalitäten zu beschränken oder zu verbieten [a)], und deren Wirkung den Absatz inländischer und anderer mitgliedstaatlicher Erzeugnisse rechtlich und tatsächlich in gleicher Weise berührt [b)]. Diese Maßnahmen sind jeglicher Beurteilung, die auf den primärrechtlichen Grundsätzen des freien Warenverkehrs fußt, entzogen und aus warenverkehrsrechtlicher Sicht zulässig.

*a) Regelungsgehalt der Maßnahmen*

*aa) Verkaufsmodalitäten*

Nach dem Wortlaut der Keck-Formel sind von dem grundsätzlichen Verbot in Art. 34 AEUV solche Maßnahmen ausgenommen, deren Regelungsgegenstand darin besteht, Verkaufsmodalitäten zu beschränken oder zu verbieten. Mithin erfordert die Beurteilung einer Maßnahme zunächst die Bestimmung ihres Regelungsgegenstandes.

Wie nationale Bestimmungen im Hinblick auf ihren Regelungsgehalt zur Beurteilung nach der Keck-Doktrin zu klassifizieren sind, erschließt sich aus dem Keck-Urteil: Nachdem es der EuGH für notwendig erklärt hat, seine Rechtsprechung zu überprüfen und klarzustellen, bestätigt er zunächst seine Rechtsprechung aus der Rs. *Cassis de Dijon*[400], die weiterhin Bestand haben solle. Er führt aus, „dass Hemmnisse für den freien Warenverkehr, die sich in Ermangelung einer Harmonisierung der Rechtsvorschriften daraus ergeben, dass Waren aus anderen Mitgliedstaaten, die dort rechtmäßig hergestellt und in den Verkehr gebracht worden sind, bestimmten Vorschriften entsprechen müssen (wie etwa hinsichtlich ihrer Bezeichnung, ihrer Form, ihrer Abmessungen, ihres Gewichtes, ihrer Zusammensetzung, ihrer Aufmachung, ihrer Etikettierung und ihrer Verpackung), selbst dann, wenn diese Vorschriften unterschiedslos für alle Erzeugnisse gelten, die nach Art. 30 EGV (nunmehr Art. 34 AEUV) selbst dann verbotene Maßnahmen gleicher Wirkung darstellen sollen, sofern sich die Anwendung dieser Vorschriften nicht durch einen Zweck rechtfertigen lässt, der im Allgemeininteresse liegt und den Erfordernissen des freien Warenverkehrs vorgeht“.[401]

Damit unterfallen dem Begriff der Maßnahme gleicher Wirkung und dem grundsätzlichen Verbot des Art. 34 AEUV weiterhin solche Vorschriften, denen Waren aus anderen Mitgliedstaaten entsprechen müssen und auf die Hemmnisse

400 EuGH Rs. C-120/78 (Cassis de Dijon), Urt. v. 20.02.1979, Slg. 1979, 649, Rn. 9. Die Bezugnahme auf dieses Urteil erfolgt vorliegend zum Verständnis der Keck-Rechtsprechung, eine nähere Erläuterung erfolgt im Teil 4.

401 EuGH Rs. C-267+268/91 (Keck und Mithouard), Urt. v. 24.11.1993, Slg. 1993, I-6097, Rn. 15.

für den freien Warenverkehr zurückzuführen sind. Diese Vorschriften, denen Waren entsprechen müssen, werden als produktbezogene Regelungen bezeichnet.

Nachdem der EuGH dies bekräftigt hat, führt er weiterhin aus, dass „entgegen der bisherigen Rechtsprechung die Anwendung nationaler Bestimmungen, die bestimmte Verkaufsmodalitäten beschränken oder verbieten, auf Erzeugnisse aus anderen Mitgliedstaaten nicht geeignet ist, den Handel zwischen den Mitgliedstaaten im Sinne des Urteils *Dassonville* unmittelbar oder mittelbar, tatsächlich oder potentiell zu beeinträchtigen, sofern diese Bestimmungen für alle betroffenen Wirtschaftsteilnehmer gelten, die ihre Tätigkeit im Inland ausüben, und sofern sie den Absatz der inländischen Erzeugnisse und der Erzeugnisse aus anderen Mitgliedstaaten rechtlich wie tatsächlich in der gleichen Weise berühren".[402] Somit muss der Regelungsgehalt der Vorschriften, die auf Grundlage dieses Urteils nicht dem Anwendungsbereich und dem Verbot des Art. 34 AEUV unterliegen, in einer Beschränkung oder einem Verbot von Verkaufsmodalitäten bestehen.

Der EuGH ordnet und differenziert daher seine Rechtsprechung im Hinblick auf Bestimmungen, die Regelungen über Waren enthalten, und Bestimmungen, die Verkaufsmodalitäten beschränken oder verbieten. Damit hat der EuGH gleichzeitig den Regelungsgehalt der Bestimmungen, zu denen er sich im Keck-Urteil äußert, klar umrissen. Über Bestimmungen, die weder Regelungen über Waren enthalten, noch Verkaufsmodalitäten beschränken oder verbieten, enthält das Keck-Urteil keine Aussage. Sie sind daher weiterhin geeignet, die Voraussetzungen der weiten Dassonville-Formel zu erfüllen und dem grundsätzlichen Verbot des Art. 34 AEUV zu unterliegen.

Für die Beurteilung einer nationalen Maßnahme vor dem Hintergrund der Keck-Rechtsprechung folgt daraus, dass in positiver Hinsicht festgestellt werden muss, dass die Bestimmung Regelungen über Verkaufsmodalitäten enthält. Im Einzelfall kann sich hier die Abgrenzung zu Bestimmungen über Produktmodalitäten als schwierig erweisen. Wenngleich *Kraczorowska*[403] zu Recht feststellt, dass eine klare Definition des Begriffs der Verkaufsmodalitäten nicht exisitiert, hat sich die Rechtslehre ausgehend von der Kasuistik des EuGH um eine abstrakte Definition bemüht, die die Feststellung einer Regelung über Verkaufsmodalitäten erleichtern soll: Zusammenfassend als Verkaufsmodalitäten im Sinne der Keck-Formel werden danach Regelungen angesehen, die die Art und Weise der Vermarktung im Sinne eines Wann (Verkaufszeitpunkt), Wo (Verkaufsort), Wie (Werbung oder Preise) und Wer (Verkäufer) des Warenabsatzes erfassen, ohne sich auf Produkteigenschaften zu beziehen, welche den importierten Erzeugnissen schon beim

402 EuGH Rs. C-267+268/91 (Keck und Mithouard), Urt. v. 24.11.1993, Slg. 1993, I-6097, Rn. 16.
403 Kraczorowska, S. 523.

Grenzübertritt anhaften.[404] Auf Produkteigenschaften beziehen sich Regelungen mit Anforderungen an Aufmachung, Abmessung, Ausstattung, Bezeichnung, Etikettierung, Form, Gewicht, Verpackung und Zusammensetzung einer Ware.[405]

Zuweilen werden in der deutschen und auch in der englischen Rechtslehre die bestehenden Schwierigkeiten im Rahmen der Abgrenzung zwischen verkaufs- und produktbezogenen Regelungen derart betont und in das Zentrum der Keck-Formel gerückt, dass sich der Eindruck aufdrängt, alle nationalen Maßnahmen, die Hemmnisse für den freien Warenverkehr auslösen können, haben entweder einen Verkaufsbezug oder einen Produktbezug.[406] Verfehlt ist jedoch, einen feh-

---

404 Weck, S. 157.

405 EuGH Rs. C-267+268/91 (Keck und Mithouard), Urt. v. 24.11.1993, Slg. 1993, I-6097, Rn. 15; Weck, S. 158 mit Verweis auf EuGH Rs. C-51/93 (Meyhui), Urt. v. 09.08.1994, Slg. 1994, I-3879, Rn. 10. Nach der Kasuistik des EuGH zählen zu den Verkaufsmodalitäten: Regelungen über die zeitlichen und räumlichen Voraussetzungen, unter denen die Waren an Verbraucher verkauft werden dürfen wie die niederländische Regelung über Ladenschlusszeiten von Tankstellen [EuGH Rs. C-401+402/92 (Tankstation t'Heukske und Boermans) Urt. v. 02.06.1994, Slg. 1994, I-2199, Rn. 12–14] oder das italienische Verbot der Öffnung von Einzelhandelsgeschäften an Sonntagen [EuGH Rs. C-69+258/93 (Punto Casa und PPV) Urt. v. 02.06.1994, Slg. 1994, I-2355, Rn. 12–14; EuGH Rs. C-418/93 (Semeraro Casa Uno) Urt. v. 20.06.1996, Slg. 1996, I-2975, Rn. 24 f.]. Eine weitere Fallgruppe wird gebildet durch personale und räumliche Vertriebsbeschränkungen wie das griechische Verbot, verarbeitete Milch für Säuglinge außerhalb von Apotheken zu verkaufen [EuGH Rs. C-391/92 (Kommission./.Griechenland) Urt. v. 29.06.1995, Slg. 1995, I-1621, Rn. 17, 20], das italienische Verkaufsverbot für Tabakwaren außerhalb staatlich zugelassener Einzelhandelsgesellschaften: Bieber/Epiney/Haag, § 13 Rn. 42; [EuGH Rs. C-387/93 (Banchero) Urt. v. 14.12.1995, Slg. 1995, I-4663, Rn. 36, 39 f.], das in einer Kommune geltende italienische Verbot, Frischfleisch auf dem Gebiet dieser Kommune ohne eine entsprechende Konzession zu transportieren [EuGH Rs. C-277/91 (Ligur Carni) Urt. v. 15.12.1993, Slg. 1993, I-6621, Rn. 36 ff.], das an Lebensmittelhändler gerichtete österreichische Gebot, Waren nur in dem Bezirk einschließlich des angrenzenden Bezirks im Umherziehen anzubieten, in dem sie ansässig sind [EuGH Rs. C-254/98 (TK-Heimdienst) Urt. v. 13.01.2000, Slg. 2000, I-151, Rn. 24] sowie das deutsche Verbot, Arzneimittel außerhalb von Apotheken zu vertreiben [EuGH Rs. C-322/01 (DocMorris) Urt. v. 11.12.2003, Slg. 2003, I-14887, Rn. 68]. Diese Urteile zeigen, dass der EuGH personelle und räumliche Vertriebsbeschränkungen bzw. -verbote vom Begriff der Verkaufsmodalität umfasst sieht. Der Begriff der verkaufsbeschränkenden oder -verbietenden Regelungen erfasst des Weiteren Bestimmungen, die Modalitäten der Werbung regeln. Zu diesen Bestimmungen gehört beispielsweise das französische Verbot, in Supermärkten Werbung auszustrahlen [EuGH Rs. C-412/93 (Leclerc-Siplec) Urt. v. 09.02.1995, Slg. 1995, I-179, Rn. 22] oder eine deutsche Regelung, die den Werbeanteil im Fernsehprogramm zeitlich beschränkt [EuGH Rs. C-6/98 (ARD) Urt. v. 28.10.1999, Slg. 1999, I-7599, Rn. 45–47]. Diese Kasuistik unterstützt den Versuch einer Definition des Begriffes der Verkaufsmodalitäten insofern, als die vorstehenden Fälle tatsächlich das Wann, Wo, Wie und Wer des Verkaufes, Vertriebes oder Absatzes von Waren betreffen.

406 So der Anschein in: Bieber/Epiney/Haag, § 13 Rn. 42; Craig/de Búrca, S. 655; Horspool/Humphreys, Rn. 10.56 ff.; Kaczorowska, S. 575; Oliver/Roth, Common Market Law Review 2004, 407, 413.

lenden Produktbezug in einer Regelung als Argument dafür zu nutzen, dass diese eine Verkaufsmodalität im Sinne der Keck-Formel zum Gegenstand habe. Wie bereits dargestellt, hat der EuGH in positiver Hinsicht bestimmt, zu welchen Regelungen er Stellung bezieht: Vorschriften, denen Waren aus anderen Mitgliedstaaten entsprechen müssen, und Bestimmungen, die Verkaufsmodalitäten beschränken oder verbieten. Er hat damit nicht zu Regelungen Stellung genommen, deren Regelungsgehalt weder darin besteht, Vorgaben für Waren aus anderen Mitgliedstaaten zu treffen, noch Verkaufsmodalitäten zu bestimmen. Solche Regelungen unterliegen mithin weiter der uneingeschränkten Dassonville-Formel und sind grundsätzlich geeignet, den zwischenstaatlichen Handel in diesem Sinne zu beeinträchtigen. Aus diesem Grund lässt sich das Vorliegen einer Regelung über eine Verkaufsmodalität im Sinne der Keck-Rechtsprechung nur positiv feststellen, nicht hingegen durch die Verneinung eines Produktbezugs.

*bb) Beschränkung oder Verbot von Verkaufsmodalitäten*

Des Weiteren kann bei einer Analyse der deutschen und englischen Rechtslehre in Bezug auf Maßnahmen, die von der Keck-Formel erfasst werden, der Eindruck entstehen, dass jegliche nationale Regelung über Verkaufsmodalitäten ohne weiteren spezifischen Regelungsgehalt im Hinblick auf die Modalitäten des Verkaufs genüge.[407]

Der EuGH spricht in seinem Keck-Urteil von Bestimmungen, die Verkaufsmodalitäten beschränken oder verbieten.[408] Diese ausdrückliche Begrenzung einer Regelung auf die Beschränkung oder das Verbot von Verkaufsmodalitäten findet sich auch in der englischen Fassung (national provisions restricting or prohibiting certain selling arrangements) und in der französischen Fassung (dispositions nationales qui limitent ou interdisent certaines modalités de vente). Die Formulierung spricht dafür, dass nicht jede Regelung über Modalitäten des Verkaufs genügt, sondern die Regelung die Modalitäten des Verkaufs *beschränken* oder *verbieten* muss.

Die auf das Keck-Urteil folgende Rechtsprechung über derartige Regelungen steht mit dieser eng am Wortlaut orientierten Auslegung im Einklang. So waren stets Beschränkungen oder Verbote von Verkaufsmodalitäten Gegenstand der Urteile, in denen der EuGH das Vorliegen einer Verkaufsmodalität im Sinne der Keck-Formel bejaht hat.[409] Eine Erweiterung der Keck-Formel auf nationale Bestimmungen, die die Modalitäten des Verkaufs regeln, ohne diese

407 Bieber/Epiney/Haag, § 13 Rn. 42; Horspool/Humphreys, Rn. 10.56 ff.

408 EuGH Rs. C-267+268/91 (Keck und Mithouard), Urt. v. 24.11.1993, Slg. 1993, I-6097, Rn. 16.

409 Vgl. die in Fn. 437 aufgeführten Rechtsprechungsnachweise.

zu beschränken oder zu verbieten, ist der Folgerechtsprechung des EuGH nicht zu entnehmen. Infolgedessen sind beispielsweise nationale Bestimmungen, die Verkaufsmodalitäten dergestalt regeln, dass sie neue Modalitäten des Verkaufs eröffnen, ohne diese zwingend vorzuschreiben, nicht aufgrund der Keck-Formel vom Anwendungsbereich des Art. 34 AEUV ausgenommen.

Mithin kann resümiert werden, dass für die Anwendung der Keck-Formel für eine nationale Maßnahme stets in positiver Hinsicht festzustellen sein muss, dass der Regelungsgehalt in einer Beschränkung oder einem Verbot von Modalitäten des Verkaufs besteht.

*cc) Geltung für alle Wirtschaftsteilnehmer im Inland*

Aus der Keck-Formel lässt sich ableiten, dass der Regelungsgehalt der Maßnahme für alle betroffenen in- sowie ausländischen Wirtschaftsteilnehmer, die ihre Tätigkeit im Inland ausüben, gelten muss. Die Generalanwältin Stix-Hackl bezeichnet dies als Grundsatz der Universalität.[410] Regelungen, die formelle Diskriminierungen enthalten, kann damit grundsätzlich nicht die Eignung abgesprochen werden, den Handel innerhalb der Union im Sinne des Art. 34 AEUV zu beeinträchtigen. Diese universelle Geltung muss positiv feststellbar sein.

*b) Auswirkungen der Maßnahmen*

Schließlich muss die die Verkaufsmodalitäten beschränkende oder verbietende Regelung den Absatz der inländischen Erzeugnisse und der Erzeugnisse aus anderen Mitgliedstaaten rechtlich wie tatsächlich in gleicher Weise berühren.[411] Da der Absatz einer Ware einhergeht mit dem Eintritt der Ware in den Markt, wird das Erfordernis der unterschiedslosen Berührung auch „market access test" genannt.[412] Dieser bereits aus der Keck-Rechtsprechung folgende „market access test" hat inzwischen Eingang in die jüngerere Rechtsprechung des EuGH gefunden, der nun ausdrücklich hervorhebt, dass unter den Begriff der Maßnahme gleicher Wirkung wie mengenmäßige Einfuhrbeschränkungen jede Maßnahme fällt, die den Zugang zum Markt eines Mitgliedstaates für Erzeugnisse aus anderen Mitgliedstaaten behindert.[413] Eine nationale Maßnahme mit protektionisti-

---

410 Generanwältin Stix-Hackl, Schlussanträge v. 11.03.2003 in der Rs. C-322/01 (DocMorris) Rn. 59.

411 EuGH Rs. C-267+268/91 (Keck und Mithouard), Urt. v. 24.11.1993, Slg. 1993, I-6097, Rn. 16.

412 Vgl. hierzu Craig/de Búrca, S. 662 ff.; Kaczorowska, European Law Journal 2004, 479, 480.

413 EuGH Rs. C-110/05 (Kommission./.Italien), Urt. v. 10.02.2009, Rn. 37; Rs. C-142/05 (Aklagaren), Urt. v. 04.06.2009, Rn. 24. Vgl. hierzu Spaventa, S. 914, 918 f., und Wenneras/Moen, S. 387, 393, 398.

schem Charakter kann diesen market access test nicht bestehen und fällt unter das Verbot des Art. 34 AEUV.[414] Die Generalanwältin Stix-Hackl benennt das Erfordernis der unterschiedslosen Wirkung auch als Grundsatz der Neutralität.[415] Nicht unterschiedslos geltende, diskriminierende Maßnahmen sind daher vom Anwendungsbereich des Art. 34 AEUV erfasst.[416]

Damit sind nur diejenigen den Vertrieb beschränkende oder verbietende Maßnahmen dem Verbot des Art. 34 AEUV entzogen, die den Marktzugang der betroffenen ausländischen Waren nicht tatsächlich unmöglich machen oder beeinträchtigen.[417] Bei der Beurteilung einer nationalen Maßnahme im Lichte der Keck-Formel sollte die Zielrichtung eben dieser im Auge behalten werden: Die Keck-Formel greift nur in Fällen, in denen es um Modalitäten geht, die nach bereits erfolgtem Markteintritt einzuhalten sind, nicht hingegen bei Beschränkungen des Markteintritts selbst.[418]

### *3. Grad und Spürbarkeit der Handelsbeeinträchtigung*

Es wird diskutiert, ob die Weite der Dassonville-Formel neben der Keck-Formel eine weitere Einschränkung für Handelsbeeinträchtigungen erfahren hat, die als gering zu bewerten sind. Die Terminologie für eine solche weitere Einschränkung variiert. Die Generalanwälte bedienen sich der Termini *De-minimis-*

414 So auch Kaczorowska, European Law Journal 2004, 479, 480.

415 Generanwältin Stix-Hackl, Schlussanträge v. 11.03.2003 in der Rs. C-322/01 (DocMorris) Rn. 59.

416 Mayer, EuR 2003, 793, 801 weist darauf hin, dass der Begriff der Diskriminierung im Rahmen der Warenverkehrsfreiheit verfehlt sei: Der EuGH verwende die Termini diskriminierende und – in Abgrenzung dazu – beschränkende Maßnahmen zwar im Rahmen der Dienstleistungs- und Niederlassungsfreiheit sowie Arbeitnehmerfreizügigkeit, nicht hingegen im Rahmen der Warenverkehrsfreiheit. Richtig ist, dass im Kontext des Art. 34 AEUV die Termini unterschiedslos und nicht unterschiedslos geltende oder nicht unterschiedslos anwendbare Maßnahmen vorherrschen, vgl. EuGH Rs. C-21/88 (Du Pont de Nemours Italiana) Urt. v. 20.03.1990, Slg. 1990, I-889, Rn. 14; EuGH Rs. C-2/90 (Kommission./.Belgien) Urt. v. 09.07.1992, Slg. 1992, I-4431, Rn. 34. Gleichwohl verwendet auch der EuGH im Rahmen der Warenverkehrsfreiheit den Begriff der Diskriminierung, so spricht der beispielsweise in der Rs. *Irish Souvenirs* vom „diskriminierenden Charakter" von Maßnahmen [EuGH Rs. C-113/80 (Irish Souvenirs) Urt. v. 17.06.1981, Slg. 1981, 1625, Rn. 11]. Mithin entspricht es auch dem Sprachgebrauch des EuGH im Kontext des Art. 34 AEUV sowohl von nicht unterschiedslos geltenden bzw. – anwendbaren als auch von diskriminierenden Maßnahmen zu sprechen.

417 Generalanwältin Stix-Hackl, Schlussanträge v. 11.03.2003 in der Rs. C-322/01 (DocMorris), Rn. 74, 77.

418 Generalanwältin Stix-Hackl, Schlussanträge v. 11.03.2003 in der Rs. C-322/01 (DocMorris), Rn. 77.

*Regel*[419] und *Spürbarkeit*[420], während die deutsche Literatur eine Einschränkung im Sinne eines Zurechnungszusammenhangs zwischen Maßnahme und Handelsbeeinträchtigung herstellen will, indem sie die Begriffe *Evidenzprüfung*[421] oder *hypothetische Maßnahme*[422] verwendet. In Anbetracht dessen ist die Rechtsprechung des EuGH daraufhin zu untersuchen, ob dieser neben der Keck-Formel eine weitere Einschränkung der Dassonville-Formel anerkennt, die den vorstehend genannten Termini entspricht.

### *a) Rechtsprechung in den achtziger Jahren*

In den achtziger Jahren lehnte der EuGH die Berücksichtigung lediglich spürbarer Handelsbeeinträchtigungen im Rahmen des Art. 34 AEUV ab. So führte er in der Rs. *Prantl* ohne nähere Begründung aus, dass es für einen Verstoß gegen Art. 30 EGV (nunmehr Art. 34 AEUV) genüge, dass die betreffenden Maßnahmen geeignet seien, den Handel zwischen den Mitgliedstaaten unmittelbar oder mittelbar, tatsächlich oder potentiell zu beeinträchtigen, eine spürbare Beeinträchtigung des innergemeinschaftlichen Handels sei nicht erforderlich.[423] An dieser Auslegung des Art. 34 AEUV, die sich systematisch in Abgrenzung zu Art. 85 EGV (nunmehr Art. 101 AEUV) sowie am Sinn und Zweck des Art. 34 AEUV orientierte, hielt der EuGH in der Folgezeit fest: Zwar bestehe im Rahmen des Art. 85 EGV (nunmehr Art. 101 AEUV) ein Spürbarkeitserfordernis, dieses gelte jedoch nicht im Rahmen des Art. 30 EGV (nunmehr Art. 34 AEUV).[424] Denn Art. 85 EGV (nunmehr Art. 101 AEUV) gehöre zu den Wettbewerbsregelungen, deren Adressaten Unternehmen und Unternehmensvereinigungen seien und die einen wirksamen Wettbewerb innerhalb des gemeinsamen Marktes aufrechterhalten sollten.[425] Demgegenüber gehöre Art. 30 EGV (nunmehr Art. 34 AEUV) zu den Regelungen, die den freien Warenverkehr gewährleisten und die nationalen Maßnahmen der Mitgliedstaaten beseitigen sollen, welche geeignet seien, diesen Verkehr in irgendeiner Weise zu beeinträchtigen. Um dies zu gewährleisten, unterscheide Art. 30 EGV (nunmehr Art. 34 AEUV) Maßnahmen nicht nach dem Grad der Beeinträchtigung des Handels zwischen den Mitgliedstaaten.[426]

419 Generalanwalt Jacobs, Schlussanträge v. 11.07.2002 in der Rs. C-112/00 (Schmidberger), Slg. 2003, I-5659, Rn. 6.

420 Generalanwältin Stix-Hackl, Schlussanträge v. 11.03.2003 in der Rs. C-322/01 (DocMorris), Rn. 81.

421 Mayer, EuR 2003, S. 793, 817.

422 Kingreen in: Calliess/Ruffert, 3. Aufl., EGV Art. 28–30 Rn. 55.

423 EuGH Rs. C-16/83 (Prantl) Urt. v. 13.03.1984, Slg. 1984, 1299, Rn. 20.

424 EuGH Rs. C-177+178/82 (van Justitie./.de Haar) Urt. v. 05.04.1984, Slg. 1984, 1797, Rn. 11–13.

425 EuGH Rs. C-177+178/82 (van Justitie./.de Haar) Urt. v. 05.04.1984, Slg. 1984, 1797, Rn. 11.

426 EuGH Rs. C-177+178/82 (van Justitie./.de Haar) Urt. v. 05.04.1984, Slg. 1984, 1797, Rn. 12,13.

Demzufolge sei eine nationale Maßnahme bereits dann als eine Maßnahme gleicher Wirkung wie eine mengenmäßige Einfuhrbeschränkung zu qualifizieren, wenn sie geeignet sei, die Einfuhren zu beeinträchtigen, selbst dann, wenn die Beeinträchtigung gering sei und noch andere Möglichkeiten für den Vertrieb der eingeführten Erzeugnisse bestünden.[427] Diese Auslegung bestätigte der EuGH in der Folgezeit.[428]

### b) *Rechtsprechung in den neunziger Jahren*

In den neunziger Jahren ergingen Urteile, die zum Teil von der Rechtslehre[429] und von Generalanwalt Jacobs[430] als eine Abkehr von der bisherigen Rechtsprechung interpretiert werden: In der Rs. *Krantz* verneinte der EuGH bei einer niederländischen Regelung, nach der der Steuereinnehmer ein Pfändungsrecht hat, wenn Käufer ihre niederländischen Steuerschulden nicht begleichen, die Eignung zur Handelsbeeinträchtigung, weil die Auswirkungen so ungewiss und von nur mittelbarer Bedeutung für eine Beeinträchtigung des Handels seien.[431] Darauf Bezug nehmend lehnte der EuGH wiederholt das Vorliegen einer Maßnahme gleicher Wirkung mit der Begründung ab, dass die von der Maßnahme ausgehenden Wirkungen zu ungewiss und von zu mittelbarer Bedeutung seien, um den Handel zwischen den Mitgliedstaaten beeinträchtigen zu können.[432]

427 EuGH Rs. C-177+178/82 (van Justitie./.de Haar) Urt. v. 05.04.1984, Slg. 1984, 1797, Rn. 13.

428 EuGH Rs. C-269/83 (KOM./.Frankreich) Urt. v. 14.03.1985, Slg. 1985, 837, Rn. 10; EuGH Rs. C-103/84 (KOM./.Italien) Urt. v. 05.06.1986, Slg. 1986, 1759. Rn. 18.

429 So zunächst anklingend bei Weck, S. 161.

430 So anklingend Generalanwalt Jacobs, Schlussanträge v. 26.10.2000 in der Rs. C-379/98 (PreussenElektra), Slg. 2001, I-2099, Rn. 204.

431 EuGH Rs. C-69/88 (Krantz) Urt. v. 07.03.1990, Slg. 1990, I-583, Rn. 11.

432 EuGH Rs. C-93/92 (CMC Motorradcenter) Urt. v. 13.10.1993, Slg. 1993, I-5009, Rn. 12, zur deutschen Aufklärungspflicht nach dem Rechtsinstitut c.i.c.; EuGH Rs. C-379/92 (Peralta) Urt. v. 14.07.1994, Slg. 1994, I-3453, Rn. 24, zur Frage, ob eine Regelung, die italienischen Schiffen kostspielige Ausrüstungen vorschreibt, nicht zu einer Verteuerung der Einfuhr chemischer Erzeugnisse nach Italien und damit zu einer nach Art. 30 EGV (nunmehr Art. 34 AEUV) verbotenen Beeinträchtigung führe; EuGH Rs. C-96/94 (Centro Servici Spediporto) Urt. v. 05.10.1995, Slg. 1995, I-2883, Rn. 41, zur Frage, ob die Verteuerung von Beförderungstarifen nicht die Einfuhr von Waren beeinträchtige; EuGH Rs. C-134/94 (Esso Espanola) Urt. v. 30.11.1995, Slg. 1995, I-4223, Rn. 24, zu einer Regelung, die Großhändlern vorschreibt, eine bestimmte Anzahl von zum Hoheitsgebiet eines Mitgliedstaates gehörenden Inseln zu versorgen; EuGH Rs. C-266/96 (Corsica Ferries France) Urt. v. 18.06.1998, Slg. 1998, I-3949, Rn. 31, zu Tarifen für das Festmachen von Schiffen; EuGH Rs. C-44/98 (BASF) Urt. v. 21.09.1999 zum Übersetzungserfordernis bei der Beantragung eines Patents; inzident auch in EuGH Rs. C-154/98 (TK Heimdienst Sass) Urt. v. 13.01.2000, Rn. 30.

### c) *Bewertung*

Es stellt sich die Frage, ob darin eine Abkehr von der oben dargelegten Rechtsprechung, in der der EuGH eine Maßnahme gleicher Wirkung auch bei geringen Handelsbeeinträchtigungen annimmt, liegt. Die ältere Rechtsprechung bezieht sich auf Maßnahmen, die offensichtlich Handelsbeeinträchtigungen nach sich ziehen, die aber als gering einzustufen sind. Gegenstand der Beurteilung ist daher die Maßgeblichkeit des Grades einer Handelsbeeinträchtigung im Sinne einer Quantität. Demgegenüber beschäftigt sich die jüngere Rechtsprechung mit der Frage, ob die zu beurteilenden Maßnahmen überhaupt eine Handelsbeeinträchtigung zur Folge haben. Der Grad der Handelsbeeinträchtigung steht bei der jüngeren Rechtsprechung nicht im Fokus des EuGH, vielmehr der Kausalzusammenhang zwischen Maßnahme und Handelsbeeinträchtigung im Sinne einer Wahrscheinlichkeit.[433] Mithin haben die ältere Rechtsprechung mit dem aus quantitativer Sicht zu betrachtenden Grad der Handelsbeeinträchtigung und die jüngere Rechtsprechung mit dem Kausalzusammenhang unterschiedliche Fragestellungen bzw. Betrachtungspunkte zum Gegenstand. Aus diesem Grund kann in der neueren Rechtsprechung keine Abkehr von der älteren gesehen werden. Dafür spricht auch, dass der EuGH in der neueren Rechtsprechung Rechtsausführungen vornimmt, ohne auf die ältere Rechtsprechung einzugehen und eine Abkehr von dieser Rechtsprechung anzudeuten. Nach der dargestellten Rechtsprechung des EuGH können die handelsbeschränkenden Wirkungen, die eine Maßnahme hat, so ungewiss und indirekt sein, dass sie als nicht geeignet angesehen werden können, den Handel zwischen den Mitgliedstaaten zu beeinträchtigen.[434] Aus dieser Formulierung kann geschlossen werden, dass die Eignung der Maßnahme zur Beeinträchtigung des Handels innerhalb der Union hinreichend substantiierbar sein muss, nicht jedoch, dass der EuGH die Spürbarkeit der Handelsbeeinträchtigung prüft.[435]

Auf dieser Grundlage kann festgehalten werden, dass Art. 34 AEUV im Einklang mit dem EuGH so auszulegen ist, dass eine Maßnahme gleicher Wirkung wie eine mengenmäßige Einfuhrbeschränkung auch dann vorliegt, wenn der Handel in nur geringem Grad und Ausmaß beeinträchtigt wird. Zu verneinen ist eine Eignung einer Maßnahme zur Handelsbeeinträchtigung und damit das Vorliegen einer Maßnahme gleicher Wirkung hingegen dann, wenn die handels-

433 Weck, S. 161, interpretiert die Formel des EuGH nicht in materieller Hinsicht als auf den Kausalzusammenhang zwischen Maßnahme und Handelsbeeinträchtigung bezogen, sondern mit prozessualer Sichtweise sieht er in der Formel des EuGH das Erfordernis einer Substantiierbarkeit.

434 Siehe Fn. 432.

435 So auch Weck, S. 161.

beschränkenden Wirkungen der in Frage stehenden Maßnahme als ungewiss und indirekt angesehen werden müssen.

### *4. Zusammenfassung*

Entsprechend dieser durch den EuGH in den Rs. *Dassonville* und *Keck* vorgenommenen Auslegung des Begriffs der Maßnahme gleicher Wirkung lässt sich festhalten, dass darunter jede Maßnahme eines Mitgliedstaates fällt, die geeignet ist, den Handel innerhalb der Union unmittelbar oder mittelbar, tatsächlich oder potentiell zu beeinträchtigen.

Dies schließt zunächst Maßnahmen aus, die mit Geltung für alle Wirtschaftsteilnehmer, die ihre Tätigkeit im Inland ausüben, Verkaufsmodalitäten beschränken oder verbieten, sofern sie den Absatz der inländischen Erzeugnisse und der Erzeugnisse aus anderen Mitgliedstaaten rechtlich wie tatsächlich in der gleichen Weise berühren und somit den Marktzugang für Erzeugnisse aus anderen Mitgliedstaaten nicht versperren oder stärker beeinträchtigen als für vergleichbare inländische Erzeugnisse.

Des Weiteren erfüllen diejenigen Maßnahmen nicht die in der Dassonville-Formel aufgestellten Voraussetzungen für das Vorliegen einer Maßnahme gleicher Wirkung wie eine mengenmäßige Einfuhrbeschränkung, wenn deren handelsbeschränkende Wirkungen als zu ungewiss und indirekt angesehen werden müssen. Keinen Einfluss auf die Frage, ob eine mitgliedstaatliche Regelung als eine Maßnahme gleicher Wirkung wie eine mengenmäßige Einfuhrbeschränkung zu qualifizieren ist, hat die quantitative Auswirkung der Maßnahme auf den Handel.

Anhand dieser vom EuGH aufgestellten Formeln wird auch für mitgliedstaatliche umweltpolitische Instrumente beurteilt, ob sie als Maßnahmen gleicher Wirkung wie mengenmäßige Einfuhrbeschränkungen dem grundsätzlichen Verbot des Art. 34 AEUV unterliegen.

## B. Beeinträchtigung des zwischenstaatlichen Handels durch Abnahme- und Vergütungsinstrumente zur Steuerung umweltfreundlicher Elektrizitätserzeugung

Art. 34 AEUV verbietet mengenmäßige Einfuhrbeschränkungen sowie Maßnahmen gleicher Wirkung zwischen den Mitgliedstaaten. Da Strom eine Ware im Sinne des Art. 28 Abs. 2 AEUV ist, darf der Handel mit Strom zwischen den Mitgliedstaaten nicht mengenmäßig beschränkt oder durch eine Maßnahme gleicher Wirkung beeinträchtigt werden. Eine Handelsbeeinträchtigung bzw. eine Beeinträchtigung der Stromeinfuhr liegt vor, wenn der Kauf von Strom beeinträchtigt wird, was seinen Niederschlag in den Händlerfahrplänen finden würde.

Zu untersuchen ist im Folgenden, ob umweltpolitische Instrumente zur Förderung umweltfreundlicher Elektrizitätserzeugung wie die deutschen Abnahme- und Vergütungsinstrumente mengenmäßige Einfuhrbeschränkungen oder Maßnahmen gleicher Wirkung in diesem Sinne darstellen und demzufolge – vorbehaltlich etwaiger Rechtfertigungsmöglichkeiten[436] – dem grundsätzlichen Verbot des Art. 34 AEUV unterliegen.

## I. Umweltpolitische Abnahme- und Vergütungsinstrumente als mengenmäßige Einfuhrbeschränkungen

Zunächst stellt sich die Frage, ob die Begrenzung des Anwendungsbereiches der Abnahme- und Vergütungsinstrumente auf Strom, der in Anlagen auf deutschem Hoheitsgebiet und in der deutschen ausschließlichen Wirtschaftszone (im Falle des EEG) erzeugt wurde, gemäß § 2 Nr. 1 EEG und § 2 Satz 1 KWKModG dazu führt, dass die Förderinstrumente als mengenmäßige Ein- oder Durchfuhrbeschränkungen anzusehen sind. Weder das EEG noch das KWKModG enthalten jedoch positive Regelungen für Strom aus erneuerbaren Energien und KWK, der in anderen Mitgliedstaaten erzeugt wurde. Aufgrund dessen wohnen den Abnahme- und Vergütungsinstrumenten keine mengenmäßigen Beschränkungen der Einfuhr- oder Durchfuhr von Strom aus anderen Mitgliedstaaten inne.[437] Mithin kann unter Zugrundelegung der vorstehend dargestellten Rechtsprechung[438] festgestellt werden, dass der deutsche Gesetzgeber keine mengenmäßige Ein- oder Durchfuhrbeschränkung implementiert hat.

Wie dargestellt erstreckt der EuGH das Verbot mengenmäßiger Einfuhrbeschränkungen zudem auf sämtliche Maßnahmen, die sich als gänzliche oder teilweise Untersagung der Einfuhr, Ausfuhr oder Durchfuhr darstellen.[439] Mit den Abnahme- und Vergütungsinstrumenten sowie den flankierenden Regelungen in EEG und KWKModG hat der deutsche Gesetzgeber die Einfuhr von Strom aus anderen Mitgliedstaaten auch nicht teilweise untersagt, so dass auch diese erweiterte Auslegung des Begriffs der mengenmäßigen Einfuhrbeschränkung durch

436 Vgl. hierzu Teil 4: A.

437 Mit dieser Begründung auch Weck, S. 152.

438 Vgl. Teil 3: A. II.

439 EuGH Rs. C-2/73 (Geddo) Urt. v. 12.07.1973, Slg. 1973, 865, Rn. 7.

den EuGH nicht zu einer Qualifizierung dieser Förderinstrumente als mengenmäßige Einfuhrbeschränkungen führt.[440]

## II. Umweltpolitische Abnahme- und Vergütungsinstrumente als Maßnahmen gleicher Wirkung

Nunmehr stellt sich die Frage, ob die Abnahmeinstrumente (1.) und Vergütungsinstrumente (2.) Maßnahmen gleicher Wirkung wie mengenmäßige Einfuhrbeschränkungen sind. Diese Frage ist auf Basis der vorstehend dargestellten Rechtsprechung des EuGH, die sich in der Dassonville- und der Keck-Formel manifestiert hat, einer Antwort zuzuführen.

### *1. Abnahmeinstrumente als Maßnahmen gleicher Wirkung*

#### *a) Abnahmeinstrumente als Maßnahmen*

Die in § 8 Abs. 1 EEG sowie § 4 Abs. 1 KWKModG geregelten Abnahmeinstrumente fallen als gesetzliche Regelungen zweifelsfrei unter den Begriff der Maßnahme gemäß Art. 34 AEUV. Wie bereits ausgeführt, ist der vom EuGH in der Dassonville-Formel verwendete Begriff der Handelsregelung gerade nicht wörtlich zu verstehen.[441] Daher ist unerheblich, dass der Gesetzgeber mit den Abnahmepflichten eine Regelung des zwischenstaatlichen Handels mit Strom nicht intendierte, sondern lediglich einen Mechanismus zur Förderung der Erzeugung von Strom aus erneuerbaren Energien und unter Verwendung der KWK installieren wollte.[442] Dies entspricht der PreussenElektra-Rechtsprechung, in der der EuGH die Regelung in § 2 StrEG, der in vergleichbarer Weise zu den Regelungen im EEG und im KWKModG das Abnahmeinstrument enthielt, vom Begriff der Maßnahme im Sinne des Art. 30 EG (nunmehr Art. 34 AEUV) als erfasst ansah.[443]

---

440 So auch die Beurteilung zum insoweit vergleichbaren StrEG von Generalanwalt Jacobs, Schlussanträge vom 26.10.2000 in der Rs. C-379/98 (PreussenElektra), Slg. 2001, I-2099, Rn. 198; zum KWKModG Büdenbender in: Büdenbender/Rosin, Einf. Rn. 57.

441 Vgl. Teil 3: A. III. 1. b).

442 So auch Weck, S. 153 zum insoweit vergleichbaren EEG 2000.

443 EuGH Rs. C-379/98 (PreussenElektra) Urt. v. 13.03.2001, Slg. 2001, I-2099, Rn. 69. Der EuGH vertiefte dort lediglich die Frage, ob die Regelungen im StrEG als Maßnahmen den Handel im Sinne der Dassonville-Formel beeinträchtigten.

### *b) Eignung zur Beeinträchtigung des Handels mit Strom innerhalb der Union*

Nach der Dassonville-Formel stellt sich die Frage, inwieweit die als Maßnahmen einzuordnenden Abnahmeinstrumente geeignet sind, den Handel innerhalb der Union unmittelbar oder mittelbar, tatsächlich oder potentiell zu beeinträchtigen. Dabei werden zunächst die innerstaatlichen Auswirkungen auf die Nachfrage untersucht [aa)], sodann wird geklärt, ob und inwiefern diese Beeinflussung der Nachfrage die Einfuhr von Strom beeinträchtigt [bb)], um sich auf dieser Grundlage der Frage zu widmen, ob die Abnahmeinstrumente nach der weiten Dassonville-Formel geeignet sind, den Handel zu beeinflussen [cc)] und ob ihnen diese Eignung aufgrund der Keck-Formel [dd)] oder anderer vom EuGH anerkannter Ausnahmetatbestände abgesprochen werden kann [ee)].

#### *aa) Auswirkungen auf die Nachfrage*

Die Abnahmeinstrumente verpflichten Netzbetreiber, aus erneuerbaren Energien oder in KWK erzeugten Strom abzunehmen. Dies beeinflusst die Nachfrage nach Strom auf dem deutschen Strommarkt. Die Auswirkungen des EEG-Abnahmeinstruments [(1)] und des KWK-Abnahmeinstruments [(2)] stellen sich folgendermaßen dar:

##### *(1) Auswirkung des Abnahmeinstruments für Strom aus erneuerbaren Energien*

Die Pflicht zur Abnahme von Strom aus erneuerbaren Energien führt dazu, dass Netzbetreiber die Verfügungsgewalt über den abzunehmenden Strom erlangen und vor der Frage der weiteren Verwendung dieses Stromes stehen. Gemäß § 34 EEG sind sie verpflichtet, den nach § 16 EEG vergüteten Strom unverzüglich an den vorgelagerten Übertragungsnetzbetreiber weiterzugeben. Der abnehmende Übertragungsnetzbetreiber kann infolge der Ausgleichspflicht gemäß § 36 Abs. 1 EEG die abgenommenen Strommengen an die anderen Übertragungsnetzbetreiber weiterleiten. Infolgedessen sind die aufgrund von §§ 8 Abs. 1 und 34 Abs. 1 EEG abgenommenen Strommengen in allen Übertragungsnetzen gleichmäßig verteilt. Diejenigen Strommengen, die jeder Übertragungsnetzbetreiber schließlich abgenommen hat, kann er schließlich gemäß § 37 Abs. 1 EEG an Elektrizitätsunternehmen abgeben, die Strom an Letztverbraucher liefern. Demzufolge befinden sich schließlich die Strommengen, die der Abnahmepflicht unterliegen, in der Verfügungsgewalt der Stromlieferanten. Diese Stromlieferanten decken mit diesem Strom einen Teil ihrer Lieferverpflichtungen gegenüber den Letztverbrauchern. Dementsprechend werden sie die Strommengen nicht mehr auf dem freien Markt nach Marktgrundsätzen beschaffen, worauf ein Rückgang der Nachfrage zurückzuführen sein wird.

*(2) Auswirkung des Abnahmeinstruments für KWK-Strom*

Ebenso wie die in § 8 Abs. 1 EEG geregelte Abnahmepflicht für Strom aus erneuerbaren Energien führt die Pflicht zur Abnahme von KWK-Strom dazu, dass der Betreiber des der Anlage nächstgelegenen Netzes die Verfügungsbefugnis über KWK-Strom erlangt. Im Gegensatz zum EEG sieht das KWKModG jedoch keine durch entsprechende Abnahmepflichten gesicherte Weiterverkaufskette über den vorgelagerten Übertragungsnetzbetreiber bis hin zu den Stromlieferanten vor. Der Gesetzgeber hat lediglich in § 4 Abs. 2 KWKModG klargestellt, dass die Netzbetreiber den aufgenommenen KWK-Strom verkaufen – wobei der Gesetzgeber niemanden zum Ankauf verpflichtet hat – oder zur Deckung ihres eigenen Strombedarfs verwenden können.

Wie bereits ausgeführt, besteht dieser eigene Strombedarf der Betreiber von Energieversorgungsnetzen zum einen in der Energie, die sie zur Deckung von Verlusten und für den Ausgleich von Differenzen zwischen Ein- und Ausspeisung benötigen. Zum anderen benötigen Übertragungsnetzbetreiber, die gemäß § 4 Abs. 1 i.V.m. § 3 Abs. 9 KWKModG ebenfalls verpflichtet sind, Strom aus KWK-Anlagen auf deutschem Hoheitsgebiet abzunehmen, Regelenergie. Die Deckung dieses Bedarfs kann mit den von dem Abnahmeinstrument erfassten Strommengen erfolgen. Demzufolge kann das Abnahmeinstrument bei allen Netzbetreibern zu einer Verringerung des Bedarfs an Verlustdeckungsenergie führen und zudem bei den Übertragungsnetzbetreibern zu einer Verringerung des Bedarfs an Regelenergie. Auf diese Weise kann die Nachfrage an Verlustdeckungs-, Ausgleichs- und Regelenergie auf dem deutschen Markt zurückgehen.

*bb) Beeinträchtigung der Einfuhr von Strom*

Der Nachfragerückgang in Höhe der von den Abnahmeinstrumenten erfassten Strommengen vermindert in gleicher Höhe das Absatzpotenzial für Strom aus anderen Mitgliedstaaten. Dieses Absatzpotenzial vermindert sich zum einen bei den Netzbetreibern, die weniger Verlustdeckungs-, Ausgleichs- und Regelenergie nachfragen, weil sie diese bereits mit abzunehmendem Strom aus erneuerbaren Energien und KWK decken können.[444] Zum anderen vermindern sich die

444 Weck zum EEG 2000, S. 156. Allerdings legt Weck ausschließlich die eigene Verwendungsmöglichkeit des Netzbetreibers zugrunde, ohne die zweite Variante, die im Weiterverkauf der Strommengen besteht und letztlich ebenso wie § 14 Abs. 3 EEG 2004 und § 37 Abs. 1 EEG gemäß § 11 Abs. 4 EEG 2000 in einer Abnahmeverpflichtung der an Letztverbraucher

Absatzmöglichkeiten gegenüber Lieferanten, weil auch diese einen Teil ihres Beschaffungsbedarfs bereits durch die gemäß § 37 Abs. 1 EEG abzunehmenden Strommengen decken. Demzufolge können die Abnahmeinstrumente die abnahmeverpflichteten Akteure davon abhalten, ihren Strombedarf durch Lieferungen ausländischer Produzenten zu decken.[445] Darin liegt eine teilweise Abschottung des deutschen Strommarktes.[446] Dieser Marktanteil steht Anbietern aus anderen Mitgliedstaaten für den Absatz ihres Stromes nicht mehr zur Verfügung. Insoweit wohnt den Absatzinstrumenten das Potenzial inne, die Einfuhr von Strom aus anderen Mitgliedstaaten zu beeinträchtigen.

*cc) Handelsbeeinträchtigung im Sinne der Dassonville-Formel*

Nachfolgend stellt sich die Frage, ob eine solche Einfuhrbeschränkung eine Handelsbeeinträchtigung im Sinne der Dassonville-Formel darstellt. Nationale Okkupationen von Absatzpotenzialen, wie sie durch die Abnahmeinstrumente erfolgen, waren in der Vergangenheit bereits unter dem Gesichtspunkt, ob die Handelsbeeinträchtigungen im Sinne der Dassonville-Formel darstellen, Gegenstand der Rechtsprechung des EuGH: In der Rs. *Campus Oil* lag dem EuGH eine irische Verordnung vor, die alle Wirtschaftsteilnehmer, die näher bestimmte Erdölerzeugnisse einführten, verpflichtete, einen bestimmten Prozentsatz ihres Bedarfs an Erdölerzeugnissen bei der Irish National Petroleum Corporation zu einem festgesetzten Preis zu decken.[447] Der EuGH entschied, dass eine solche allen Importeuren auferlegte Verpflichtung, einen gewissen Prozentsatz ihres Bedarfs an einem bestimmten Erzeugnis bei einem inländischen Lieferanten zu decken, insoweit die Möglichkeiten der Einfuhr dieses Erzeugnisses beschränkt.[448] Sie entfalte eine Schutzwirkung zugunsten einer einheimischen Erzeugung und benachteilige im gleichen Maße die Erzeuger in anderen Mitgliedstaaten.[449] Auf dieser Basis stellte er eine Handelsbeeinträchtigung im Sinne seiner Dassonville-Rechtsprechung fest.

In der Rs. *Du Pont de Nemours Italiana* befasste sich der EuGH mit einer nationalen Regelung, die in bestimmten Teilen des Staatsgebietes ansässigen

---

liefernden Energieversorgungsunternehmen mündet, zu erläutern. Im Hinblick zum KWK-Abnahmeinstrument kommt zu diesem Ergebnis auch Elspas, S. 157.

445 Vgl. Teil 3: A. III. 1.; auch Altrock/Oschmann/Theobald, Einf. Rn. 78; Büdenbender in Büdenbender/Rosin, Einf. Rn. 57; Ehricke, RdE 2003, 57, 62; ders. in: Kraft-Wärme-Kopplung als Beitrag zu Klimaschutz und Energieeinsparung, S. 34, 44. Ebenso Iro, RdE 1998, 11, 18, und Gebauer/Wollenteit/Hack, ZNER 2001, 12, 13, zum StrEG.

446 Karpenstein/Schneller, RdE 2005, 6, 7; vgl. auch Klinski, ZNER 2005, 207.

447 EuGH Rs. C-72/83 (Campus Oil) Urt. v. 10.07.1984, Slg. 1984, 2727, Rn. 3.

448 EuGH Rs. C-72/83 (Campus Oil) Urt. v. 10.07.1984, Slg. 1984, 2727, Rn. 16.

449 EuGH Rs. C-72/83 (Campus Oil) Urt. v. 10.07.1984, Slg. 1984, 2727, Rn. 16.

Betrieben einen prozentualen Anteil an öffentlichen Lieferaufträgen vorbehielt.[450] Nach dem EuGH verhindere ein solches System, dass ein Teil des Bedarfs bei in anderen Mitgliedstaaten ansässigen Betrieben gedeckt werde, und beeinträchtige daher den Handel.[451]

Dieser Rechtsprechung folgte er konsequenterweise und ausdrücklich in der Rs. *PreussenElektra* und urteilte, dass das in § 2 StrEG enthaltene Abnahmeinstrument nur für Strom aus erneuerbaren Energiequellen gelte, der im Geltungsbereich des StrEG und im Versorgungsgebiet des verpflichteten Unternehmens erzeugt wurde und damit den damaligen innergemeinschaftlichen Handel zumindest potentiell beeinträchtige.[452]

Vergleichbar zu den Rs. *Campus Oil* und *Du Pont de Nemours Italiana* führen die Abnahmeinstrumente dazu, dass ein Teil der vorhandenen Nachfrage auf dem deutschen Strommarkt bereits gedeckt und insoweit die Möglichkeit der Einfuhr von Strom aus anderen Mitgliedstaaten beschränkt wird. Daher lässt sich bereits unter Bezugnahme auf diese Rechtsprechung des EuGH eine Handelsbeeinträchtigung bejahen. Dieses Ergebnis wird durch die Rechtsprechung in der Rs. *PreussenElektra* aufgrund der strukturellen Vergleichbarkeit des Abnahmeinstruments gemäß § 2 StrEG und der dieser Untersuchung zugrunde liegenden Abnahmeinstrumente gemäß § 8 Abs. 1 EEG sowie § 4 Abs. 1 KWKModG gestützt. Demzufolge lässt sich das Resümee ziehen, dass die Abnahmeinstrumente den Handel mit Strom innerhalb der Union beeinträchtigen.[453]

*(1) Handelsbeeinträchtigung aufgrund einer Diskriminierung*

Wie bereits ausgeführt, erfassen sowohl EEG gemäß § 2 Nr. 1 EEG als auch KWKModG gemäß § 2 Satz 1 KWKModG nur rein deutsche Sachverhalte.[454] Elektrizität, die zwar die sachlichen Voraussetzungen für eine Anwendung der Abnahmeinstrumente erfüllt, nicht jedoch in deutschen Anlagen erzeugt wurde, unterfällt daher nicht der Abnahmeverpflichtung der Netzbetreiber. Der Marktanteil, der der Abnahmepflicht vorbehalten ist, ist daher diesem Strom allein aufgrund seiner Herkunft versperrt. Demzufolge wird insofern auf formell

450 EuGH Rs. C-21/88 (Du Pont de Nemours Italiana) Urt. v. 20.03.1990, Slg. 1990, I-889, Rn. 1.

451 EuGH Rs. C-21/88 (Du Pont de Nemours Italiana) Urt. v. 20.03.1990, Slg. 1990, I-889, Rn. 11.

452 EuGH Rs. C-379/98 (PreussenElektra) Urt. v. 13.03.2001, Slg. 2001, I-2099, Rn. 70.

453 So im Ergebnis zu § 4 KWKModG auch Scholz/Krohs, RdE 2003, 1, 2, mit Verweis auf EuGH Rs. C-72/83 (Campus Oil) Urt. v. 10.07.1984, Slg. 1984, 2727, Rn. 16; EuGH Rs. C-21/88 (Du Pont de Nemours Italiana) Urt. v. 20.03.1990, Slg. 1990, I-889, Rn. 11, und EuGH Rs. C-379/98 (PreussenElektra) Urt. v. 13.03.2001, Slg. 2001, I-2099, Rn. 70.

454 Vgl. Teil 1: B. II. 1.

diskriminierende Weise die Einfuhr und somit der Handel von Elektrizität aus erneuerbaren Energien und KWK beeinträchtigt.

Eine diskriminierende Wirkung kommt den Abnahmeinstrumenten gleichfalls gegenüber konventionell erzeugter Elektrizität zu. Daran ändert auch der Umstand nichts, dass der von den Abnahmeinstrumenten okkupierte Marktanteil derjenigen Elektrizität, die konventionell in deutschen Anlagen erzeugt wurde, und derjenigen Elektrizität, die konventionell in Anlagen auf dem Gebiet anderer Mitgliedstaaten erzeugt wurde, gleichermaßen versperrt ist. Diese Gleichbehandlung von konventionell erzeugter Elektrizität durch die Abnahmeinstrumente steht einer Diskriminierung nicht entgegen. Nach der Rechtsprechung des EuGH in der Rs. *Du Pont de Nemours Italiana* liegt eine einfuhrbeeinträchtigende Diskriminierung nicht erst dann vor, wenn alle Erzeugnisse des fraglichen Mitgliedstaates gegenüber ausländischen Erzeugnissen bevorzugt werden, sondern bereits dann, wenn alle Erzeugnisse, denen das Vorzugssystem zugute kommt, inländische Erzeugnisse sind.[455] Das den Abnahmeinstrumenten innewohnende Vorzugssystem kommt – unter weiteren Voraussetzungen, die sich auf den Erzeugungsprozess beziehen – nur inländischer Elektrizität zugute. Dies folgt aus dem territorialen Ausschließlichkeitsprinzip in § 2 Nr. 1 i.V.m. Nr. 2 EEG und § 2 Satz 1 KWKModG. Demzufolge kann im Einklang mit der Du Pont de Nemours Italiana-Rechtsprechung eine einfuhrbeeinträchtigende Diskriminierung auch im Hinblick auf konventionell erzeugten Strom bejaht werden. Diese diskriminierende Wirkung gegenüber Strom aus erneuerbaren Energien und KWK sowie gegenüber konventionell erzeugtem Strom aus Anlagen auf dem Hoheitsgebiet anderer Mitgliedstaaten ist nicht Voraussetzung für das Vorliegen einer Maßnahme gleicher Wirkung; vielmehr erfüllen den Verbotstatbestand des Art. 34 AEUV auch beschränkende Maßnahmen.[456]

*(2) Potentielle Handelsbeeinträchtigung*

Eine tatsächliche Handelsbeeinträchtigung liegt nur dann vor, wenn sich nachweisen lässt, dass die Einfuhr von bestimmten Strommengen aus anderen Mitgliedstaaten aufgrund der mit den Abnahmeinstrumenten einhergehenden Bedarfsdeckung nicht möglich war. Solange ein solcher Nachweis nicht erbracht wird, ist zunächst nur von einer potentiellen Handelsbeeinträchtigung auszugehen. Da der EuGH eine potentielle Handelsbeeinträchtigung nach der Dassonville-Formel genügen lässt, ist die Frage, ob der Netzbetreiber seinen Bedarf tatsächlich mit Elektrizität aus erneuerbaren Energien, KWK oder konventionellen Energieträ-

455 EuGH Rs. C-21/88 (Du Pont de Nemours Italiana) Urt. v. 20.03.1990, Slg. 1990, I-889, Rn. 13.
456 Vgl. Teil 3: A. III. 1. c).

gern oder Verfahrensweisen aus Anlagen auf dem Hoheitsgebiet anderer Mitgliedstaaten gedeckt hätte, dieser Strom folglich eine realistische Aussicht auf den okkupierten Marktanteil hätte, ohne Belang.[457]

*(3) Mittelbare Handelsbeeinträchtigung*

Das Erfordernis einer unmittelbaren oder mittelbaren Beeinträchtigung bezieht sich nicht auf den Grenzübertritt, sondern auf die Stellung der Maßnahme in der Kausalkette.[458] Die Abnahmeinstrumente führen unmittelbar zu einer Bedarfsdeckung, die unmittelbar einen Nachfragerückgang nach sich ziehen kann, der sich wiederum unmittelbar auf die Einfuhrmöglichkeiten auswirkt. Wegen des Dazwischentretens von Bedarfsdeckung und Nachfragerückgang haben die Abnahmepflichten nicht unmittelbar, sondern mittelbar eine Handelsbeeinträchtigung zur Folge.

*(4) Ergebnis*

Unter Zugrundelegung der weiten Dassonville-Formel kommt den diskriminierend wirkenden Abnahmeinstrumenten die Eignung zu, den Handel mit Elektrizität innerhalb der Union potentiell und mittelbar zu beeinträchtigen.

*c) Eignung der Abnahmeinstrumente zur Handelsbeeinträchtigung vor dem Hintergrund der Keck-Rechtsprechung*

Aufgrund der durch den EuGH in seinem Keck-Urteil vorgenommenen Einschränkung der Dassonville-Formel schließt sich nunmehr die Frage an, ob die Abnahmeinstrumente für alle betroffenen Wirtschaftsteilnehmer, die ihre Tätigkeit im Inland ausüben, Verkaufsmodalitäten beschränken oder verbieten sowie den Absatz der inländischen Erzeugnisse und der Erzeugnisse aus anderen Mitgliedstaaten rechtlich wie tatsächlich in der gleichen Weise berühren und somit den Marktzugang für Erzeugnisse aus anderen Mitgliedstaaten nicht versperren oder stärker beeinträchtigen als für vergleichbare inländische Erzeugnisse. Diese Voraussetzungen müssen kumulativ vorliegen.

Für die Anwendung der Keck-Formel muss in positiver Hinsicht feststellbar sein, dass die Abnahmeinstrumente Modalitäten des Verkaufs beschränken oder verbieten. Diese Frage wird in der deutschen Rechtslehre unterschiedlich beurteilt. Teilweise werden die Abnahmepflichten als Verkaufsmodalitäten ange-

457 Vgl. Teil 1: A. II. 2.
458 Leible/Streinz in: Grabitz/Hilf/Nettesheim, AEUV Art. 34 Rn. 66.

sehen.[459] *Weck* führt im Hinblick auf die vergleichbare Abnahmepflicht in § 4 EEG 2000 an, dass Regelungsgegenstand dieser Abnahmepflicht das „Wer" des Verkaufs sei, soweit der Anwendungsbereich des Gesetzes durch die Aufstellung von Mindestanforderungen an die begünstigten Anlagen in § 2 EEG 2000 festgelegt werde.[460] Unter Bezugnahme auf den bereits dargestellten Inhalt von Verkaufsmodalitäten, die in der Regel die Art und Weise der Vermarktung im Sinne eines Wann, Wo, Wie und Wer des Warenabsatzes betreffen, kommt er zu einer Einordnung der Abnahmepflichten als Verkaufsmodalitäten, wobei er wegen des Bezugs auf den Netzbetreiber von Ankaufsmodalitäten sprechen will.[461]

Verkannt wird dabei, dass sich die Verkaufsmodalitäten im Sinne der Keck-Formel auf den Verkauf im Sinne von Absatz oder Vertrieb beziehen. Sie sind zudem im Sinne bindender gesetzlicher Vorgaben zu verstehen. Die Abnahmeinstrumente verschaffen dem Verkäufer von Strom einen Käufer – den Netzbetreiber. Insofern schaffen sie eine neue Verkaufsmöglichkeit. Diese neue Verkaufsmöglichkeit für den Erzeuger von Strom ist jedoch nicht zwingend, er behält vielmehr die volle Dispositionsbefugnis für die Art und Weise, wie er den Vertrieb seines Stromes organisiert und ausführt. Daher handelt es sich bei den Abnahmeinstrumenten nicht um eine Modalität im Sinne eines Wann (als Verkaufszeitpunkt), Wo (als Verkaufsort), Wie (als Werbung oder Preise) oder Wer (als Verkäufer) des Absatzes von Strom.[462] Insbesondere kann nicht argumentiert werden, dass Regelungsgegenstand der Abnahmeinstrumente das Wer des Verkaufs sei. Dieses Wer bezieht sich auf den Verkäufer, nicht hingegen auf den Käufer. Dies folgt aus der Wortwahl des EuGH, der von Verkauf, sell oder vente spricht und damit den Blickwinkel vorgibt.[463] Dementsprechend spricht *Oliver* im Hinblick auf dieses Wer auch von Verkäufern bzw. seller.[464] Zudem enthalten die Abnahmeinstrumente keine bindenden gesetzlichen Vorgaben an den Verkäufer dergestalt, dass sie für ihn zwingend Modalitäten seiner Vertriebsstrategie vorschreiben. Somit haben die Abnahmeinstrumente keine Verkaufsmodalität im Sinne der Keck-Formel zum Regelungsgegenstand.

Eine weitere Anforderung, die der EuGH in der Keck-Formel an den Regelungsgegenstand einer Maßnahme stellt, ist die Beschränkung oder das Verbot einer Verkaufsmodalität. Eine solche Beschränkung oder ein solches Verbot von

459 Nagel, ZNER 2000, 3, 5 (zum EEG 2000); Ruge, EuZW 2001, 242, 247, 248; Weck, S. 158.

460 Weck, S. 158. Ohne Begründung nimmt auch Ruge, EuZW 2001, 242, 247, 248, eine Verkaufsmodalität an.

461 Weck, S. 158.

462 Entsprechend der Definition von Herrmann, GRUR Int. 1999, 579, 582; Weck, S. 157.

463 EuGH Rs. C-267+268/91 (Keck und Mithouard), Urt. v. 24.11.1993, Slg. 1993, I-6097, Rn. 17.

464 Oliver, CMLRev. 36 (1999), S. 783, 794.

Vermarktungsarten oder Verkaufs- bzw. Vertriebsstrategien ist ebenso wenig Regelungsgegenstand der Abnahmeinstrumente.

Mithin stellen die Abnahmeinstrumente keine Bestimmungen dar, die Verkaufsmodalitäten beschränken oder verbieten, so dass ihnen nicht die Eignung abzusprechen ist, den Handel innerhalb der Union im Sinne der Dassonville-Formel zu beeinträchtigen.

#### *d) Ausmaß und Spürbarkeit der Handelsbeeinträchtigung*

Schließlich stellt sich die Frage, ob die Abnahmeinstrumente weiteren Ausnahmetatbeständen unterliegen, nach denen nationale Maßnahmen aus dem Anwendungsbereich des Art. 34 AEUV ausgenommen werden können. Angesichts der Rechtsprechung des EuGH zur Unabwendbarkeit einer de-minimis-Regel bei der Einordnung einer Regelung als Maßnahme gleicher Wirkung wie eine mengenmäßige Einfuhrbeschränkung ist das Ausmaß der quantitativen Auswirkungen der Abnahmepflichten auf den Handel innerhalb der Union ohne Belang.[465]

Ein Ausnahmetatbestand besteht jedoch für den Fall, dass die Auswirkungen der Abnahmeinstrumente auf den Handel mit Strom als so ungewiss und indirekt einzustufen sind, dass sie für eine Beeinträchtigung des Handels als ungeeignet angesehen werden müssen. Die Abnahmepflicht gemäß § 4 Abs. 1 KWKModG führt unmittelbar zu einer Verfügungsbefugnis der Netzbetreiber über Strommengen, die sie nach Belieben zu einer Deckung ihres Bedarfs an Verlustdeckungs-, Ausgleichs- und Regelenergie nutzen können, sowie im Falle des EEG zu einer Verfügungsgewalt der Stromlieferunternehmen über Strom aus erneuerbaren Energien, die diese zur Deckung ihres Bedarfs an auszuliefernden Strommengen einsetzen können.[466] Damit haben Netzbetreiber und Stromlieferunternehmen als Akteure auf dem deutschen Strommarkt die Möglichkeit, ihren Bedarf an Strom zu decken, ohne die benötigten Strommengen ganz oder teilweise auf dem Markt nachzufragen. Angesichts dessen ist keinesfalls fernliegend, dass das Stromhandelsvolumen aufgrund der Abnahmeinstrumente niedriger ist, als es ohne die mit den Abnahmeinstrumenten einhergehende Deckung des Bedarfs bei Netzbetreibern und Stromlieferunternehmen wäre. Damit können die Auswirkungen, die die Abnahmeinstrumente auf den Handel mit Strom haben, nicht als so ungewiss und indirekt eingestuft werden, dass sie für eine Handelsbeeinträchtigung als ungeeignet angesehen werden müssten. Dies findet sich im Ergebnis auch in dem Urteil *PreussenElektra* wieder: Im Rahmen des StrEG ist der EuGH auf das Kriterium der Spürbarkeit nicht eingegangen, sondern hat seine Prüfung auf der

465 Vgl. Teil 3: A. III. 3. c).

466 Vgl. Teil 3: B. II. 1. b) aa) (1).

Rechtfertigungsebene fortgesetzt.[467] Damit wird deutlich, dass er die Wirkungen des StrEG nicht als ungewiss und indirekt einstuft. Andernfalls hätte er ihnen die Eignung zur Handelsbeeinträchtigung abgesprochen und seine Prüfung an dieser Stelle beendet.[468]

*e) Ergebnis*

Aufgrund der vorstehenden Ausführungen lässt sich festhalten, dass die in § 8 Abs. 1 EEG sowie § 4 Abs. 1 KWKModG verankerten Abnahmepflichten geeignet sind, den Handel mit Strom innerhalb der Union potentiell und mittelbar zu beeinträchtigen, unabhängig davon, ob er auf konventionelle Weise, aus erneuerbaren Energien oder aus KWK erzeugt wird. Es handelt sich demzufolge um Maßnahmen gleicher Wirkung wie mengenmäßige Einfuhrbeschränkungen, die vorbehaltlich etwaiger Rechtfertigungsmöglichkeiten unter das grundsätzliche Verbot des Art. 34 AEUV fallen.

*2. Vergütungsregelungen als Maßnahmen gleicher Wirkung*

Auch im Hinblick auf die Vergütungsinstrumente gemäß § 16 Abs. 1 EEG und gemäß § 4 Abs. 3 KWKModG ist zu prüfen, ob sie den Handel innerhalb der Union unmittelbar oder mittelbar, tatsächlich oder potentiell beeinträchtigen und demzufolge als Maßnahmen gleicher Wirkung wie mengenmäßige Einfuhrbeschränkungen anzusehen sind.

*a) Vergütungsinstrumente als Maßnahmen*

Ebenso wie die Abnahmeregelungen sind auch die in § 16 Abs. 1 EEG und § 4 Abs. 3 KWKModG enthaltenen Vergütungsregelungen als Gesetze vom Begriff der Maßnahme in Art. 34 AEUV erfasst. Dem steht nicht entgegen, dass der deutsche Gesetzgeber bei Erlass keine Stromhandelsregelung intendiert hatte, da der vom EuGH in der Dassonville-Formel verwendete Begriff der Handelsregelung insoweit nicht wörtlich zu verstehen ist.[469] Dies steht zudem im Einklang mit der Rechtsprechung in der Rs. *PreussenElektra.* Ohne weitere Begründung ging der EuGH davon aus, dass die Vergütungsregelung des § 3 StrEG vom Begriff der

467 EuGH Rs. C-379/98 (PreussenElektra) Urt. v. 13.03.2001, Slg. 2001, I-2099, Rn. 70 ff.

468 So auch Weck, S. 161, der allerdings keine Trennung zwischen De-minimis-Regel und Spürbarkeitserfordernis vornimmt.

469 Vgl. Teil 3: A. III. 1. b).

Maßnahme in Art. 30 EGV (nunmehr Art. 34 AEUV) erfasst sei.[470] Zwar scheint der EuGH in seinen Ausführungen zur Auslegung von Art. 30 EGV (nunmehr Art. 34 AEUV) lediglich auf die Abnahmepflicht in § 2 StrEG Bezug zu nehmen; die Vergütungsregelung in § 3 StrEG findet zumindest keine ausdrückliche Erwähnung.[471] Gleichwohl ergibt sich aus dem Kontext der Urteilsgründe, dass der EuGH die Auslegung auch auf die Vergütungsregelung verstanden wissen will: In Rn. 81 fasst der EuGH seine Ausführungen zur Auslegung von Art. 30 EGV (nunmehr Art. 34 AEUV) zusammen und beantwortet die dritte Vorlagefrage, die auf die Verpflichtung von Unternehmen Bezug nahm, Strom aus erneuerbaren Energien zu Mindestpreisen abzunehmen.[472] Diese Mindestpreisregelung war Gegenstand der in § 3 StrEG enthaltenen Vergütungsregelung, so dass der EuGH in der Rs. *PreussenElektra* nicht nur die Abnahmepflicht, sondern auch die Vergütungspflicht vom Begriff der Maßnahme in Art. 30 EGV (nunmehr Art. 34 AEUV) erfasst sah.

*b) Handelsbeeinträchtigende Wirkung der Vergütungspflichten*

Gegenstand der nachfolgenden Untersuchung ist die Frage, inwieweit den Vergütungsförderinstrumenten in § 16 Abs. 1 EEG und § 4 Abs. 3 KWKModG die Eignung zukommt, den Handel mit Strom innerhalb der Union unmittelbar oder mittelbar, tatsächlich oder potentiell zu beeinträchtigen. Hierzu werden zunächst die innerstaatlichen Konsequenzen der Vergütungsregelungen untersucht [aa)], um schließlich auf dieser Grundlage zunächst herausarbeiten zu können, ob die Vergütungsinstrumente nach der Dassonville-Formel geeignet sind, den Handel mit Strom zu beeinflussen [bb)] und ob diese Eignung aufgrund der Keck-Rechtsprechung [cc)] oder anderer vom EuGH anerkannter Ausnahmetatbestände entfallen kann [dd)].

*aa) Inhalt und Auswirkung der Vergütungsinstrumente*

Gemäß den in § 16 Abs. 1 EEG und § 4 Abs. 3 KWKModG niedergelegten Vergütungsregelungen erhält der Anlagenbetreiber für den aus erneuerbaren Energien oder in KWK erzeugtem Strom, den der Netzbetreiber abnehmen muss, eine Vergütung, die über dem Marktpreis liegt.[473] Damit fördert der Gesetzgeber

470 EuGH Rs. C-379/98 (PreussenElektra), Urt. v. 13.03.2001, Slg. 2001, I-2099, Rn. 69. Der EuGH vertiefte dort lediglich die Frage, ob die Regelungen im StrEG als Maßnahmen den Handel im Sinne der Dassonville-Formel beeinträchtigten.

471 EuGH Rs. C-379/98 (PreussenElektra) Urt. v. 13.03.2001, Slg. 2001, I-2099, Rn. 68–81.

472 EuGH Rs. C-379/98 (PreussenElektra) Urt. v. 13.03.2001, Slg. 2001, I-2099, Rn. 27.

473 Vgl. Teil 1: A. II. 2. a) dd) und b) cc).

den Absatz von Strom aus erneuerbaren Energien und KWK, der in Anlagen auf deutschem Hoheitsgebiet oder – im Fall des EEG – auch in der deutschen ausschließlichen Wirtschaftszone erzeugt wurde. In den Genuss einer solchen über dem Marktpreis liegenden Vergütung und mithin einer solchen Absatzförderung kommt weder Strom, der auf konventionelle Weise erzeugt wurde, noch Strom, der aus erneuerbaren Energien oder KWK in Anlagen auf dem Hoheitsgebiet anderer Mitgliedstaaten erzeugt wurde. Für Strom aus diesen Erzeugungsprozessen gilt vielmehr der nach Marktgrundsätzen verhandelte Marktpreis. Daher wird aufgrund der Vergütungsinstrumente Strom bevorzugt, der in inländischen Erzeugungsprozessen aus erneuerbaren Energien und KWK erzeugt wurde.

*bb) Handelsbeeinträchtigende Wirkung*

Es stellt sich die Frage, ob eine derartige Besserstellung bzw. Absatzförderung von im Inland umweltschonend erzeugtem Strom geeignet ist, den Handel mit Strom innerhalb der Union tatsächlich oder potentiell, unmittelbar oder mittelbar zu beeinträchtigen.

Mit den Vergütungsinstrumenten wird der Absatz von Strom aus erneuerbaren Energien und KWK aus inländischen Erzeugungsprozessen gefördert. Der EuGH hatte sich in der Vergangenheit mit verschiedenen mitgliedstaatlichen Absatzfördermaßnahmen zu befassen. Der Rs. *Buy Irish* lag eine Kampagne der irischen Regierung zugrunde, die den Aufruf beinhaltete, irische Produkte zu kaufen.[474] Der EuGH sah diese Absatzförderung als eine Maßnahme gleicher Wirkung wie eine mengenmäßige Einfuhrbeschränkung an.[475] Eine ebenfalls nicht monetäre Absatzförderung lag der Rs. *CMA-Gütezeichen* zugrunde: Mit der Vergabe des deutschen CMA-Gütezeichens sollten der Absatz und die Verwertung von Erzeugnissen der deutschen Land- und Ernährungswirtschaft gefördert werden.[476] Der EuGH stellte darauf ab, dass das Ziel der Vergabe in der Förderung des Absatzes von in Deutschland hergestellten Erzeugnissen der Land- und Ernährungswirtschaft sei und dass die Werbebotschaft des CMA-Gütezeichens die deutsche Herkunft der betreffenden Erzeugnisse hervorhebe. Dies könne zur Folge haben, dass Verbraucher diese Produkte den importierten Produkten ohne CMA-Gütezeichen vorzögen.[477] Daraus zog er den Schluss, dass die Regelung über die Vergabe des Gütezeichens geeignet sei, den damali-

474 EuGH Rs. C-249/81 (Buy Irish) Urt. v. 24.11.1982, Slg. 1982, 4005, Rn. 2.

475 EuGH Rs. C-249/81 (Buy Irish) Urt. v. 24.11.1982, Slg. 1982, 4005, Rn. 29 i.V.m. 20.

476 EuGH Rs. C-325/00 (CMA-Gütezeichen) Urt. v. 05.11.2002, Slg. 2002, I-9977, Rn. 5.

477 EuGH Rs. C-325/00 (CMA-Gütezeichen) Urt. v. 05.11.2002, Slg. 2002, I-9977, Rn. 23.

gen innergemeinschaftlichen Handel zu beeinträchtigen.[478] Mit einer monetären Absatzfördermaßnahme befasste sich der EuGH in der Rs. *Kommission./.Griechenland*: Nach griechischem Recht wurden günstige Finanzierungskonditionen für landwirtschaftliche Maschinen durch ein landwirtschaftliches Kreditinstitut gewährt, jedoch nur bei Vorliegen einer Bescheinigung über deren Herstellung in Griechenland oder – im Falle importierter Maschinen – einer Bescheinigung darüber, dass in Griechenland keine gleichwertigen Maschinen hergestellt werden.[479] Diese Absatzförderungsmaßnahme war nach Auffassung des EuGH eine Maßnahme gleicher Wirkung wie eine mengenmäßige Einfuhrbeschränkung.[480] Ebenso lag auch der Rs. *Kommission./.Italien* eine monetäre Maßnahme zur Förderung des Absatzes zugrunde, mit der der Erwerb von in Italien hergestellten Fahrzeugen durch einen finanziellen Zuschuss an bestimmte städtische Verkehrsbetriebe gefördert wurde.[481] Entsprechend seinem Urteil in der Rs. *Kommission./. Griechenland* sah der EuGH auch die italienische Absatzförderungsmaßnahme als Maßnahme gleicher Wirkung wie eine mengenmäßige Einfuhrbeschränkung an.[482] Diese Rechtsprechung zu nicht monetären und monetären Absatzförderungsmaßnahmen steht im Einklang mit der Rechtsprechung des EuGH in der Rs. *Prantl*, in der er ausführte, dass nationale Rechtsvorschriften dann Maßnahmen gleicher Wirkung darstellen, wenn diese in der Praxis Schutzwirkungen entfalten, indem sie eine (typische) inländische Produktion begünstigen und gewisse Arten von Erzeugnissen aus anderen Mitgliedstaaten entsprechend benachteiligen.[483]

Auf Grundlage dieser Rechtsprechung kann festgestellt werden, dass Maßnahmen, die den Absatz von nationalen Produkten fördern oder Schutzwirkungen für nationale Produktionsvorgänge entfalten, geeignet sind, den Handel innerhalb der Union zu beeinträchtigen. Angesichts der den Vergütungsinstrumenten innewohnenden Absatzförderung und Bevorzugung ist mithin auch diesen eine

478 EuGH Rs. C-325/00 (CMA-Gütezeichen) Urt. v. 05.11.2002, Slg. 2002, I-9977, Rn. 25 i . V. m. 20.

479 EuGH Rs. C-192/84 (KOM./.Griechenland) Urt. v. 11.12.1985, Slg. 1985, 3967, Rn. 1 f.

480 EuGH Rs. C-192/84 (KOM./.Griechenland) Urt. v. 11.12.1985, Slg. 1985, 3967, Rn. 21 i. V. m. 10.

481 EuGH Rs. C-103/84 (KOM./.Italien) Urt. v. 05.06.1986, Slg. 1986, 1759, Rn. 2.

482 EuGH Rs. C-103/84 (KOM./.Italien) Urt. v. 05.06.1986, Slg. 1986, 1759, Rn. 24 i. V. m. 18.

483 EuGH Rs. C-16/83 (Prantl), Urt. v. 13.03.1984, Slg. 1984, 1299, Rn. 21. Dieser Rechtsprechung lag zwar keine diskriminierende, sondern eine unterschiedslos geltende Rechtsvorschrift zugrunde. Wenn der EuGH eine im Sinne des Art. 34 AEUV verbotene Handelsbeeinträchtigung durch nationale Begünstigung inländischer Produktion schon bei unterschiedslosen Maßnahmen annimmt, muss diese erst recht bei einer diskriminierenden Maßnahme vorliegen. Aus diesem Grund bildet die Rechtsprechung bei den hier vorliegenden diskriminierenden Maßnahmen einen zulässigen Bezugspunkt.

Wirkung zuzuerkennen, die geeignet ist, den Handel mit Strom innerhalb der Union zu beeinträchtigen.

Mit dem Hinweis auf den Wettbewerbsvorsprung, der aus einer über dem Marktpreis liegenden Vergütung resultiert, und der Feststellung, dass dieser sich nachteilig auf das Importvolumen auswirken kann, wird auch in der deutschen Rechtslehre einhellig die Ansicht vertreten, dass Preisstützungen den innergemeinschaftlichen Handel (bzw. nun den Handel innerhalb der Union) beeinträchtigen.[484]

*(1) Handelsbeeinträchtigung aufgrund einer Diskriminierung*

Von den Vergütungsinstrumenten ist wegen den territorialen Regelungen in § 2 Nr. 1 i. V. m. Nr. 2 EEG und in § 2 Satz 1 KWKModG nur Strom aus Erzeugungsprozessen erfasst, die auf deutschem Hoheitsgebiet oder in der deutschen ausschließlichen Wirtschaftszone (im Falle des EEG) stattfinden. Aufgrund dieser den Vergütungsinstrumenten innewohnenden Unterscheidung von Strom nach seiner Herkunft kommt diesen Instrumenten eine diskriminierende Wirkung zu.[485]

Im Hinblick auf den Handel mit konventionell erzeugtem Strom kann eine Diskriminierung nicht mit dem Hinweis darauf verneint werden, dass die Vergütungsinstrumente ebenso wenig konventionell in Deutschland erzeugten Strom erfassen: Hier kann auf die bereits bei der Beurteilung der Abnahmeinstrumente Bezug genommene Rechtsprechung des EuGH in der Rs. *Du Pont de Nemours Italiana* verwiesen werden, in der der EuGH ausdrücklich feststellte, dass eine Diskriminierung bereits dann vorliege, wenn alle Erzeugnisse, denen ein Vorzugssystem zugute kommt, inländische Erzeugnisse seien.[486] Dies ist im Hinblick auf die Vergütungsinstrumente der Fall: Sie kommen ausschließlich inländischen Erzeugnissen zugute, so dass der Handel mit konventionellem Strom unabhängig von dessen Herkunft auf diskriminierende Weise beeinträchtigt wird.

---

484 So zum StrEG: Gellermann, DVBl. 2000, 509, 514; zum EEG 2000 Weck, S. 156. Ebenfalls auf den ungünstigen Wettbewerb stellen Dederer/Schneller, RdE 2000, 214, 220; Ehricke, RdE 2003, 57, 62; Elspas, S. 157 und Gronau/Topp, ZNER 2001, 141, 144, ab.

485 Diese Feststellung ist jedoch nicht konstitutiv für das Vorliegen einer Maßnahme gleicher Wirkung wie eine mengenmäßige Einfuhrbeschränkung, da nach der Dassonville-Formel eine solche auch bei bloß beschränkenden Maßnahmen vorliegt.

486 EuGH Rs. C-21/88 (Du Pont de Nemours Italiana) Urt. v. 20.03.1990, Slg. 1990, I-889, Rn. 13.

*(2) Potentielle Handelsbeeinträchtigung*

Da sich nicht nachweisen lässt, dass durch die Vergütungsinstrumente der Handel mit Strom innerhalb der Union tatsächlich beeinträchtigt wird, ist zunächst nur von einer Handelsbeeinträchtigung potentieller Art auszugehen.

*(3) Mittelbare Handelsbeeinträchtigung*

Die Vergütungsinstrumente führen zu einer Förderung inländischen Stromes, die wiederum eine entsprechende Benachteiligung von Strom aus anderen Mitgliedstaaten zur Folge haben kann. Diese Benachteiligung kann sich sodann unmittelbar in einem erschwerten Handel niederschlagen. Wegen dieser Kausalkette, an deren Beginn die Vergütungsinstrumente und an deren Ende – nach weiteren Zwischenhandlungen von Akteuren – eine Beeinträchtigung des Handels stehen kann, führen die Vergütungsinstrumente mittelbar zu einer Handelsbeeinträchtigung.

*(4) Ergebnis*

Auf Grundlage der vorstehenden Ausführungen kann festgestellt werden, dass die Vergütungsinstrumente geeignet sind, den Handel innerhalb der Union potentiell und mittelbar zu beeinträchtigen.

*c) Eignung der Vergütungsregelungen zur Handelsbeeinträchtigung vor dem Hintergrund der Keck-Rechtsprechung*

Die vorstehend festgestellte Eignung zur Beeinträchtigung des Handels mit Strom ist zu verneinen, wenn die Vergütungsinstrumente die in der Keck-Formel des EuGH aufgestellten Voraussetzungen kumulativ erfüllen: Die Vergütungsinstrumente müssen mit Wirkung für alle Wirtschaftsteilnehmer, die ihre Tätigkeit im Inland ausüben, Verkaufsmodalitäten beschränken oder verbieten. Zudem müssen sie den Absatz der inländischen Erzeugnisse und der Erzeugnisse aus anderen Mitgliedstaaten rechtlich wie tatsächlich in gleicher Weise berühren. Die Vergütungsinstrumente dürfen den Marktzugang für Erzeugnisse aus anderen Mitgliedstaaten nicht versperren oder stärker beeinträchtigen als für vergleichbare inländische Erzeugnisse.

Zunächst muss in positiver Hinsicht feststellbar sein, dass die Vergütungsinstrumente Modalitäten des Verkaufs beschränken oder verbieten. Dies wird in der deutschen Rechtslehre bejaht, wobei die Vergütungs- und die Abnahmeinstrumente immer gemeinsam beurteilt werden. So haben nach Auffassung von *Weck* die Mindestpreisbestimmungen der §§ 3, 4 ff. EEG 2000 das „Wie“ der Vermarktung von Ökostrom zum Gegenstand.[487] Dies unterstellt, käme man wegen der systematischen Vergleichbarkeit von § 3 Abs. 1 EEG 2000 mit § 16 Abs. 1 EEG und § 4 Abs. 3 KWKModG gleichfalls zu einer Einordnung der Vergütungsregelungen als Verkaufsmodalitäten. Ausgehend von dem Keck-Urteil wurde bereits herausgestellt, dass Verkaufsmodalitäten im Sinne der Keck-Formel als solche Modalitäten anzusehen sind, die die Bedingungen des Absatzes bzw. des Vertriebs auf eine Art und Weise regeln, die für den Verkäufer verbindlich ist. Die Vergütungsinstrumente offerieren dem Erzeuger als Verkäufer von Strom aus erneuerbaren Energien und KWK lediglich einen Preis, den er in Anspruch nehmen kann, aber nicht muss. Demzufolge ist Regelungsgegenstand der Vergütungsinstrumente nicht eine Verkaufsmodalität im Sinne der Keck-Rechtsprechung. Zudem werden für den Erzeuger die Modalitäten des Verkaufs auch nicht beschränkt oder verboten, sondern – so man die Preisregelung als Verkaufsmodalität ansehen will – erweitert. Demzufolge besteht der Regelungsgehalt der Vergütungsinstrumente nicht in der Beschränkung oder dem Verbot von Modalitäten des Verkaufs, so dass bereits der Regelungsgehalt einer Einschränkung der Dassonville-Formel durch die Keck-Formel entgegensteht.

*d) Ausmaß und Spürbarkeit der Handelsbeeinträchtigung*

Schließlich ist der Frage nachzugehen, ob die Vergütungsinstrumente die Voraussetzungen weiterer Einschränkungen der weiten Dassonville-Formel erfüllen und ihnen daher die Eignung zur Beeinträchtigung des Handels mit Strom innerhalb der Union abzusprechen ist. Eine neben der Keck-Formel zulässige weitere Ausnahme wird für Maßnahmen gemacht, deren Auswirkungen auf den Handel als so ungewiss und indirekt einzustufen sind, dass sie für eine Beeinträchtigung des Handels als ungeeignet angesehen werden. Die den Vergütungsinstrumenten innewohnende Bevorzugung des Stromes durch eine über dem Marktpreis liegende Vergütung benachteiligt Strom aus anderen Mitgliedstaaten entsprechend. Diese Benachteiligung bleibt nicht ohne Auswirkungen auf den Handel mit Strom: Es ist nicht fernliegend, dass so das Importvolumen sinkt. Demzufolge finden sich keine Anhaltspunkte, mit denen eine Handelsbeeinträchtigung verneint werden kann. Dieses Ergebnis hat auch im Hinblick auf die Rechtsprechung des EuGH in der Rs. *PreussenElektra* Bestand. Im Zusammenhang mit seiner Entscheidung zum StrEG, das ebenfalls ein Vergütungsinstrument enthielt, widmete sich der EuGH nicht der Frage, ob diesem wegen fehlender Spürbarkeit die Eignung zur Beeinträchtigung des Handels anzusprechen sei. Stattdessen ging er

487 Weck, S. 158.

sogleich nach der Feststellung, dass eine Handelsbeeinträchtigung im Sinne der Dassonville-Formel vorliege, auf die Rechtfertigung ein.[488] Damit wird deutlich, dass der EuGH die Auswirkungen des Vergütungsinstruments auf den Handel nicht als so ungewiss und indirekt ansah, dass er auf dieser Basis eine Eignung zur Handelsbeeinträchtigung verneint hätte.

#### *e) Ergebnis*

Zusammenfassend lässt sich feststellen, dass die Vergütungsinstrumente geeignet sind, den Handel mit Strom innerhalb der Union mittelbar und potentiell zu beeinträchtigen. Demzufolge stellen sie Maßnahmen gleicher Wirkung wie mengenmäßige Einfuhrbeschränkungen gemäß Art. 34 AEUV dar.

### *3. Zusammenfassung*

Die Abnahme- und Vergütungsinstrumente, derer sich der deutsche Gesetzgeber zu einer indirekten Verhaltenssteuerung bedient, um Anreize zu geben, damit Elektrizitätserzeuger Strom auf umweltfreundliche Weise generieren, sind demzufolge grundsätzlich vom Verbotstatbestand des Art. 34 AEUV erfasst. Ein Verstoß gegen höherrangiges Europarecht durch die deutsche Verhaltenssteuerung ist jedoch erst überschritten, wenn nicht die Voraussetzungen eines Rechtsfertigungstatbestands erfüllt sind. Die Reichweite und Grenzen eines solchen Rechtsfertigungstatbestandes für Verhaltenssteuerungsmaßnahmen, die den Schutz der Umwelt zum Ziel haben, werden im Folgenden nachgezeichnet.

488 EuGH Rs. C-379/98 (PreussenElektra) Urt. v. 13.03.2001, Slg. 2001, I-2099, Rn. 70 ff.

# Teil 4: Umweltschutz als Rechtfertigungsgrund für umweltpolitische Instrumente

Nationale umweltpolitische Instrumente, die Maßnahmen gleicher Wirkung wie mengenmäßige Einfuhrbeschränkungen darstellen und demzufolge dem grundsätzlichen Verbot des Art. 34 AEUV unterliegen, sind gleichwohl europarechtlich zulässig, wenn sie die Voraussetzungen eines Rechtfertigungstatbestandes erfüllen.

Für nationale Instrumente, die Akteuren einen Anreiz zu umweltschonendem Verhalten geben, kommt der Rechtfertigungsgrund Umweltschutz in Betracht. Der Umweltschutz ist jedoch nicht als ausdrücklich formulierter Rechtfertigungsgrund für Beeinträchtigungen des freien Warenverkehrs in den Bestimmungen des Unionsrechts enthalten. Demzufolge bedarf es zunächst einer Bestimmung der geschriebenen und ungeschriebenen Rechtsgrundlagen, auf welche die rechtfertigende Wirkung des Umweltschutzes im Hinblick auf Beeinträchtigungen der Warenverkehrsfreiheit gestützt wird. Als Rechtsgrundlagen kommen der geschriebene Rechtfertigungstatbestand in Art. 36 AEUV, die ungeschriebene, höchstrichterlich entwickelte Cassis-Formel sowie diejenigen primärrechtlichen Bestimmungen, die die Stellung des Umweltschutzes im Unionsrecht begründen, in Betracht. Diese sind dahingehend zu untersuchen, inwieweit sie als Rechtfertigungsgrundlagen für nationale Maßnahmen zum Schutz der Umwelt dienen können. Der Fokus liegt dabei insbesondere auf einer Analyse der Reichweite und der Grenzen der rechtfertigenden Wirkung dieser Rechtsgrundlagen für nationale auf den Schutz der Umwelt zielende Maßnahmen (A.).

Anhand der Ergebnisse erfolgt schließlich eine Überprüfung, ob die vom deutschen Gesetzgeber implementierten Anreiz gebenden Abnahme- und Vergütungsinstrumente in §§ 8 Abs. 1, 16 Abs. 1 EEG sowie §§ 4 Abs. 1 und 3 KWKModG aus Gründen des Umweltschutzes gerechtfertigt werden können (B.).

## A. Umweltschutz als Rechtfertigungsgrund im Rahmen des Art. 34 AEUV

Einen Rechtfertigungstatbestand für Beeinträchtigungen der Warenverkehrsfreiheit haben die Vertragsstaaten in Art. 36 AEUV geschaffen. Nach dieser Vertragsbestimmung können nationale Regelungen aus Gründen der öffentlichen Sittlichkeit, Ordnung und Sicherheit, des Schutzes der Gesundheit und des Lebens von Menschen, Tieren und Pflanzen, des nationalen Kulturguts von künstlerischem, geschichtlichem oder archäologischem Wert oder des gewerblichen und kommerziellen Eigentums gerechtfertigt werden. Im Hinblick auf nationale Instrumente, mit denen Akteuren ein Anreiz zu umweltschonendem Verhalten gegeben werden soll, stellt sich die Frage, ob auf Grundlage des Art. 36 AEUV auch Maßnahmen aus Gründen des Umweltschutzes gerechtfertigt werden können (I.).

Neben diesem geschriebenen Rechtfertigungstatbestand hat der EuGH die so genannte Cassis-Formel entwickelt, die ebenfalls eine Rechtfertigungsgrundlage für Maßnahmen gleicher Wirkung wie mengenmäßige Einfuhrbeschränkungen bildet.[489] Der EuGH hat die Cassis-Formel in zahlreichen Urteilen so formuliert, dass auf ihrer Grundlage nationale Regelungen, die unterschiedslos für einheimische wie für eingeführte Erzeugnisse gelten, dadurch gerechtfertigt werden können, dass sie notwendig sind, um zwingenden Erfordernissen des Unionsrechts gerecht zu werden.[490] Angesichts des diskriminierenden Charakters, der nationalen verhaltenssteuernden Instrumenten – so auch den deutschen Abnahme- und Vergütungsinstrumenten – innewohnen kann, stellt sich die Frage, ob und inwieweit diskriminierende Maßnahmen zum Schutz der Umwelt von den Rechtfertigungsmöglichkeiten der Cassis-Formel erfasst werden (II.).[491]

Schließlich kommt in Betracht, dass der Umweltschutz im europäischen Recht mittlerweile eine Stellung erreicht hat, aufgrund derer er auf einer eigenständigen – von Art. 36 AEUV und der Cassis-Formel unabhängigen – Rechtsgrundlage basiert, so dass der freie Warenverkehr aus Gründen des Umweltschutzes allein aufgrund dessen Stellung und durch die Anwendung des Prinzips der praktischen Konkordanz eingeschränkt werden kann (III.).

### I. Umweltschutz als geschriebener Rechtfertigungsgrund gemäß Art. 36 AEUV

Art. 36 AEUV sieht Ausnahmen von dem in Art. 34 AEUV enthaltenen Verbot mengenmäßiger Einfuhrbeschränkungen und Maßnahmen gleicher Wirkung zwischen den Mitgliedstaaten vor. Nach dieser Bestimmung stehen Art. 34 und

489 EuGH Rs. C-120/78 (Cassis de Dijon) Urt. v. 20.02.1979, Slg. 1979, 649, Rn. 8, 14.

490 EuGH Rs. C-120/78 (Cassis de Dijon) Urt. v. 20.02.1979, Slg. 1979, 649, Rn. 8, 14; EuGH Rs. C-30/86 (Dänische Pfandflaschen) Urt. v. 20.09.1988, Slg. 1988, 4607, Rn. 6; EuGH Rs. C-267+268/91 (Keck und Mithouard) Urt. v. 24.11.1993, Slg. 1993, I-6097, Rn. 15.

491 Zum diskriminierenden Charakter der Abnahme- und Vergütungsinstrumente vgl. Teil 3: B. II. 1. b) cc) (1) und 2. b) bb) (1).

35 AEUV Einfuhr-, Ausfuhr- und Durchfuhrverboten und –beschränkungen nicht entgegen, die aus Gründen gerechtfertigt sind, die in Art. 36 Satz 1 AEUV genannt werden. Zwar sind Maßnahmen gleicher Wirkung nicht ausdrücklich in Art. 36 AEUV erwähnt, jedoch stehen sie gemäß Art. 34 und 35 AEUV mengenmäßigen Einfuhr-, (Durchfuhr-) und Ausfuhrbeschränkungen gleich. Daher folgt aus dem systematischen Zusammenhang zwischen Art. 36 AEUV und Art. 34, 35 AEUV, dass auch Maßnahmen gleicher Wirkung vom Regelungsbereich des Art. 36 AEUV umfasst sind.[492]

Art. 36 AEUV lässt Ausnahmen von dem Grundsatz des freien Warenverkehrs durch innerstaatliche Maßnahmen insoweit zu, als diese zur Erreichung der in diesem Artikel genannten Ziele gerechtfertigt sind.[493] Zu diesen Zielen gehören erstens die öffentliche Sittlichkeit, Ordnung und Sicherheit, zweitens der Schutz der Gesundheit und des Lebens von Menschen, Tieren oder Pflanzen, drittens das nationale Kulturgut von künstlerischem, geschichtlichem oder archäologischem Wert und viertens das gewerbliche oder kommerzielle Eigentum.[494] Der Schutz der Umwelt hat keine ausdrückliche Erwähnung gefunden.

### *1. Reichweite der in Art. 36 Satz 1 AEUV enthaltenen Rechtfertigungstatbestände*

Eine Rechtfertigung gemäß Art. 36 AEUV ist auch dann zulässig, wenn die mitgliedstaatlichen Maßnahmen so gefasst sind, dass sie an die Herkunft von Waren oder an Merkmale anknüpfen, die nur von inländischen Waren erfüllt werden. Art. 36 AEUV bezieht sich seinem Wortlaut nach nicht nur auf lediglich beschränkende, nichtdiskriminierende Regelungen. Zudem nimmt Art. 36 AEUV Bezug auf die in Art. 34 und 35 AEUV enthaltenen Verbote. Von diesen Verboten sind sowohl diskriminierende als auch beschränkende Maßnahmen erfasst. Demzufolge kann neben einer am Wortlaut des Art. 36 AEUV orientierten Auslegung

492 Ebenso Leible/Streinz in: Grabitz/Hilf/Nettesheim, AEUV Art. 36 Rn. 11.

493 So der EuGH in Rs. C-72/83 (Campus Oil) Urt. v. 10.07.1984, Slg. 1984, 2727, Rn. 32.

494 Dies bedeutet jedoch nicht, dass die in Art. 36 AEUV als Rechtfertigungsgründe bestimmten Sachgebiete der ausschließlichen Zuständigkeit der Mitgliedstaaten vorbehalten bleiben sollen [so der EuGH in Rs. C-72/83 (Campus Oil) Urt. v. 10.07.1984, Slg. 1984, 2727, Rn. 32, später bestätigt in Rs. C-367/89 (Aimé Richardt) Urt. v. 04.10.1991, Slg. 1991, I-4621, Rn. 19]. Damit fällt der Schutz der Gesundheit und des Lebens von Menschen, Tieren oder Pflanzen ebenso wenig wie die anderen in Art. 36 AEUV aufgeführten Sachgebiete nicht in die ausschließliche Zuständigkeit der Mitgliedstaaten. Die Mitgliedstaaten können jedoch unter Berufung auf Art. 36 AEUV nationale Regelungen, die dem Schutz der Gesundheit und des Lebens von Menschen, Tieren oder Pflanzen Rechnung tragen, so ausgestalten, dass diese den innerstaatlichen Handel beeinträchtigten, solange die weiteren Voraussetzungen des Art. 36 AEUV vorliegen.

auch aufgrund einer systematischen Auslegung dieser Vorschrift festgestellt werden, dass eine Rechtfertigung auf der Grundlage des Art. 36 AEUV auch für diskriminierende Maßnahmen zulässig ist.

### 2. *Schutz der Gesundheit und des Lebens von Menschen, Tieren und Pflanzen*

Es stellt sich die Frage, ob Umweltschutz, der in Art. 36 Satz 1 AEUV ausdrücklich keine Erwähnung gefunden hat, vom Rechtfertigungsgrund „Schutz der Gesundheit und des Lebens von Menschen, Tieren oder Pflanzen" umfasst ist, da Umweltgefahren in der Regel auch Gefahren für Leben und Gesundheit darstellen können.[495] Hierzu bedarf es zunächst einer Definition dieses Rechtfertigungsgrundes [a)], um auf dieser Basis zu klären, ob der Umweltschutz von der Definition erfasst wird [b)]. Ist dies nicht der Fall, bleibt schließlich zu untersuchen, ob der Rechtfertigungsgrund den Schutz der Umwelt aufgrund einer erweiterten Auslegung umfasst [c)].

#### *a) Definition*

Der in Art. 36 Satz 1 AEUV enthaltene Rechtfertigungsgrund „Schutz der Gesundheit und des Lebens von Menschen, Tieren und Pflanzen" wird im Primärrecht nicht definiert. Ebenso wenig lässt sich der Rechtsprechung des EuGH eine Definition dieses Rechtfertigungsgrundes entnehmen. In Anbetracht des Umstandes, dass die Rechtsprechung Fälle umfasst, in denen der EuGH den Rechtsfertigungsgrund in Betracht gezogen hat, weil die zu rechtfertigende nationale Maßnahme dem Schutz der Gesundheit und des Lebens von Menschen, Tieren und Pflanzen diente, kann seine Rechtsprechung trotz Fehlens einer Begriffsbestimmung zur Konkretisierung des Rechtfertigungsgrundes herangezogen werden. Aufschluss für eine solche Konkretisierung können in diesem Fall die zugrunde liegenden Sachverhalte geben. Diese Sachverhalte hatten in der Regel nationale Vorschriften über Arzneimittel oder über Alkohol zum Gegenstand sowie – in einem Fall – eine nationale Regelung über den Transport und die Verwertung von Ölfiltern.

##### *aa) Arznei- und Nahrungsergänzungsmittel*

Die Rs. *Schumacher* und *Kommission./.Deutschland* hatten die Rechtfertigung von Hemmnissen für die Einfuhr von Arzneimitteln aus anderen Mitgliedstaaten

495 Eine solche Verklammerung erkennen auch Gebauer/Wollenteit/Hack, ZNER 2001, 12, 14.

zum Gegenstand.[496] Nach deutschem Arzneimittelrecht dürfen nur in Deutschland zugelassene und registrierte bzw. entsprechend freigestellte Arzneimittel eingeführt werden.[497] Zudem kommen als Empfänger Privatpersonen nicht in Betracht.[498] Der EuGH erkannte an, dass diese deutschen Arzneimittelregelungen dem Schutz der Gesundheit und des Lebens der Menschen dienten.[499] Der Rs. *Eurim-Pharm* lag eine deutsche Regelung über ein Werbeverbot zugrunde.[500] Dieses galt für Arzneimittel, die im Inland entgegen einer bestehenden Zulassungspflicht nicht zugelassen waren, aber aus einem anderen Mitgliedstaat auf Einzelbestellung rechtmäßig importiert werden durften, sofern sie im Export-Mitgliedstaat zulässigerweise in Verkehr gebracht worden waren.[501] Ebenso wie in den oben genannten Rs. *Schumacher* und *Kommission./.Deutschland* zog der EuGH auch hier den Rechtfertigungsgrund Schutz der Gesundheit und des Lebens von Menschen in Betracht. Er ließ sich dabei von der Erwägung leiten, dass durch das Werbeverbot der Ausnahmecharakter von Einzelausfuhren in Deutschland nicht zugelassener Arzneimittel gewahrt werden solle. Wenn nämlich in Deutschland für nicht zugelassene Arzneimittel geworben werden dürfe, bestünde die Gefahr, dass der Hersteller die Zulassung in dem Mitgliedstaat mit den geringsten Anforderungen beantragt und sie dann aufgrund von Einzelbestellungen, die durch Werbeaktionen ausgelöst würden, nach Deutschland einführt.[502] Das deutsche Arzneimittelrecht lag gleichfalls der Rs. *DocMorris* zugrunde, in der der EuGH unter anderem Art. 36 Satz 1 AEUV auszulegen hatte.[503] Nach deutschem Arzneimittelgesetz war der Versandhandel mit apothekenpflichtigen Arzneimitteln verboten.[504] Auch hier prüfte der EuGH eine Rechtfertigung aus Gründen des Schutzes der Gesundheit und des Lebens von Menschen.[505] Diese verneinte er,

---

496 EuGH Rs. C-215/87 (Schumacher) Urt. v. 07.03.1989, Slg. 1989, 617, Rn. 2, 3; EuGH Rs. C-62/90 (Kommission./.Deutschland) Urt. v. 08.04.1992, Slg. 1992, I-2575, Rn. 1–6.

497 EuGH Rs. C-215/87 (Schumacher) Urt. v. 07.03.1989, Slg. 1989, 617, Rn. 2, 3; EuGH Rs. C-62/90 (Kommission./.Deutschland) Urt. v. 08.04.1992, Slg. 1992, I-2575, Rn. 1–6.

498 EuGH Rs. C-215/87 (Schumacher) Urt. v. 07.03.1989, Slg. 1989, 617, Rn. 3; EuGH Rs. C-62/90 (Kommission./.Deutschland) Urt. v. 08.04.1992, Slg. 1992, I-2575, Rn. 2.

499 Der EuGH verneinte jedoch eine Rechtfertigung mit dem Argument, dass eine solche Regelung für einen wirksamen Schutz nicht notwendig, mithin unverhältnismäßig sei, EuGH Rs. C-215/87 (Schumacher) Urt. v. 07.03.1989, Slg. 1989, 617, Rn. 17–22; EuGH Rs. C-62/90 (Kommission./.Deutschland) Urt. v. 08.04.1992, Slg. 1992, I-2575, Rn. 10, 11, 24, 27.

500 EuGH Rs. C-320/93 (Eurim-Pharm) Urt. v. 10.11.1994, Slg. 1994, I-5243, Rn. 8.

501 EuGH Rs. C-320/93 (Eurim-Pharm) Urt. v. 10.11.1994, Slg. 1994, I-5243, Rn. 8.

502 Schließlich bejahte der EuGH die Notwendigkeit dieser Regelung für einen wirksamen Gesundheitsschutz, EuGH Rs. C-320/93 (Eurim-Pharm) Urt. v. 10.11.1994, Slg. 1994, I-5243, Rn. 18–21.

503 EuGH Rs. C-322/01 (DocMorris) Urt. v. 11.12.2003, Slg. 2003, I-14887, Rn. 24 f., 102 ff.

504 EuGH Rs. C-322/01 (DocMorris) Urt. v. 11.12.2003, Slg. 2003, I-14887, Rn. 24 f.

505 EuGH Rs. C-322/01 (DocMorris) Urt. v. 11.12.2003, Slg. 2003, I-14887, Rn. 104.

soweit die nationale Regelung nicht verschreibungspflichtige Arzneimittel betraf. Der erforderliche Schutz und die erforderliche Beratung bei der Abgabe von nicht verschreibungspflichtigen Arzneimitteln seien auch bei einem Versandhandel zu erzielen.[506] Soweit das Verbot verschreibungspflichtige Arzneimittel betraf, sah es der EuGH als notwendig zum Schutz der Gesundheit und des Lebens von Menschen und damit als gerechtfertigt an.[507] Der EuGH zog den Rechtfertigungsgrund „Schutz der Gesundheit und des Lebens von Menschen" schließlich auch in der Rs. *Kommission./.Italienische Republik* in Betracht, der eine italienische Regelung zugrunde lag, die ein Genehmigungserfordernis für die Einfuhr von Erzeugnissen vorsah, zu denen für Sportler bestimmte Lebensmittel für intensive Muskelanstrengungen zählten.[508]

*bb) Alkohol*

Der EuGH hat des Weiteren eine Rechtfertigung von nationalen Maßnahmen zum Schutze der Gesundheit und des Lebens von Menschen, Tieren und Pflanzen geprüft, wenn der jeweiligen Rechtssache nationale Regelungen über Alkohol zugrunde lagen: In der Rs. *Kommission./.Frankreich* befasste er sich mit französischen Regelungen, die Werbeverbote für bestimmte Sorten alkoholischer Getränke in Frankreich enthielten und sich in ihrer Anwendung insbesondere beschränkend auf den Handel von eingeführten alkoholischen Getränken auswirkten.[509] Der EuGH prüfte hier eine Rechtfertigung aus Gründen des Gesundheitsschutzes gemäß Art. 36 EGV (nunmehr Art. 36 AEUV). Er führte hierzu aus, dass die umstrittene Regelung in gewissem Umfang dem in Art. 36 EGV (Art. 36 AEUV) als Rechtfertigungsgrund anerkannten Gesundheitsschutz diene, da die Werbung von Alkohol einen Konsumanreiz darstelle.[510] Der Schutz der Gesundheit vor den Gefahren des Alkohols wurde auch in der Rs. *Aragonesa* zur Rechtfertigung für ein katalanisches Gesetz herangezogen, das die Werbung für Getränke mit einem Alkoholgehalt von mehr als 23 Prozent in den Medien, auf Straßen mit Ausnahme der Hinweise auf Produktions- und Verkaufsstätten, in

---

506 So im Ergebnis EuGH Rs. C-322/01 (DocMorris) Urt. v. 11.12.2003, Slg. 2003, I-14887, Rn. 106 i.V.m. Rn. 124.

507 So im Ergebnis EuGH Rs. C-322/01 (DocMorris) Urt. v. 11.12.2003, Slg. 2003, I-14887, Rn. 106 i.V.m. Rn. 124.

508 EuGH Rs. C-270/02 (Kommission./.Italienische Republik) Urt. v. 05.02.2004, Slg. 2004, I-1559, Rn. 4, 21.

509 EuGH Rs. C-152/78 (Kommission./.Frankreich) Urt. v. 10.07.1980, Slg. 1980, 2299, Rn. 1–14.

510 EuGH Rs. C-152/78 (Kommission./.Frankreich) Urt. v. 10.07.1980, Slg. 1980, 2299, Rn. 17. Letztlich verneinte der EuGH jedoch eine Rechtfertigung des französischen Werbeverbots, da sich die Eindämmung des Alkoholmissbrauchs vor allem zu Lasten der eingeführten Erzeugnisse auswirkte.

Kinos und in öffentlichen Verkehrsmitteln verbot.[511] Der EuGH bestätigte seine Rechtsprechung aus der Rs. *Kommission./.Frankreich* und bejahte eine Rechtfertigung.[512] Als Begründung führte er an, dass eingeschränkte Werbemöglichkeiten zum Kampf gegen den Alkoholismus beitrügen und daher dem Schutz der öffentlichen Gesundheit dienten.[513] Der Rs. *Ahokainen* lag schließlich eine Regelung des finnischen Alkoholgesetzes zugrunde, nach der die Einfuhr von nicht denaturiertem Athylalkohol mit Alkoholgehalt von mehr als 80 Vol.Prozent eine Erlaubnis erforderte.[514] Mit der Begründung, dass die Regelung zum Ziel habe, den Alkoholkonsum zu regeln, um schädliche Auswirkungen alkoholhaltiger Stoffe auf die menschliche Gesundheit vorzubeugen, sah der EuGH den Rechtfertigungsgrund „Gesundheitsschutz" im Sinne des Art. 36 AEUV als erfüllt an.[515]

*cc) Transport und Verwertung von Ölfiltern*

Eine Rechtfertigung aus Gründen des Schutzes der Gesundheit und des Lebens von Menschen stand auch im Fokus der Rs. *Dusseldorp*: Nach niederländischem Recht bestand für die Ausfuhr von Ölfiltern ein Genehmigungserfordernis; die Genehmigung war zu versagen, wenn im Ausland keine hochwertigere Verwertung dieser Filter erfolgte als in den Niederlanden.[516] Der EuGH führte aus, dass eine solche Regelung gemäß Art. 36 EGV (nunmehr Art. 36 AEUV) gerechtfertigt werden könne, wenn die Verwertung von Ölfiltern in anderen Mitgliedstaaten und der durch die Ausfuhr bedingte Transport über größere Entfernungen eine Gefahr für die Gesundheit und das Leben von Menschen darstellten.[517] Er verneinte eine Rechtfertigung schließlich mit dem Hinweis, es sei nicht nachgewiesen worden, dass der Transport der Filter „eine Gefahr für die Umwelt oder die Gesundheit und das Leben von Menschen darstellte".[518] Anschließend kam er zu dem Ergebnis, dass folglich die Beschränkungen der Ausfuhr (...) zum Schutz der Gesundheit und des Lebens von Menschen gemäß Art. 36 EGV (nunmehr Art. 36 AEUV) nicht erforderlich seien.[519] Damit versagte der EuGH die Recht-

511 EuGH Rs. C-1+176/90 (Aragonesa) Urt. v. 25.07.1991, Slg. 1991, I-4151, Rn. 13.

512 EuGH Rs. C-1+176/90 (Aragonesa) Urt. v. 25.07.1991, Slg. 1991, I-4151, Rn. 14. Anders als in der Rs. *Kommission./.Frankreich* (EuGH Rs. C-152/78, Urt. v. 10.07.1980, Slg. 1980, 2299, Rn. 17) bejahte der EuGH eine Rechtfertigung des spanischen partiellen Werbeverbotes, da dieses kein Mittel einer willkürlichen Diskriminierung sei.

513 EuGH Rs. C-1+176/90 (Aragonesa) Urt. v. 25.07.1991, Slg. 1991, I-4151, Rn. 14.

514 EuGH Rs. C-434/04 (Ahokainen) Urt. v. 28.09.2006, Slg. 2006, I-9171, Rn. 3.

515 EuGH Rs. C-434/04 (Ahokainen) Urt. v. 28.09.2006, Slg. 2006, I-9171, Rn. 28, 40.

516 EuGH Rs. C-203/96 (Dusseldorp) Urt. v. 25.06.1998, Slg. 1998, I-4075, Rn. 13, 18.

517 EuGH Rs. C-203/96 (Dusseldorp) Urt. v. 25.06.1998, Slg. 1998, I-4075, Rn. 46.

518 EuGH Rs. C-203/96 (Dusseldorp) Urt. v. 25.06.1998, Slg. 1998, I-4075, Rn. 47.

519 EuGH Rs. C-203/96 (Dusseldorp) Urt. v. 25.06.1998, Slg. 1998, I-4075, Rn. 48.

fertigung nicht wegen eines fehlenden Nachweises einer Gefahr für die Gesundheit und für das Leben von Menschen, sondern auch wegen eines fehlenden Nachweises einer Gefahr für die Umwelt. Diese Begründung mag zwar den Eindruck erwecken, dass der EuGH in der Rs. *Dusseldorp* den Schutz der Umwelt mit dem Schutz der Gesundheit und des Lebens von Menschen gleichsetzt. Als Antwort auf die Vorlagefrage führt der EuGH jedoch aus, dass die nationalen Regelungen eine Beschränkung der Ausfuhren dieser Abfälle bewirkten, „ohne in einem Fall wie dem des Ausgangsverfahrens durch ein zwingendes Erfordernis des Umweltschutzes oder durch das Bestreben gerechtfertigt zu sein, gemäß Artikel 36 des Vertrages (nunmehr Art. 36 AEUV) die Gesundheit und das Leben von Menschen zu schützen".[520] Der EuGH löst somit den scheinbaren Gleichklang zwischen Umweltschutz und dem Schutz der Gesundheit und des Lebens in Art. 36 Satz 1 AEUV auf, indem er den Umweltschutz als ein zwingendes Erfordernis (im Sinne einer Rechtfertigung auf Grundlage der Cassis-Formel) ansieht.

*dd) Regelungen zur Nutzung von Fahrzeugen*

In einem jüngeren Urteil in der Rs. *Aklagaren* hat der EuGH den Schutz der Gesundheit und des Lebens von Menschen, Tieren und Pflanzen im Sinne des Art. 36 AEUV auch angeführt, um die Rechtfertigung einer schwedischen Regelung, die die Benutzung von Wassermotorrädern einschränkte, zu prüfen. Angesichts des Arguments Schwedens, dass die Benutzung von Wassermotorrädern neben Störungen der Umwelt nachteilige Wirkungen für die Tierwelt habe, ging der EuGH zunächst auf Art. 30 EG (nunmehr Art. 36 AEUV) ein und nannte den Schutz der Gesundheit und des Lebens von Menschen, Tieren und Pflanzen als möglichen Rechtfertigungsgrund.[521] Ohne Prüfung dieses Grundes nahm er sodann *außerdem* auf den Umweltschutz als Ziel (im Sinne der Cassis-Formel) und möglichen Rechtfertigungsgrund Bezug.[522] Diese beiden Rechtfertigungsgründe sah er in der Rechtssache als „eng miteinander verbunden Ziele", die daher zusammen zu prüfen seien.[523] Es folgte dann jedoch lediglich eine Erörterung des Umweltschutzes.[524] Mit dem Wort *außerdem* und der Einordnung der Einschränkung, dass die Ziele nur *im vorliegenden Fall* eng miteinander verbundene Ziele seien, machte der EuGH jedoch deutlich, dass er den Umweltschutz

520 EuGH Rs. C-203/96 (Dusseldorp) Urt. v. 25.06.1998, Slg. 1998, I-4075, Rn. 49.
521 EuGH Rs. C-142/05 (Aklagaren) Urt. v. 04.06.2009, Rn. 30f.
522 EuGH Rs. C-142/05 (Aklagaren) Urt. v. 04.06.2009, Rn. 32.
523 EuGH Rs. C-142/05 (Aklagaren) Urt. v. 04.06.2009, Rn. 33.
524 EuGH Rs. C-142/05 (Aklagaren) Urt. v. 04.06.2009, Rn. 34ff.

nicht als vom Rechtfertigungsgrund des Schutzes der Gesundheit und des Lebens von Menschen, Tieren und Pflanzen grundsätzlich erfasst ansieht.[525]

*ee) Schlussfolgerung*

Die vorstehend aufgeführte Rechtsprechung legt den Schluss nahe, dass der Rechtfertigungsgrund „Schutz der Gesundheit und des Lebens von Menschen“ bei nationalen Regelungen in Betracht kommt, die vor den unmittelbaren Gefahren für die Gesundheit und das Leben schützen. Diese Gefahren für die Gesundheit und das Leben bestanden in den aufgeführten Fällen unmittelbar, da sowohl Arznei- bzw. Nahrungsergänzungsmittel als auch Alkohol direkt mit dem Körper in Berührung kommen und so die körperliche Integrität des Menschen unmittelbar beeinträchtigen können. Mithin lässt sich aus der Rechtsprechung ableiten, dass der Rechtfertigungsgrund „Schutz der Gesundheit und des Lebens von Menschen“ den unmittelbaren Schutz der körperlichen Integrität von Menschen, Tieren und Pflanzen durch eine nationale Maßnahme voraussetzt.

In der Rs. *Dusseldorp* zog der EuGH den Rechtfertigungsgrund „Schutz der Gesundheit und des Lebens von Menschen, Tieren und Pflanzen“ auch bei einer Regelung über den Transport von Ölfiltern in Betracht. Die Gefahren, die von einem solchen Transport ausgehen, bestehen unmittelbar für die Umwelt, jedoch nicht unmittelbar für die körperliche Integrität. Diese ist durch einen solchen Transport lediglich mittelbar gefährdet. Da der EuGH im Ergebnis zwischen Umweltschutz und dem Schutz der Gesundheit und des Lebens im Sinne des Art.

525 Nicht in diese Kategorie fällt das Urteil in der Rs. *Kommission./.Österreich,* der eine Regelung zugrunde lag, die die Zulassung von Fahrzeugen an deren Abgas- und Lärmgrenzwerte knüpfte (EuGH Rs. C-542/07 (Kommission./.Österreich) Urt. v. 11.12.2008). Die Republik Österreich (nicht jedoch der EuGH) führte als Rechtfertigungsgründe den Schutz der Gesundheit und des Lebens von Menschen, Tieren oder Pflanzen und den Umweltschutz an mit Verweis auf das Ziel der Maßnahme, das darin bestehe, Fahrzeuge ohne Vorrichtung zur Abgas- und Luftverminderung auf ein Minimum zu reduzieren. Dies griff der EuGH nur teilweise auf. Er stellte fest, dass die Maßnahmen zwar dem Schutz der Gesundheit dienten, dieses Ziel aber unter das Umweltschutzziel falle, da der Umweltschutz den Gesundheitsschutz in einem weiteren Sinne bezwecke. Der EuGH stellte darauf ab, dass die Maßnahmen die Gefahren für die Gesundheit eindämmten, die mit einer Verschlechterung der Umwelt verbunden seien. Daher sei die öffentliche Gesundheit nicht getrennt vom Schutz der Umwelt zu prüfen. In den Folgeerwägungen nahm der EuGH dementsprechend nur auf den Umweltschutz Bezug. Daraus kann jedoch nicht abgeleitet werden, dass der EuGH den Rechtfertigungsgrund in Art. 36 AEUV so interpretiert, dass der Umweltschutz hiervon umfasst ist. Dies wird zum einen in Rn. 54 deutlich, indem der EuGH hier zwischen beiden Rechtfertigungsgründen differenziert. Des weiteren führt der EuGH in der Prüfung seiner Rechtsprechung Art. 36 AEUV nicht ausdrücklich an, er nimmt lediglich auf den Gesundheitsschutz Bezug, der zugleich (und ebenso wie der Umweltschutz) ein zwingendes Erfordernis im Sinne der Cassis-Rechtsprechung ist.

36 Satz 1 AEUV differenzierte, kann allein auf Grundlage des *Dusseldorp*-Urteils der Rechtfertigungsgrund „Schutz der Gesundheit und des Lebens von Menschen, Tieren und Pflanzen" in Art. 36 Satz 1 AEUV nicht dahingehend ausgelegt werden, dass auch nationale Maßnahmen erfasst werden, die vor einer mittelbaren Gefahr für das Leben und für die Gesundheit schützen. Zu einem anderen Ergebnis führt auch nicht das Urteil in der Rs. *Aklagaren*, in dem der EuGH durch seine Prüfungsweise deutlich macht, dass er den Rechtfertigungsgrund des Schutzes der Gesundheit und des Lebens von Menschen, Tieren und Pflanzen nicht dahingehend interpretiert, dass dieser den Umweltschutz erfasst. Vielmehr betrachtet der EuGH beide Ziele als verschiedene Rechtfertigungsgründe, auch wenn diese im Einzelfall eng miteinander verknüpft werden können.

Die Rechtsprechung des EuGH zu dem Rechtfertigungsgrund „Schutz der Gesundheit und des Lebens von Menschen, Tieren und Pflanzen" lässt mithin den Schluss zu, dass nur Maßnahmen von dem Rechtfertigungstatbestand erfasst werden, die einen *unmittelbaren* Schutz des Lebens und der Gesundheit bezwecken.[526]

*b) Schutz der Umwelt als Schutz der Gesundheit und des Lebens von Menschen, Tieren und Pflanzen*

Bei der Frage, ob der Begriff des „Schutzes der Gesundheit und des Lebens von Menschen, Tieren und Pflanzen" den Schutz der Umwelt erfasst, ist zu berücksichtigen, dass der EuGH in der Rs. *Dusseldorp* zwischen „Schutz der Gesundheit" und „Schutz der Umwelt" differenziert.[527] Diese Differenzierung spricht dagegen, dass der Schutz der Gesundheit und des Lebens von Menschen, Tieren und Pflanzen auch den Schutz der Umwelt umfasst.

Ebenso hat der EuGH in der Rs. *Wallonische Abfälle* im Rahmen der Cassis-Formel[528] zwischen dem Schutz der Umwelt und dem Schutz der Gesundheit unterschieden.[529] Zugrunde lag eine wallonische Regelung, die ein Verbot enthielt, Abfälle aus anderen Mitgliedstaaten oder einer anderen Region zwischenzulagern, abzulagern, abzuleiten oder diese Verwertungshandlungen vornehmen zu lassen.[530] Auf der dogmatischen Grundlage der Cassis-Formel verneinte der EuGH eine Rechtfertigung aus zwingenden Erfordernissen des Gesundheitsschutzes, bejahte hingegen eine Rechtfertigung durch zwingende Erfordernisse

---

526 Ebenso Weck, S. 163. A. A. Craig/de Búrca, S. 678.

527 Vgl. Teil 4: A. I. 2. a) cc).

528 Zum Wortlaut der Cassis-Formel vgl. Teil 4: A.

529 EuGH Rs. C-2/90 (Wallonische Abfälle) Urt. v. 09.07.1992, Slg. 1992, I-4431, Rn. 29, 30.

530 EuGH Rs. C-2/90 (Wallonische Abfälle) Urt. v. 09.07.1992, Slg. 1992, I-4431, Rn. 1.

des Umweltschutzes.[531] Er ließ sich dabei von der Erwägung leiten, dass die Ansammlung von Abfällen, noch bevor sie die Gesundheit gefährdeten, angesichts der beschränkten Aufnahmekapazität der Region oder des einzelnen Ortes eine Gefahr für die Umwelt darstellten.[532] Damit wird deutlich, dass der Begriff der Gesundheit und des Lebens von Menschen, Tieren und Pflanzen in einer Weise auszulegen ist, dass eine Gefahr für diese Rechtsgüter eine im Hinblick auf die Umwelt eigenständige Gefahr darstellt, die zeitlich und auch qualitativ nicht zwingend mit einer Gefahr für die Umwelt zusammenfallen muss. In Fällen, in denen nur eine Gefahrenquelle gegeben ist, wird die Gefahr für die Umwelt zeitlich vor einer Gefahr für die Gesundheit und das Leben eintreten. Allein aus dem Umstand, dass eine Verletzung der Umwelt in eine Verletzung für die Gesundheit und sogar für das Leben von Menschen, Tieren und Pflanzen münden kann, lässt sich keine Übereinstimmung dieser beiden Rechtsgüter begründen. Somit ist zwischen den schützenswerten Rechtsgütern Gesundheit und Leben von Menschen, Tieren und Pflanzen auf der einen Seite und dem schützenswerten Rechtsgut Umwelt auf der anderen Seite zu differenzieren.

Demzufolge kann der Begriff „Schutz der Umwelt“ nicht als vom Begriff „Schutz der Gesundheit und des Lebens von Menschen, Tieren und Pflanzen“ erfasst angesehen werden.

### *c) Erweiterung des Rechtfertigungsgrundes auf Umweltschutz*

Schließlich könnte eine erweiterte Auslegung zu dem Ergebnis führen, dass sich der Rechtfertigungsgrund „Schutz der Gesundheit und des Lebens von Menschen, Tieren und Pflanzen“ in Art. 36 Satz 1 AEUV auf den Schutz der Umwelt erstreckt. Den Weg zu einem weiten Verständnis der Rechtfertigungsgründe hat der EuGH jedoch bereits im Jahr 1972 in einem seiner ersten Urteile zu Art. 36 Satz 1 AEUV in der Rs. *Marinex./.Italienische Finanzverwaltung* versperrt: Zu klären war, ob finanzielle Belastungen, die von der italienischen Finanzverwaltung bei jeder beim Grenzübertritt von lebenden Rindern und Rindfleisch erfolgenden gesundheitspolizeilichen Kontrolle erhoben werden, gemäß Art. 36 EGV (nunmehr Art. 36 AEUV) gerechtfertigt seien.[533] Unstrittig war die Vornahme der gesundheitspolizeilichen Kontrolle aus dem in Art. 36 Satz 1 AEUV enthaltenen Grund „Schutz der Gesundheit und des Lebens von Menschen, Tieren und Pflanzen“ gerechtfertigt. Dem EuGH stellte sich jedoch die Frage, ob dieser Rechtfertigungsgrund auch auf die bei den Kontrollen erhobenen Gebühren anwendbar sei.

531 EuGH Rs. C-2/90 (Wallonische Abfälle) Urt. v. 09.07.1992, Slg. 1992, I-4431, Rn. 29–32.

532 EuGH Rs. C-2/90 (Wallonische Abfälle) Urt. v. 09.07.1992, Slg. 1992, I-4431, Rn. 30.

533 EuGH Rs. C-29/72 (Marinex./.Ital. Finanzverwaltung) Urt. v. 14.12.1972, Slg. 1972, 1309, Rn. 2.

Dies verneinte er mit dem Hinweis, dass Art. 36 EGV (nunmehr Art. 36 AEUV) als Ausnahme von der Grundregel, dass alle Hindernisse für den freien Warenverkehr zwischen den Mitgliedstaaten zu beseitigen seien, eng auszulegen sei.[534] Damit trug er dem Prinzip Rechnung, Ausnahmen von wesentlichen Grundsätzen des Unionsrechts eng auszulegen.[535] Der EuGH hat in den Folgejahren die in der Rs. *Marinex./Italienische Finanzverwaltung* begründete enge Auslegung der in Art. 36 Satz 1 AEUV geschriebenen Rechtfertigungsgründe bestätigt.[536]

Aus diesem Grund stellt sich nunmehr die Frage nach der Reichweite einer engen Auslegung der in Art. 36 AEUV enthaltenen Rechtfertigungsgründe. Aufschluss geben die Urteile in den Rs. *LaRoche./Centrafarm* und *Centrafarm*: Der EuGH führte hier im Hinblick auf den Rechtfertigungsgrund „gewerbliches oder kommerzielles Eigentum" aus, dass Beschränkungen des freien Warenverkehrs durch eine mitgliedstaatliche Maßnahme nur zur Wahrung der Rechte gerechtfertigt seien, die den spezifischen Gegenstand dieses Eigentums ausmachten.[537] Mithin ist der Rechtfertigungstatbestand in Art. 36 Satz 1 AEUV nur dann erfüllt, wenn die nationale Maßnahme dem jeweiligen Rechtsgut in spezifischer Weise Rechnung trägt. Hier findet auch die enge Auslegung ihre Grenze. Für den Rechtfertigungsgrund „Schutz der Gesundheit und des Lebens von Menschen, Tieren und Pflanzen" folgt daraus unter Berücksichtigung des Grundsatzes einer engen Auslegung, dass nur diejenigen Maßnahmen gerechtfertigt werden können, die die Gesundheit und das Leben in spezifischer Weise schützen. Nationalen Regelungen, die unmittelbar einen Schutz der Umwelt bezwecken und lediglich mittelbar auf den Schutz der Gesundheit und des Lebens gerichtet sind, ist diese spezifische Schutzrichtung abzusprechen.[538] Zu einem anderen Ergebnis führt auch nicht die Rechtsprechung in der Rs. *PreussenElektra*: Der EuGH führte zwar

---

534 EuGH Rs. C-29/72 (Marinex./Ital. Finanzverwaltung) Urt. v. 14.12.1972, Slg. 1972, 1309, Rn. 4, 5.

535 So legt der EuGH auch den Begriff der öffentlichen Ordnung als Ausnahme von dem wesentlichen Grundsatz der Freizügigkeit der Arbeitnehmer in Rs. C-30/77 (Bouchereau) Urt. v. 27.10.1977, Slg. 1972, 1309, Rn. 33/35, eng aus.

536 EuGH Rs. C-102/77 (LaRoche./Centrafarm) Urt. v. 23.05.1978, Slg. 1978, 1139, Rn. 6; EuGH Rs. C-367/89 (Aimé Richardt) Urt. v. 04.10.1991, Slg. 1991, I-4621, Rn. 20.

537 EuGH Rs. C-102/77 (LaRoche./Centrafarm) Urt. v. 23.05.1978, Slg. 1978, 1139, Rn. 6; EuGH Rs. C-3/78 (Centrafarm) Urt. v. 10.10.1978, Slg. 1978, 1823, Rn. 7.

538 Dem Grundsatz der engen Auslegung trägt der Generalanwalt Jacobs in seinen Schlussanträgen in der Rs. *PreussenElektra* dadurch Rechnung, dass er von einer Ausdehnung des Rechtfertigungsgrundes „Schutz der Gesundheit und des Lebens von Menschen, Tieren oder Pflanzen" absieht: Dies wird deutlich, indem er losgelöst von Art. 36 Satz 1 AEUV eine Rechtfertigung des StrEG aus Umweltschutzgründen aufbaut und dabei argumentiert, dass es sich schwer rechtfertigen lasse, wenn der Umwelt ein geringerer Schutzstandard eingeräumt werde als Interessen, die vor Jahrzehnten in Handelsverträgen anerkannt und in Art. 36 EGV (nunmehr Art. 36 AEUV), der seit seiner Aufnahme in den Vertrag im Jahr 1957 unverändert

aus, dass die Entwicklung der Nutzung erneuerbarer Energieträger – mit denen er die Zielrichtung der zugrunde liegenden nationalen Maßnahme auf den Umweltschutz begründete – den Schutz der Gesundheit und des Lebens von Menschen, Tieren und Pflanzen bezwecke.[539] Aus der Gesamtschau der Urteilsbegründung ergibt sich jedoch, dass es sich hier lediglich um ein Hilfsargument handelte, nicht hingegen um eine Anwendung des Art. 30 EG (nunmehr Art. 36 AEUV) als Rechtfertigungsgrundlage.[540]

#### *d) Ergebnis*

Der Rechtfertigungsgrund „Schutz der Gesundheit und des Lebens von Menschen, Tieren und Pflanzen" kann demzufolge nicht dahingehend ausgelegt werden, dass er den Schutz der Umwelt umfasst. Eine weite Auslegung dieses Rechtfertigungstatbestands mit dem Ergebnis, dass auch der mittelbare Schutz von Leben und Gesundheit, der bei Maßnahmen, die unmittelbar dem Umweltschutz Rechnung tragen, umfasst wird, ist nicht zulässig.

### *3. Erweiterung des Art. 36 AEUV auf Umweltschutz*

Schließlich kommt eine Auslegung des Art. 36 Satz 1 AEUV dahingehend in Betracht, dass er den Schutz der Umwelt als ungeschriebenen Rechtfertigungsgrund neben den in Art. 36 Satz 1 AEUV geschriebenen Rechtfertigungsgründen umfasst.[541] Der EuGH hat mehrfach bestätigt, dass Art. 36 AEUV den Schutz von Interessen nichtwirtschaftlicher Art bezweckt.[542] Dies lässt sich bereits aus der Natur der in Art. 36 Satz 1 AEUV aufgezählten Gründe schließen. Weder die öffentliche Sittlichkeit, Ordnung und Sicherheit, noch der Schutz der Gesundheit und des Lebens von Menschen, Tieren oder Pflanzen, noch das nationale Kulturgut von künstlerischem, geschichtlichem oder archäologischem Wert, noch das gewerbliche oder kommerzielle Eigentum stellen Gründe wirtschaftlicher Art dar. Bestätigt wird die Beschränkung der Rechtfertigungsgründe auf Gründe nichtwirtschaftlicher Art durch Art. 36 Satz 2 AEUV, der bestimmt, dass die Ver-

---

geblieben sei, lediglich übernommen worden seien, Generalanwalt Jacobs, Schlussanträge v. 26.10.2000 in der Rs. C-379/98 (PreussenElektra), Slg. 2001, I-2099, Rn. 232.

539 EuGH Rs. C-379/98 (PreussenElektra) Urt. v. 13.03.2001, Slg. 2001, I-2099, Rn. 75.

540 Ebenso Weck, S. 163. Im Gegensatz dazu sehen Horspool/Humpreys, Rn. 10.77 – allerdings mit kritischer Würdigung – eine Einbeziehung des Umweltschutzes in den Gesundheitsschutz unter Verweis auf die Rs. *PreussenElektra*. Ebenso wohl Meyer, S. 49 und Ruge, EuZW 2001, 242, 248.

541 So jedenfalls Nagel, ZNER 2001, 231, 234.

542 EuGH Rs. C-7/61 (Kommission./.Italien) Urt. v. 19.12.1961, Slg. 1961, 635, 720; EuGH Rs. C-72/83 (Campus Oil) Urt. v. 10.07.1984, Slg. 1984, 2727, Rn. 35.

bote oder Beschränkungen, die aus den in Satz 1 aufgeführten Gründen gerechtfertigt sind, weder ein Mittel zur willkürlichen Diskriminierung noch eine verschleierte Beschränkung des Handels zwischen den Mitgliedstaaten darstellen dürfen.[543] Der EuGH fordert, dass einem Mitgliedstaat nicht gestattet werden könne, sich den Wirkungen der im EG vorgesehenen Maßnahmen unter Berufung auf wirtschaftliche Schwierigkeiten zu entziehen, die durch die Beseitigung der Beeinträchtigungen des innergemeinschaftlichen Handels entstünden.[544] Da der Umweltschutz nicht als Interesse wirtschaftlicher Art in diesem Kontext einzuordnen ist, steht das Telos des Art. 36 Satz 1 AEUV einer Einbeziehung des Umweltschutzes jedenfalls nicht entgegen.

In der Rs. *Irish Souvenirs* hatte der EuGH sich unter anderem der Frage zu widmen, ob Art. 36 EGV (nunmehr Art. 36 AEUV) auch die Rechtfertigungsgründe „Verbraucherschutz" und „Lauterkeit des Handelsverkehrs" einschließt.[545] Dies verneinte der EuGH ausdrücklich mit dem Hinweis, dass die in Art. 36 Satz 1 AEUV aufgeführten Ausnahmen nicht auf andere als die dort abschließend aufgezählten Fälle ausgedehnt werden könnten.[546] Gründe, die nicht zu den in Art. 36 EGV (nunmehr Art. 36 AEUV) genannten Ausnahmen gehören, könnten nicht als solche im Rahmen dieses Artikel geltend gemacht werden.[547] Damit ist bei der Auslegung des Art. 36 Satz 1 AEUV zugrunde zu legen, dass es sich bei den dort aufgeführten Rechtfertigungsgründen um eine enumerative Aufzählung handelt. Dies steht einer Erweiterung des Art. 36 Satz 1 AEUV auf den Umweltschutz als Rechtfertigungsgrund entgegen.

### *4. Zusammenfassung*

Nach alldem bleibt festzuhalten, dass der Schutz der Umwelt in Art. 36 AEUV keine Berücksichtigung erfahren hat.[548] Er ist zum einen nicht von dem geschriebenen Rechtfertigungsgrund „Schutz der Gesundheit und des Lebens von Menschen, Tieren und Pflanzen" erfasst. Zum anderen kann der Umweltschutz nicht als ungeschriebener Rechtfertigungsgrund in Ergänzung zu den in Art. 36 AEUV ausdrücklich aufgeführten Gründen anerkannt werden, da es sich bei der Aufzählung in Art. 36 AEUV um eine abschließende Aufzählung handelt. Demzufolge stellt Art. 36 Satz 1 AEUV keine Rechtsgrundlage dar, aufgrund derer nationale Regelungen zum Schutz der Umwelt gerechtfertigt werden können. Ein

543 So auch EuGH in Rs. C-7/61 (Kommission./.Italien) Urt. v. 19.12.1961, Slg. 1961, 635, 720.
544 EuGH Rs. C-72/83 (Campus Oil) Urt. v. 10.07.1984, Slg. 1984, 2727, Rn. 35.
545 EuGH Rs. C-113/80 (Irish Souvenirs) Urt. v. 17.06.1981, Slg. 1981, 1625, Rn. 5.
546 EuGH Rs. C-113/80 (Irish Souvenirs) Urt. v. 17.06.1981, Slg. 1981, 1625, Rn. 7.
547 EuGH Rs. C-113/80 (Irish Souvenirs) Urt. v. 17.06.1981, Slg. 1981, 1625, Rn. 8.
548 A. A. Gronau/Topp, ZNER 2001, 141, 145; Nagel, ZNER 2001, 231, 234.

nationaler Gesetzgeber kann Instrumente zum Schutz der Umwelt somit nicht unter Berufung auf Art. 36 Satz 1 AEUV so ausgestalten, dass sie den zwischenstaatlichen Handel beeinträchtigen.

## II. Umweltschutz als zwingendes Erfordernis im Sinne der Cassis-Rechtsprechung

Nach dem EuGH müssen Hemmnisse des freien Warenverkehrs hingenommen werden, sofern die den Hemmnissen zugrunde liegenden Regelungen notwendig sind, um einem zwingenden Erfordernis gerecht zu werden.[549] Diese in der Rs. *Cassis de Dijon* 1979 entwickelte so genannte Cassis-Formel bildet seitdem eine dogmatische Grundlage für die Zulässigkeit von Beeinträchtigungen der Warenverkehrsfreiheit. In Anbetracht dessen stellt sich die Frage, ob und unter welchen Voraussetzungen umweltpolitische Steuerungsinstrumente wie die deutschen Abnahme- und Vergütungsinstrumente, die Maßnahmen gleicher Wirkung darstellen, auf dieser dogmatischen Grundlage eine Rechtfertigung erfahren können, so dass sie nicht vom Verbot des Art. 34 AEUV erfasst werden. Neben Ausführungen zum Inhalt der Cassis-Formel (1.) und dem Schutz der Umwelt als zwingendem Erfordernis (2.) stehen Reichweite und Grenzen der rechtfertigenden Wirkung der Cassis-Formel im Fokus der Untersuchung (3.).

### *1. Die Cassis-Formel*

#### *a) Entwicklung der Cassis-Formel*

Die Cassis-Formel verdankt Entwicklung und Namen dem französischen Fruchtsaftlikör „Cassis de Dijon" mit einem Weingeistgehalt von 15–20 Prozent, den die Rewe-AG nach Deutschland einführen wollte. Die Einfuhr dieses Likörs wurde von der deutschen Bundesmonopolverwaltung untersagt, weil nach dem Branntweinmonopolgesetz nur solche Fruchtsaftliköre als verkehrsfähig galten, die einen Mindestweingeistgehalt von 25 Prozent aufwiesen.[550] Gegen die Untersagung der Einfuhr erhob die Rewe-AG vor dem zuständigen Finanzgericht Klage. Dieses legte dem EuGH die Frage vor, ob der Begriff der Maßnahme gleicher Wirkung wie eine mengenmäßige Einfuhrbeschränkung so auszulegen sei, dass auch die vorstehend genannte Regelung des Branntweinmonopolgesetzes darunter falle. Der EuGH führte hierzu aus, dass es Sache der Mitgliedstaaten sei,

549 EuGH Rs. C-120/78 (Cassis de Dijon) Urt. v. 20.02.1979, Slg. 1979, 649, Rn. 8, 14.
550 EuGH Rs. C-120/78 (Cassis de Dijon) Urt. v. 20.02.1979, Slg. 1979, 649, Rn. 3.

alle die Herstellung und Vermarktung einer Ware betreffenden Vorschriften für ihr Hoheitsgebiet zu erlassen. Hemmnisse für den Binnenhandel der Gemeinschaft, die sich aus den Unterschieden der nationalen Regelungen über die Vermarktung dieser Erzeugnisse ergeben, müssten hingenommen werden, soweit diese Bestimmungen notwendig seien, um zwingenden Erfordernissen gerecht zu werden.[551] Vergleichbar mit Regelbeispielen führte der EuGH exemplarisch zwingende Erfordernisse an: Dazu zählten die Erfordernisse einer wirksamen steuerlichen Kontrolle, des Schutzes der öffentlichen Gesundheit, der Lauterkeit des Handelsverkehrs und des Verbraucherschutzes.[552] Im Hinblick auf das deutsche Branntweinmonopolgesetz gelangte der EuGH zu dem Schluss, dass die Bestimmungen kein im allgemeinen Interesse liegendes Ziel verfolgten, das den Erfordernissen des freien Warenverkehrs vorginge, der eine der Grundlagen der Gemeinschaft (bzw. nun Europäischen Union) darstelle.[553]

Ausgehend von dieser Rechtsprechung in der Rs. *Cassis de Dijon* bildete der EuGH in späteren Urteilen folgende Formel heraus und entwickelte so eine ständige Rechtsprechung zur Legitimation von nationalen Maßnahmen mit Eignung zur Handelsbeeinträchtigung: „In Ermangelung einer gemeinschaftlichen Regelung des Inverkehrbringens der betreffenden Erzeugnisse sind Hemmnisse für den freien Binnenhandel der Gemeinschaft, die sich aus den Unterschieden der nationalen Regelungen ergeben, hinzunehmen, soweit eine solche nationale Regelung, die unterschiedslos für einheimische wie für eingeführte Erzeugnisse gilt, dadurch gerechtfertigt werden kann, dass sie notwendig ist, um zwingenden Erfordernissen des Gemeinschaftsrechts gerecht zu werden. Die Regelung muss allerdings in einem angemessenen Verhältnis zum verfolgten Zweck stehen. Hat ein Mitgliedstaat die Wahl zwischen verschiedenen zur Erreichung desselben Ziels geeigneten Mitteln, so hat er das Mittel zu wählen, das den freien Warenverkehr am wenigsten beeinträchtigt."[554]

Der EuGH sieht damit – bei Vorliegen der in der Cassis-Formel aufgeführten Voraussetzungen – Hemmnisse für den freien Binnenhandel als zulässig an, wenn diese auf nationale Regelungen zurückgehen, die notwendig sind, um zwingenden Erfordernissen gerecht zu werden.

551 EuGH Rs. C-120/78 (Cassis de Dijon) Urt. v. 20.02.1979, Slg. 1979, 649, Rn. 8.

552 EuGH Rs. C-120/78 (Cassis de Dijon) Urt. v. 20.02.1979, Slg. 1979, 649, Rn. 8.

553 EuGH Rs. C-120/78 (Cassis de Dijon) Urt. v. 20.02.1979, Slg. 1979, 649, Rn. 14.

554 EuGH Rs. C-178/84 (Reinheitsgebot für Bier) Urt. v. 12.03.1987, Slg. 1987, 1227, Rn. 28; EuGH Rs. C-302/86 (Dänische Pfandflaschen) Urt. v. 20.09.1988, Slg. 1988, 4607, Rn. 6; EuGH Rs. C-267+268/91 (Keck und Mithouard) Urt. v. 24.11.1993, Slg. 1993, I-6097, Rn. 15.

### *b) Die Cassis-Formel als Rechtfertigungsgrundlage*

In dogmatischer Hinsicht ist umstritten, ob der Tatbestand des Art. 34 AEUV auf Grundlage der Cassis-Formel mit der Folge eingeschränkt wird, dass eine zu beurteilende nationale Regelung bereits keine Maßnahme gleicher Wirkung darstellen würde, oder ob die Cassis-Formel eine Rechtfertigungsgrundlage mit der Konsequenz darstellt, dass eine nationale Regelung zwar eine Maßnahme gleicher Wirkung wie eine mengenmäßige Einfuhrbeschränkung im Sinne des Art. 34 AEUV darstellen kann, aber – bei Vorliegen der Voraussetzungen der Cassis-Formel – gerechtfertigt ist.

Zum Teil wird die Auffassung vertreten, es handele sich bei der Cassis-Formel um eine tatbestandsimmanente Schranke, der eine tatbestandsausschließende Wirkung zukomme.[555] Für diese Auffassung finden sich Anhaltspunkte in der Struktur und dem Aufbau einiger EuGH-Urteile: In der Rs. *Irish Souvenirs*, der eine irische Regelung zugrunde lag, nach der eingeführte Waren mit einer Ursprungsangabe oder dem Wort „foreign" versehen werden mussten, prüfte der EuGH, ob es mit Hilfe zwingender Erfordernisse möglich sei, das Vorliegen von Maßnahmen gleicher Wirkung wie mengenmäßige Einfuhrbeschränkungen zu verneinen.[556] Ebenso prüfte der EuGH in der Rs. *Rau* nach Nennung der Cassis-Formel, ob eine belgische Regelung zur Verpackung von Margarine die Voraussetzungen dieser Formel erfülle, um schließlich nach Verneinung zu dem Ergebnis zu kommen, dass es sich um eine Maßnahme gleicher Wirkung handele.[557] Diese Rechtsprechungsnachweise sprechen dafür, dass er die Cassis-Formel zur Feststellung von Tatbestandsmerkmalen des Art. 34 AEUV anwendet.

Ebenso lässt sich aber auch in einer Vielzahl von Urteilen ein Prüfungsaufbau finden, der nahelegt, die Cassis-Formel auf Rechtfertigungsebene anzusiedeln: So gliederte der EuGH in den Rs. *Buet* und *Ker-Optica/ANTSZ* die Urteile so, dass er zunächst zum Bestehen eines Einfuhrhindernisses Stellung nahm und erst nach dessen Bejahung prüfte, ob das festgestellte Einfuhrhindernis mit dem Erfordernis des Verbraucherschutzes bzw. Gesundheitsschutzes unter Bezugnahme auf die Cassis-Formel zu rechtfertigen sei.[558] Sowohl die Tatbestandsprüfung als auch die Rechtfertigungsprüfung machte er durch entsprechende

555 Elspas, S. 159; Gellermann, DVBl 2000, 509, 515; so auch früher Leible in: Grabitz/Hilf, EGV Art. 28 Rn. 20, der jetzt jedoch mit Verweis auf die Rechtsprechungsentwicklung des EuGH von einem Rechtfertigungsgrund ausgeht (vgl. Leible/Streinz in: Grabitz/Hilf/Nettesheim, AEUV Art. 34 Rn. 101).

556 EuGH Rs. C-113/80 (Irish Souvenirs) Urt. v. 17.06.1981, Slg. 1981, 1625, Rn. 8 f.

557 EuGH Rs. C-261/81 (Rau) Urt. v. 10.11.1982, Slg. 1982, 3961, Rn. 12, 20.

558 EuGH Rs. C-382/87 (Buet) Urt. v. 16.05.1989, Slg. 1989, 1235, Rn. 7 ff. und 10 ff; EuGH Rs. C-108/09 (Ker-Optica/ANTSZ) Urt. v. 02.12.2010, Rn. 46 ff.

Überschriften kenntlich.[559] Dies entspricht auch der Prüffolge in der Rs. *Guimont*: Der EuGH stellte zunächst fest, dass eine Maßnahme gleicher Wirkung wie eine mengenmäßige Einfuhrbeschränkung im Sinne der Dassonville-Rechtsprechung vorliege, wenn eine französische Regelung den Vertrieb eines Käses ohne Rinde unter der Bezeichnung Emmentaler verbietet, selbst wenn dieser Käse in einem anderen Mitgliedstaat rechtmäßig unter dieser Bezeichnung in den Verkehr gebracht wurde.[560] Erst dann kommt er zur Prüfung der Voraussetzungen der Cassis-Formel, die er einleitet mit den Worten: „Eine solche Vorschrift kann nach der Rechtsprechung des Gerichtshofes dennoch im Einklang mit dem Gemeinschaftsrecht stehen."[561] Nach Verneinung der Voraussetzungen gelangt er schließlich zu dem Ergebnis, dass Art. 30 EGV (nunmehr Art. 34 AEUV) einem Mitgliedstaat die vorstehend beschriebene Vorgehensweise verwehre.[562] In dieser Prüffolge berücksichtigt der EuGH die Cassis-Formel demzufolge nicht zur Feststellung des Tatbestandsmerkmals der Maßnahme gleicher Wirkung wie eine mengenmäßige Einfuhrbeschränkung, sondern auf Rechtfertigungsebene.[563] Für eine Einordnung der Cassis-Formel auf Rechtfertigungsebene sprechen auch die EuGH-Urteile in den Rs. *Radlberger* und *Dosenpfand*: Hier prüfte er zunächst das Bestehen eines Handelshemmnisses aufgrund der Verpflichtung in der deutschen Verpackungsverordnung, ein Pfand- und Rücknahmesystem für Leerverpackungen von Getränken einzuführen.[564] Anschließend verneinte er eine Rechtfertigung aus Gründen des Umweltschutzes unter Berufung auf die

559 EuGH Rs. C-382/87 (Buet) Urt. v. 16.05.1989, Slg. 1989, 1235, Gliederungspunkte a) und b); EuGH Rs. C-108/09 (Ker-Optica/ANTSZ) Urt. v. 02.12.2010, Rn. 46 und 56.

560 EuGH Rs. C-448/98 (Guimont) Urt. v. 05.12.2000, Slg. 2000, I-10663, Rn. 25 i. V.m. 3–11.

561 EuGH Rs. C-448/98 (Guimont) Urt. v. 05.12.2000, Slg. 2000, I-10663, Rn. 25 i. V.m. 27.

562 EuGH Rs. C-448/98 (Guimont) Urt. v. 05.12.2000, Slg. 2000, I-10663, Rn. 35 i. V.m. Rn 28–34.

563 Demgegenüber interpretiert Fremuth, EuR 2006, 866, 869, die Vorgehensweise des EuGH im Guimont-Urteil dahingehend, dass die Cassis-Formel bereits im Tatbestand zum Tragen komme: Nach seiner Auffassung stelle der EuGH hier abstrakt fest, dass zwingende Erfordernisse bei der Auslegung des Art. 28 EG (nunmehr 34 AEUV) und der Klärung der Tragweite des Verbots zu berücksichtigen seien. Griffen die zwingenden Erfordernisse ein, folge daraus, dass Art. 28 EG (nunmehr Art. 34 AEUV) nicht gelte. Griffen sie nicht ein, fielen die nationalen Regelungen in das Verbot des Art. 28 EG (Art. 34 AEUV). Angesichts der aufgezeigten klaren Prüfungsfolge des EuGH, die mit dem Vorliegen einer Maßnahme gleicher Wirkung wie eine mengenmäßige Einfuhrbeschränkung – mithin dem Tatbestand – beginnt und sodann auf die Cassis-Formel eingeht, um auf dieser Basis zu beurteilen, ob Art. 28 EG (Art. 34 AEUV) der Regelung nun entgegensteht oder nicht, wird deutlich, dass der EuGH im Guimont-Urteil die Cassis-Gründe auf der Rechtfertigungsebene ansiedelt.

564 EuGH Rs. C-463/01 (Dosenpfand) Urt. v. 14.12.2004, Slg. 2004, I-11763, Rn. 53 ff.; EuGH Rs. C-309/02 (Radlberger) Urt. v. 14.12.2004, Slg. 2004, I-11763, Rn. 60 ff.

Cassis-Formel.[565] Dem entspricht schließlich auch das Urteil in der Rs. *Kommission/Österreich*, in dem der EuGH die Frage nach dem Vorliegen einer Beeinträchtigung des freien Warenverkehrs durch ein österreichisches LKW-Fahrverbot klar von der sich anschließenden Frage einer möglichen Rechtfertigung der Beeinträchtigung trennte und dies ebenfalls durch entsprechende Überschriften kenntlich machte.[566] Schließlich bezeichnet der EuGH in der Rs. *Schmuckhandels GesmbH* das zwingende Erfordernis „Verbraucherschutz" als Rechtfertigungsgrund.[567]

Da sich der Prüfungsreihenfolge, die den Urteilen des EuGH zu entnehmen ist, sowohl Argumente für eine Einordnung der Cassis-Formel als tatbestandsimmanente Schranke als auch für eine Einordnung auf Rechtfertigungsebene entnehmen lassen, kann auf dieser Basis allein keine zweifelsfreie dogmatische Einordnung der Cassis-Formel erfolgen.[568]

Zu berücksichtigen sind daher weitere Anhaltspunkte, die sich unmittelbar aus der Cassis-Formel selbst ableiten lassen: In der Formel heißt es: „Hemmnisse für den Binnenhandel der Gemeinschaft, die sich aus Unterschieden nationaler Regelungen (...) ergeben, müssen hingenommen werden, soweit (...)."[569] Die Cassis-Formel setzt damit eine bereits festgestellte Maßnahme gleicher Wirkung im Sinne des Art. 34 AEUV voraus. Denn wenn sich aus einer nationalen Regelung Hemmnisse für den freien Binnenhandel ergeben (so die Cassis-Formel), dann bedeutet das gleichzeitig, dass diese nationale Regelung geeignet ist, den innergemeinschaftlichen Handel (bzw. den Handel innerhalb der Union) tatsächlich oder potentiell, unmittelbar oder mittelbar zu beeinträchtigen, so dass sie eine Maßnahme gleicher Wirkung wie eine mengenmäßige Einfuhrbeschränkung im Sinne der Dassonville-Formel darstellt.[570] Daher könnte die Cassis-Formel auch folgendermaßen lauten: „Maßnahmen gleicher Wirkung wie mengenmäßige Einfuhrbeschränkungen müssen hingenommen werden, soweit (...)". Den materiellen Regelungsgehalt der Cassis-Formel ließe diese Formulierung jedenfalls unberührt.

Daraus folgt, dass zunächst festzustellen ist, ob Hemmnisse für den Binnenhandel bestehen bzw. eine Maßnahme gleicher Wirkung vorliegt. Mit deren Vor-

565 EuGH Rs. C-463/01 (Dosenpfand) Urt. v. 14.12.2004, Slg. 2004, I-11705, Rn. 70ff.; EuGH Rs. C-309/02 (Radlberger) Urt. v. 14.12.2004, Slg. 2004, I-11763, Rn. 75ff.

566 EuGH Rs. C-320/03 (Kommission/Österreich) Urt. v. 15.11.2005, Rn. 63ff. und 70ff.

567 EuGH Rs. C-441/04 (Schmuckhandels GesmbH) Urt. v. 23.02.2006, Rn. 27.

568 So auch Fremuth, EuR 2006, 866, 871.

569 EuGH Rs. C-120/78 (Cassis de Dijon) Urt. v. 20.02.1979, Slg. 1979, 649, Rn. 8; EuGH Rs. C-178/84 (Reinheitsgebot für Bier) Urt. v. 12.03.1987, Slg. 1987, 1227, Rn. 28; EuGH Rs. C-302/86 (Dänische Pfandflaschen) Urt. v. 20.09.1988, Slg. 1988, 4607, Rn. 6; EuGH Rs. C-267+268/91 (Keck und Mithouard) Urt. v. 24.11.1993, Slg. 1993, I-6097, Rn. 15.

570 Vgl. Teil 3: A. III. 1.

liegen gilt auch der Tatbestand des Art. 34 AEUV als erfüllt. Erst dann erfolgt die Prüfung der Voraussetzungen der Cassis-Formel, gleichsam als Prüfung einer Rechtfertigung. Dafür spricht auch ein Vergleich mit der Keck-Formel. Nach deren Wortlaut ist eine Maßnahme bei Vorliegen entsprechender Voraussetzungen „nicht geeignet, den innergemeinschaftlichen Handel (...) zu beeinträchtigen".[571] Hier macht der EuGH deutlich, dass bereits der Tatbestand des Art. 34 AEUV nicht erfüllt ist. In der Cassis-Formel hat er sich dieser Wortwahl gerade nicht bedient, sondern legt hier vielmehr fest, wann Beeinträchtigungen, d. h. Hemmnisse des Handels, hingenommen werden müssen.[572]

Des Weiteren prüft der EuGH im Rahmen der Cassis-Formel die Verhältnismäßigkeit der nationalen Maßnahme: So führt er formelartig aus: „Die Regelung muss allerdings in einem angemessenen Verhältnis zum verfolgten Zweck stehen. Hat ein Mitgliedstaat die Wahl zwischen verschiedenen zur Erreichung desselben Ziels geeigneten Mitteln, so hat er das Mittel zu wählen, das den freien Warenverkehr am wenigsten beeinträchtigt."[573] Bei einem Verstoß gegen den Grundsatz der Verhältnismäßigkeit verneint der EuGH folgerichtig eine Vereinbarkeit der nationalen Maßnahme mit Art. 34 AEUV.[574] Eine solche Prüfung der Verhältnismäßigkeit erfolgt in der Regel nicht auf Tatbestandsebene, sondern erst auf Rechtfertigungsebene.[575] Die Berücksichtigung des Grundsatzes der Verhältnismäßigkeit spricht mithin ebenfalls dafür, dass die Cassis-Formel eine Rechtfertigungsgrundlage darstellt. Dies unterscheidet sie von der Keck-Formel, die unstrittig die Weite der Dassonville-Formel einschränkt und damit auf Tatbestandsebene geprüft wird.[576] Im Rahmen der Keck-Formel ist eine Prüfung der Verhältnismäßigkeit nicht vorgesehen.[577]

Der Wortlaut und die Systematik der Cassis-Formel sowie deren Abgrenzung zur Keck-Formel lassen damit den Schluss zu, dass diese keine Tatbestandseinschränkung, sondern eine Rechtfertigungsgrundlage darstellt.[578] Daher lässt sich resümieren, dass auf der Grundlage der Cassis-Formel eine Rechtfertigung von

---

571 Vgl. Teil 3: A. III. 2.

572 Fremuth, EuR 2006, 866, 874.

573 EuGH Rs. C-178/84 (Reinheitsgebot für Bier) Urt. v. 12.03.1987, Slg. 1987, 1227, Rn. 28; EuGH Rs. C-302/86 (Dänische Pfandflaschen) Urt. v. 20.09.1988, Slg. 1988, 4607, Rn. 6; EuGH Rs. C-267+268/91 (Keck und Mithouard) Urt. v. 24.11.1993, Slg. 1993, I-6097, Rn. 15.

574 EuGH Rs. C-320/03 (Lkw-Fahrverbot) Urt. v. 15.11.2005, Slg. 2003, I-7929, Rn. 91.

575 So auch Fremuth, EuR 2006, 866, 875.

576 Vgl. Teil 3: A. III. 2.

577 Vgl. Teil 3: A. III. 2.

578 Im Ergebnis ebenso: Bieber/Epiney/Haag, § 11 Rn. 57, Schroeder in: Streinz, Art. 28 EGV, Rn. 73.

Maßnahmen gleicher Wirkung wie mengenmäßigen Einfuhrbeschränkungen erfolgen kann.[579]

### 2. *Umweltschutz als zwingendes Erfordernis*

Bereits im Cassis de Dijon-Urteil führte der EuGH exemplarisch die Erfordernisse einer wirksamen steuerlichen Kontrolle, des Schutzes der öffentlichen Gesundheit, der Lauterkeit des Handelsverkehrs und des Verbraucherschutzes als zwingende Erfordernisse an.[580] Diese Aufzählung ist jedoch nicht abschließend. Vielmehr wird der Kreis der zwingenden Erfordernisse vom EuGH stetig erweitert. Auf diese Weise trägt er der Entwicklung von Recht und Gesellschaft Rechnung.[581] Im Folgenden werden die zwingenden Erfordernisse dargestellt, die der EuGH nach dem gegenwärtigen Stand der Rechtsprechung als solche anerkennt [a)]. Vertiefte Ausführungen zu Inhalt und Umfang erfolgen dabei im Hinblick auf den Umweltschutz [b)].

#### *a) Umfang der zwingenden Erfordernisse*

In einer Vielzahl von Urteilen hat der EuGH den Kreis der zwingenden Erfordernisse erweitert, der nach dem Cassis de Dijon-Urteil zunächst aus einer wirksamen steuerlichen Kontrolle, dem Schutz der öffentlichen Gesundheit, der Lauterkeit des Handelsverkehrs und dem Verbraucherschutz bestand.[582] Als zwingende Erfordernisse erkannte der EuGH schließlich den in den Bereich der Sozialpolitik einzuordnenden Arbeitsschutz[583] und den Schutz der Systeme der sozialen Sicherheit[584] an. Eine weitere Gruppe zwingender Erfordernisse stellt der Schutz kultu-

579 Im Ergebnis wohl ebenso: Bieber/Epiney/Haag, § 11 Rn. 55 ff., 57 (dafür spricht die Erläuterung der Cassis-Rechtsprechung im Abschnitt Rechtfertigungsabschnitt, in Rn. 59 finden sich aber auch Argumente für beide dogmatische Grundlagen); Ehricke, RdE 2003, 57, 63; jedenfalls aber Fremuth, EuR 2006, 866, 877; Horspool/Humpreys, Rn. 10.31; Oliver, Free Movement of Goods in the European Community, Rn. 8.06.

580 EuGH Rs. C-120/78 (Cassis de Dijon) Urt. v. 20.02.1979, Slg. 1979, 649, Rn. 8.

581 Mayer, EuR 2003, S. 793, 798.

582 EuGH Rs. C-120/78 (Cassis de Dijon) Urt. v. 20.02.1979, Slg. 1979, 649, Rn. 8. Diese im Cassis de Dijon-Urteil herangezogenen zwingenden Erfordernisse wurden aufgegriffen in EuGH Rs. C-120/95 (Decker), Urt. v. 28.04.1998, Slg. 1998, I-1831, Rn. 39; EuGH Rs. C-322/01 (DocMorris), Urt. v. 11.12.2003, Slg. 2003, I-14887, Rn. 122; EuGH Rs. C-193/80 (Essig) Urt. v. 09.12.1981, Slg. 1981, 3019, Rn. 21; EuGH Rs. C-389/96 (Aher-Waggon) Urt. v. 14.07.1998, Slg. 1998, I-4473, Rn. 19; EuGH Rs. C-788/79 (Obstessig) Urt. v. 26.06.1980, Slg. 1980, 2071, Rn. 6, und u. a. EuGH Rs. C-269/89 (Bonfait) Urt. v. 13.11.1990, Slg. 1990, I-4169, Rn. 11.

583 EuGH Rs. C-155/80 (Oebel) Urt. v. 14.07.1981, Slg. 1981, 1993, Rn. 11 i. V. m. 15 f.

584 EuGH Rs. C-120/95 (Decker) Urt. v. 28.04.1998, Slg. 1998, I-1831, Rn. 39; EuGH Rs. C-158/96 (Kohll) Urt. v. 28.04.1998, Slg. 1998, I-1931, Rn. 41.

reller Zwecke[585], die Erhaltung der Medienvielfalt[586] sowie die Aufrechterhaltung eines pluralistischen Rundfunkwesens[587] dar. Schließlich zählt auch der Umweltschutz zum nicht geschlossenen Kreis der zwingenden Erfordernisse.[588]

Bei dieser Aufzählung handelt es sich nicht um eine abschließende Aufzählung bzw. einen numerus clausus zwingender Erfordernisse. Hinzukommen können daher jederzeit weitere Erfordernisse. Diese sind nicht in positiver Hinsicht an Voraussetzungen geknüpft. Der EuGH hat lediglich in den Rs. *Decker*, *Kohll* und *DocMorris* herausgestellt, dass rein wirtschaftliche Gründe eine Beschränkung des elementaren Grundsatzes des freien Warenverkehrs nicht rechtfertigen.[589] Mithin stellen rein wirtschaftliche Gründe keine zwingenden Erfordernisse dar.[590] Des Weiteren stellt der EuGH keine Anforderungen an die dogmatische Herleitung der zwingenden Erfordernisse. Es existiert kaum Rechtsprechung, der zu entnehmen ist, auf welche dogmatische Grundlage der EuGH ein zwingendes Erfordernis stützt. Dies folgt bereits aus dem Cassis-Urteil, in dem er zwingende Erfordernisse nennt, ohne deren normative Herleitung zu erklären.[591] Lediglich im Hinblick auf den Umweltschutz und der Erhaltung der Medienvielfalt lassen sich der EuGH-Rechtsprechung dogmatische Grundlagen entnehmen. So wird der Umweltschutz als zwingendes Erfordernis in der Rs. *Dänische Pfandflaschen* durch die einheitliche Europäische Akte legitimiert, auf die der Umwelttitel in Art. 191 ff. AEUV zurückgeht.[592] Das zwingende Erfordernis der Erhaltung der Medienvielfalt stützt der EuGH in den Rs. *Collectieve Antennevoorziening Gouda* und *Familiapress* auf Art. 10 EMRK.[593]

---

585 EuGH Rs. C-60 und 61/84 (Cinéthèque./.Fédération Nationale des Cinémas Français) Urt. v. 11.07.1985, Slg. 1985, 2605, Rn. 22 f.

586 EuGH Rs. C-368/95 (Familiapress) Urt. v. 26.06.1997, Slg. 1997, 3689, Rn. 18.

587 EuGH Rs. C-288/89 (Collectieve Antennevoorziening Gouda) Urt. v. 25.07.1991, Slg. 1991, I-4007, Rn. 23.

588 EuGH Rs. C-240/83 (ADBHU) Urt. v. 07.02.1985, Slg. 1985, 531, Rn. 15; EuGH Rs. C-302/86 (Dänische Pfandflaschen) Urt. v. 20.09.1988, Slg. 1988, 4607, Rn. 9. Vgl. zum Umweltschutz als zwingendes Erfordernis die nachfolgenden Ausführungen.

589 EuGH Rs. C-120/95 (Decker) Urt. v. 28.04.1998, Slg. 1998, I-1831, Rn. 39; EuGH Rs. C-158/96 (Kohll) Urt. v. 28.04.1998, Slg. 1998, I-1931, Rn. 41; EuGH Rs. C-322/01 (DocMorris) Urt. v. 11.12.2003, Slg. 2003, I-14887, Rn. 122.

590 Dem widerspricht nicht, dass der Schutz der Systeme der sozialen Sicherheit als zwingendes Erfordernis anerkannt ist [vgl. EuGH Rs. C-120/95 (Decker) Urt. v. 28.04.1998, Slg. 1998, I-1831, Rn. 39, 122; EuGH Rs. C-158/96 (Kohll) Urt. v. 28.04.1998, Slg. 1998, I-1931, Rn. 41]: Im Vordergrund steht hier nicht das wirtschaftliche Interesse, sondern das allgemeine, nicht wirtschaftliche Interesse an sozialer Sicherung, das der Sozialpolitik zuzuordnen ist.

591 EuGH Rs. C-120/78 (Cassis de Dijon) Urt. v. 20.02.1979, Slg. 1979, 649, Rn. 8.

592 EuGH Rs. C-302/86 (Dänische Pfandflaschen) Urt. v. 20.09.1988, Slg. 1988, 4607, Rn. 8.

593 EuGH Rs. C-288/89 (Collectieve Antennevoorziening Gouda) Urt. v. 25.07.1991, Slg. 1991, I-4007, Rn. 23; EuGH Rs. C-368/95 (Familiapress) Urt. v. 26.06.1997, Slg. 1997, 3689, Rn. 24 f.

### *b) Umweltschutz als zwingendes Erfordernis*

In der Rs. *ADBHU*, der die Frage zugrunde lag, ob und inwieweit Beeinträchtigungen des innergemeinschaftlichen Handels aus Gründen des Umweltschutzes gerechtfertigt sein könnten, erklärte der EuGH den Umweltschutz zu einem im Allgemeininteresse liegenden Ziel.[594] In diesem Urteil wird weder ein ausdrücklicher Bezug zwischen Umweltschutz und dem Cassis-Urteil oder die dort entwickelte Formel hergestellt, noch wird der Umweltschutz ausdrücklich als ein zwingendes Erfordernis bezeichnet. Den Begriff der zwingenden Erfordernisse, mandatory requirements (in der engl. Fassung des Cassis-Urteils) oder exigences impératives (in der französischen Fassung des Cassis-Urteils) verwendet der EuGH in keiner Sprachfassung statisch, vielmehr bedient er sich auch Synonymen. So bezeichnet er die zwingenden Erfordernisse auch als „zwingende Gründe des Allgemeininteresses" (bzw. „overriding requirements of general public importance" und „exigences impératives à l'intérêt général")[595] oder auch als „Zweck, der im Allgemeininteresse liegt" (bzw. „public interest requirement" oder „but d'intérêt général")[596]. Diesen Begriffen entspricht die im ADBHU-Urteil gewählte Formulierung eines im Allgemeininteresse liegenden Ziels. Mithin darf die Rechtsprechung des EuGH in der Rs. *ADBHU* als Beginn der Kette jener Urteile angesehen werden, in denen Umweltschutz als ein zwingendes Erfordernis im Sinne der Cassis-Rechtsprechung anerkannt wird.

An die Rechtsprechung in der Rs. *ADBHU* knüpfte der EuGH kurze Zeit später in der Rs. *Dänische Pfandflaschen* an und stellte den unmittelbaren Zusammenhang zwischen Umweltschutz und Cassis-Formel her. Dem EuGH lag in diesem Fall die Frage vor, ob es mit Art. 30 EGV (nunmehr Art. 34 AEUV) vereinbar sei, wenn Produzenten nach einer nationalen Vorschrift Bier und Erfrischungsgetränke nur in vom nationalen Umweltamt genehmigten Mehrwegverpackungen in Verkehr bringen durften.[597] Unter Bezugnahme auf seine Rechtsprechung zum Cassis-Urteil prüfte er, ob damit einhergehende Hemmnisse für den freien Binnenhandel hinzunehmen seien. Dies sei der Fall, wenn die nationale Regelung unterschiedslos für einheimische wie für eingeführte Erzeugnisse gelte und dadurch gerechtfertigt werden könne, dass sie notwendig sei, um zwingenden Erfordernissen des Gemeinschaftsrechts gerecht zu werden.[598] Bezug nehmend

594 EuGH Rs. C-240/83 (ADBHU) Urt. v. 07.02.1985, Slg. 1985, 531, Rn. 15.

595 Vgl. EuGH Rs. C-34–36/95 (De Agostini und TV Shop) Urt. v. 09.07.1997, Slg. 1997, I-3843, Rn. 45; EuGH Rs. C-120/95 (Decker und Kohll) Urt. v. 28.04.1998, Slg. 1998, I-1831, Rn. 39.

596 EuGH Rs. C-120/95 (Decker und Kohll) Urt. v. 28.04.1998, Slg. 1998, I-1831, Rn. 39; EuGH Rs. C-322/01 (DocMorris) Urt. v. 11.12.2003, Slg. 2003, I-14887, Rn. 122.

597 EuGH Rs. C-302/86 (Dänische Pfandflaschen) Urt. v. 20.09.1988, Slg. 1988, 4607, Rn. 2.

598 EuGH Rs. C-302/86 (Dänische Pfandflaschen) Urt. v. 20.09.1988, Slg. 1988, 4607, Rn. 6.

auf die Rs. *ADBHU* führte der EuGH aus, dass er den Umweltschutz bereits als ein wesentliches Ziel der Gemeinschaft angesehen habe, das als solches bestimmte Beschränkungen des freien Warenverkehrs rechtfertigen könne. Auf dieser Grundlage erklärte er ausdrücklich, dass Umweltschutz ein solches zwingendes Erfordernis darstelle, das die Anwendung des Art. 30 EGV (nunmehr Art. 34 AEUV) einschränken könne.[599]

Seitdem setzt der EuGH ohne weitere Ausführungen voraus, dass zu den zwingenden Erfordernissen im Sinne der Cassis-Formel auch der Umweltschutz zählt.[600] Auf diese Weise hat sich eine ständige Rechtsprechung entwickelt, nach der nationale Maßnahmen, die geeignet sind, den Handel in der Union zu beeinträchtigen, durch zwingende Erfordernisse des Umweltschutzes unter Berücksichtigung der weiteren Voraussetzungen der Cassis-Doktrin gerechtfertigt werden können.[601]

### *3. Reichweite und Grenzen der rechtfertigenden Wirkung*

Für die Frage, inwieweit nationale Steuerungsinstrumente zum Schutz der Umwelt, die den Binnenhandel in der Union beeinträchtigen, auf der Grundlage der Cassis-Formel gerechtfertigt werden können, sind die Reichweite und Grenzen der Cassis-Formel zu untersuchen. Diese werden durch die Voraussetzungen bestimmt, die die Cassis-Formel an die zu rechtfertigende nationale Maßnahme stellt.

Nach der Formel, die der EuGH in der Rs. *Cassis de Dijon* entwickelte, sind Hemmnisse für den Binnenhandel der Union hinzunehmen, die sich aus den Unterschieden der nationalen Regelungen über die Vermarktung dieser Erzeugnisse ergeben, soweit diese Bestimmungen notwendig sind, um zwingenden Erfordernissen gerecht zu werden.[602] Aus dieser Formulierung folgt zunächst nur, dass die nationalen Regelungen notwendig sein müssen, um zwingenden Erfordernissen wie dem Erfordernis des Umweltschutzes gerecht zu werden. Diese

599 EuGH Rs. C-302/86 (Dänische Pfandflaschen) Urt. v. 20.09.1988, Slg. 1988, 4607, Rn. 9.

600 EuGH Rs. C-2/90 (Wallonische Abfälle) Urt. v. 9.07.1992, Slg. 1992, I-4431, Rn. 29; EuGH Rs. C-203/96 (Dusseldorp) Urt. v. 25.06.1998, Slg. 1998, I-4075, Rn. 44; EuGH Rs. C-389/96 (Aher-Waggon) Urt. v. 14.07.1998, Slg. 1998, I-4473, Rn. 19; EuGH Rs. C-463/01 (Dosenpfand) Urt. v. 14.12.2004, Slg. 2004, I-11705, Rn. 75; EuGH Rs. C-309/02 (Radlberger) Urt. v. 14.12.2004, Slg. 2004, I-11763, Rn. 75; EuGH Rs. C-320/03 (LKW-Fahrverbot) Urt. v. 15.11.2005, Slg. 2003, I-11665, Rn. 70; EuGH Rs. C-524/07 (Kommission./.Österreich) Urt. v. 11.12.2008, Rn. 57; EuGH Rs. C-142/05 (Aklagaren) Urt. v. 04.06.2009, Rn. 32.

601 Vgl. EuGH Rs. C-463/01 (Dosenpfand) Urt. v. 14.12.2004, Slg. 2004, I-11705, Rn. 75; EuGH Rs. C-309/02 (Radlberger) Urt. v. 14.12.2004, Slg. 2004, I-11763, Rn. 75; EuGH Rs. C-320/03 (LKW-Fahrverbot) Urt. v. 15.11.2005, Slg. 2003, I-11665, Rn. 70.

602 EuGH Rs. C-120/78 (Cassis de Dijon) Urt. v. 20.02.1979, Slg. 1979, 649, Rn. 8.

Rechtsprechung bildete jedoch nur den Ausgangspunkt für die Entwicklung der Formel, die der EuGH in späteren Urteilen als ständige Rechtsprechung entwickelte:[603] Gemäß der vollständigen Cassis-Formel sind Hemmnisse für den freien Binnenhandel der Gemeinschaft (nunmehr Union) hinzunehmen, die sich aus den Unterschieden der nationalen Regelungen ergeben, soweit eine solche nationale Regelung, die unterschiedslos für einheimische wie für eingeführte Erzeugnisse gilt, dadurch gerechtfertigt werden kann, dass sie notwendig ist, um zwingenden Erfordernissen des Unionsrechts gerecht zu werden. Die Regelung muss allerdings in einem angemessenen Verhältnis zum verfolgten Zweck stehen. Hat ein Mitgliedstaat die Wahl zwischen verschiedenen zur Erreichung desselben Ziels geeigneten Mitteln, so hat er das Mittel zu wählen, das den freien Warenverkehr am wenigsten beeinträchtigt.[604] Aus diesem Wortlaut lässt sich neben dem Erfordernis einer Verhältnismäßigkeitsprüfung[605] ableiten, dass die nationale Maßnahme unterschiedslos wirken [a)] und den zwingenden Erfordernissen des Umweltschutzes gerecht werden muss [b)].

### *a) Erfordernis der unterschiedslosen Geltung nationaler Regelungen für einheimische wie für eingeführte Erzeugnisse*

Nach ihrem Wortlaut erfordert die Cassis-Formel ausdrücklich die unterschiedslose Wirkung der zu rechtfertigenden nationalen Maßnahme.[606] Dieser Anforderung genügen nationale Regelungen nicht, wenn sie an die Herkunft von Waren oder an Merkmale anknüpfen, die in der Regel nur von inländischen Waren erfüllt werden. In diesem Fall haben sie diskriminierenden Charakter und gelten nicht unterschiedslos für einheimische wie für eingeführte Erzeugnisse.[607] Ein Teil der deutschen Rechtslehre vertritt die Auffassung, dass die Unterscheidung zwischen unterschiedslos wirkenden und nicht unterschiedslos wirkenden Maßnahmen inzwischen obsolet geworden sei und der Rechtfertigungstatbestand der Cassis-Formel somit auch diskriminierende Maßnahmen erfasse.[608] Die Vertreter

---

603 Vgl. Teil 4: A. II. 1. a).

604 EuGH Rs. C-178/84 (Reinheitsgebot für Bier) Urt. v. 12.03.1987, Slg. 1987, 1227, Rn. 28; EuGH Rs. C-302/86 (Dänische Pfandflaschen) Urt. v. 20.09.1988, Slg. 1988, 4607, Rn. 6; EuGH Rs. C-267+268/91 (Keck und Mithouard) Urt. v. 24.11.1993, Slg. 1993, I-6097, Rn. 15.

605 Zum Grundsatz der Verhältnismäßigkeit im Falle des Umweltschutzes als zwingendem Erfordernis ausführlich: Müller-Graf in: Rengeling, § 10 Rn. 76 ff.

606 Teil 4: A. II. 1. a).

607 Vgl. Teil 3: A. III. 1. c).

608 Gellermann, DVBl 2000, 509, 515; Gronau/Topp, ZNER 2001, 141, 144; wohl auch Heselhaus, EuZW 2001, 645, 648, der jedoch eine strenge Verhältnismäßigkeitsprüfung für diskriminierende Maßnahmen fordert; Klinski, ZNER 2005, 207, 213; König/Kühling, NVwZ 2001, 768, 770; Meyer, S. 49. In Bezug auf den Umweltschutz: Weck, S. 171 f.

dieser Auffassung berufen sich dabei auf das Urteil in der Rs. *PreussenElektra*.[609] Der EuGH sah hier die diskriminierend ausgestaltete Abnahme- und Vergütungspflicht des StrEG als Maßnahme gleicher Wirkung wie eine mengenmäßige Einfuhrbeschränkung an und bejahte schließlich eine Rechtfertigung aus Gründen des Umweltschutzes.[610] Angesichts dessen drängt sich die Frage auf, ob dem in der deutschen Rechtslehre vertretenen Ansatz gefolgt werden kann und nunmehr auch nicht unterschiedslos geltende nationale Regelungen auf Grundlage der Cassis-Formel zu rechtfertigen sind.[611] Aufschluss hierüber gibt die Rechtsprechung des EuGH zur Anwendung der Cassis-Formel. Da das PreussenElektra-Urteil teilweise als eine Zäsur in der Rechtsprechung zur Anwendung und Reichweite der Cassis-Formel angesehen wird[612], wird im Folgenden zunächst die Rechtsprechung untersucht, die vor dem PreussenElektra-Urteil, mithin vor dem 13. März 2001 ergangen ist [aa)], anschließend die PreussenElektra-Rechtsprechung selbst [bb)] und schließlich die Urteile, die nach dem PreussenElektra-Urteil ergangen sind [cc)].[613]

*aa) Rechtsprechung des EuGH vor Erlass des PreussenElektra-Urteils*

Die vor dem PreussenElektra-Urteil des EuGH ergangene Rechtsprechung besteht zum einen aus Urteilen, die ausdrücklich die Anwendung der Cassis-Formel auf unterschiedslos geltende Maßnahmen beschränken [(1)] sowie zum anderen aus Urteilen, die diese Beschränkung nicht ausdrücklich vorsehen [(2)].

*(1) Rechtsprechung, die die Anwendung der Cassis-Formel auf unterschiedslos geltende Maßnahmen beschränkt*

In den Urteilen, die zeitlich relativ nah auf das 1979 erlassene Cassis de Dijon-Urteil folgten, stellte der EuGH ausdrücklich heraus, dass die Cassis-Formel nur auf mitgliedstaatliche Maßnahmen Anwendung findet, die unterschiedslos gelten.

609 Gellermann, DVBl 2000, 509, 515; König/Kühling, NVwZ 2001, 768, 770; Meyer, S. 49.

610 EuGH Rs. C-379/98 (PreussenElektra) Urt. v. 13.03.2001, Slg. 2001, I-2099, Rn. 69–76.

611 Während diese Frage in der deutschen Lehre diskutiert wird (vgl. anstelle vieler: Gellermann, DVBl 2000, 509, 515; Gronau/Topp, ZNER 2001, 141, 144; Klinski, ZNER 2005, 207, 213; König/Kühling, NVwZ 2001, 768, 770), findet diese dogmatische Frage in einem der englischen Standardwerke zur Warenverkehrsfreiheit von Oliver, Free Movement of Goods in the European Community, Rn. 8.158 ff., keine Erörterung, wenngleich die Rechtsprechung des EuGH zum Umweltschutz als zwingendes Erfordernis dargelegt wird.

612 So angelegt in Gellermann, DVBl 2000, 509, 515.

613 Es werden dabei nicht alle Urteile dargestellt, in denen der EuGH Aussagen zur Cassis-Formel trifft, sondern eine Auswahl der Urteile, die die Rechtsprechungslinie des EuGH aufzeigen und verdeutlichen.

### *(a) Irish Souvenirs*

Hierzu gehört das 1981 in der Rs. *Irish Souvenirs* ergangene Urteil. Diesem lag eine irische Regelung zugrunde, nach der bestimmte eingeführte Waren mit einer Ursprungsangabe und dem Wort "foreign" (ausländisch) versehen werden mussten.[614] Der EuGH prüfte, ob die Regelung nach der Cassis-Formel aus zwingenden Erfordernissen der Lauterkeit des Handelsverkehrs und des Verbraucherschutzes gerechtfertigt sei. Dabei stellte er jedoch fest, dass die irische Regelung nicht unterschiedslos für einheimische wie für eingeführte Erzeugnisse gelte, sondern sich ausschließlich auf eingeführte Erzeugnisse beziehe und daher diskriminierenden Charakter habe.[615] Auf Grundlage dieses Ergebnisses führte der EuGH aus, dass die Cassis-Formel sich ausschließlich auf Rechtsvorschriften beziehe, durch die das Inverkehrbringen einheimischer und eingeführter Erzeugnisse einheitlich geregelt werde.[616] Da die irische Regelung nicht unterschiedslos gelte, könne die Cassis-Formel nicht angewandt werden.[617] Damit versagte der EuGH ausdrücklich mitgliedstaatlichen Maßnahmen, die nicht unterschiedslos gelten, eine Rechtfertigung auf Grundlage der Cassis-Formel.

### *(b) Kommission./.Vereinigtes Königreich*

Ebenso wie in dem Urteil in der Rs. *Irish Souvenirs* bekräftigte der EuGH im Jahr 1985 in der Rs. *Kommission./.Vereinigtes Königreich* das Erfordernis einer unterschiedslos geltenden Maßnahme für eine Rechtfertigung nach der Cassis-Formel. Zugrunde lag eine im Vereinigten Königreich geltende Regelung, die den Einzelhandelsverkauf von bestimmten aus anderen Mitgliedstaaten eingeführten Waren verbot, sofern sie nicht mit einer Ursprungskennzeichnung versehen waren oder ihnen diese nicht beigefügt war.[618] Das Vereinigte Königreich hielt die Regelung wegen zwingender Erfordernisse des Verbraucherschutzes für gerechtfertigt, da sie unterschiedslos für einheimische wie für eingeführte Waren gelte.[619] Der EuGH sah demgegenüber die Regelung nur der Form nach als eine Regelung an, die unterschiedslos für einheimische wie für eingeführte Waren

614 EuGH Rs. C-113/80 (Irish Souvenirs) Urt. v. 17.06.1981, Slg. 1981, 1625, Rn. 1.
615 EuGH Rs. C-113/80 (Irish Souvenirs) Urt. v. 17.06.1981, Slg. 1981, 1625, Rn. 11.
616 EuGH Rs. C-113/80 (Irish Souvenirs) Urt. v. 17.06.1981, Slg. 1981, 1625, Rn. 11.
617 EuGH Rs. C-113/80 (Irish Souvenirs) Urt. v. 17.06.1981, Slg. 1981, 1625, Rn. 11.
618 EuGH Rs. C-207/83 (Kommission./.Vereinigtes Königreich) Urt. v. 25.04.1985, Slg. 1985, 1201, Rn. 1.
619 EuGH Rs. C-207/83 (Kommission./.Vereinigtes Königreich) Urt. v. 25.04.1985, Slg. 1985, 1201, Rn. 13.

gelte.[620] Sie zielten ihrer Natur nach darauf, dem Verbraucher zu ermöglichen, zwischen der Herkunft der Waren zu unterscheiden.[621] Dies könne ihn veranlassen, den einheimischen Waren den Vorzug zu geben.[622] Diese Erwägungen führten den EuGH zu dem Ergebnis, dass für die Regelung keine Rechtfertigung bestehe.[623] Damit verneinte der EuGH eine Rechtfertigung nach der Cassis-Formel wegen der nicht unterschiedslosen Wirkung der Regelung. Mithin war auch zum Zeitpunkt dieser Rechtsprechung das Erfordernis der unterschiedslosen Wirkung einer Maßnahme auf einheimische wie auf eingeführte Waren für eine Rechtfertigung nach der Cassis-Formel zwingend erforderlich.

*(c) Aragonesa*

Im Jahr 1991 äußerte sich der EuGH in der Rs. *Aragonesa* wieder zur Frage einer Rechtfertigung für nicht unterschiedslos geltende nationale Maßnahmen.[624] Der EuGH verwies auf seine Rechtsprechung, nach der Werbeverbote zwar nicht die Einfuhr von Waren unmittelbar regelten, aber gleichwohl die Absatzmöglichkeiten für eingeführte Erzeugnisse beeinträchtigten.[625] Daher seien sie geeignet, das Einfuhrvolumen zu beschränken, so dass sie eine Maßnahme gleicher Wirkung wie eine mengenmäßige Einfuhrbeschränkung darstellten.[626] Sodann prüfte der EuGH, ob eine Rechtfertigung aus Gründen der öffentlichen Gesundheit nach Art. 30 EGV (nunmehr Art. 34 AEUV) oder nach Art. 36 EGV (nunmehr Art. 36 AEUV) in Betracht komme.[627] Er hob hervor, dass eine Rechtfertigung wegen zwingender Erfordernisse im Rahmen der Auslegung des Art. 30 EGV (Art. 34 AEUV) nur dann in Betracht komme, wenn die mitgliedstaatliche Maßnahme unterschiedslos auf inländische und eingeführte Waren anwendbar sei, während eine Rechtfertigung nach Art. 36 AEUV auch dann möglich sei, wenn nur die

620 EuGH Rs. C-207/83 (Kommission./Vereinigtes Königreich) Urt. v. 25.04.1985, Slg. 1985, 1201, Rn. 19, 20.

621 EuGH Rs. C-207/83 (Kommission./Vereinigtes Königreich) Urt. v. 25.04.1985, Slg. 1985, 1201, Rn. 20.

622 EuGH Rs. C-207/83 (Kommission./Vereinigtes Königreich) Urt. v. 25.04.1985, Slg. 1985, 1201, Rn. 20.

623 EuGH Rs. C-207/83 (Kommission./Vereinigtes Königreich) Urt. v. 25.04.1985, Slg. 1985, 1201, Rn. 22.

624 Zugrunde lag ein katalanisches Gesetz, nach dem die Werbung für Getränke mit einem Alkoholgehalt von mehr als 23 Prozent in den Medien, auf Straßen (mit Ausnahme der Hinweise auf Produktions- und Verkaufsstätten), in Kinos und in öffentlichen Verkehrsmitteln verboten war.

625 EuGH Rs. C-1+176/90 (Aragonesa) Urt. v. 25.07.1991, Slg. 1991, I-4151, Rn. 10.

626 EuGH Rs. C-1+176/90 (Aragonesa) Urt. v. 25.07.1991, Slg. 1991, I-4151, Rn. 10, 11.

627 EuGH Rs. C-1+176/90 (Aragonesa) Urt. v. 25.07.1991, Slg. 1991, I-4151, Rn. 7.

Einfuhren beschränkt würden.[628] Damit bekräftigte der EuGH wiederholt das Erfordernis der unterschiedslosen Wirkung einer Maßnahme für die Rechtfertigung nach der Cassis-Formel und sah die spanische Regelung vom Rechtfertigungstatbestand erfasst an.

#### *(d) Wallonische Abfälle*

An dem Erfordernis der unterschiedslosen Wirkung einer Maßnahme für eine Rechtfertigung nach der Cassis-Formel hielt der EuGH auch in der Rs. *Wallonische Abfälle* fest. Zugrunde lag ein wallonisches Verbot, Abfälle aus anderen Mitgliedstaaten oder einer anderen Region zwischenzulagern, abzulagern, abzuleiten oder diese Verwertungshandlungen vornehmen zu lassen.[629] Damit war der Verkehr von Abfällen beeinträchtigt.[630] Im Hinblick auf eine Rechtfertigung verwies der EuGH auf seine Rechtsprechung in der Rs. *Aragonesa* und bekräftigte, dass zwingende Erfordernisse nur dann rechtfertigend berücksichtigt würden, wenn es sich um Maßnahmen handele, die unterschiedslos auf einheimische und eingeführte Erzeugnisse anwendbar seien.[631] Dabei ist zu berücksichtigen, dass Maßnahmen, die ihre Wirkungen ausdrücklich an die Herkunft einer Ware knüpfen, als unmittelbar bzw. formell diskriminierend angesehen werden.[632] Da die wallonische Regelung an die Herkunft der Abfälle anknüpfte und unterschiedliche Wirkungen auf aus Wallonien stammende Abfälle und Abfälle aus anderen Regionen und Mitgliedstaaten vorsah, lagen dem Grunde nach Anhaltspunkte für eine Diskriminierung vor.[633] Diese hätten einer Rechtfertigung nach der Cassis-Formel demzufolge entgegenstehen müssen.

Der EuGH verneinte dennoch eine diskriminierende Wirkung der wallonischen Regelungen mit Verweis auf die besondere Umweltrelevanz von Abfällen: Der für die Umweltpolitik der Gemeinschaft in Art. 130r Abs. 2 EGV (nunmehr Art. 191 Abs. 2 AEUV) aufgestellte Grundsatz, Umweltbeeinträchtigungen nach Möglichkeit an ihrem Ursprung zu bekämpfen, bedeute, dass es Sache jeder Region, Gemeinde oder Gebietskörperschaft sei, die geeigneten Maßnahmen zu treffen, um Aufnahme, Behandlung und Beseitigung ihrer eigenen Abfälle sicherzustellen.[634] Daher seien Abfälle möglichst nah am Ort ihrer Erzeugung

---

628 EuGH Rs. C-1+176/90 (Aragonesa) Urt. v. 25.07.1991, Slg. 1991, I-4151, Rn. 13.

629 EuGH Rs. C-2/90 (Wallonische Abfälle) Urt. v. 09.07.1992, Slg. 1992, I-4431, Rn. 1.

630 EuGH Rs. C-2/90 (Wallonische Abfälle) Urt. v. 09.07.1992, Slg. 1992, I-4431, Rn. 29.

631 EuGH Rs. C-2/90 (Wallonische Abfälle) Urt. v. 09.07.1992, Slg. 1992, I-4431, Rn. 34.

632 Vgl. Teil 3: A. III. 1. c).

633 So auch die Einschätzung von Craig/de Búrca, S. 675.

634 EuGH Rs. C-2/90 (Wallonische Abfälle) Urt. v. 09.07.1992, Slg. 1992, I-4431, Rn. 34.

zu beseitigen, um ihre Verbringung soweit wie möglich einzuschränken.[635] Zudem seien die Grundsätze der Entsorgungsautarkie und der Entsorgungsnähe zu berücksichtigen, die in der Basler Konvention über die Kontrolle des grenzüberschreitenden Verkehrs mit Sonderabfällen und ihrer Beseitigung aufgestellt würden.[636] Daraus ergebe sich, dass die wallonische Regelung unter Berücksichtigung der zwischen den Abfällen je nach dem Ort ihrer Erzeugung bestehenden Unterschiede und ihres Zusammenhangs mit dem Ort ihrer Erzeugung nicht als diskriminierend angesehen werden könne.[637] Mit dieser Argumentation bejahte der EuGH schließlich eine Rechtfertigung, ohne die Reichweite der Cassis-Formel formell anzutasten.

Gegen diese Vorgehensweise bestehen Bedenken, da die Frage nach der diskriminierenden oder unterschiedslosen Geltung bzw. Anwendung einer Maßnahme rein formal und objektiv beantwortet werden muss. Es ist kein Grund ersichtlich, warum bei der Prüfung, ob eine nationale Regelung an die Herkunft von Waren anknüpft, die Beschaffenheit und die Umweltrelevanz der Ware zu berücksichtigen sind.[638] Dogmatisch erfolgt eine solche Prüfung zudem auf der Ebene des Tatbestands des Art. 34 AEUV im Rahmen der handelsbeeinträchtigenden Wirkung einer Maßnahme. Sie dient dazu festzustellen, welche Rechtfertigungsgründe in Betracht kommen und stellt daher nach der Auffassung von Generalanwalt *Jacobs* in logischer Hinsicht eine neutrale Vorfrage dar.[639] Die Vermutung liegt nahe, dass der EuGH ergebnisorientiert die Umweltrelevanz der Abfälle berücksichtigen und vom Verbot des Art. 34 AEUV solche nationalen Maßnahmen ausklammern wollte, die der Umweltrelevanz Rechnung tragen. Dieses Ergebnis wäre aber nur herbeizuführen gewesen, wenn der EuGH die Rechtfertigungsmöglichkeiten der Cassis-Formel auch für diskriminierende Maßnahmen geöffnet hätte. Der Umstand, dass er diese Umweltaspekte auf Tatbestandsebene berücksichtigte, verdeutlicht, wie beharrlich der EuGH zu diesem Zeitpunkt an dem Erfordernis der unterschiedslosen Geltung einer mitgliedstaatlichen Regelung im Rahmen der Cassis-Formel festhalten wollte.[640]

---

635 EuGH Rs. C-2/90 (Wallonische Abfälle) Urt. v. 09.07.1992, Slg. 1992, I-4431, Rn. 34.

636 EuGH Rs. C-2/90 (Wallonische Abfälle) Urt. v. 09.07.1992, Slg. 1992, I-4431, Rn. 35.

637 EuGH Rs. C-2/90 (Wallonische Abfälle) Urt. v. 09.07.1992, Slg. 1992, I-4431, Rn. 36.

638 Gebauer/Wollenteit/Hack, ZNER 2001, 12, 14, sehen in der Prüfungsweise des EuGH eine begriffliche Verschleierung seines Bruches mit der bestehenden Praxis.

639 Generalanwalt Jacobs, Schlussanträge v. 26.10.2000 in der Rs. C-379/98 (PreussenElektra) Slg. 2001, I-2099, Rn. 225.

640 Baur/Henk-Merten/Matthey/Weck, S. 180, sehen darin die Entwicklung eines eigenständigen Diskriminierungsbegriffs für Maßnahmen, die den Umweltschutz betreffen. Für Generalanwalt Jacobs [Schlussanträge vom 26.10.2000 in der Rs. C-379/98 (PreussenElektra), Slg. 2001, I-2099, Rn. 226] zeigte das Urteil zur wallonischen Abfallregelung, dass es „wünschenswert“

*(e) De Agostini und TV Shop*

Aus dem 1997 in den verbundenen Rs. *De Agostini und TV-Shop* ergangenen Urteil geht ebenso hervor, dass eine Rechtfertigung nach der Cassis-Formel nur für mitgliedstaatliche Maßnahmen in Betracht kommt, die eine unterschiedslose Wirkung entfalten. Zugrunde lag den Rechtssachen zum einen die Werbetätigkeit des De Agostini-Verlages für seine Kinderzeitschrift „Allt om dinosaurier" (Alles über Dinosaurier) in Schweden. Mit dem Argument, dass die Werbung darauf gerichtet sei, die Aufmerksamkeit von Kindern unter zwölf Jahren zu erregen und daher gegen schwedisches Recht verstoße, beantragte der schwedische „Konsumentombudsman" die Untersagung der Werbetätigkeit.[641] Zum anderen waren Gegenstand dieses Urteils die Werbe- und Verkaufstätigkeiten der schwedischen Zweigniederlassung von TV Shop Europe, der in Fernsehwerbespots von ihm vertriebene Waren vorführte, die Kunden anschließend erwerben konnten.[642] Wegen mehrerer Verstöße gegen schwedisches Recht wandte sich der „Konsumentombudsman" auch hiergegen. Bei der Frage, ob Art. 30 EGV (nunmehr Art. 34 AEUV) einer Untersagung der Werbetätigkeit dieser ausländischen Akteure entgegenstehe, berücksichtigte der EuGH zunächst seine Keck-Rechtsprechung[643] und wies darauf hin, dass nachgewiesen werden müsse, ob das Werbeverbot den Absatz inländischer Erzeugnisse und der Erzeugnisse aus anderen Mitgliedstaaten rechtlich wie tatsächlich in gleicher Weise berühre.[644] Für den Fall, dass dieser Nachweis erbracht wird – so führte der EuGH weiter aus –, sei zu prüfen, ob das Verbot aus zwingenden Gründen des Allgemeininteresses erforderlich sei, ob es hierzu in einem angemessenen Verhältnis stehe und ob diese zwingenden Gründe nicht durch Maßnahmen hätten erreicht werden können, die den innergemeinschaftlichen Handel weniger beeinträchtigen.[645]

Damit zeigte der EuGH, dass er eine Rechtfertigung durch zwingende Erfordernisse nach der Cassis-Formel erst dann in Betracht zieht, wenn feststeht, dass das Verbot in- und ausländische Erzeugnisse rechtlich wie tatsächlich in gleicher

---

sei, auch direkt diskriminierende Maßnahmen aus Gründen des Umweltschutzes rechtfertigen zu können.

641 EuGH Rs. C-34–36/95 (De Agostini und TV Shop) Urt. v. 09.07.1997, Slg. 1997, I-3843, Rn. 16.

642 EuGH Rs. C-34–36/95 (De Agostini und TV Shop) Urt. v. 09.07.1997, Slg. 1997, I-3843, Rn. 18–21.

643 Zum Inhalt der Keck-Rechtsprechung: Teil 3: A. III. 2.

644 EuGH Rs. C-34–36/95 (De Agostini und TV Shop) Urt. v. 09.07.1997, Slg. 1997, I-3843, Rn. 44.

645 EuGH Rs. C-34–36/95 (De Agostini und TV Shop) Urt. v. 09.07.1997, Slg. 1997, I-3843, Rn. 45. Gellermann, DVBl 2000, 509, 515, will darin erkennen, dass sich der EuGH damit gänzlich von der schematischen Handhabung der Cassis-Formel verabschiedet hat. Dies scheint er darauf zurückzuführen, dass der EuGH die Cassis-Formel nicht mehr nennt, sondern von der Keck-Formel unmittelbar zur Verhältnismäßigkeitsprüfung gelangt.

Weise berührt und das Verbot mithin unterschiedslos bzw. nicht diskriminierend gilt. Daran vermag auch der Umstand nichts zu ändern, dass der EuGH die Cassis-Formel nicht mehr aufführte, sondern die unterschiedslose Wirkung aus der Prüfung der Keck-Formel ableitete. Somit verdeutlicht das De Agostini und TV Shop–Urteil, dass die Cassis-Formel ausschließlich auf unterschiedslos geltende mitgliedstaatliche Maßnahmen anzuwenden ist. Argumente, mit denen sich eine Anwendung der Cassis-Formel auch auf nicht unterschiedslos geltende, diskriminierende mitgliedstaatliche Maßnahmen begründen ließe, lassen sich der in der Rs. *De Agostini und TV Shop* vorgenommenen Auslegung des Art. 28 EG (Art. 34 AEUV) nicht entnehmen.

*(2) Rechtsprechung, die die Cassis-Formel auch bei nicht unterschiedslos geltenden Maßnahmen zulässt*

In der Rechtsprechung des EuGH sind Urteile zu finden, die im Wesentlichen Ende der neunziger Jahre des vergangenen Jahrhunderts ergingen und in denen der EuGH – im Gegensatz zu den vorstehend aufgeführten Urteilen – eine Rechtfertigung nach der Cassis-Formel zumindest in Betracht zog, selbst wenn den zu rechtfertigenden nationalen Regelungen offensichtlich keine unterschiedslose Geltung zukam.[646] Es stellt sich die Frage, ob die Rechtfertigungsmöglichkeiten nach der Cassis-Formel damit auch für nationale Regelungen geöffnet wurden, die nicht unterschiedslos auf inländische Erzeugnisse und Erzeugnisse aus anderen Mitgliedstaaten anwendbar sind.

*(a) Decker*

Zu diesen Urteilen zählt die Rechtsprechung in der Rs. *Decker*, die zeitlich relativ nah auf das Urteil in der Rs. *De Agostini und TV Shop* folgte. Dieser Rechtssache lag der folgende nationale Sachverhalt zugrunde: Decker, ein luxemburgischer Staatsangehöriger, beantragte bei seiner Krankenkasse die Erstattung der Kosten für eine Brille, die er in Belgien erworben hatte.[647] Diese wurde jedoch mit der Begründung versagt, dass nach luxemburgischem Recht die Inanspruchnahme von Leistungen im Ausland einer vorherigen Genehmigung bedürfe.[648] Der EuGH sah in dieser Regelung des luxemburgischen Rechts ein Hindernis für den freien Warenverkehr, da sie die Sozialversicherten dazu veranlasse, Gesund-

646 Gebauer/Wollenteit/Hack, ZNER 2001, 12, 14, sehen diese Urteile daher als Etappen eines Erosionsprozesses.

647 EuGH Rs. C-120/95 (Decker) Urt. v. 28.04.1998, Slg. 1998, I-1831, Rn. 2.

648 EuGH Rs. C-120/95 (Decker) Urt. v. 28.04.1998, Slg. 1998, I-1831, Rn. 3.

heitserzeugnisse nicht in anderen Mitgliedstaaten zu erwerben.[649] Demzufolge sei die Regelung geeignet, die Einfuhr von Brillen, die in den anderen Mitgliedstaaten angepasst würden, zu hemmen.[650] Sodann zog der EuGH eine Rechtfertigung dieser Beschränkung des freien Warenverkehrs aus zwingenden Gründen des Allgemeininteresses – nämlich der erheblichen Gefährdung des finanziellen Gleichgewichts des Systems der sozialen Sicherheit – in Erwägung.[651] Im Ergebnis verneinte er eine solche Gefährdung und damit eine Rechtfertigung.[652]

Die Prüfungsschritte des EuGH erstaunen angesichts des Umstandes, dass dem Fall eine Regelung zugrunde lag, die einheimische, d. h. in Luxemburg angepasste Brillen und Brillen aus anderen Mitgliedstaaten gerade nicht unterschiedslos behandelte. Aufgrund der unterschiedlichen Behandlung zwischen einheimischen Erzeugnissen und Erzeugnissen aus anderen Mitgliedstaaten stellte die luxemburgische Regelung eine diskriminierende Maßnahme dar, so dass eine Rechtfertigung nach der Cassis-Formel bereits deshalb hätte verneint werden können. Der EuGH prüfte gleichwohl eine Rechtfertigung aus zwingenden Gründen des Allgemeinwohls. Dies könnte dafür sprechen, dass er die Cassis-Formel auch für diskriminierende Maßnahmen öffnen wollte. Zu berücksichtigen ist jedoch, dass es sich bei der zentralen Frage dieser Rechtssache, unter welchen Voraussetzungen nationale Regelungen aus dem zwingenden Erfordernis der Wahrung des finanziellen Gleichgewichts des Systems der sozialen Sicherheit gerechtfertigt sind, um eine grundsätzliche und umstrittene Frage handelte. Daher stand für den EuGH möglicherweise die Klärung dieser Frage im Vordergrund, so dass dementsprechend Rückschlüsse auf die Cassis-Formel nicht begründet sind.[653] Sofern sich hingegen inzwischen eine Rechtsprechung entwickelt hat oder künftig entwickeln wird, nach der eine Rechtfertigung auf Grundlage der Cassis-Formel auch für diskriminierende Maßnahmen zulässig ist, dürfte der EuGH hierfür im Urteil *Decker* den Grundstein gelegt haben.

### *(b) Dusseldorp*

Der Rs. *Dusseldorp* lag die Versagung einer Genehmigung zur Ausfuhr von Ölfiltern und verwandten Abfällen aus den Niederlanden nach Deutschland zugrunde, die das Unternehmen Dusseldorp beantragt hatte.[654] Der niederlän-

649 EuGH Rs. C-120/95 (Decker) Urt. v. 28.04.1998, Slg. 1998, I-1831, Rn. 36.
650 EuGH Rs. C-120/95 (Decker) Urt. v. 28.04.1998, Slg. 1998, I-1831, Rn. 36.
651 EuGH Rs. C-120/95 (Decker) Urt. v. 28.04.1998, Slg. 1998, I-1831, Rn. 39.
652 EuGH Rs. C-120/95 (Decker) Urt. v. 28.04.1998, Slg. 1998, I-1831, Rn. 39.
653 EuGH Rs. C-120/95 (Decker) Urt. v. 28.04.1998, Slg. 1998, I-1831, Rn. 31 ff.; hier wird deutlich, dass diese Frage zumindest im Rahmen dieses Vorlageverfahrens diskutiert wurde.
654 EuGH Rs. C-203/96 (Dusseldorp) Urt. v. 25.06.1998, Slg. 1998, I-4075, Rn. 18.

dische Umweltminister führte zur Begründung an, dass nach niederländischem Recht die Ausfuhr von Ölfiltern nicht genehmigt werde, wenn im Ausland keine hochwertigere Verwertung dieser Filter erfolge als in den Niederlanden.[655] Nach dem EuGH beschränke eine solche nationale Regelung die Ausfuhr und der inländischen Produktion komme ein besonderer Vorteil zu.[656] Ebenso wie in der Rs. *Decker* ging der EuGH nach dieser Feststellung sogleich auf die Frage ein, ob eine Rechtfertigung dieser Maßnahme gleicher Wirkung wie eine mengenmäßige Ausfuhrbeschränkung gemäß Art. 29 EG (nunmehr Art. 35 AEUV) aus zwingenden Gründen des Umweltschutzes gegeben sei.[657] Er verneinte jedoch schließlich eine Rechtfertigung in Ermangelung eines entsprechenden Nachweises.[658]

Es stellt sich die Frage, ob sich daraus ableiten lässt, dass nach der Cassis-Formel auch mitgliedstaatliche Regelungen gerechtfertigt werden können, die nicht unterschiedslos auf inländische Erzeugnisse und auf Erzeugnisse aus anderen Mitgliedstaaten anwendbar sind. Gegenstand der Rechtssache war eine mitgliedstaatliche Maßnahme, die die Ausfuhrströme beschränkte und damit dem grundsätzlichen Verbot des Art. 35 AEUV unterfiel. Obgleich sowohl Art. 35 AEUV als auch Art. 34 AEUV darauf gerichtet sind, den freien Warenverkehr zu gewährleisten und sie dementsprechend einen strukturellen Gleichklang aufweisen, unterscheidet sich gerade der Diskriminierungsbegriff im Sinne des Art. 35 AEUV von dem des Art. 35 AEUV.[659] Eine im Rahmen des Art. 34 AEUV relevante Diskriminierung liegt dann vor, wenn Waren unterschiedlicher Herkunft ungleich behandelt werden, die auf demselben nationalen Markt konkurrieren. Demgegenüber konkurriert im Rahmen des Art. 35 AEUV nicht die Ausfuhrware mit der vergleichbaren Inlandsware, somit werden unter diesem Gesichtspunkt auch nicht aktuelle Wettbewerber ungleich behandelt. Art. 35 AEUV erfasst vielmehr Sachverhalte, in denen Exportwaren und Waren auf dem inländischen Markt ungleich behandelt werden. Mithin liegt eine Diskriminierung, die im Rahmen des Art. 35 AEUV relevant ist, dann vor, wenn Waren gleicher Herkunft unterschiedlich behandelt werden.[660] Die niederländische Regelung, die der Rs. *Dusseldorp* zugrunde lag, enthielt ein Ausfuhrverbot für Ölfilter, wenn im Ausland keine hochwertigere Verwertung dieser Filter als in den Niederlanden erfolgt.[661] Darin liegt eine Ungleichbehandlung von Waren gleicher Herkunft (Ölfilter aus den Niederlanden). Während die Ölfilter auf dem niederländischen

655 EuGH Rs. C-203/96 (Dusseldorp) Urt. v. 25.06.1998, 18, Slg. 1998, I-4075, Rn. 13.
656 EuGH Rs. C-203/96 (Dusseldorp) Urt. v. 25.06.1998, Slg. 1998, I-4075, Rn. 42.
657 EuGH Rs. C-203/96 (Dusseldorp) Urt. v. 25.06.1998, Slg. 1998, I-4075, Rn. 44–49.
658 EuGH Rs. C-203/96 (Dusseldorp) Urt. v. 25.06.1998, Slg. 1998, I-4075, Rn. 44–49.
659 Vgl. hierzu Füller, S. 262.
660 Füller, S. 262.
661 EuGH Rs. C-203/96 (Dusseldorp) Urt. v. 25.06.1998, Slg. 1998, I-4075, Rn. 13, 18.

Markt frei zirkulieren durften, wurden an den Export formelle und materielle Voraussetzungen geknüpft, bei deren Nichtvorliegen ein Export ausgeschlossen war. Demzufolge stellte die niederländische Regelung eine Diskriminierung im Sinne des Art. 35 AEUV dar.

Aus dem Umstand, dass der EuGH angesichts der diskriminierenden Wirkung der niederländischen Regelung eine Rechtfertigung nach den Grundsätzen der Cassis-Formel in Erwägung zog, folgerte der Generalanwalt *Jacobs*, dass der EuGH im Begriff sei, seine frühere Rechtsprechung zur Cassis-Formel zu überdenken.[662] Da der EuGH im Ergebnis jedoch eine Rechtfertigung verneint hat – wenn auch aus anderen Gründen als die diskriminierende Geltung der Ausfuhrregelung – kann aus dem Dusseldorp-Urteil nicht mit hinreichender Sicherheit gefolgert werden, dass er von der Beschränkung der Cassis-Formel auf unterschiedslos geltende Maßnahmen abgerückt ist. Gleichwohl wird das Urteil angesichts der Prüfungsweise des EuGH ebenso wie das Decker-Urteil retrospektiv als Beginn des Umdenkens einzustufen sein, wenn sich danach eine ständige Rechtsprechung entwickelt hat oder künftig entwickeln wird, die die Cassis-Formel auch für diskriminierende Regelungen öffnet.

*(c) Aher-Waggon*

In die Reihe des Decker- und des Dusseldorp-Urteils fügt sich schließlich auch die Rs. *Aher-Waggon* ein. Die deutsche Aher-Waggon GmbH erwarb in Dänemark ein gebrauchtes, dort zugelassenes Propellerflugzeug und beantragte beim Luftfahrtbundesamt die Verkehrszulassung.[663] Das Luftfahrtbundesamt versagte die Zulassung mit der Begründung, dass die Lärmemission die in Deutschland zulässigen Grenzwerte überschritten. Diese Lärmgrenzwerte beruhten auf der Umsetzung einer EG-Richtlinie[664], mit der Deutschland strengere Lärmgrenzwerte als die in der Richtlinie vorgegebenen erlassen hatte.[665] Zuvor in Deutschland zugelassene Flugzeuge, die ebenfalls die nach der Umsetzung der Richtlinie

662 Generalanwalt Jacobs, Schlussanträge v. 26.10.2000 in der Rs. C-379/98 (PreussenElektra) Slg. 2001, I-2099, Rn. 227.

663 EuGH Rs. C-389/96 (Aher-Waggon) Urt. v. 14.07.1998, Slg. 1998, I-4473, Rn. 7, 8.

664 Es handelt sich dabei um die Richtlinie 80/51/EWG zur Verringerung der Schallemissionen von Unterschallluftfahrzeugen (ABl. 1980, L 18, 26), die durch die Richtlinie 83/206/EWG des Rates vom 21. April 1983 (ABl. 1983, L 117, 15) geändert wurde (nachstehend: Richtlinie). Die Richtlinie sieht Grenzwerte vor, denen die auf diesem Gebiet von der Internationalen Zivilluftfahrt-Organisation festgesetzten Normen zugrunde liegen, die in Anhang 16/5 des 1944 in Chicago unterzeichneten Abkommens über die internationale Zivilluftfahrt (nachstehend: Abkommen) enthalten sind, EuGH Rs. C-389/96 (Aher-Waggon) Urt. v. 14.07.1998, Slg. 1998, I-4473, Rn. 3.

665 EuGH Rs. C-389/96 (Aher-Waggon) Urt. v. 14.07.1998, Slg. 1998, I-4473, Rn. 7, 8.

zulässigen Lärmgrenzwerte überschritten, kamen demgegenüber in den Genuss einer Übergangsregelung: Ihre Zulassung blieb bestehen.[666] Der EuGH stellte zunächst fest, dass es sich bei der deutschen Regelung um eine Maßnahme gleicher Wirkung wie eine mengenmäßige Einfuhrbeschränkung handelte.[667] Danach ging er wie bereits in den Rs. *Decker* und *Dusseldorp* sogleich auf die Frage ein, ob diese Beschränkung des Handels aus den zwingenden Gründen des Gesundheitsschutzes und des Umweltschutzes gerechtfertigt sei.[668] Schließlich sah er die deutsche Regelung als gerechtfertigt an.[669]

Diese Prüfungsweise drängt die Frage auf, ob der EuGH hier mit der Cassis-Formel eine diskriminierende nationale Regelung gerechtfertigt hat. Nach der der Rechtssache zugrunde liegenden Regelung blieb eine vor Umsetzung der Richtlinie bereits erteilte Zulassung bestehen, selbst wenn das zugelassene Flugzeug die neuen inländischen Grenzwerte überschritt. Diese Übergangsregelung hatte zur Folge, dass Flugzeuge in Deutschland im Verkehr sein durften, die über eine deutsche Zulassung verfügten, während Flugzeuge aus anderen Mitgliedstaaten mit den gleichen Lärmemissionswerten nicht in den deutschen Verkehr gelangen konnten. Des Weiteren führte die Übergangsregelung dazu, dass die strengeren

---

666 EuGH Rs. C-389/96 (Aher-Waggon) Urt. v. 14.07.1998, Slg. 1998, I-4473, Rn. 11.

667 EuGH Rs. C-389/96 (Aher-Waggon) Urt. v. 14.07.1998, Slg. 1998, I-4473, Rn. 17, 18.

668 EuGH Rs. C-389/96 (Aher-Waggon) Urt. v. 14.07.1998, Slg. 1998, I-4473, Rn. 19.

669 Im Gegensatz zu den Rs. *Decker* und *Dusseldorp* bejahte der EuGH hier schließlich die Rechtfertigung. Aus den Urteilsgründen ergibt sich, dass sich der EuGH dem Vortrag der Bundesrepublik anschloss, die darlegte, dass sie als sehr dicht besiedeltes Land besonderen Wert darauf lege, die Bevölkerung vor zu hohen Lärmemissionen zu schützen. Sodann prüfte und bejahte der EuGH die Verhältnismäßigkeit der deutschen Regelung. Er schloss sich dem deutschen Vortrag an, dass die Beschränkung der Schallemissionen von Flugzeugen das wirksamste und einfachste Mittel sei, um gegen die von diesen ausgehende Lärmbelastung vorzugehen. Weiter führte er an, dass die Zulassung eines Flugzeugs in Deutschland durch strengere Lärmschutzbestimmungen unabhängig davon beschränkt werde, ob es alt oder neu sei oder woher es komme; diese Beschränkung hindere auch nicht daran, ein in einem anderen Mitgliedstaat zugelassenes Flugzeug in Deutschland einzusetzen. Im Hinblick auf die nicht unterschiedslos geltende Übergangsregelung, nach der Flugzeuge, die vor der Umsetzung der fraglichen Richtlinie im Inland zugelassen waren, von der Einhaltung der strengeren Normen befreit sind, führte der EuGH schließlich aus, dass auch diese Flugzeuge bei technischen Änderungen, selbst wenn diese nicht lärmrelevant seien, oder nach vorübergehender Stilllegung ebenfalls die strengeren Lärmgrenzwerte erfüllten. Auf diese Weise ginge die Zahl der Flugzeuge, die diese strengeren Lärmgrenzwerte nicht erfüllten, zwangsläufig zurück und die allgemeine Lärmbelastung nehme daher nach und nach ab. Das Ziel, den nationalen Bestand an Flugzeugen, die die strengeren Grenzwerte nicht erfüllen, fortschreitend abzubauen, sei demgegenüber gefährdet, wenn sich dieser Bestand durch die Einfuhr von Flugzeugen aus anderen Mitgliedstaaten in einem für die nationalen Stellen nicht vorhersehbaren Maß erhöhen könnte. Auf dieser Grundlage bejahte der EuGH die Verhältnismäßigkeit der deutschen Regelung, EuGH Rs. C-389/96 (Aher-Waggon) Urt. v. 14.07.1998, Slg. 1998, I-4473, Rn. 19 ff.

inländischen Grenzwerte zunächst nur Flugzeuge betrafen, die aus anderen Mitgliedstaaten stammten und in Deutschland in den Verkehr gebracht werden sollten, da sie nicht über eine solche deutsche Zulassung verfügten und eine Zulassung nur bei Einhaltung der neuen Lärmemissionswerte erteilt werden konnte. Mit dem Vorhandensein einer Zulassung knüpfte die Regelung an ein Merkmal an, das typischerweise nur von deutschen Flugzeugen, nicht hingegen von Flugzeugen aus anderen Mitgliedstaaten erfüllt wurde. Daher enthielt die Regelung eine materielle Diskriminierung.[670] Da der EuGH die Regelung durch zwingende Erfordernisse als gerechtfertigt ansah, handelte es sich um einen Fall, in dem erstmals die Cassis-Formel als Rechtfertigungsgrundlage für eine materiell diskriminierende Maßnahme diente.[671]

Für Generalanwalt Jacobs stellte das Aher-Waggon-Urteil die „vielleicht bemerkenswerteste Rechtssache“ in der Rechtsprechungskette Decker, Dusseldorp, Aher-Waggon dar, in der sich nach seiner Auffassung Anzeichen dafür entnehmen ließen, dass der EuGH im Begriff sei, seine Rechtsprechung zum Anwendungsbereich der Cassis-Formel zu überdenken.[672] Anzeichen für eine Öffnung der Cassis-Formel lassen sich dem Aher-Waggon-Urteil in der Tat entnehmen, hat der EuGH doch im Ergebnis eine Rechtfertigung bejaht. Fraglich ist, ob er hiermit von der Beschränkung der Cassis-Formel auf unterschiedslos geltende Maßnahmen grundsätzlich abgerückt ist. Hierbei ist zunächst zu berücksichtigen, dass zumindest bis zum Erlass des Urteils in der Rs. *De Agostini und TV Shop* im Jahr 1997 eine gefestigte Rechtsprechung bestand, nach der eine Rechtfertigung auf Grundlage der Cassis-Formel nur für unterschiedslos geltende, somit nicht für diskriminierende Maßnahmen zulässig war.[673] Das Erfordernis der unterschiedslosen Geltung war zumindest bis zum Urteil in der Rs. *Decker* so wesentlich, dass der EuGH bei nicht unterschiedslos geltenden Regelungen eine Rechtfertigung nach der Cassis-Formel nicht einmal in Betracht zog.[674] Wenn der EuGH diese gefestigte Rechtsprechung durch das *Aher-Waggon*-Urteil hätte

670 Zum Begriff und den Voraussetzungen der materiellen Diskriminierung vgl. Teil 3: A. III. 1. c). Eine formelle Diskriminierung liege dann vor, wenn die Regelung ausdrücklich an die Herkunft der Flugzeuge anknüpfe, sie knüpft jedoch nur an das Vorliegen einer von einer deutschen Behörde erteilten Zulassung an. So dem Ansatz nach auch Craig/de Búrca, S. 675 f.

671 So dem Ansatz nach auch Craig/de Búrca, S. 675 f.

672 Generalanwalt Jacobs, Schlussanträge v. 26.10.2000 in der Rs. C-379/98 (PreussenElektra), Slg. 2001, I-2099, Rn. 227. Allerdings sah er die deutsche Regelung, die der Rs. *Aher-Waggon* zugrunde lag, als eine direkt, d. h. formell diskriminierende Regelung an. Ebenso geht Richter, S. 59, von einer formellen Diskriminierung aus. Diesen Auffassungen kann nicht gefolgt werden, da die Regelung keine *ausdrückliche* Unterscheidung zwischen inländischen und ausländischen Flugzeugen vornimmt.

673 Vgl. hierzu die Ausführungen zur Rs. *De Agostini und TV Shop* Teil 4: A. II. 3. a) aa) (1) (e).

674 Zur Rs. *Decker*: Teil 4: A. II. 3. a) aa) (2) (a).

aufgeben wollen, ist davon auszugehen, dass dies in den Entscheidungsgründen auch entsprechend zum Ausdruck gebracht worden wäre. Diese Vermutung liegt nahe, weil der EuGH jedenfalls eine derart ausdrückliche Klarstellung vornahm, als er die Weite der Dassonville-Formel so einschränkte, dass nationale Bestimmungen, die Verkaufsmodalitäten beschränken oder verbieten, keine Maßnahmen gleicher Wirkung wie mengenmäßige Einfuhrbeschränkungen darstellen, sofern sie für alle betroffenen Wirtschaftsteilnehmer gelten, die ihre Tätigkeit im Inland ausüben, und sofern sie den Absatz der inländischen Erzeugnisse und der Erzeugnisse aus anderen Mitgliedstaaten rechtlich wie tatsächlich in der gleichen Weise berühren.[675] Denn diese Änderung der Rechtsprechung leitete der EuGH durch die Erklärung ein, dass er es für notwendig halte, seine Rechtsprechung zum Begriff der Maßnahme gleicher Wirkung zu überprüfen und klarzustellen.[676] Sodann stellte er seine bisherige Rechtsprechung dar.[677] Die Änderung machte er deutlich, indem er diese mit den Worten „entgegen der bisherigen Rechtsprechung" einführte.[678] Da eine Öffnung der Cassis-Formel eine ebenso bedeutende Rechtsprechungsänderung wie die Einschränkung der Dassonville-Formel darstellen würde, kann davon ausgegangen werden, dass der EuGH diese auf die gleiche Weise wie vorstehend dargestellt zum Ausdruck bringen würde. In Anbetracht dessen, dass dies in dem Aher-Waggon-Urteil nicht erfolgt ist, kann allein auf dieses Urteil noch keine grundsätzliche Öffnung der Cassis-Formel gestützt werden.

Des Weiteren ist zu berücksichtigen, wie der EuGH die dem Aher-Waggon-Urteil zugrunde liegende nationale Maßnahme einordnet: Er führte aus, dass eine nationale Regelung wie die im Ausgangsverfahren den innergemeinschaftlichen Handel beschränke.[679] Der EuGH schien damit die nationale Regelung nicht als eine diskriminierende anzusehen. Dies gilt nicht nur, weil er sich des Wortes „beschränken" bediente, sondern insbesondere auch, wenn man zum Vergleich andere Urteile heranzieht, denen diskriminierende Regelungen zugrunde lagen: Bei diskriminierenden Regelungen stellt der EuGH in der Regel zunächst nur fest, dass diese geeignet sind, den innergemeinschaftlichen Handel (bzw. den Handel innerhalb der Union) tatsächlich oder potentiell, unmittelbar oder mittelbar zu beeinträchtigen oder schlicht, dass sie eine Beeinträchtigung des Handels bzw.

675 Teil 3: A. III. 2.

676 EuGH Rs. C-267 und 268/91 (Keck und Mithouard) Urt. v. 24.11.1993, Slg. 1993, I-6097, Rn. 14.

677 EuGH Rs. C-267 und 268/91 (Keck und Mithouard) Urt. v. 24.11.1993, Slg. 1993, I-6097, Rn. 15.

678 EuGH Rs. C-267 und 268/91 (Keck und Mithouard) Urt. v. 24.11.1993, Slg. 1993, I-6097, Rn. 16.

679 EuGH Rs. C-389/96 (Aher-Waggon) Urt. v. 14.07.1998, Slg. 1998, I-4473, Rn. 18.

ein Einfuhrhindernis zur Folge haben, ohne auf den diskriminierenden Charakter der Regelung einzugehen.[680] Sodann stellt er in der Regel aber ausdrücklich den diskriminierenden Charakter einer Regelung heraus, um auf diese Weise die Weichen für die Rechtfertigung zu stellen.[681] Dies hat er bei dem Aher-Waggon-Urteil nicht getan. In den Urteilsgründen sind die typischen Formulierungen nicht enthalten, mit denen der EuGH gewöhnlich eine Diskriminierung kenntlich macht, beispielsweise „diskriminiert werden"[682], „diskriminierender Charakter"[683], „diskriminierende Natur"[684] oder „Ungleichbehandlung"[685]. Im Zusammenhang mit der Verwendung des Wortes „beschränken" spricht dies dafür, dass der EuGH die nationale Regelung über Lärmemissionen nicht als Diskriminierung, sondern lediglich als Beschränkung ansah. In Anbetracht dessen kann in dem Aher-Waggon-Urteil nicht mit hinreichender Sicherheit eine Abkehr von der bisherigen Rechtsprechung zur Cassis-Formel gesehen werden.

Zusammenfassend ist festzustellen, dass der EuGH in der Rs. *Aher-Waggon* zwar eine diskriminierende Regelung mit zwingenden Erfordernissen auf der Grundlage der Cassis-Formel gerechtfertigt hat. Darin allein kann jedoch keine Änderung der bisherigen Rechtsprechung gesehen werden, da berechtigte Anhaltspunkte dafür bestehen, dass er die zugrunde liegende nationale Maßnahme nicht als eine Diskriminierung ansah. Zudem machte der EuGH nicht kenntlich, im Begriff zu sein, seine Rechtsprechung zu ändern. Da es gefestigte Rechtsprechung war, die Cassis-Formel nur auf unterschiedslos geltende Maßnahmen anzuwenden, ist davon auszugehen, dass der EuGH eine entsprechende Änderung hervorgehoben hätte. Diese Vermutung liegt insbesondere deshalb nahe, weil es seiner Praxis entspricht, derartige Änderungen in seiner Rechtsprechung zu betonen und ausdrücklich deutlich zu machen. Um eine Öffnung

---

680 Vgl. EuGH Rs. C-277, 318 und 319/91 (Ligur Carni) Urt. v. 15.12.1993, Slg. 1993, 6621, Rn. 36; EuGH Rs. C-321 und 324/94 (Pistre), Urt. v. 07.05.1997, Slg. 1997, I-2343, Rn. 48; EuGH Rs. C-379/98 (PreussenElektra), Urt. v. 13.03.2001, Slg. 2001, I-2099, Rn. 72. In der Rs. C-21/88 (Du Pont de Nemours Italiana), Urt. v. 20.03.1990, Slg. 1990, 889, Rn. 11, stellt der EuGH demgegenüber bereits bei der Frage fest, ob es sich um eine Maßnahme gleicher Wirkung wie eine mengenmäßige Einfuhrbeschränkung handelt, dass mit der Regelung „die aus anderen Mitgliedstaaten stammenden Erzeugnisse gegenüber den in dem fraglichen Mitgliedstaat hergestellten Erzeugnissen diskriminiert und der normale innergemeinschaftliche Handelsverkehr beeinträchtigt" werde.

681 Vgl. EuGH Rs. C-30/90 (Patents Act) Urt. v. 18.02.1992, Slg. 1992, 829, Rn. 28, 29; EuGH Rs. C-277, 318 und 319/91 (Ligur Carni) Urt. v. 15.12.1993, Slg. 1993, 6621, Rn. 36; EuGH Rs. C-321 und 324/94 (Pistre) Urt. v. 07.05.1997, Slg. 1997, I-2343, Rn. 52.

682 EuGH Rs. C-21/88 (Du Pont de Nemours Italiana) Urt. v. 20.03.1990, Slg. 1990, 889, Rn. 11.

683 EuGH Rs. C-59/82 (Weinvertriebs-GmbH) Urt. v. 20.04.1983, Slg. 1983, 1217, Rn. 11; EuGH Rs. C-321 und 324/94 (Pistre) Urt. v. 07.05.1997, Slg. 1997, I-2343, Rn. 52.

684 EuGH Rs. C-21/88 (Du Pont de Nemours Italiana) Urt. v. 20.03.1990, Slg. 1990, 889, Rn. 14.

685 EuGH Rs. C-269/83 (Französische Postgebühren) Urt. v. 14.03.1985, Slg. 1985, 837, Rn. 15.

der Cassis-Formel auf diskriminierende Regelungen durch die Rs. *Aher-Waggon* feststellen zu können, müsste der EuGH in seiner nachfolgenden Rechtsprechungspraxis die Cassis-Formel konsequent auf diskriminierende Regelungen angewendet haben.

*bb) Das PreussenElektra-Urteil*

Besonderes Augenmerk ist auf das PreussenElektra-Urteil zu legen, dem das deutsche StrEG zugrunde lag.[686] Gemäß §§ 2 und 3 StrEG waren Elektrizitätsversorgungsunternehmen, die ein Netz für die allgemeine Versorgung betrieben, verpflichtet, den in ihrem Versorgungsgebiet erzeugten Strom aus erneuerbaren Energien abzunehmen und den eingespeisten Strom mit einem Mindestpreis zu vergüten. Die darin liegende Förderung war damit auf Strom beschränkt, der in dem Versorgungsgebiet der verpflichteten Elektrizitätsversorgungsunternehmen generiert wurde. Zudem waren gemäß § 1 StrEG nur Erzeugungsprozesse im Geltungsbereich des StrEG, d. h. im deutschen Hoheitsgebiet, von der Förderung erfasst. Da das StrEG somit eine Unterscheidung nach der Herkunft des Stromes vornahm, hatte es formell diskriminierenden Charakter. Dem EuGH lag unter anderem die Frage vor, ob diese Regelung mit Art. 30 EGV (nunmehr Art. 34 AEUV) vereinbar sei.[687]

*(1) Schlussanträge des Generalanwalts*

Generalanwalt *Jacobs* nahm dies in seinen Schlussanträgen zum Anlass, die Notwendigkeit einer Klarstellung hervorzuheben, ob direkt bzw. formell diskriminierende Maßnahmen durch zwingende Erfordernisse gerechtfertigt werden könnten.[688] Er forderte den EuGH auf, eine Klärung herbeizuführen, um die erforderliche Rechtssicherheit zu schaffen.[689] Zuvor hatte Generalanwalt *Jacobs* unter Berufung auf die bereits erläuterten Entscheidungen *De Agostini*[690] aus

686 Vgl. zum zugrunde liegenden Sachverhalt: EuGH Rs. C-379/98 (PreussenElektra) Urt. v. 13.03.2001, Slg. 2001, I-2099, Rn. 3 ff.

687 EuGH Rs. C-379/98 (PreussenElektra) Urt. v. 13.03.2001, Slg. 2001, I-2099, Rn. 68.

688 Generalanwalt Jacobs, Schlussanträge v. 26.10.2000 in der Rs. C-379/98 (PreussenElektra), Slg. 2001, I-2099, Rn. 227.

689 Generalanwalt Jacobs, Schlussanträge v. 26.10.2000 in der Rs. C-379/98 (PreussenElektra), Slg. 2001, I-2099, Rn. 227.

690 EuGH Rs. C-34–36/95 (De Agostini und TV Shop) Urt. v. 09.07.1997, Slg. 1997, 3843, Rn. 44 f.; vgl. Teil 4: A. II. 3. a) aa) (1) (e).

dem Jahr 1997 sowie *Decker*[691], *Dusseldorp*[692] und *Aher-Waggon*[693] aus dem Jahr 1998 die Vermutung angestellt, dass der Gerichtshof im Begriff sei, seine frühere Rechtsprechung im Hinblick auf die Anwendbarkeit der Cassis-Formel nur auf unterschiedslos geltende Maßnahmen zu überdenken und auch auf nicht unterschiedslos geltende Maßnahmen auszudehnen.[694]

*(2) Rechtsprechung des EuGH*

Ausgangspunkt der Prüfung des EuGH war zunächst die Dassonville-Formel. Nachdem er die Besonderheiten und Auswirkungen der Abnahme- und Vergütungspflicht gemäß §§ 2 und 3 StrEG festgestellt hatte, kam er zu dem Schluss, dass diese den innergemeinschaftlichen Handel zumindest potentiell behindern könne.[695] Er führte dann aus, dass bei der Beurteilung, ob eine solche Abnahmepflicht (die mit der Vergütungspflicht verbunden war) dennoch mit Art. 30 EGV (nunmehr Art. 34 AEUV) vereinbar sei, das Ziel der Regelung und die Besonderheiten des Strommarktes zu beachten seien.[696] Damit leitete er die Rechtfertigungsprüfung ein. Zunächst hob der EuGH hervor, dass die Abnahme- und Vergütungspflicht dem Umweltschutz dienten.[697] Dies begründete er näher: Das StrEG trage zur Verringerung von Treibhausgasen bei, die zu den Hauptursachen der Klimaänderungen zählten und zu deren Bekämpfung sich die Gemeinschaft und ihre Mitgliedstaaten verpflichtet hätten.[698] Damit hatte der EuGH als Rechtfertigungsgrund den Umweltschutz benannt sowie dahingehend konkretisiert, dass die Regelung dem Umweltschutzaspekt „Verringerung von Treibhausgasemissionen" diene.

Nachdem er diese Grundlage bereitet hatte, betonte er mit verschiedenen Ansätzen die Bedeutung der Nutzung erneuerbarer Energien für den Umweltschutz: So führte er an, dass die Entwicklung der Nutzung erneuerbarer Energieträger zu den Zielen gehöre, die sich die Gemeinschaft und die Mitgliedstaaten aufgrund

691 EuGH Rs. C-120/95 (Decker) Urt. v. 28.04.1998, Slg. 1998, I-1831, Rn. 36, 39; vgl. Teil 4: A. II. 3. a) aa) (2) (a).

692 EuGH Rs. C-203/96 (Dusseldorp) Urt. v. 25.06.1998, Slg. 1998, I-4075, Rn. 44, 49; vgl. Teil 4: A. II. 3. a) aa) (2) (b).

693 EuGH Rs. C-389/96 (Aher-Waggon) Urt. v. 14.07.1998, Slg. 1998, I-4473, Rn. 19; vgl. Teil 4: A. II. 3. a) aa) (2) (c).

694 Generalanwalt Jacobs, Schlussanträge v. 26.10.2000 in der Rs. C-379/98 (PreussenElektra), Slg. 2001, I-2099, Rn. 227.

695 EuGH Rs. C-379/98 (PreussenElektra) Urt. v. 13.03.2001, Slg. 2001, I-2099, Rn. 70, 71.

696 EuGH Rs. C-379/98 (PreussenElektra) Urt. v. 13.03.2001, Slg. 2001, I-2099, Rn. 72.

697 EuGH Rs. C-379/98 (PreussenElektra) Urt. v. 13.03.2001, Slg. 2001, I-2099, Rn. 73.

698 EuGH Rs. C-379/98 (PreussenElektra) Urt. v. 13.03.2001, Slg. 2001, I-2099, Rn. 70, 73.

völkerrechtlicher Verpflichtungen und begleitender Rechtsakte gesetzt haben.[699] Die Entwicklung der Nutzung erneuerbarer Energieträger bezwecke zugleich den Schutz der Gesundheit und des Lebens von Menschen, Tieren und Pflanzen.[700] Damit nannte der EuGH einen der in Art. 36 AEUV aufgeführten Rechtfertigungsgründe. Daraus lässt sich jedoch nicht schließen, dass er die Abnahme- und Vergütungspflicht auf der Grundlage des Art. 36 AEUV als gerechtfertigt ansah. Wie bereits ausgeführt, umfasst der Schutz der Gesundheit und des Lebens von Menschen, Tieren und Pflanzen in Art. 36 AEUV nicht den Umweltschutz.[701] Da sich Umweltbelastungen auch auf die Gesundheit und das Leben von Menschen, Tieren und Pflanzen auswirken können, dient zwar der Schutz der Umwelt letztlich auch den vorstehend genannten Rechtsgütern, gleichwohl ist der Kausalzusammenhang zwischen Umweltschutz und dem Schutz der Gesundheit und des Lebens zu mittelbar. Daher steht die vom EuGH geforderte enge Auslegung der in Art. 36 AEUV genannten Rechtfertigungsgründe einer Einbeziehung des Umweltschutzes entgegen.[702] Mit der Nennung des Rechtfertigungsgrundes aus Art. 36 AEUV in den Urteilsgründen verdeutlichte der EuGH lediglich die Bedeutung, die dem Schutz der Umwelt durch eine Verringerung von Treibhausgasemissionen auch im Hinblick auf den Schutz der Gesundheit und des Lebens von Menschen, Tieren und Pflanzen zukommt. In der weiteren Urteilsbegründung betonte er schließlich die Bedeutung des Umweltschutzes noch intensiver. Er führte an, dass die Erfordernisse des Umweltschutzes gemäß Art. 130r Abs. 2 Uabs. 1 EGV (nunmehr Art. 11 AEUV) bei der Festlegung und Durchführung der Gemeinschaftspolitiken einzubeziehen seien. Schließlich verwies er auch auf die 28. Begründungserwägung der EltRL 1996, nach der die Mitgliedstaaten aus Gründen des Umweltschutzes in den Art. 8 Abs. 3 und Art. 11 Abs. 3 ermächtigt werden, der Elektrizitätserzeugung aus erneuerbaren Energien Vorrang einzuräumen. Aus alldem wird deutlich, dass der EuGH der Elektrizitätserzeugung

699 EuGH Rs. C-379/98 (PreussenElektra) Urt. v. 13.03.2001, Slg. 2001, I-2099, Rn. 74. Zu diesen völkerrechtlichen Verpflichtungen zählen das Rahmenabkommen der Vereinten Nationen über Klimaänderungen, das durch den Beschluss 94/69/EG des Rates vom 15.12.1993 (ABl. 1994, L 33, 11) im Namen der Europäischen Gemeinschaft genehmigt wurde, sowie das Protokoll der dritten Konferenz der Vertragsstaaten dieses Abkommens in Kyoto vom 11.12.1997, das am 29.04.1998 von der Europäischen Gemeinschaft und ihren Mitgliedstaaten unterzeichnet wurde. Diese völkerrechtlichen Verpflichtungen sind die Grundlage für die Entschließung 98/C 198/01 des Rates vom 08.06.1998 über erneuerbare Energieträger (ABl. EG 1998 C 198, 1) und der Entscheidung Nr. 646/2000/EG des Europäischen Parlaments und des Rates vom 28.02.2000 über ein Mehrjahresprogramm zur Förderung der erneuerbaren Energieträger in der Gemeinschaft (ABl. EG 2000, Nr. L 79, 1).

700 EuGH Rs. C-379/98 (PreussenElektra) Urt. v. 13.03.2001, Slg. 2001, I-2099, Rn. 75.

701 Vgl. Teil 4: A. I. 2. d).

702 Vgl. Teil 4: A. I. 4.

aus erneuerbaren Energien eine besondere Bedeutung für den Schutz der Umwelt beimaß.

Anschließend konkretisierte der EuGH den gegenwärtigen Stand des damaligen Gemeinschaftsrechts: Die (zum Zeitpunkt des Urteilserlasses geltende) EltRL 1996 stelle gemäß ihrer 39. Begründungserwägung lediglich eine weitere Stufe bei der Liberalisierung des Elektrizitätsmarkts dar und lasse Hemmnisse für den Elektrizitätshandel fortbestehen.[703] Dieser Einschub überrascht. Systematisch hätte eine Erörterung des Sekundärrechts zu Beginn der Prüfung des Art. 34 AEUV erfolgen müssen.[704] Der EuGH stellte hier dem Grunde nach fest, dass die EltRL den Elektrizitätshandel nicht abschließend harmonisiere. Demzufolge stellte die primärrechtliche Warenverkehrsfreiheit den Prüfungsmaßstab für die Abnahme- und Vergütungsinstrumente dar. Mit dem Einschub, dass nach dem bestehenden Sekundärrecht Hemmnisse für den Handel fortbestünden, scheint der EuGH eine Abwägung vorzubereiten. Nachdem er die Bedeutung der erneuerbaren Energien für den Umweltschutz herausgestellt und diesem damit ein starkes Gewicht verliehen hatte, gewichtete er nun die Dimension, die die Förderinstrumente für den Handel haben. Sodann stellte der EuGH die Besonderheiten der Elektrizität dar. Es liege in ihrer Natur, dass sich ihre Herkunft nach der Einspeisung in ein Übertragungs- oder Verteilernetz kaum noch bestimmen lasse.[705] Daher sei nach dem Vorschlag der Kommission für eine Richtlinie zur Förderung der Stromerzeugung aus erneuerbaren Energiequellen im Elektrizitätsbinnenmarkt die Einführung eines Systems von Herkunftszertifikaten für Strom aus erneuerbaren Energiequellen unabdingbar, um den Handel mit diesem Strom zuverlässig und praktisch möglich zu machen.[706] Auf Basis dieser Abwägung gelangte der EuGH schließlich zu dem Ergebnis, dass die Regelung nach dem StrEG beim gegenwärtigen Stand des damaligen Gemeinschaftsrechts auf dem Gebiet des Elektrizitätsmarktes nicht gegen Art. 30 EGV (nunmehr Art. 34 AEUV) verstoße.[707] Er rechtfertigte damit im Ergebnis aus Gründen des Umweltschutzes eine formelle Diskriminierung.

---

703 EuGH Rs. C-379/98 (PreussenElektra) Urt. v. 13.03.2001, Slg. 2001, I-2099, Rn. 78.

704 Teil 2: A.

705 EuGH Rs. C-379/98 (PreussenElektra) Urt. v. 13.03.2001, Slg. 2001, I-2099, Rn. 79.

706 EuGH Rs. C-379/98 (PreussenElektra) Urt. v. 13.03.2001, Slg. 2001, I-2099, Rn. 80. Dieses Herkunftszertifikatesystem hat in der EE-RL tatsächlich Niederschlag gefunden, vgl. Teil 2: A. I. 1. a) cc).

707 Oliver, Free Movement of Goods in the European Community, Rn. 8.163, hält das Urteil sowohl im Hinblick auf Argumentation als auch in Bezug auf das Ergebnis für fragwürdig.

*(3) Bewertung*

Es liegt die Vermutung nahe, dass der EuGH die Cassis-Formel auf eine formell diskriminierende Maßnahme angewendet hat, da eine Rechtfertigung aus Gründen des Umweltschutzes bis zum Erlass des PreussenElektra-Urteils stets auf der Grundlage der Cassis-Formel erfolgte. Zu berücksichtigen ist jedoch ebenso, dass in den Urteilsgründen nicht ausdrücklich der formell diskriminierende Charakter der Regelungen benannt wird. Zudem hat der EuGH die Besonderheiten der Elektrizität, in deren Natur es liege, dass sich ihre Herkunft nach der Einspeisung in ein Übertragungs- oder Verteilernetz kaum noch bestimmen lasse, besonders betont.[708] Der EuGH könnte damit zu erkennen geben, dass er Regelungen grundsätzlich nicht als diskriminierend ansieht, wenn sie sich auf Elektrizität beziehen. Das gilt selbst dann, wenn sie an deren Herkunft anknüpfen, da nach Ansicht des EuGH die Herkunft von Elektrizität kaum bestimmbar ist.[709] Dies zugrunde gelegt bestehen erhebliche Bedenken, dass der EuGH mit Erlass des PreussenElektra-Urteils die Cassis-Formel grundsätzlich für diskriminierende Maßnahmen geöffnet hat. Es stellt sich die Frage, ob hier eine Parallele zur Prüfungsweise in der Rs. *Aher-Waggon* vorliegt, in der der EuGH den diskriminierenden Charakter einer Maßnahme ignorierte, obgleich dieser erkennbar gegeben war.[710]

Besondere Beachtung verdient jedoch der Umstand, dass der EuGH in den Urteilsgründen – anders als in der Rs. *Aher-Waggon* – weder die Cassis-Formel genannt, noch den Umweltschutz als ein zwingendes Erfordernis bezeichnet hat. Er stellt mit keinem Wort einen Bezug zur Cassis-Formel her. Dies entspricht nicht der Prüfungsweise, die in ständiger Rechtsprechung angewendet wird. Üblicherweise wurde in den Urteilsgründen, in denen er eine Rechtfertigung auf der Grundlage der Cassis-Formel prüfte, die Cassis-Formel dargestellt oder zumindest der Rechtfertigungsgrund als ein zwingendes Erfordernis bezeichnet.[711] Da die Vorgehensweise des EuGH in Rs. *PreussenElektra* dieser gefestig-

708 EuGH Rs. C-379/98 (PreussenElektra) Urt. v. 13.03.2001, Slg. 2001, I-2099, Rn. 79.

709 Nach Ruge, EuZW 2001, 242, 248, hat der EuGH jedoch die Regelungen des StrEG als diskriminierende Maßnahmen eingestuft. Er verweist auf Rn. 71 des Urteils, in dem der EuGH ausführt, dass die Förderung von Strom aus erneuerbaren Energiequellen nur für Erzeuger im Inland, nicht für ausländische Erzeugnisse gelte und damit den Handel zwischen den Mitgliedstaaten potentiell beeinträchtigen könne. Ruge verkennt, dass der EuGH hier lediglich die – zweifellos diskriminierende – Maßnahme beschreibt, jedoch nicht ausdrücklich den diskriminierenden Charakter als solchen benennt.

710 EuGH Rs. C-389/96 (Aher-Waggon) Urt. v. 14.07.1998, Slg. 1998, I-4473, Rn. 19; vgl. Teil 4: A. II. 3. a) aa) (2) (c).

711 Vgl. anstelle vieler: EuGH Rs. C-788/79 (Obstessig) Urt. v. 26.06.1980, Slg. 1980, 2071, Rn. 6; EuGH Rs. C-193/80 (Essig) Urt. v. 09.12.1981, Slg. 1981, 3019, Rn. 21; EuGH Rs. C-302/86 (Dänische Pfandflaschen) Urt. v. 20.09.1988, Slg. 1988, 4607, Rn. 8; EuGH Rs. C-269/89

ten Praxis nicht entspricht, kann aus dem PreussenElektra-Urteil nicht gefolgert werden, dass der EuGH hier die Cassis-Formel für diskriminierende Maßnahmen geöffnet hat.[712]

Nachdem der EuGH den Umweltschutz als Ziel der Förderinstrumente herausgefiltert hatte, wog er ausführlich die Bedeutung des Umweltschutzes im vorliegenden Fall gegen die Bedeutung des zwischenstaatlichen Handels mit Strom ab. Die Rechtfertigung der Förderinstrumente erfolgte vollständig losgelöst von der Cassis-Doktrin.[713]

### *cc) Rechtsprechung des EuGH nach Erlass des PreussenElektra-Urteils*

Vor dem PreussenElektra-Urteil hatte der EuGH in den Rs. *De Agostini*[714], *Decker*[715] und *Dusseldorp*[716] Urteile erlassen, in denen er bei diskriminierenden Maßnahmen eine Rechtfertigung nach der Cassis-Formel in Betracht zog. Daher stellte sich die Frage, ob der EuGH damit seine Rechtsprechung geändert und die Begrenzung der Cassis-Formel auf unterschiedslos geltende Maßnahmen aufgehoben hatte. Da eine Rechtfertigung der nationalen Maßnahme im Ergebnis jedoch verneint wurde, ist allein auf Grundlage dieser Urteile nicht der Schluss zulässig, dass der EuGH die Cassis-Formel für diskriminierende Maßnahmen geöffnet hat. In der Rs. *Aher-Waggon*[717] bejahte er zwar im Ergebnis eine Rechtfertigung für eine tatsächlich diskriminierende Maßnahme. Da den Urteilsgründen jedoch Anhaltspunkte zu entnehmen sind, dass der EuGH die zugrunde lie-

---

(Bonfait) Urt. v. 13.11.1990, Slg. 1990, I-4169, Rn. 11; EuGH Rs. C-120/95 (Decker) Urt. v. 28.04.1998, Slg. 1998, I-1831, Rn. 39; EuGH Rs. C-389/96 (Aher-Waggon) Urt. v. 14.07.1998, Slg. 1998, I-4473, Rn. 19, und u. a. EuGH Rs. C-322/01 (DocMorris) Urt. v. 11.12.2003, Slg. 2003, I-14887, Rn. 122.

712 A. A. Elspas, S. 160 f., der aus dem Urteil in der Rs. *PreussenElektra* unter Verweis auf die zuvor ergangenen Urteile ableitet, dass der EuGH die Cassis-Formel hier für diskriminierende Maßnahmen öffnet. Einen Paradigmenwechsel will er jedoch nicht erkennen. Ebenso Epiney, NVwZ 2002, 1429, 1435 und Weck, S. 170. Ehricke, RdE 2003, 57, 64 f., leitet im Ergebnis aus der PreussenElektra-Rechtsprechung ab, dass der EuGH die Unterscheidung zwischen diskriminierenden und nichtdiskrimierenden Maßnahmen für den Umweltschutz aufgehoben haben könnte.

713 Auf welcher dogmatischen Grundlage dies zurückgeführt werden kann, wird im nachfolgenden Abschnitt erörtert.

714 EuGH Rs. C-34–36/95 (De Agostini und TV Shop) Urt. v. 09.07.1997, Slg. 1997, 3843, Rn. 44 f.; vgl. Teil 4: A. II. 3. a) aa) (1) (e).

715 EuGH Rs. C-120/95 (Decker) Urt. v. 28.04.1998, Slg. 1998, I-1831, Rn. 36, 39; vgl. Teil 4: A. II. 3. a) aa) (2) (a).

716 EuGH Rs. C-203/96 (Dusseldorp) Urt. v. 25.06.1998, Slg. 1998, I-4075, Rn. 44, 49; vgl. Teil 4: A. II. 3. a) aa) (2) (b).

717 EuGH Rs. C-389/96 (Aher-Waggon) Urt. v. 14.07.1998, Slg. 1998, I-4473, Rn. 19; vgl. Teil 4: A. II. 3. a) aa) (2) (c).

gende Maßnahme nicht als eine diskriminierende ansah, kann auch auf dieser Grundlage noch nicht abschließend beurteilt werden, ob mit der Cassis-Formel auch diskriminierende Maßnahmen gerechtfertigt werden können. Eine Klärung sollte das Urteil in der Rs. PreussenElektra bringen.[718] Der EuGH rechtfertigte darin zwar eine formell diskriminierende Regelung aus Gründen des Umweltschutzes, allerdings stellte er mit keinem Wort einen Bezug zur Cassis-Formel her.

Eine Klärung, ob der EuGH durch die vorstehend aufgeführte Rechtsprechung die Cassis-Formel für eine Rechtfertigung diskriminierender nationaler Regelungen geöffnet hat, lässt sich nur durch eine Betrachtung der Rechtsprechung nach dem PreussenElektra-Urteil erzielen. Anhaltspunkte zum Anwendungsbereich der Cassis-Formel lassen sich zum einen den Rs. *Dosenpfand* und *Radlberger*, denen allerdings nichtdiskriminierende nationale Maßnahmen zugrundelagen, zum anderen der Rs. *Kommission./.Österreich*, die eine diskriminierende Regelung zum Gegenstand hatte, entnehmen.

Den Rs. *Dosenpfand* und *Radlberger* lag die deutsche Verpackungsverordnung zugrunde, welche die Verpflichtung enthielt, auf dem deutschen Markt entsprechend dem dort vorherrschenden Anteil an Mehrwegverpackungen für Einwegverpackungen Pfand- und Rücknahmepflichten einzuführen. Da die Wiederverwendung der Verpackungen zur Folge hat, dass diese wieder zum Hersteller gelangen müssen, kann eine Umstellung auf Mehrwegverpackungen für Hersteller aus anderen Mitgliedstaaten, die in der Regel mehr Einwegverpackungen benutzen, höhere Kosten verursachen.[719] Aus diesem Grund sah der EuGH die deutschen Regelungen als eine Maßnahme gleicher Wirkung wie eine mengenmäßige Einfuhrbeschränkung an.[720] Zwar wirkten die Maßnahmen nicht diskriminierend,[721] gleichwohl lassen die Urteile Schlussfolgerungen auf den Anwen-

718 Generalanwalt Jacobs, Schlussanträge v. 26.10.2000 in der Rs. C-379/98 (PreussenElektra), Slg. 2001, I-2099, Rn. 227.

719 EuGH Rs. C-463/01 (Dosenpfand) Urt. v. 03.12.2001, Slg. 2004, I-11705, Rn. 61 f.; EuGH Rs. C-309/02 (Radlberger) Urt. v. 14.12.2004, Slg. 2004, I-11763, Rn. 64 f.

720 EuGH Rs. C-463/01 (Dosenpfand) Urt. v. 03.12.2001, Slg. 2004, I-11705, Rn. 63; EuGH Rs. C-309/02 (Radlberger) Urt. v. 14.12.2004, Slg. 2004, I-11763, Rn. 67 f.

721 EuGH Rs. C-309/02 (Radlberger), Urt. v. 14.12.2004, Slg. 2004, I-11763, Rn. 61. In der Rs. C-463/01 (Dosenpfand) Urt. v. 03.12.2001, Slg. 2004, I-11705, Rn. 56 ff., stellt der EuGH zwar fest, dass die Regelungen der deutschen Verpackungsverordnung Getränke aus Deutschland und Getränke aus anderen Mitgliedstaaten nicht in der gleichen Weise berühren, dies bedeutet jedoch nicht, dass sie einen diskriminierenden Charakter haben. Ein diskriminierender Charakter kommt nationalen Regelungen nur dann zu, wenn sie ausdrücklich nach der Herkunft der Waren unterscheiden oder an Voraussetzungen oder Merkmale anknüpfen, die grundsätzlich nur von inländischen Waren erfüllt werden können, vgl. Teil 3: A. III. 1. c). Beide Voraussetzungen liegen nicht vor. Vielmehr stellen die Regelungen der deutschen Verpackungsverordnung eine Beschränkung dar.

dungsbereich der Cassis-Formel zu. Der EuGH prüfte nach der Feststellung, dass die zugrunde liegenden Regelungen der deutschen Verpackungsverordnung Maßnahmen gleicher Wirkung darstellten, eine Rechtfertigung aus Gründen des Umweltschutzes. Bezug nehmend auf seine Rechtsprechung *Dänische Pfandflaschen*[722] Rn. 6 und 9 und *Aher-Waggon*[723] Rn. 20 führte er aus, dass nach ständiger Rechtsprechung nationale Maßnahmen, die geeignet sind, den Handel in der EG zu behindern, durch zwingende Erfordernisse des Umweltschutzes gerechtfertigt werden könnten, sofern sie in einem angemessenen Verhältnis zum angestrebten Ziel stünden.[724] Der Rechtfertigungsprüfung lag somit die Cassis-Formel zugrunde. Dies folgt insbesondere aus dem Verweis auf die Rs. *Dänische Pfandflaschen* Rn. 6. Dort nahm der EuGH unter anderem Bezug auf das Urteil in der Rs. *Cassis-de-Dijon* und führte aus, dass in Ermangelung einer gemeinschaftlichen Regelung des Inverkehrbringens der betreffenden Erzeugnisse Hemmnisse für den freien Binnenhandel der Gemeinschaft, die sich aus den Unterschieden der nationalen Regelungen ergäben, hinzunehmen seien, soweit eine solche nationale Regelung, die *unterschiedslos* für einheimische wie für eingeführte Erzeugnisse gelte, dadurch gerechtfertigt werden könne, dass sie notwendig sei, um zwingenden Erfordernissen des Gemeinschaftsrechts gerecht zu werden.[725] Mit diesem Verweis machte der EuGH deutlich, dass er das Erfordernis der unterschiedslosen Geltung der nationalen Maßnahmen weiterhin als Bestandteil der Cassis-Formel betrachtet. Ansonsten hätte er wohl nicht auf eine Formulierung zur Rechtfertigung aus zwingenden Erfordernissen verwiesen, die gerade die unterschiedslose Geltung der nationalen Regelung ausdrücklich hervorhebt. Dem steht auch nicht entgegen, dass der EuGH des Weiteren auf das Urteil in der Rs. *Aher-Waggon* verwiesen hat. Zwar gab gerade dieses Urteil Anlass zu der Vermutung, dass der EuGH im Begriff sein könnte, seine Rechtsprechung zur Cassis-Formel zu überdenken, zu berücksichtigen ist jedoch, dass sich der Verweis lediglich auf die Rn. 20 des Aher-Waggon-Urteils beschränkt. Darin wird die ständige Rechtsprechung dargestellt, wonach eine nationale Regelung, die den innergemeinschaftlichen Handel beeinträchtigt oder beeinträchtigen kann, in einem angemessenen Verhältnis zum angestrebten Ziel stehen müsse.[726] Der Verweis bezieht sich mithin allein auf die Verhältnismäßigkeitsanforderungen,

722 EuGH Rs. C-302/86 (Dänische Pfandflaschen) Urt. v. 20.09.1988, Slg. 1988, 4607, Rn. 6 und 9.
723 EuGH Rs. C-389/96 (Aher-Waggon) Urt. v. 14.07.1998, Slg. 1998, I-4473, Rn. 20.
724 EuGH Rs. C-463/01 (Dosenpfand) Urt. v. 03.12.2001, Slg. 2004, I-11705, Rn. 75; EuGH Rs. C-309/02 (Radlberger) Urt. v. 14.12.2004, Slg. 2004, I-11763, Rn. 75.
725 EuGH Rs. C-302/86 (Dänische Pfandflaschen), Urt. v. 20.09.1988, Slg. 1988, 4607, Rn. 6.
726 EuGH Rs. C-389/96 (Aher-Waggon), Urt. v. 14.07.1998, Slg. 1998, I-4473, Rn. 20.

denen eine Regelung genügen muss, um gerechtfertigt werden zu können.[727] Mit den Verweisen in den Rs. *Dosenpfand* und *Radlberger* hat der EuGH somit zum Ausdruck gebracht, dass er an dem Erfordernis der unterschiedslosen Geltung einer nationalen Regelung im Rahmen der Cassis-Formel festhält. Bestätigt wird dies durch die jüngeren Urteile in den Rs. *Schwarz* und *Vassilopoulos und Carrefour-Marinopoulos,* in denen der EuGH ausdrücklich den Anwendungsbereich der Cassis-Formel auf unterschiedslos wirkende Maßnahmen beschränkte.[728]

Der Rs. *Kommission./.Österreich* lag das österreichische Kraftfahrzeugzulassungsrecht zugrunde, das für die Zulassung eines Fahrzeugs Grenzwerte für Abgas- und Lärmemissionen des Fahrzeugs vorsah. Während für bereits zugelassene Fahrzeuge, die diese Grenzwerte nicht erfüllten, die Zulassung nicht zurückgenommen wurde, galt eine vergleichbare Regelung für importierte Fahrzeuge nicht. Diesen war, sofern sie die die Grenzwerte nicht erfüllten, die Zulassung nicht zu erteilen.[729] Der Regelung wirkte mithin diskriminierend.[730] Nach der Feststellung, dass eine Maßnahme gleicher Wirkung wie eine mengenmäßige Einfuhrbeschränkung vorlag, prüfte der EuGH eine Rechtfertigung aus Gründen des Gesundheits- und Umweltschutzes.[731] Mit Verweis darauf, dass die Maßnahmen den Umweltschutz verfolgen, um einen Schutz der öffentlichen Gesundheit zu bezwecken, betonte der EuGH, dass die Rechtfertigungsgründe nicht getrennt zu prüfen seien.[732] Gleichwohl erörterte er dann den Umweltschutz ohne Bezugnahme zum Gesundheitsschutz allein auf Grundlage der Cassis-Formel.[733] Hier knüpfte er an seine Verweisungstechnik in der Rs. *Radlberger* an und nahm auf die Rs. *Aher-Waggon* Rn. 20; *Dosenpfand* Rn. 75 und *Radlberger* Rn. 75 Bezug.[734] Diese Verweise zeigen, dass der EuGH seine bisherige Rechtsprechung aufrechterhält und eine Öffnung der Cassis-Formel für diskriminierende Maßnahmen nicht erfolgt ist.[735] Daran ändert nichts der Umstand, dass der Rechtssache eine diskriminierende Maßnahme zugrunde lag, denn wie bereits

727 Im Ergebnis verneinte der EuGH eine Rechtfertigung, da die Regelungen der deutschen Verpackungsverordnung in Ermangelung von Übergangsfristen unverhältnismäßig seien, EuGH Rs. C-463/01 (Dosenpfand), Urt. v. 03.12.2001, Slg. 2004, I-11705, Rn. 79ff.; EuGH Rs. C-309/02 (Radlberger), Urt. v. 14.12.2004, Slg. 2004, I-11763, Rn. 83.

728 EuGH Rs. C-366/04 (Schwarz), Urt. v. 24.11.2005, Slg. 2005, I-10139, Rn. 30; EuGH Rs. C-158+159/04 (Vassilopoulos und Carrefour-Marinopoulos), Urt. v. 14.09.2006, Slg. 2006, I-8135, Rn. 20.

729 EuGH Rs. C-254/07 (Kommission./.Österreich), Urt. v. 11.12.2008, Rn. 1–23.

730 Dies folgt aus EuGH Rs. C-254/07 (Kommission./.Österreich), Urt. v. 11.12.2008, Rn. 61.

731 EuGH Rs. C-254/07 (Kommission./.Österreich), Urt. v. 11.12.2008, Rn. 52, 54 und 56f.

732 EuGH Rs. C-254/07 (Kommission./.Österreich), Urt. v. 11.12.2008, Rn. 56.

733 EuGH Rs. C-254/07 (Kommission./.Österreich), Urt. v. 11.12.2008, Rn. 57ff.

734 EuGH Rs. C-254/07 (Kommission./.Österreich), Urt. v. 11.12.2008, Rn. 57.

735 A. A. Barnard, S. 166.

im Hinblick auf die Rs. *Aher Waggon* dargelegt, macht der EuGH richtungsweisende Rechtsprechungsänderungen in den Urteilsgründen deutlich.[736] Eine solche Klarstellung ist jedoch in der Rs. *Kommission./.Österreich* ebenso wenig wie in der Rs. *Aher Waggon* erfolgt. Gegen eine grundlegende Öffnung der Cassis-Fromel spricht auch der Umstand, dass der EuGH den diskriminierenden Charakter der Maßnahme nur an fast versteckter Stelle feststellt. Lediglich bei der Prüfung der Verhältnismäßigkeit, führt er aus, dass „das Ziel (...) nicht durch nichtdiskriminierende, weniger restriktive Maßnahmen erreicht werden könne".[737] Es ist anzunehmen, dass er bei einer richtungsweisenden Öffnung der Cassis-Formel die Diskriminierung der Maßname bereits bei der Frage, ob die Maßnahme dem Umweltschutz dient, erwähnt hätte. Demzufolge besteht das Erfordernis der unterschiedslosen Geltung einer nationalen Regelung im Rahmen der Cassis-Formel fort.

*dd) Schlussfolgerung*

Die Analyse der Rechtsprechung zum Anwendungsbereich der Cassis-Formel zeigt, dass der EuGH mit zwingenden Erfordernissen eine Rechtfertigung für nationale Maßnahmen nur vornimmt, wenn diese unterschiedslos gelten. Zu einer anderen Einschätzung führt nicht die Rechtsprechung in den Rs. *De Agostini*[738], *Decker*[739], *Dusseldorp*[740], *Aher-Waggon*[741] und *PreussenElektra*[742]. Zwar hat der EuGH in den Rs. *De Agostini*, *Decker* und *Dusseldorp* eine Rechtfertigung nach der Cassis-Formel für diskriminierende Maßnahmen in Betracht gezogen, jedoch im Ergebnis verneint. Da er sich zum grundsätzlichen Anwendungsbereich der Cassis-Formel nicht ausdrücklich geäußert hat, konnte allein aus diesen Urteilen nicht der Schluss gezogen werden, dass nunmehr mit zwingenden Erfordernissen auch diskriminierende Maßnahmen gerechtfertigt werden können. Der Rs. *Aher-Waggon* lag ebenfalls eine diskriminierende nationale Regelung zugrunde. Der EuGH prüfte auch hier die Voraussetzungen der Cassis-Formel und bejahte

736 Teil 4 A. II. 3. a) aa) (2) (c).

737 EuGH Rs. C-254/07 (Kommission./.Österreich), Urt. v. 11.12.2008, Rn. 61.

738 EuGH Rs. C-34–36/95 (De Agostini und TV Shop), Urt. v. 09.07.1997, Slg. 1997, 3843, Rn. 44f., vgl. Teil 4: A. II. 3. a) aa) (1) (e).

739 EuGH Rs. C-120/95 (Decker), Urt. v. 28.04.1998, Slg. 1998, I-1831, Rn. 36, 39, vgl. Teil 4: A. II. 3. a) aa) (2) (a).

740 EuGH Rs. C-203/96 (Dusseldorp), Urt. v. 25.06.1998, Slg. 1998, I-4075, Rn. 44, 49, vgl. Teil 4: A. II. 3. a) aa) (2) (b).

741 EuGH Rs. C-389/96 (Aher-Waggon), Urt. v. 14.07.1998, Slg. 1998, I-4473, Rn. 19, vgl. Teil 4: A. II. 3. a) aa) (2) (c).

742 Generalanwalt Jacobs, Schlussanträge v. 26.10.2000 in der Rs. C-379/98 (PreussenElektra), Slg. 2001, I-2099, Rn. 227.

im Fall *Aher-Waggon* schließlich sogar eine Rechtfertigung. Die in den Urteilsgründen der Rs. *Aher-Waggon* gewählten Formulierungen sprechen jedoch dafür, dass der EuGH nicht von einem diskriminierenden Charakter der nationalen Regelung ausging. Demzufolge kann allein auf Basis dieser Rechtsprechung nicht festgestellt werden, dass die Cassis-Formel auch auf diskriminierende Maßnahmen anwendbar ist. Zu keinem anderen Ergebnis führt die Berücksichtigung des *PreussenElektra*-Urteils. Ohne jeglichen Bezug zur Cassis-Formel herzustellen, rechtfertigte der EuGH eine formell diskriminierende Regelung aus Gründen des Umweltschutzes. Allein aus dem Umstand, dass nach ständiger Rechtsprechung der Umweltschutz als zwingendes Erfordernis gilt, kann nicht geschlossen werden, dass mit dem PreussenElektra-Urteil die Cassis-Formel eine Öffnung für diskriminierende Maßnahmen erfahren hat. Für eine Aufgabe der Begrenzung in der Cassis-Formel auf unterschiedslos geltende Maßnahmen hätte in den Urteilsgründen ein ausdrücklicher Bezug zwischen einer Rechtfertigung aus Gründen des Umweltschutzes und der Cassis-Formel hergestellt werden müssen. Da dies unterblieben ist, kann unter Berufung auf das PreussenElektra-Urteil nicht von einer Aufgabe der Beschränkung in der Cassis-Formel ausgegangen werden. Bestätigt wird diese Einschätzung durch die auf das *PreussenElektra*-Urteil folgende Rechtsprechung. So hat der EuGH in den Rs. *Dosenpfand*[743] und *Radlberger*[744] zum Ausdruck gebracht, dass er für eine Rechtfertigung nach der Cassis-Formel an dem Erfordernis der unterschiedslosen Geltung einer nationalen Regelung festhält und dies in den Rs. *Schwarz* sowie *Vassilopoulos und Carrefour-Marinopoulos* ausdrücklich bekräftigt. Zu einem anderen Ergebnis führt auch nicht das Urteil in der Rs. *Kommission./.Österreich*. Zwar hat der EuGH die Cassis-Formel auf eine diskriminierende Maßnahme angewendet, jedoch weder den diskriminierenden Charakter hinreichend betont, noch deutlich gemacht, dass er die Cassis-Formel nun grundlegend für diskriminierende Maßnahmen öffnen wollte. Mithin können diskriminierende nationale Maßnahmen nicht nach der Cassis-Formel gerechtfertigt werden.

Dieser Auffassung trägt auch die Generalanwältin Stix-Hackl in ihren Schlussanträgen in der Rs. *DocMorris* Rechnung: Im Rahmen der Frage nach dem Konkurrenzverhältnis zwischen der dem Art. 34 AEUV innewohnenden Rechtfertigung nach der Cassis-Formel und der in Art. 36 AEUV geschriebenen Rechtfertigungsmöglichkeit betont sie, dass vor einer Prüfung der Rechtfertigung über Art. 30 EG (nunmehr Art. 36 AEUV) zu untersuchen sei, ob die in Frage stehende staatliche Maßnahme unterschiedslos anwendbar sei.[745] Wenn dies der

743 EuGH Rs. C-463/01 (Dosenpfand), Urt. v. 03.12.2001, Slg. 2004, I-11705, Rn. 75.

744 EuGH Rs. C-309/02 (Radlberger), Urt. v. 14.12.2004, Slg. 2004, I-11763, Rn. 75.

745 Schlussanträge der Generalanwältin Stix-Hackl in der Rs. C-322/01 (DocMorris) vom 11.03.2003, Rn. 104.

Fall ist, sei die Rechtfertigung in Art. 34 AEUV, d. h. in der Cassis-Formel zu suchen.[746] Damit macht sie deutlich, dass nach ihrem Verständnis nach wie vor die Anwendung der Cassis-Formel auf lediglich unterschiedslos anwendbare Maßnahmen beschränkt und eine Rechtfertigung nicht unterschiedslos anwendbarer Maßnahmen aus zwingenden Erfordernissen gerade nicht zulässig ist.

Nach alldem ist das Resümee zu ziehen, dass auf Grundlage der Cassis-Formel lediglich unterschiedslos wirkende nationale Maßnahmen aus zwingenden Erfordernissen gerechtfertigt werden können. Nationale Regelungen, die entweder ausdrücklich nach der Herkunft von Waren unterscheiden oder an Merkmale anknüpfen, die nur inländische Waren aufweisen und die mithin diskriminierenden Charakter haben, erfüllen demzufolge nicht die Voraussetzungen der Cassis-Formel. Daher können diskriminierende Maßnahmen auch dann nicht nach der Cassis-Formel gerechtfertigt werden, wenn sie zwingenden Erfordernissen gerecht werden.[747]

### *b) Anforderungen an die umweltschützende Wirkung einer handelsbeeinträchtigenden Maßnahme*

Die Cassis-Formel setzt für eine Rechtfertigung – freilich von unterschiedslos wirkenden Regelungen – voraus, dass die jeweilige nationale Maßnahme notwendig ist, um den zwingenden Erfordernissen des Umweltschutzes gerecht zu werden. Es stellt sich daher die Frage, welche Anforderungen an die umweltschützende Wirkung der Maßnahme zu stellen sind. Das Primärrecht enthält den Begriff der Erfordernisse des Umweltschutzes in Art. 11 AEUV, die nach dieser Bestimmung bei der Festlegung und Durchführung der Unionspolitiken einzubeziehen sind. Der EuGH misst Art. 11 AEUV auch bei der Beschreibung des nationalen Gestaltungsspielraums beim Erlass von Rechtsakten maßgebliche Bedeutung bei.[748]

Eine Definition des primärrechtlichen Umweltbegriffs ist in Art. 11 AEUV hingegen nicht enthalten. Art. 191 Abs. 1, 2 und 3 AEUV stellt jedoch Ziele, Handlungsgrundsätze und Leitlinien für die Umweltpolitik der Union auf und füllt den primärrechtlichen Umweltbegriff auf diese Weise mit Leben. Da die

---

746 Schlussanträge der Generalanwältin Stix-Hackl in der Rs. C-322/01 (DocMorris) vom 11.03.2003, Rn. 104.

747 Im Ergebnis ebenso Lecheler, RdE 2001, 137, 140, 141; Leible/Streinz in Granitz/Hilf/Nettesheim, AEUV Art. 34 Rn. 99; wohl auch Mayer, EuR 2003, 793, 807. Dies gilt auch angesichts der Rechtsprechung in der Rs. *Aher-Waggon*, da der EuGH auch hier nicht in letzter Konsequenz die Cassis-Formel auf diskriminierende Maßnahmen angewendet hat.

748 EuGH Rs. C-513/99 (Concordia Bus), Urt. v. 17.09.2002, Slg. 2002, I-7213, Rn. 57. So auch die Interpretation dieses Urteils von Epiney, NVwZ 2004, 555, 564.

Umweltpolitik der Union explizit Regelungsgegenstand des Art. 191 AEUV ist und diese in den Kompetenzbereich der Unionsorgane fällt, enthält Art. 191 AEUV zwar keine unmittelbaren Vorgaben für die nationale Umweltpolitik der Mitgliedstaaten. Gleichwohl lassen sich aus dieser Vertragsbestimmung die Anforderungen ableiten, die eine nationale Maßnahme erfüllen muss, um aus Gründen des Umweltschutzes legitimiert werden zu können.[749] Denn die Legitimation nationaler Maßnahmen ist anhand europarechtlicher Bestimmungen zu beurteilen, sodass der europarechtliche Umweltbegriff maßgebend ist. Die Ziele und Handlungsgrundsätze für eine Umweltpolitik der Union, die die Vertragsstaaten in Art. 191 AEUV aufgestellt haben, entsprechen den Erfordernissen des Umweltschutzes im Sinne des Art. 11 AEUV. Dies folgt bereits aus der Systematik des AEUV, der von einer einheitlichen Umweltpolitik und damit auch von einem einheitlichen Umweltbegriff ausgeht. Damit wird eine Maßnahme, die den materiellen Anforderungen des Art. 191 AEUV genügt, auch den Erfordernissen des Umweltschutzes im Sinne des Art. 11 AEUV gerecht.

Der Rückgriff auf Art. 191 AEUV bei der Beurteilung nationaler Maßnahmen am Maßstab der Warenverkehrsfreiheit steht auch im Einklang mit der Rechtsprechung des EuGH: Dieser berief sich in der Rs. *Wallonische Abfälle* auf den in Art. 130r Abs. 2 EWG-Vertrag (nunmehr Art. 191 Abs. 2 AEUV) enthaltenen Handlungsgrundsatz, Umweltbeeinträchtigungen mit Vorrang an ihrem Ursprung zu bekämpfen[750] und negierte auf diese Weise die diskriminierende Wirkung eines wallonischen Verbots, Abfälle aus anderen Mitgliedstaaten oder aus einer anderen Region als der Region Wallonien zwischenzulagern, abzulagern oder abzuleiten.[751] Damit konnte der EuGH unter Berufung auf die Cassis-Formel, deren Anwendungsbereich er auf lediglich unterschiedslos anwendbare, mithin nicht diskriminierende Maßnahmen begrenzt, eine Rechtfertigung dieser wallonischen Regelung aus Gründen des Umweltschutzes konstruieren und eine Vereinbarkeit der nationalen Maßnahme mit der Warenverkehrsfreiheit begründen. Der EuGH berücksichtigt damit bei der Auslegung des Art. 34 AEUV und der Bestimmung seiner Reichweite die in Art. 191 AEUV aufgestellten Ziele und Handlungsgrundsätze.

Für die Beurteilung der umweltschützenden Wirkung einer nationalen Maßnahme gelten mithin als Maßstäbe die in Art. 191 Abs. 1, 2 und 3 AEUV aufgestellten Ziele, Handlungsgrundsätze und Leitlinien.

---

749 Müller-Graf in: Rengeling, § 10 Rn. 73; angelegt auch bei Schröder in: Rengeling, § 31 Rn. 22.

750 Im Einzelnen zum Ursprungsprinzip vgl. Teil 4: A. II. 3. b) bb) (3).

751 EuGH Rs. C-2/90 (Wallonische Abfälle), Urt. v. 09.07.1992, Slg. 1992, I-4431, Rn. 34, 36; Teil 4: A. II. 3. a) aa) (1) (d).

*aa) Umweltschutz als Ziel einer nationalen Maßnahme*

Die nationale Maßnahme muss danach zunächst auf den Schutz der Umwelt im unionsrechtlichen Sinne gerichtet sein. Der Umweltschutz der Union hat gemäß Art. 191 Abs. 1 AEUV vier Nuancen: erstens die Erhaltung und der Schutz der Umwelt sowie die Verbesserung ihrer Qualität (1. Spiegelstrich), zweitens der Schutz der menschlichen Gesundheit (2. Spiegelstrich), drittens die umsichtige und rationelle Verwendung der natürlichen Ressourcen (3. Spiegelstrich) sowie viertens die Förderung von Maßnahmen auf internationaler Ebene zur Bewältigung regionaler oder globaler Umweltprobleme und insbesondere zur Bekämpfung des Klimawandels (4. Spiegelstrich).

*(1) Erhaltung und Schutz sowie Qualitätsverbesserung der Umwelt*

Die Erhaltung und der Schutz der Umwelt erfordern der Semantik beider Begriffe entsprechend die Aufrechterhaltung des Status quo der Umwelt, die sowohl die natürliche als auch die vom Menschen geschaffene Umwelt erfasst.[752] Eine nationale Maßnahme dient der Aufrechterhaltung des Status quo, wenn durch sie negative Belastungen für die Umwelt vermieden und bereits eingetretene beseitigt werden.[753] Eine Qualitätsverbesserung der Umwelt liegt vor, wenn – gemessen am Status quo – eine Anhebung des Umweltniveaus erfolgt. Da es sich bei Emissionen um negative Belastungen für die Umwelt handelt, dienen Maßnahmen zur Emissionsvermeidung und -verringerung grundsätzlich der Erhaltung und dem Schutz der Umwelt.

*(2) Schutz der menschlichen Gesundheit*

Der Schutz der Gesundheit erfasst den Schutz aller körperlichen und seelischen Lebensvorgänge des Menschen.[754]

*(3) Umsichtige und rationelle Verwendung natürlicher Ressourcen*

Eine nationale Maßnahme zielt auch dann auf den Schutz der Umwelt ab, wenn sie die umsichtige und rationelle Verwendung natürlicher Ressourcen, mithin deren schonende Nutzung vorschreibt. Nicht erforderlich ist, dass die Nutzung natürlicher Ressourcen vermieden wird. Dies folgt aus dem Begriff der Verwen-

752 Breier in: Lenz/Borchardt, Art. 191 AEUV, Rn. 4.

753 So auch Breier in: Lenz/Borchardt, Art. 191 AEUV, Rn. 5.

754 Breier in: Lenz/Borchardt, Art. 191 AEUV, Rn. 8.

dung, die nach dem Wortlaut der Zielbestimmung in Art. 191 Abs. 1, 3. Spiegelstrich AEUV durchaus erfolgen darf. Zu den Ressourcen zählen die erneuerbaren Ressourcen wie die Fauna, das Wasser und die Luft sowie die nichterneuerbaren Ressourcen wie Kohle, Erdöl und Erdgas.[755] Da diese Ressourcen Bestandteil der natürlichen Umwelt sind, ist das Ziel ihrer umsichtigen und rationellen Verwendung teilweise bereits von der in Art. 191 Abs. 1, 1. Spiegelstrich AEUV enthaltenen Zielvorgabe Erhaltung und Schutz sowie Qualitätsverbesserung der Umwelt erfasst.

*(4) Förderung von Maßnahmen auf internationaler Ebene*

Eine Ausrichtung auf den Umweltschutz kann einer nationalen Maßnahme auch dann zugestanden werden, wenn sie (weitere) Maßnahmen auf internationaler Ebene fördert, mithin wenn sie regionale und multilaterale Entwicklungen, Konzepte und Instrumente zum Gegenstand hat.[756] Zur Bewältigung regionaler und globaler Umweltprobleme tragen Maßnahmen bei, die sich auf bereits beschädigte Umweltmedien beziehen, die in mehr als einem Staat vorhanden sind.

*bb) Handlungsgrundsätze*

In Art. 191 Abs. 2 AEUV sind die Handlungsgrundsätze für die Ausgestaltung der Umweltpolitik der Union enthalten. Eine nationale Maßnahme, die dem primärrechtlichen Umweltschutzbegriff Rechnung trägt, muss auf diesen Handlungsgrundsätzen beruhen und darf ihnen nicht zuwiderlaufen. Die Handlungsgrundsätze stellen verbindliche Maßstäbe zur Ausgestaltung einzelner umweltbezogener Rechtsakte und Normen dar.[757]

*(1) Hohes Schutzniveau*

Zunächst muss die zu rechtfertigende nationale Maßnahme auf ein hohes Schutzniveau gerichtet sein. Dies folgt aus Art. 191 Abs. 2 Satz 1 AEUV, der bestimmt, dass die Umweltpolitik der Union unter Berücksichtigung der unterschiedlichen Gegebenheiten in den einzelnen Regionen auf ein hohes Schutzniveau abzielt.

---

755 Breier in: Lenz/Borchardt, Art. 191 AEUV, Rn. 9.

756 So in Bezug auf gemeinschaftliches Handeln (nun Handeln der Union) zur Förderung von Maßnahmen auf internationaler Ebene zur Bewältigung regionaler und globaler Umweltprobleme: Schröder in: Rengeling, § 9 Rn. 22.

757 Schröder in: Rengeling, § 9 Rn. 45.

*(2) Vorsorge- und Vorbeugeprinzip*

Des Weiteren muss das in Art. 191 Abs. 2 Satz 2 AEUV geschriebene Vorsorge- und Vorbeugeprinzip beachtet werden. Es handelt sich hierbei nicht um zwei Prinzipien,[758] sondern um ein einheitliches Prinzip. Dies folgt aus der englischen Fassung des AEUV, in der der einheitliche Begriff „precautionary principle"[759] verwendet wird und auf diese Weise den Schluss auf ein einheitliches Präventivprinzip nahelegt.[760] Nach der Rechtsprechung des EuGH gebietet das Vorsorge- bzw. Präventivprinzip, dass bei Unsicherheiten hinsichtlich des Vorliegens oder des Umfangs von Risiken Schutzmaßnahmen getroffen werden können, ohne dass abgewartet werden müsse, dass das Bestehen dieser Risiken vollständig dargelegt wird.[761] Daraus sowie aus der Semantik der Begriffe Vorsorge und Vorbeugung lässt sich schließen, dass das von Vorsorge und Vorbeugung geprägte Präventivprinzip die Vermeidung von Umweltschäden erfasst und umweltpolitisches Handeln nicht erst zur Abwendung eines drohenden Schadens oder einer konkreten Gefahr erfordert, sondern bereits zur Risikovermeidung.[762]

*(3) Ursprungsprinzip*

Zudem ist dem Ursprungsprinzip, das in Art. 191 Abs. 2 Satz 2 AEUV verankert ist, bei Erlass nationaler Verhaltenssteuerungsmaßnahmen Rechnung zu tragen. Es beinhaltet das Gebot, Umweltbeeinträchtigungen mit Vorrang an ihrem Ursprung zu bekämpfen. Dem tragen emissionsbezogene Maßnahmen Rechnung, die bereits die Abgabe von Schadstoffen an die Umwelt vermeiden oder

758 Breier in: Lenz/Borchardt, Art. 191 AEUV, Rn. 15, geht von zwei zeitlich aufeinander folgenden Prinzipien aus: Nach dem Vorsorgeprinzip genüge eine auf tatsächlichen Anhaltspunkten beruhende Besorgnis einer möglichen Umweltbeeinträchtigung; das Vorbeugeprinzip setze erst zu einem späteren Zeitpunkt ein und rechtfertige Maßnahmen erst dann, wenn bereits die Gefahr umweltschädigender Beeinträchtigungen vorliege.

759 Precautionary principle lässt sich in die deutsche Sprache sowohl mit Vorsorgeprinzip als auch mit Vorbeugeprinzip übersetzen, so Oxford-Duden, German Dictionary, Hrsg. M. Clark und O.Thyen, 3. Aufl. 2005, Stichwort precautionary. Das auch im englischen Umweltrecht anerkannte precautionary principle geht nach englischer Rechtslehre auf das aus dem deutschen Umweltrecht stammende Vorsorgeprinzip zurück, vgl. Stookes, S. 31.

760 Mit Blick darauf, dass das Prinzip nicht nur bei der Abwendung von Umweltgefahren, sondern auch bei der Abwendung von Gefahren für die Gesundheit und für die Sicherheit Anwendung findet, sieht de Sadeleer, European Law Journal 2006, 136, 142, darin einen Grundsatz des Gemeinschaftsrechts (nun Unionsrechts).

761 Insoweit zum Vorsorge- und Vorbeugeprinzip im Rahmen des Gesundheitsschutzes: EuGH Rs. C-236/01 (Monsanto Agricoltura), Urt. v. 09.09.2003, Slg. 2003, I-8105, Rn. 111. Hierzu auch Davies, S. 45.

762 Ebenso Breier in: Lenz/Borchardt, Art. 191 AEUV, Rn. 15.

begrenzen wollen.[763] Unter Berufung auf das Ursprungsprinzip hatte der EuGH eine Regelung der wallonischen Regionalverwaltung, die es verbietet, Abfälle aus anderen Mitgliedstaaten oder aus einer anderen Region als der Region Wallonien zwischenzulagern, abzulagern oder abzuleiten, als nicht diskriminierend angesehen.[764] Er eröffnete auf diese Weise den Weg zu einer Rechtfertigung auf Basis der Cassis-Formel, die er nur auf unterschiedslos anwendbare, mithin nicht diskriminierende Maßnahmen angewendet wissen will.[765]

*(4) Verursacherprinzip*

Schließlich hat in Art. 191 Abs. 2 Satz 2 AEUV das Verursacherprinzip als Handlungsgrundsatz Eingang gefunden, dem ein nationaler Gesetzgeber bei Erlass verhaltenssteuernder Maßnahmen mit Relevanz für die Warenverkehrsfreiheit ebenfalls Rechnung tragen muss, wenn er eine Rechtfertigung nach der Cassis-Formel erreichen will. Daraus, dass die Entsprechung in der englischen Fassung des AEUV „The polluter should pay" und in der französischen Fassung „le principe du pollueur-payeur" lautet, folgt, dass es sich hierbei um einen Kostentragungsgrundsatz handelt.[766] Damit treffen die Kosten des Umweltschutzes, d. h. die Kosten zur Vermeidung, Beseitigung und zum Ausgleich von Umweltbelastungen denjenigen, der sie verursacht hat.[767] Auf diese Weise haben die Vertragsstaaten den ökonomischen Grundsatz der Internalisierung externer Kosten in den AEUV implementiert.

*cc) Leitlinien*

In Art. 191 Abs. 3 AEUV sind Leitlinien für die Umweltpolitik der Union enthalten, an denen auch nationale Maßnahmen, die den Erfordernissen des Umweltschutzes in Art. 11 AEUV genügen wollen, auszurichten sind. Beim Erlass von Maßnahmen sind danach folgende Aspekte zu berücksichtigen: die verfügbaren wissenschaftlichen und technischen Daten für den Regelungsbereich der Maßnahme (1. Spiegelstrich), die Umweltbedingungen in den einzelnen Regionen der Union (2. Spiegelstrich), Vorteile und Belastungen, die mit einem Erlass der jeweiligen Maßnahme oder einem Nichttätigwerden einhergehen (3. Spie-

---

763 Breier in: Lenz/Borchardt, Art. 191 AEUV, Rn. 16.

764 EuGH Rs. C-2/90 (Wallonische Abfälle), Urt. v. 09.07.1992, Slg. 1992, I-4431; Teil 4: A. II. 3. a) aa) (1) (d).

765 Teil 4: A. II. 3. a) aa) (1) (e).

766 Im Ergebnis ebenso Breier in: Lenz/Borchardt, Art. 191 AEUV, Rn. 17.

767 Breier in: Lenz/Borchardt, Art. 191 AEUV, Rn. 17; Horspool/Humpreys, Rn. 15.41. Zur Schwierigkeit der Bestimmung des Verursachers Davies, S. 52.

gelstrich) sowie die wirtschaftliche und soziale Entwicklung der Europäischen Union und die ausgewogene Entwicklung insgesamt (4. Spiegelstrich). Nach der Rechtsprechung des EuGH erstreckt sich die Justiziabilität dieser Berücksichtigungsgebote auf offensichtliche Beurteilungsfehler bei Erlass der jeweiligen umweltschützenden Maßnahme.[768]

*c) Ergebnis*

Die Reichweite der Cassis-Formel erstreckt sich auf die Rechtfertigung nationaler Maßnahmen, die unterschiedslos wirken. An dieser Stelle verläuft nach dem gegenwärtigen Stand der Rechtsprechung des EuGH eine Grenzlinie: Nationale Maßnahmen, die keine unterschiedslosen Wirkungen für einheimische Waren sowie für Waren aus anderen Mitgliedstaaten entfalten, mithin formell oder materiell diskriminierend sind, werden nach der Cassis-Formel nicht gerechtfertigt. Des Weiteren sind nur diejenigen nationalen Maßnahmen vom Rechtfertigungstatbestand der Cassis-Formel erfasst, die den Erfordernissen des Umweltschutzes im Sinne des Art. 11 AEUV Rechnung tragen. Die Erfordernisse des Umweltschutzes werden durch Art. 191 AEUV konkretisiert. Gemäß Art. 191 Abs. 1 AEUV ergeben sich zunächst Anforderungen an das Ziel der nationalen Maßnahme, das in der Erhaltung und dem Schutz sowie der Qualitätsverbesserung der Umwelt, im Schutz der menschlichen Gesundheit, in der umsichtigen und rationellen Verwendung natürlicher Ressourcen oder in der Förderung von Maßnahmen auf internationaler Ebene bestehen muss. Aus Art. 191 Abs. 2 AEUV folgen Handlungsgrundsätze, die der nationalen Maßnahme zugrunde liegen müssen. Diese Handlungsgrundsätze bestehen in einem hohen Schutzniveau, dem Vorsorge- und Vorbeugeprinzip, dem Ursprungsprinzip sowie dem Verursacherprinzip. Schließlich legt Art. 191 Abs. 3 AEUV Leitlinien fest.

*4. Zusammenfassung*

Neben Art. 36 AEUV als geschriebenem Rechtfertigungstatbestand stellt die Cassis-Formel – gleichsam als zweite Säule neben Art. 36 AEUV – eine Rechtfertigungsgrundlage für Beeinträchtigungen der Warenverkehrsfreiheit dar. Im Gegensatz zu Art. 36 AEUV können auf dieser in ständiger Rechtsprechung entwickelten Grundlage auch nationale Maßnahmen gerechtfertigt werden, die auf den Schutz der Umwelt gerichtet sind. Der Schutz der Umwelt ist in ständiger Rechtsprechung als ein zwingendes Erfordernis im Sinne der Cassis-Formel

768 EuGH Rs. C-284/95 (Safety Hi-Tech), Urt. v. 14.07.1998, Slg. 1998, I-4301, Rn. 55. Vgl. hierzu Schröder in: Rengeling, § 9 Rn. 51 ff.

anerkannt, dem die jeweilige zu rechtfertigende nationale Maßnahme Rechnung tragen muss. Konkretisiert wird der Begriff der Erfordernisse des Umweltschutzes durch die Regelungen zur Umweltpolitik der Union in Art. 191 AEUV, die Ziele, Handlungsgrundsätze und Leitlinien für den Umweltschutz und die Umweltpolitik festlegen und denen auch die zu rechtfertigende nationale Maßnahme genügen muss. Ein weiterer maßgeblicher Unterschied zwischen dieser durch die Cassis-Formel gebildeten zweiten Rechtfertigungssäule und Art. 36 AEUV besteht in dem Erfordernis einer unterschiedslosen Wirkung: Während auf der Grundlage des Art. 36 AEUV auch nationale Maßnahmen gerechtfertigt werden können, die diskriminierenden Charakter haben, ist eine Rechtfertigung nach der Cassis-Formel entgegen einer Vielzahl von Meinungen in der deutschen Rechtslehre[769] auch nach Erlass des PreussenElektra-Urteils des EuGH weiterhin auf Maßnahmen beschränkt, die einheimische Waren und Waren aus anderen Mitgliedstaaten unterschiedslos behandeln.

## III. Umweltschutz als eigenständiger Rechtfertigungsgrund

In der Rs. *PreussenElektra* rechtfertigte der EuGH eine diskriminierende Regelung aus Gründen des Umweltschutzes, ohne dies auf Art. 36 AEUV oder die Cassis-Formel zu stützen. Angesichts dessen stellt sich die Frage nach der dogmatischen Grundlage und zugleich möglicherweise – neben Art. 36 AEUV und Cassis-Formel – dritten Rechtfertigungssäule, die dieser Rechtfertigung zugrunde liegt. Die Prüfungsweise des EuGH in der Rs. *PreussenElektra* könnte dafür sprechen, dass der Umweltschutz als Vertragsziel und Unionsaufgabe gemäß Art. 3 Abs. 3 Uabs. 1 EUV ebenso bedeutsam ist wie die Warenverkehrsfreiheit als Element des zu verwirklichenden Binnenmarktes in Art. 3 Abs. 3 Uabs. 1 EUV. Dies würde dazu führen, dass beide Ziele bzw. -aufgaben im Kollisionsfall im Wege der Methode der praktischen Konkordanz in Ausgleich zu bringen sind mit dem Ergebnis, dass der Umweltschutz kraft seiner in Bezug auf die Warenverkehrsfreiheit gleichrangigen Stellung im Europarechtsgefüge einen eigenständigen Rechtfertigungsgrund für nationale Maßnahmen, die den Warenverkehr beeinträchtigen, darstellt.[770] Dabei ist zunächst zu untersuchen, inwieweit

769 Gellermann, DVBl 2000, 509, 515; Gronau/Topp, ZNER 2001, 141, 144; wohl auch Heselhaus, EuZW 2001, 645, 648; Klinski, ZNER 2005, 207, 213; König/Kühling, NVwZ 2001, 768, 770; Meyer, M., S. 49. In Bezug auf den Umweltschutz als zwingendem Erfordernis auch: Weck, S. 171 f.

770 Elspas, S. 160–163, sieht in der Prüfungsweise des EuGH hingegen die Öffnung der Cassis-Formel für die Zulässigkeit diskriminierender Maßnahmen aus Gründen des Umweltschutzes. Ebenso wohl Ehricke, RdE 2003, 57, 64 f. Die Prüfungsweise des EuGH in den Rechtssachen,

im Unionsrecht eigenständige Rechtfertigungsgründe anzuerkennen sind (1.). Sodann ist die Stellung des Umweltschutzes im Unionsrecht zu analysieren, um festzustellen, ob die Bedeutung dieser Zielbestimmung ein Maß erlangt hat, die mitgliedstaatlich veranlasste Hindernisse des freien Warenverkehrs zu rechtfertigen vermag (2.). Schließlich sind Reichweite und Grenzen einer auf dieser Grundlage basierenden Rechtfertigung zu untersuchen (3.).

### *1. Eigenständige Rechtfertigungsgründe im Unionsrecht*

Zunächst ist der Frage nachzugehen, ob die Existenz eigenständiger Rechtfertigungsgründe für Beeinträchtigungen des freien Warenverkehrs im Unionsrecht anerkannt werden kann. Der Begriff *eigenständiger Rechtfertigungsgrund* verdeutlicht bereits, dass einer Unionsaufgabe bzw. einem Unionsziel, als das Schutz der Umwelt gemäß Art. 3 Abs. 3 Uabs. 1 EUV anzusehen ist, eine rechtfertigende Wirkung für handelsbeeinträchtigende Maßnahmen zukommen kann. Eine solche Rechtfertigung folgt nicht aus einer Berücksichtigung dieses Ziels in einem geschriebenen (wie Art. 36 AEUV) oder ungeschriebenen (wie der Cassis-Formel) Rechtfertigungstatbestand, sondern allein aus der eigenständigen Existenz und Berücksichtigung des Unionsziels in den Verträgen.

#### *a) Dogmatische Herleitung eines eigenständigen Rechtfertigungsgrundes*

Ein Unionsziel bzw. eine -aufgabe kann die Wirkung eines Rechtfertigungsgrundes für Beeinträchtigungen der Warenverkehrsfreiheit nach sich ziehen, wenn es in den Verträgen als Zielbestimmung eine gleichrangige Stellung wie die Grundfreiheit erfahren hat. Diese rechtfertigende Wirkung eines Ziels, die allein auf seine Stellung im Gefüge des Unionsrechts zurückzuführen ist, resultiert daraus, dass gleichwertige Positionen im Kollisionsfall gegeneinander im Sinne einer praktischen Konkordanz abzuwägen sind.[771] Das Prinzip der praktischen Konkordanz stellt eine im deutschen und französischen Verfassungsrecht anerkannte Methode zur Lösung von Normenkollisionen dar.[772] Diese besteht darin, dass verfassungsrechtlich geschützte Rechtsgüter – wie auch Zielbestimmungen und -aufgaben, die in Art. 3 EUV niedergelegt sind – in der Problemlösung einander

---

in denen er die Cassis-Formel angewendet hat, und in der Rs. *PreussenElektra* spricht jedoch gegen eine solche Öffnung der Cassis-Formel; vgl. Teil 4: A. II. 3. a) dd).

771 Hesse, Rn. 72.

772 Hesse, Rn. 72; angelegt in der Urteilsbegründung des Conseil constitutionnel, Décision n° 94–352 vom 18. Januar 1995 im Hinblick auf Art. 10 (Rn. 2ff.) und Art. 16 (Rn. 14ff.) der französischen Verfassung, online unter http://www.conseil-constitutionnel.fr/decision/1994/94352dc.htm (abgerufen am 12.12.2007).

so zugeordnet werden, dass jedes von ihnen Wirklichkeit gewinnt; beiden Gütern oder Zielen müssen Grenzen gesetzt werden, damit beide zu optimaler Wirksamkeit gelangen können.[773] Kollidieren zwei gleichwertige Prinzipien, ist diese Kollision mittels einer umfassenden Konkordanzprüfung aufzulösen. Die betroffenen Rechtspositionen sind gegeneinander abzuwägen, wobei nach Möglichkeit alle betroffenen Rechte zu optimaler Wirkung gebracht werden sollten.[774] Dieses Prinzip wird im deutschen Verfassungsrecht insbesondere bei einer Kollision eines Grundrechts mit einem anderen angewendet.[775] In seinem wegweisenden Urteil zur Methode der praktischen Konkordanz in der Rs. *Josephine Mutzenbacher* führte das Bundesverfassungsgericht aus: „Gerät die Kunstfreiheit mit einem anderen Recht von Verfassungsrang in Widerstreit, müssen vielmehr beide mit dem Ziel der Optimierung zu einem angemessenen Ausgleich gebracht werden. Dabei kommt dem Grundsatz der Verhältnismäßigkeit besondere Bedeutung zu (...). Bei Herstellung der geforderten Konkordanz ist daher zu beachten, daß die Kunstfreiheit der Ausübung und dem Geltungsbereich des konkurrierenden Verfassungsrechtsgutes ihrerseits Schranken zieht. All dies erfordert eine Abwägung der widerstreitenden Belange und verbietet es, einem davon generell – und sei es auch nur für eine bestimmte Art von Schriften – Vorrang einzuräumen."[776]

Die Methode der praktischen Konkordanz, die das Bundesverfassungsgericht anwendet, um den Schutz von Rechtsgütern in Ausgleich zu bringen, wird – allerdings ohne die Methode zu benennen – auch vom EuGH bei einer Kollision von Zielen herangezogen: Nach der ständigen Rechtsprechung des EuGH im Agrarrecht müssen die Gemeinschaftsorgane bei der Verfolgung der Ziele der gemeinsamen Agrarpolitik ständig einen Ausgleich sicherstellen, den etwaige Widersprüche zwischen diesen Zielen, wenn sie isoliert betrachtet werden, erforderlich machen können.[777] Demzufolge findet das Prinzip der praktischen Konkordanz auch im Unionsrecht Anwendung. Bei einer Kollision zweier gleichwertiger Unionsprinzipien ist diese mittels einer umfassenden Konkordanzprüfung aufzulösen.[778] Die betroffenen Rechtspositionen bzw. Ziele werden gegeneinander abgewogen und zu optimaler Wirkung gebracht. Daraus resultiert eine rechtfertigende Wirkung des einen Ziels für Beeinträchtigungen der anderen Zielbestim-

773 Hesse, Rn. 72.

774 Haratsch/Koenig/Pechstein, Rn. 894.

775 BVerfGE 41, 29, 51; 77, 240, 255; 81, 298, 308.

776 BVerfGE 83, 130, 143.

777 EuGH Rs. C-29/79 (Roquette Frères), Urt. v. 20.10.1977, Slg. 1977, 1833, Rn. 29/31; EuGH Rs. C- 203/86 (Königreich Spanien./.Rat), Urt. v. 20.09.1988, Slg. 1988, 4563, Rn. 10; EuGH Rs. C-311/90 (Hierl), Urt. v. 19.03.1992, Slg. 1992, I-2061, Rn. 13.

778 Von Abwägung spricht Kingreen in Calliess/Ruffert, 3. Aufl., EGV Art. 28–30 Rn 77–79.

mung bzw. der anderen Unionsaufgabe, die allein auf ihre Stellung in den Verträgen zurückzuführen ist.

### *b) Eigenständige Rechtfertigungsgründe in der Rechtsprechung des EuGH*

Für eine rechtfertigende Wirkung von Unionszielen und -aufgaben, die allein auf deren Stellung und Bedeutung in den Verträgen zurückzuführen ist, finden sich Anhaltspunkte in der jüngeren Rechtsprechung des EuGH, die sich zum einen auf das Unionsziel Umweltschutz [aa)], zum anderen auf den Grundrechtsschutz [bb)] erstreckt.

#### *aa) PreussenElektra*

In der Rs. *PreussenElektra* bejahte der EuGH die Rechtfertigung einer Maßnahme gleicher Wirkung wie eine mengenmäßige Einfuhrbeschränkung aus Gründen des Umweltschutzes, ohne diese auf Art. 36 AEUV oder auf die Cassis-Formel zu stützen.[779] In der Urteilsbegründung hob er vielmehr die Stellung des Umweltschutzes im Gemeinschaftsrecht (nunmehr Unionsrecht) hervor. So führte er an, dass die Erfordernisse des Umweltschutzes gemäß Art. 130r Abs. 2 Uabs. 1 EGV (nunmehr Art. 11 AEUV) bei der Festlegung und Durchführung der Gemeinschaftspolitiken einzubeziehen sind. Des Weiteren nahm er Bezug auf die 28. Begründungserwägung der EltRL 1996, nach der die Mitgliedstaaten aus Gründen des Umweltschutzes in den Art. 8 Abs. 3 und Art. 11 Abs. 3 ermächtigt werden, der Elektrizitätserzeugung aus erneuerbaren Energien Vorrang einzuräumen, und betonte auf diese Weise den Umweltschutz und die Bedeutung der Elektrizitätserzeugung aus erneuerbaren Energien.

Nachdem der EuGH die Bedeutung des Umweltschutzes im Gemeinschaftsrecht herausgearbeitet hatte, stellte er das Prinzip des freien Warenverkehrs in Form des zwischenstaatlichen Handels mit Strom dem Umweltschutz gegenüber. Eine anschließende Abwägung der Ziele und -aufgaben Umweltschutz und Warenverkehrsfreiheit enthalten die Urteilsgründe nicht, vielmehr wird sogleich nach der Gegenüberstellung festgestellt, dass die nationale Regelung im StrEG als Maßnahme gleicher Wirkung wie eine mengenmäßige Einfuhrbeschränkung nicht gegen die Warenverkehrsfreiheit verstößt, ergo aus Gründen des Umweltschutzes gerechtfertigt ist. Besondere Bedeutung hat der EuGH dabei dem Stand des Gemeinschaftsrechts (bzw. Unionsrechts) auf dem Gebiet des Elektrizitätsmarktes zum Zeitpunkt der Urteilsverkündung im Jahr 2001 beigemessen.

779 Teil 4: A. II. 3. a) bb).

Diese Prüfungsweise spricht dafür, dass der EuGH hier den Umweltschutz als einen eigenständigen Rechtfertigungsgrund für Beeinträchtigungen der Warenverkehrsfreiheit ansah, der allein auf dessen Stellung im damaligen Gemeinschaftsrecht (nunmehr Unionsrecht) zurückzuführen ist.[780] Auch wenn eine ausdrückliche Abwägung der Ziele Umweltschutz und freier Warenverkehr nicht ersichtlich ist, so ist im Prüfungsaufbau – Feststellung der Bedeutung des Umweltschutzes und Feststellung der Bedeutung des Stromhandels (als Ausfluss der Warenverkehrsfreiheit) – angelegt, dass der EuGH beide Positionen zu „optimaler Wirkung" bringen wollte und gebracht hat. Dies legt den Schluss nahe, dass im PreussenElektra-Urteil mit der Methode der praktischen Konkordanz Umweltschutz und Warenverkehrsfreiheit so miteinander in Ausgleich gebracht wurden, dass dem Umweltschutz schließlich eine Stellung im Unionsrecht beigemessen wurde, die der Bedeutung der Warenverkehrsfreiheit gleichkommt und mittels derer der Umweltschutz vom EuGH allein kraft dieser Stellung schließlich als eigenständiger Rechtfertigungsgrund für Beeinträchtigungen des freien Warenverkehrs zur Anwendung gebracht wurde.

#### *bb) Schmidberger*

Wegweisend für die Untersuchung der Rechtsprechung des EuGH über eigenständige Rechtfertigungsgründe ist neben dem Urteil in der Rs. *PreussenElektra*, in dem das Gemeinschafts- bzw. nun Unionsziel Umweltschutz als Rechtfertigungsgrund angesehen wurde, das Urteil in der Rs. *Schmidberger*.[781]

##### *(1) Rechtfertigungsgrundlage in der Rs. Schmidberger*

Im Fokus der Rs. *Schmidberger* stand die Frage nach der Rechtfertigung handelsbeeinträchtigender Maßnahmen gleicher Wirkung durch den Schutz der Grundrechte, die die Gemeinschaft (nun Union) zu wahren hat und die daher ebenfalls als Ziele bzw. -aufgaben gemäß Art. 6 EUV anzusehen sind.

Dieser Rechtssache lag folgender Fall zugrunde: Der Verein zum „Schutz des Lebensraumes in der Alpenregion" hielt eine Versammlung auf der Brenner-Autobahn ab, die von den zuständigen österreichischen Behörden im Vorfeld

780 So auch Lecheler, RdE 2001, 137, 140, 141; Mayer, EuR 2003, 793, 807. A. A. Craig/de Búrca, S. 675 f., die zwar anerkennen, dass der EuGH den Umweltschutz als Rechtfertigungsgrund für diskriminierende Maßnahmen zulässt. Sie führen allerdings aus, dass nicht hinterfragt werden muss, ob dies auf Grundlage des Art. 36 AEUV oder der Cassis-Formel erfolgt. Damit wird deutlich, dass sie von einer dritten Rechtfertigungssäule nicht ausgehen.

781 EuGH Rs. C-112/00 (Schmidberger), Urt. v. 12.06.2003, Slg. 2003, I-5659, Rn. 10.

nicht untersagt wurde und eine völlige Blockade des Verkehrs zur Folge hatte.[782] Wegen Unbenutzbarkeit der Autobahn machte ein deutsches Transportunternehmen, dessen Haupttätigkeit in der Durchführung von Holztransporten von Deutschland nach Italien über die Brenner-Autobahn lag, einen Schadenersatzanspruch gegen die Republik Österreich geltend.[783] Dass die österreichischen Behörden die Versammlung nicht verboten hätten, stelle eine Beschränkung des freien Warenverkehrs dar, die weder durch die Meinungsäußerungsfreiheit noch durch das Versammlungsrecht der Demonstranten zu rechtfertigen sei.[784]

Der EuGH bejahte das Vorliegen einer Maßnahme gleicher Wirkung wie eine mengenmäßige Einfuhrbeschränkung wegen des Unterlassens Österreichs, die Versammlung zu untersagen, unter Verweis auf die Rs. *Französische Agrarblockaden*, in der er Art. 28 EG (Art. 34 AEUV) in Verbindung mit Art. 10 EG (im Wesentlichen nun Art. 4 Abs. 3 EUV) so ausgelegt hatte, dass er auch Fälle erfasse, in denen ein Mitgliedstaat nicht alle erforderlichen Maßnahmen ergriffen habe, um gegen Beeinträchtigungen des freien Warenverkehrs einzuschreiten.[785] Ebenfalls unter Verweis auf seine Rechtsprechung in der Rs. *Französische Agrarblockaden* führte der EuGH aus, dass die Verpflichtung eines Mitgliedstaates, den freien Warenverkehr in seinem Gebiet zu gewährleisten, nicht nur für die Ein- und Ausfuhr von Waren bestehe, sondern auch für die Durchfuhr, wie im zugrunde liegenden Sachverhalt.[786]

Bei der Frage der Rechtfertigung dieser Handelsbeeinträchtigung wies der EuGH auf die Bedeutung der Grundrechte in der Union hin, die in der Präambel der Einheitlichen Europäischen Akte und Art. F Abs. 1 EUV (nunmehr Art. 6 Abs. 2 EUV) zum Ausdruck komme und wonach die Union die Grundrechte zu achten habe, wie sie in der EMRK gewährleistet seien und wie sie sich aus den gemeinsamen Verfassungsüberlieferungen der Mitgliedstaaten als allgemeine Grundsätze des Gemeinschaftsrechts (bzw. Unionsrechts) ergeben. Auf dieser Grundlage stellte er fest, dass der Schutz der Grundrechte ein berechtigtes Interesse darstelle, das grundsätzlich geeignet sei, eine Beschränkung der Grundfreiheiten wie des freien Warenverkehrs zu rechtfertigen.[787] Anschließend brachte der EuGH den Grundrechtsschutz in der Gemeinschaft (bzw. Union)

782 EuGH Rs. C-112/00 (Schmidberger), Urt. v. 12.06.2003, Slg. 2003, I-5659, Rn. 10.

783 EuGH Rs. C-112/00 (Schmidberger), Urt. v. 12.06.2003, Slg. 2003, I-5659, Rn. 16.

784 EuGH Rs. C-112/00 (Schmidberger), Urt. v. 12.06.2003, Slg. 2003, I-5659, Rn. 16.

785 EuGH Rs. C-112/00 (Schmidberger), Urt. v. 12.06.2003, Slg. 2003, I-5659, Rn. 57 mit Verweis auf EuGH Rs. C-265/95 (Französische Agrarblockaden), Urt. v. 09.12.1997, Slg. 1997, I-6959, Rn. 30 und 32.

786 EuGH Rs. C-112/00 (Schmidberger), Urt. v. 12.06.2003, Slg. 2003, I-5659, Rn. 60f., mit Verweis auf EuGH Rs. C-265/95 (Französische Agrarblockaden), Urt. v. 09.12.1997, Slg. 1997, I-6959, Rn. 53.

787 EuGH Rs. C-112/00 (Schmidberger), Urt. v. 12.06.2003, Slg. 2003, I-5659, Rn. 72–74.

und die Grundfreiheiten in Einklang. Hierzu ermittelte er die Tragweite, die die durch Art. 10 und 11 EMRK gewährleistete Meinungsäußerungs- und Versammlungsfreiheit als Menschen- bzw. Grundrecht und die Warenverkehrsfreiheit als Grundfreiheit jeweils haben.[788] Der Gerichtshof stellte hierzu fest, dass sowohl die Grundfreiheiten als auch die hier in Frage stehenden Grundrechte Beschränkungen unterlägen.[789] Da sowohl die Warenverkehrsfreiheit als auch die hier tangierten Grundrechte Beschränkungen unterliegen, nahm der EuGH eine Abwägung vor mit dem Ziel, das „rechte Gleichgewicht zwischen diesen Interessen zu wahren".[790] Damit fand die Methode der praktischen Konkordanz Anwendung. Die im Rahmen dieser Methode vorgenommene Abwägung führte den EuGH schließlich zu dem Ergebnis, dass im Fall der Brenner-Blockade die durch die Republik Österreich unterlassene Untersagung mit den Grundsätzen des freien Warenverkehrs vereinbar sei.

Angesichts dieser Prüfungsweise folgt aus dem Schmidberger-Urteil, dass der EuGH im Fall kollidierender Unionsziele die Methode der praktischen Konkordanz anwendet und auf diese Weise die Wahrung der Grundrechte als eigenständigen Rechtfertigungsgrund für Beeinträchtigungen des freien Warenverkehrs anerkennt. Nicht gefolgt werden kann aus diesem Grund der – hauptsächlich in englischsprachigen Publikationen – vertretenen Auffassung, dass der EuGH mit der Rs. *Schmidberger* nunmehr den Schutz der Grundrechte als ein zwingendes Erfordernis im Sinne der Cassis-Formel ansehe.[791] Gegen diese Einordnung spricht, dass der EuGH weder auf die Cassis-Formel noch auf die zwingenden Erfordernisse im Schmidberger-Urteil Bezug nimmt. Ebenso wenig entspricht der Prüfungsaufbau derjenigen Prüfungsweise, die der EuGH in der Regel anwendet, wenn er die Cassis-Formel als Rechtfertigungsgrundlage in Betracht zieht.

#### *(2) Relevanz der Rs. Omega*

In Hinblick auf die rechtfertigende Wirkung von Grundrechten wird zuweilen das neuere Urteil in der Rs. *Omega*[792] in einem Atemzug mit dem Urteil in der

788 EuGH Rs. C-112/00 (Schmidberger), Urt. v. 12.06.2003, Slg. 2003, I-5659, Rn. 77.

789 EuGH Rs. C-112/00 (Schmidberger), Urt. v. 12.06.2003, Slg. 2003, I-5659, Rn. 78, 80.

790 EuGH Rs. C-112/00 (Schmidberger), Urt. v. 12.06.2003, Slg. 2003, I-5659, Rn. 81 ff. Grundlegend zur Gleichwertigkeit von Grundfreiheiten und Grundrechten: Skouris, DÖV 2006, 89, 95 f.; ders. European Business Law Review 2006, 225, 233 f.

791 So Ackermann, Common Market Law Review 2005, 1107, 1115, und Horspool/Humpreys, Rn. 10.42. Ebenso Oliver/Roth, Common Market Law Review 2004, Vol. 41, Issue 2, S. 407, 435. Anders hingegen Agerbeek, S. 255, 265, der betont, dass der EuGH nicht hinreichend deutlicht mache, ob er den Schutz der Grundrechte von Art. 30 EG (nunmehr Art. 36 AEUV) oder zwingenden Erfordernissen erfasst sieht.

792 EuGH Rs. C-36/02 (Omega), Urt. v.14.10.2004, Slg. 2004, I-9609.

Rs. *Schmidberger* genannt.[793] Diesem liegt eine Ordnungsverfügung zugrunde, mit der eine deutsche Behörde der Betreiberin eines Laserdromes in Deutschland untersagte, dort Spielabläufe zu ermöglichen oder zu dulden, die ein gezieltes Beschießen von Menschen mittels Laserstrahl oder sonstiger technischer Einrichtungen wie etwa Infrarot zum Gegenstand haben.[794] Die Ordnungsverfügung wurde mit der Begründung erlassen, dass derartige simulierte Tötungshandlungen die durch Art. 1 Abs. 1 Satz 1 GG geschützte Menschenwürde verletzten und daher eine Gefahr für die öffentliche Ordnung darstellten.[795] Da die Betreiberin das technische Material als Franchisenehmerin von einer britischen Franchisegeberin bezog, wurde die Franchisegeberin durch die Ordnungsverfügung daran gehindert, Dienstleistungen an ihre deutsche Kundin zu erbringen.[796] Der EuGH führte in Bezug auf die Frage nach der Gewährleistung und den Grenzen der Dienstleistungsfreiheit aus, dass der Schutz der Menschenwürde als allgemeiner Rechtsgrundsatz von der Gemeinschaftsrechtsordnung erfasst und somit das Ziel, die Menschenwürde zu schützen, „unzweifelhaft" mit dem Gemeinschaftsrecht vereinbar sei.[797] Der Schutz der Grundrechte stelle ein berechtigtes Interesse dar, das grundsätzlich geeignet sei, eine Beschränkung von Verpflichtungen zu rechtfertigen, die nach dem Gemeinschaftsrecht und nach den durch den EG gewährleisteten Grundfreiheiten bestünden.[798] Dies sei darauf zurückzuführen, dass die Grundrechte sowohl von der Gemeinschaft als auch von den Mitgliedstaaten zu beachten seien.[799] Damit beschreibt der EuGH das grundsätzliche Verhältnis zwischen Grundrechten und Grundfreiheiten.

Diese Beschreibung isoliert betrachtet, legt die Vermutung nahe, dass in Fortführung der Schmidberger-Rechtsprechung die Grundrechte auch in der Rs. *Omega* eine eigenständige Rechtfertigungsgrundlage darstellen. Die Urteilsbegründung in den Rn. 29–32, die der Beschreibung der Bedeutung der Grundrechte im Gemeinschaftsgefüge vorangeht, zeigt jedoch, dass der EuGH die Rechtfertigung der Beeinträchtigung der Dienstleistungsfreiheit auf Art. 46 EG (nun Art. 52 AEUV) zurückführte. Diese Bestimmung enthält den Schutz der öffentlichen Ordnung als geschriebenen Rechtfertigungsgrund für Beeinträchtigungen der Dienstleistungsfreiheit. Mithin stützte der EuGH anders als in der Rs.

793 So Ackermann, Common Market Law Review 2005, 1107, 1115; Morijn, European Law Journal 2006, 15.

794 EuGH Rs. C-36/02 (Omega), Urt. v. 14.10.2004, Slg. 2004, I-9609, Rn. 5.

795 EuGH Rs. C-36/02 (Omega), Urt. v. 14.10.2004, Slg. 2004, I-9609, Rn. 5 ff., 11.

796 EuGH Rs. C-36/02 (Omega), Urt. v. 14.10.2004, Slg. 2004, I-9609, Rn. 3, 13.

797 EuGH Rs. C-36/02 (Omega), Urt. v. 14.10.2004, Slg. 2004, I-9609, Rn. 34 f.

798 EuGH Rs. C-36/02 (Omega), Urt. v. 14.10.2004, Slg. 2004, I-9609, Rn. 35.

799 EuGH Rs. C-36/02 (Omega), Urt. v. 14.10.2004, Slg. 2004, I-9609, Rn. 35.

*Schmidberger* die rechtfertigende Wirkung eines Grundrechts hier auf einen in Art. 46 EG (nun Art. 52 AEUV) geschriebenen Rechtfertigungsgrund.[800]

Das ein Jahr nach der Schmidberger-Rechtsprechung ergangene Urteil drängt demzufolge die Frage auf, ob die Einordnung der Grundrechte als eigenständige Rechtfertigungsgründe dadurch obsolet geworden ist, dass der EuGH in der Rs. *Omega* die rechtfertigende Wirkung der Menschenwürde in einen geschriebenen Rechtfertigungsgrund einbettet.[801] Vergleichbar zu Art. 46 EG (nun Art. 52 AEUV) ist der Schutz der öffentlichen Ordnung auch als Rechtfertigungsgrund für Beeinträchtigungen der Warenverkehrsfreiheit in Art. 30 EG (nun Art. 36 AEUV) enthalten.

Bei der Frage nach der Wahl der Rechtfertigungsgrundlage stellt der EuGH auf die Intention des Mitgliedstaates ab, die der nationalen Maßnahme zugrunde liegt. Dies brachte der EuGH in der Schmidberger-Rechtsprechung zum Ausdruck, indem er im Rahmen der Rechtfertigung allein das Ziel berücksichtigte, das die nationalen Behörden mit der stillschweigend erteilten Genehmigung verfolgten.[802] Der EuGH stellte darauf ab, dass die Intention der österreichischen Behörden in der Achtung der Grundrechte der Demonstranten auf Meinungsäußerungs- und Versammlungsfreiheit bestand.[803] Demgegenüber war die Untersagungsverfügung in der Rs. *Omega* nicht darauf gerichtet, Grundrechte zu wahren, vielmehr lag die Intention der deutschen Behörden in der Abwendung einer Gefahr für die öffentliche Ordnung.[804] Für die Wahl der Rechtfertigungsgrundlage ist mithin das final-voluntative Element der zu rechtfertigenden Maßnahme entscheidend.[805]

Da die Wahl des Art. 52 AEUV als Rechtfertigungsgrundlage in der Rs. *Omega* dem final-voluntativen Element der zu rechtfertigenden nationalen Untersagungsverfügung geschuldet war, lässt diese Rechtsprechung die Anerkennung

800 EuGH Rs. C-36/02 (Omega), Urt. v. 14.10.2004, Slg. 2004, I-9609, Rn. 29 ff.

801 So sieht Ackermann, Common Market Law Review 2005, 1115, die Omega-Rechtsprechung als eine Weiterentwicklung des Schmidberger-Urteils mit der Folge, dass bei einer grundrechtsschützenden Maßnahme auf die Rechtfertigungsgrundlage „Schutz der öffentlichen Ordnung" zurückzugreifen sei. Oliver/Roth, Common Market Law Review 2004, 407, 439, folgen wohl dieser Einordnung im Hinblick auf das Schmidberger-Urteil, beziehen jedoch kritisch zu einer Einordnung der Grundrechte unter den Begriff der öffentlichen Ordnung Stellung.

802 EuGH Rs. C-112/00 (Schmidberger), Urt. v. 12.06.2003, Slg. 2003, I-5659, Rn. 68.

803 EuGH Rs. C-112/00 (Schmidberger), Urt. v. 12.06.2003, Slg. 2003, I-5659, Rn. 69.

804 EuGH Rs. C-36/02 (Omega), Urt. v. 14.10.2004, Slg. 2004, I-9609, Rn. 28.

805 Bei der Frage, ob es sich bei einer nationalen Maßnahme um eine Maßnahme gleicher Wirkung wie eine mengenmäßige Einfuhrbeschränkung handelt, bleiben final-voluntative Elemente hingegen unberücksichtigt, vgl. Teil 3: A. III. 1. a).

der Wahrung der Grundrechte als eigenständigen Rechtfertigungsgrund in der Rs. *Schmidberger* unberührt.

### *c) Ergebnis*

Die Untersuchung der Rechtsprechung in den Rs. *PreussenElektra* und *Schmidberger* führt mithin auch unter Berücksichtigung des jüngeren Urteils in der Rs. *Omega* zu dem Ergebnis, dass der EuGH eigenständige Rechtfertigungsgründe anerkennt.[806] Beide Urteile – das PreussenElektra-Urteil in Ansätzen, das Schmidberger-Urteil sehr deutlich – lassen die Methode der praktischen Konkordanz erkennen, durch die die Gemeinschafts- und Unionsziele Umweltschutz und Wahrung der Grundrechte mit der Warenverkehrsfreiheit in Einklang gebracht und somit einer optimalen Wirkung zugeführt wurden. Diese Abwägung kann grundsätzlich zur Folge haben, dass sowohl Umweltschutz als auch Grundrechtsschutz Maßnahmen rechtfertigen, die die Warenverkehrsfreiheit beeinträchtigen. Die dogmatische Grundlage des jeweiligen Rechtfertigungsgrundes liegt in der Stellung bzw. Bedeutung, die dem Schutz des jeweiligen Unionsziels im Gefüge des Unionsrechts zukommt. Diese Stellung muss derjenigen der Warenverkehrsfreiheit entsprechen, die als ein wesentliches Merkmal des Binnenmarktes ebenfalls ein Unionsziel im Sinne des Art. 3 Abs. 3 Uabs. 1 EUV darstellt, so dass die Unionsziele durch die Methode der praktischen Konkordanz miteinander in Einklang zu bringen sind und Beeinträchtigungen des einen Ziels bei Wahrung des anderen Ziels gerechtfertigt werden können.

## *2. Qualifikation des Umweltschutzes als eigenständiger Rechtfertigungsgrund*

Der Umweltschutz ist in mehreren Bestimmungen des EUV und des AEUV verankert worden, die als dogmatische Grundlage für seine Anerkennung als eigenständiger Rechtfertigungsgrund in Betracht kommen. Diese sind nachfolgend dahingehend zu analysieren, ob sie dem Umweltschutz als Vertragsziel eine Stellung einräumen, die in ihrer Gewichtung als Ziel ebenso bedeutend ist wie die Stellung, die die Warenverkehrsfreiheit als Vertragsziel in Art. 3 Abs. 3 Uabs. 1 EUV erreicht. Unter dieser Voraussetzung käme dem Umweltschutz allein kraft seiner Stellung und Berücksichtigung in primärrechtlichen Bestimmungen eine rechtfertigende Wirkung zu, da im Kollisionsfall stets eine Abwägung mit der Warenverkehrsfreiheit im Sinne einer praktischen Konkordanz vorzunehmen ist, die grundsätzlich zu dem Ergebnis führen kann, dass Maßnahmen gleicher Wir-

---

806 Im Hinblick auf die eigenständige rechtfertigende Wirkung der Grundrechte: Kingreen in: Calliess/Ruffert, 4. Aufl., AEUV Art. 36 Rn. 218.

kung wie mengenmäßige Einfuhrbeschränkungen aufgrund ihrer umweltschützenden Zielrichtung zu rechtfertigen sind.

### *a) Umweltschutz als Aufgabe und Ziel der Europäischen Union im EUV*

In Art. 3 Abs. 3 Uabs. 1 EUV sind die Aufgaben und Ziele der Union aufgeführt. Hierzu zählt, auf „ein hohes Maß an Umweltschutz und die Verbesserung der Umweltqualität" hinzuwirken. Es handelt sich dabei nicht um einen bloßen Programmsatz, sondern um eine rechtlich verbindliche Aufgabe.[807] Aus der Gesamtschau des Art. 3 Abs. 3 Uabs. 1 EUV ergibt sich, dass das Unionsziel bzw. die -aufgabe Umweltschutz neben den weiteren genannten – auch wirtschaftspolitischen – Aufgaben und Zielen zu verwirklichen ist. So hat der EuGH den Umweltschutz mehrfach als wesentliches Gemeinschaftsziel (nun Unionsziel) bezeichnet.[808] Gemäß Art. 3 Abs. 6 EUV verfolgt die Union ihre Ziele mit geeigneten Mitteln entsprechend den Zuständigkeiten, die ihr in den Verträgen übertragen sind. Daraus folgt, dass die in Art. 3 Abs. 3 Uabs. 1 EUV niedergelegten Ziele und Aufgaben erst durch die weiteren Vertragsbestimmungen ausgefüllt werden. Für die Verwirklichung des Umweltschutzes bedeutet dies, dass allein aufgrund seiner Berücksichtigung in Art. 3 Abs. 3 Uabs. 1 EUV als Unionsziel noch keine Aussagen getroffen werden können, die grundlegend für das Verhältnis zum freien Warenverkehr sind. Aufschluss hierüber können vielmehr erst die weiteren Bestimmungen geben, in denen der Schutz der Umwelt verankert worden ist.

### *b) Umweltrechtliche Querschnittsklausel als Grundsatz im Ersten Teil des AEUV*

Zu diesen Bestimmungen zählt vor allem Art. 11 AEUV, der eine umweltrechtliche Querschnittsklausel[809] enthält, die auch als Integrationsklausel bezeichnet wird.[810] Diese nimmt in der Argumentation des EuGH in der Rs. *PreussenElektra* gegenüber anderen primärrechtlichen umweltbezogenen Bestimmungen des EG im Verhältnis zum freien Warenverkehr eine herausragende Stellung ein: Basierend auf der Ausgangsthese, dass bei der Frage der Vereinbarkeit einer Regelung

807 So zur vergleichbaren Rechtslage nach dem Vertrag von Nizza Rest in: Tettinger/Stern, Art. 37 Rn. 17.

808 EuGH Rs. C-240/83 (ADBHU), Urt. v. 07.02.1985, Slg. 1985, 531, Rn. 13; EuGH Rs. C-302/86 (Dänische Pfandflaschen), Urt. v. 20.09.1988, Slg. 1988, 4607, Rn. 8; EuGH Rs. C-320/03 (LKW-Fahrverbot) Urt. v. 15.11.2005, Slg. 2003, I-11665, Rn. 70.

809 So auch die Begriffswahl von Schröder in: Rengeling, § 9 Rn. 24.

810 Breier in: Lenz/Borchardt, Art. 11 AEUV, Rn. 3; Nettesheim in: Grabitz/Hilf/Nettesheim, AEUV Art. 11 Rn. 1.

mit Art. 30 EGV (nunmehr Art. 34 AEUV) zu berücksichtigen sei, dass die streitige Regelung dem Umweltschutz diene, listete der EuGH Vertragsbestimmungen auf, die die Bedeutung des Umweltschutzes hervorheben.[811] Aus dem Primärrecht wurde in diesem Rahmen jedoch nur die Regelung des Art. 130r Abs. 2 Uabs. 1 Satz 3 EGV aufgeführt, die regelte, dass die Erfordernisse des Umweltschutzes bei der Festlegung und Durchführung der Gemeinschaftspolitiken einbezogen werden müssten. Diese Regelung wurde bei der Neufassung des Amsterdamer Vertrags nicht in die formelle Nachfolgeregelung des Art. 130r EGV – den Art. 174 EG – übernommen, sondern ist weitgehend identisch in einem neuen Art. 6 EG aufgegangen und nunmehr in Art. 11 AEUV niedergelegt.[812]

Gemäß dieser Querschnittsklausel müssen die Erfordernisse des Umweltschutzes bei der Festlegung und Durchführung der Unionspolitiken und -maßnahmen insbesondere zur Förderung einer nachhaltigen Entwicklung einbezogen werden. Hierzu zählt die Errichtung eines Binnenmarkts, der durch die Beseitigung der Hindernisse für den freien Warenverkehr gekennzeichnet ist (Art. 3 Abs. 3 Uabs. 1 EUV und Art. 3 Abs. 1 lit. c EG a. F.). Aufgrund des in der Querschnittsklausel enthaltenen Verweises auf die Unionspolitiken und –maßnahmen sind bei deren Festlegung und Durchführung die Erfordernisse des Umweltschutzes zu berücksichtigen.[813] Da die Errichtung des Binnenmarktes mit einer Beseitigung der Hindernisse für den freien Warenverkehr einhergehen muss, ist auch bei der Festlegung und Durchführung der in Art. 34 und 35 AEUV gewährleisteten Freiheit des Warenverkehrs[814] den Erfordernissen des Umweltschutzes Rechnung zu tragen.

Der Begriff der Festlegung (der Unionspolitiken und -maßnahmen) beinhaltet nach seiner Semantik die Definition des jeweiligen Politikbereichs.[815] Demzufolge sind die Erfordernisse des Umweltschutzes in die jeweiligen Vertragsbestimmungen hineinzulesen, welche die Unionspolitiken und- maßnahmen aus-

811 EuGH Rs. C-379/98 (PreussenElektra), Urt. v. 13.03.2001, Slg. 2001, I-2099, Rn. 72 ff.

812 Zur Historie der Norm Breier in: Lenz/Borchardt, Art. 11 AEUV, Rn. 1 ff; Nettesheim in: Grabitz/Hilf/Nettesheim, AEUV Art. 11 Rn. 3 ff.

813 Ebenso Breier in: Lenz/Borchardt, Art. 11 AEUV, Rn. 8. In Bezug auf die Rechtslage vor Inkrafttreten des Vertrags von Lissabon hat Calliess, DVBl. 1998, 565 f., eine engere Auslegung vorgenommen und den Anwendungsbereich des Art. 6 EG (nun Art. 11 AEUV) auf den Erlass von Sekundärrecht beschränkt. Angesichts des vor Inkrafttreten des Vertrags von Lissabon vorhandenen Verweises auf Art. 3 EG fanden sich für eine solche Beschränkung in Art. 6 EG i. V. m. Art. 3 EG keine Anhaltspunkte.

814 Zum Umfang dieser Gewährleistung vgl. Teil 3: A.

815 Im Ergebnis ebenso Breier in: Lenz/Borchardt, Art. 11 AEUV, Rn. 8 mit Verweis auf Wortsinn und andere Sprachfassungen.

füllen.[816] Der Begriff der Durchführung enthält zum einen ein operatives, d. h. ausführendes Element.[817] Zum anderen ist bei der Auslegung dieses Begriffs zu berücksichtigen, dass er innerhalb des Art. 11 AEUV auf den Begriff der Festlegung folgt und damit der Festlegung zumindest eine juristische Sekunde zeitlich nachgeordnet ist. Beides spricht dafür, dass er zur Anwendung der jeweiligen Vertragsbestimmungen hinführt. Gemäß Art. 11 AEUV sind mithin die Erfordernisse des Umweltschutzes bei der *Definition* des Verbots von Zöllen und mengenmäßigen Beschränkungen bei der Ein- und Ausfuhr von Waren sowie allen sonstigen Maßnahmen gleicher Wirkung sowie bei der *Anwendung* des Art. 34 AEUV als Vertragsbestimmung einzubeziehen. Zur Anwendung der Vertragsbestimmungen zählt auch die Prüfung von nationalen Maßnahmen am Maßstab des Art. 34 AEUV.[818] Das Einbeziehungsgebot ist seinem Wortlaut zufolge somit nicht lediglich auf die Umsetzung der Unionspolitiken und -maßnahmen durch die Unionsorgane im Wege der Rechtsetzung oder der Ausarbeitung sektorieller Programme beschränkt, sondern erstreckt sich auch auf die Auslegung primärrechtlicher Bestimmungen. Einer Beschränkung des Einbeziehungsgebots auf den Erlass von Sekundärrecht steht neben dem Wortlaut des Art. 11 AEUV zudem entgegen, dass Primär- und Sekundärrecht eine einheitliche Rechtsordnung bilden, die ihre Homogenität verlieren würde, wenn bei dem Erlass von Sekundärrecht die Erfordernisse des Umweltschutzes – beispielsweise zulasten der Verwirklichung des Binnenmarktes – einbezogen werden müssten, nicht jedoch bei der Auslegung der primärrechtlichen Bestimmungen, die ebenfalls auf die Verwirklichung des Binnenmarktes gerichtet sind. Primär- und Sekundärrecht haben zwar eine unterschiedliche hierarchische Qualität, bilden jedoch eine konzeptionelle Einheit, die Wertungswidersprüche nicht rechtfertigt.

Dem Einbeziehungsgebot des Art. 11 AEUV wird in ständiger Rechtsprechung des EuGH Rechnung getragen, indem er den Umweltschutz als zwingendes Erfordernis im Sinne der Cassis-Formel anerkennt und auf dieser Grundlage nicht unterschiedslos wirkende Maßnahmen gleicher Wirkung wie mengenmäßige Einfuhrbeschränkungen rechtfertigt.[819] Es stellt sich die Frage, ob durch das Gebot des Art. 11 AEUV, die Erfordernisse des Umweltschutzes bei der Defi-

816 Nach Heselhaus, EuZW 2001, 645, 648, bezieht sich die Festlegung von Politiken der Union auf den Erlass von Rechtsakten; ebenso Müller-Graf in: Rengeling, § 10 Rn. 22 f.

817 Breier in: Lenz/Borchardt, Art. 11 AEUV, Rn. 9.

818 So ausdrücklich auch Breier in: Lenz/Borchardt, Art. 11 AEUV, Rn. 9. So im Ergebnis auch Rest in: Tettinger/Stern, Art. 37 Rn. 17, nach dem Art. 6 EG (nun Art. 11 AEUV) zu einer umweltschutzfreundlichen Auslegung anderer Normen führt, sowie Generalanwalt Jacobs, Schlussanträge v. 26.10.2000 in der Rs. C-379/98 (PreussenElektra), Slg. 2001, I-2099, Rn. 231 f.

819 Vgl. Teil 4: A. II. 2. b).

nition der Warenverkehrsfreiheit und der Anwendung des Art. 34 AEUV einzubeziehen, eine Stellung des Umweltschutzes begründet wird, die der Stellung der Warenverkehrsfreiheit gleichwertig ist. Art. 11 AEUV enthält die Verpflichtung, die Erfordernisse des Umweltschutzes bei der Festlegung und Durchführung der Unionspolitiken und -maßnahmen einzubeziehen, ohne eine Grenze für das Gebot im Sinne eines *inwieweit die Umweltschutzerfordernisse einzubeziehen sind* zu bestimmen. Dieser Umstand, dass das Einbeziehungsgebot nicht eingrenzt worden ist, hat zur Folge, dass die Erfordernisse des Umweltschutzes soweit einzubeziehen sind, wie es im Einzelfall nötig ist, um ihnen Rechnung zu tragen. Die absolute Grenze verläuft spätestens dort, wo der unantastbare Kernbereich der Warenverkehrsfreiheit beginnt. Die Einbeziehung darf mithin nicht dazu führen, dass der Verkehr von Waren so eingeschränkt wird, dass er gar nicht mehr stattfinden kann. Die Umweltschutzerfordernisse ragen gleichsam in die Warenverkehrsfreiheit als Unionspolitik hinein und zwar maximal bis zu dem Punkt, in dem sie den Kernbereich der Warenverkehrsfreiheit berühren. Da diese Möglichkeit in Art. 11 AEUV angelegt ist, hat der Umweltschutz durch seine Berücksichtigung in einer solch weitreichenden Querschnittsklausel eine Gewichtung erfahren, die als ebenso groß und maßgeblich anzusehen ist wie die Gewichtung, die der Warenverkehrsfreiheit im Wege des grundsätzlichen Verbots von mengenmäßigen Einfuhrbeschränkungen und Maßnahmen gleicher Wirkung zukommt.

Die Frage, *wie weit* die Umweltschutzerfordernisse jeweils einzubeziehen sind, wird für jeden Einzelfall im Rahmen einer Abwägung zwischen der Warenverkehrsfreiheit auf der einen Seite und dem Umweltschutz auf der anderen Seite einer Lösung zugeführt.

Gestützt wird dieses Auslegungsergebnis durch die Stellung des Art. 11 AEUV im ersten, den Grundsätzen gewidmeten Teil des AEUV vor den internen Politiken und Maßnahmen der Union im dritten Teil des AEUV, in dem auch die Warenverkehrsfreiheit verankert wurde. Diese exponierte Stellung kann nicht allein damit begründet werden, dass die Vertragsstaaten im ersten Teil des AEUV gleichsam der „Klammerfunktion" eines Allgemeinen Teils im Pandektensystem wie dem deutschen BGB und dem deutschen StGB allgemeine Regelungen den nachfolgenden voranstellen wollten.[820] Denn zum einen folgt der AEUV nicht dem Pandektensystem, zum anderen hätten dann die Vertragsstaaten konsequenterweise vergleichbare Querschnittsklauseln ebenfalls im ersten Teil des Vertrags verankern müssen. Eine weitere dem Wortlaut und der Teleologie des Art. 11

820 Zum Pandektensystem Flume, S. 28. Zur Klammerfunktion als Gesetzgebungstechnik: Mertens, S. 442ff. für strafrechtliche Kodifikationen und S. 446ff. für zivilrechtliche Kodifikationen. A. A. wohl Calliess in: Calliess/Ruffert, 4. Aufl., AEUV Art. 4 Rn. 4.

AEUV vergleichbare Querschnittsklausel enthält der AEUV nun in Art. 12 für den Verbraucherschutz. Diese war vor dem Inkrafttreten des Vertrags von Lissabon noch in Art. 153 Abs. 2 EG enthalten. Damit ist der Verbraucherschutz vertragssytematisch dem Weg des Umweltschutzes gefolgt. Allerdings findet sich weiterhin in Art. 175 Abs. 1 Satz 2 für den wirtschaftlichen und sozialen Zusammenhalt eine Querschnittsklausel an weniger exponierter Stelle.[821] Die Verankerung der umweltrechtlichen Querschnittsklausel im ersten Teil des Vertrags untermauert vielmehr die herausgehobene Stellung des Umweltschutzes gegenüber den Schutzgütern der anderen Querschnittsklauseln des Vertrags wie den wirtschaftlichen und sozialen Zusammenhalt. Art. 11 AEUV begründet mithin auch bei systematischer Auslegung eine starke Gewichtung des Umweltschutzes innerhalb des Europarechtssystems, die die Bedeutung der weiteren Vertragsziele bzw. -grundsätze wie auch den Grundsatz des freien Warenverkehrs erreicht.[822]

Untersucht werden soll auch die Frage, ob die exponierte Stellung der Querschnittsklausel unter den Grundsätzen am Anfang des Vertrags für den Umweltschutz eine Bedeutung begründet, die über die Warenverkehrsfreiheit hinausgeht, und zwar mit der Folge, dass Maßnahmen, die dem Umweltschutz dienen, aber den Binnenhandel beeinträchtigen, in jedem Fall gerechtfertigt sind. Mit Verortung des Gebots, die Erfordernisse des Umweltschutzes bei der Festlegung und Durchführung der Unionspolitiken einzubeziehen, die von Art. 130r Abs. 2 Uabs. 1 Satz 3 EGV (nunmehr Art. 191 Abs. 2 Uabs. 2 AEUV) auf Art. 11 AEUV erfolgt ist, wurde eine Rangerhöhung des Umweltschutzes vorgenommen – jedoch nur im Verhältnis zu seiner vorherigen Stellung sowie zu anderen Querschnittsklauseln.[823] Auf diese Rangerhöhung kann nicht die Auffassung gestützt werden, dass nunmehr ein absoluter Vorrang des Umweltschutzes gegenüber anderen Politiken oder Maßnahmen bestehe. Weder aus dem Wortlaut oder der Teleologie noch aus der Stellung der Querschnittsklausel lässt sich ein absoluter Vorrang des Umweltschutzes gegenüber anderen – wirtschaftspolitischen – Politiken und Maßnahmen der Europäischen Union ableiten.[824]

Aus der in Art. 11 AEUV enthaltenen Einbeziehungspflicht ergibt sich somit eine Gleichwertigkeit von Umweltschutz und den Unionspolitiken und –maßnah-

821 Vgl. hierzu auch Breier in: Lenz/Borchardt, Art. 11 AEUV, Rn. 6; Vorbem. Art. 191–193 AEUV, Rn. 2.

822 Im Ergebnis ebenso Gebauer/Wollenteit/Hack, ZNER 2001, 12,15. A. A. Müller-Graf in: Rengeling, § 10 Rn. 22 f.

823 Schröder in: Rengeling, § 9 Rn. 10. Im Ergebnis ebenso: Leible/Streinz in Grabitz/Hilf/Nettesheim, AEUV Art. 34 Rn.

824 Nettesheim in: Grabitz/Hilf/Nettesheim, AEUV Art. 11 Rn. 22; Im Ergebnis Schröder in: Rengeling, § 9 Rn. 27. A. A. wohl Baer, S. 228, für den es als gerechtfertigt erscheint, dass ökologischen Erwägungen ein gewisser Vorrang vor der Optimierung des Marktes einzuräumen ist.

men, bei deren Bestimmung und Durchführung der Umweltschutz hinreichend berücksichtigt werden muss. Diese Gleichwertigkeit erfordert im Kollisionsfall eine Abwägung im Sinne einer praktischen Konkordanz.[825] Art. 11 AEUV schränkt insofern die Reichweite der Warenverkehrsfreiheit ein.[826] Daher kommt allein aufgrund der Implementierung des Umweltschutzes in eine Querschnittsklausel als Vertragsgrundsatz in Art. 11 AEUV an zuvorderst exponierter Stelle diesem die Qualität eines eigenständigen Rechtfertigungsgrundes zu.[827]

### *c) Umweltschutz als Grundsatz in der Grundrechtecharta*

Gemäß Art. 6 Abs. 1 EUV erkennt die Union die Rechte, Freiheiten und Grundsätze an, die in der Charta der Grundrechte der Europäischen Union vom 7. Dezember 2000 in der am 12. Dezember 2007 in Straßburg angepassten Fassung niedergelegt sind. Die Charta der Grundrechte und die Verträge sind rechtlich gleichrangig.

Art. 37 Grundrechtecharta bestimmt, dass ein hohes Umweltschutzniveau und die Verbesserung der Umweltqualität in die Politiken der Union einbezogen und nach dem Grundsatz der nachhaltigen Entwicklung sichergestellt werden müssen.[828] Der Verweis von Art. 6 Abs. 1 EUV auf die Charta der Grundrechte der Europäischen Union begründet ihre Verbindlichkeit.[829] Mithin handelt es sich bei dem Umweltartikel der Grundrechtecharta um eine verbindliche Bestimmung.

Der Umweltartikel enthält nahezu wortgleich wie die Querschnittsklausel des Art. 11 AEUV das Gebot, ein hohes Umweltschutzniveau in die Politiken

---

825 Calliess in: Calliess/Ruffert, 4. Aufl., AEUV Art. 11 Rn. 7; Schröder in: Rengeling, § 9 Rn. 27.

826 So mit Verweis auf das PreussenElektra-Urteil des EuGH auch Roggenkamp/Redgwell/Del Guayo/Ronne, S. 244.

827 Ebenso im Ergebnis Lecheler, RdE 2001, 137, 140, 141; Mayer, EuR 2003, 793, 807. A. A. offenbar trotz der Hervorhebung der exponierten Stellung des Umweltschutzes in Art. 11 AEUV: Breier in: Lenz/Borchardt, Vorbem. Art. 191–193 AEUV Rn. 3.

828 Kritisch zur Genese der Norm: Calliess in: Calliess/Ruffert, 4. Aufl., EU-GRCharta Art. 37 Rn. 1 ff. und Meyer, J., Art. 37 Rn. 5 ff.

829 Zur Verbindlichkeit: Weber, EuZW 2008, 7. Diese Verbindlichkeit gilt nicht für Rechts- und Verwaltungsakte Polens und des Vereinigten Königreichs: Art. 1 des Protokolls über die Anwendung der Charta der Grundrechte der Europäischen Union auf Polen und das Vereinigte Königreich bestimmt, dass die Charta keine Ausweitung der Befugnis des EuGH oder der jeweiligen nationalen Gerichte zu der Feststellung enthält, dass die Rechts- und Verwaltungsvorschriften, die Verwaltungspraxis oder Maßnahmen Polens oder des Vereinigten Königreichs nicht mit der Charta im Einklang stehen, und mit Titel IV der Charta keine für Polen oder das Vereinigte Königreich geltenden einklagbaren Rechte geschaffen werden, soweit Polen bzw. das Vereinigte Königreich solche Rechte nicht im nationalen Recht vorgesehen haben.

der Union einzubeziehen sowie eine nachhaltige Entwicklung sicherzustellen.[830] Damit wird der bisherige Besitzstand aufgegriffen.[831] In den Erläuterungen zur Charta der Grundrechte wird im Hinblick auf Art. 37 darauf hingewiesen, dass sich die dort enthaltenen Grundsätze auf Art. 2, 6 und 174 EG (nun Art. 3 EUV, Art. 11 und 191 AEUV) stützen.[832] Diese Erläuterungen wurden vom Präsidium des Konvents formuliert, der die Grundrechtecharta ausgearbeitet hat. Sie dienen daher der historischen Auslegung des Art. 37 Grundrechtecharta. Aus ihnen, aber auch aus dem Inhalt des Art. 37 Grundrechtecharta folgt, dass es sich bei dem Umweltartikel um einen Grundsatz, nicht hingegen um ein Grundrecht handelt. Für die Implementierung eines Individualgrundrechts auf eine saubere Umwelt, das auch in der EMRK nicht enthalten ist, konnte keine Einigung erzielt werden.[833] Aus dem fast identischen Wortlaut zwischen Art. 37 Grundrechtecharta und Art. 11 AEUV sowie der vorstehend aufgeführten Erläuterung folgt, dass bei der Auslegung des Art. 37 Grundrechtecharta die Auslegungsergebnisse des Art. 11 AEUV herangezogen werden können.[834]

Zu den Unionspolitiken, in die ein hohes Umweltschutzniveau einzubeziehen ist, zählt gemäß Art. 3 Abs. 3 Uabs. 1 EUV die Errichtung des Binnenmarktes, dem der freie Verkehr von Waren immanent ist. Daraus folgt, dass die Unionspolitiken sich auf das Verbot von mengenmäßigen Beschränkungen bei der Ein- und Ausfuhr von Waren sowie Maßnahmen gleicher Wirkung und somit den Regelungsgehalt der Warenverkehrsfreiheit in Art. 34, 35 AEUV erstrecken. Dies führt ebenso wie das Einbeziehungsgebot in Art. 11 AEUV dazu, dass bei allen warenverkehrsrechtlichen Fragestellungen ein hohes Umweltschutzniveau sicherzustellen ist.[835] Sowohl bei der Definition der in Art. 34 AEUV enthaltenen Begriffsbestimmungen als auch bei der Anwendung des Art. 34 AEUV im Einzelfall muss mithin dem Schutz der Umwelt Rechnung getragen werden.[836] Die Folge dieses Einbeziehungsgebots ist eine Gleichwertigkeit von Umweltschutz und freiem Warenverkehr, die im Kollisionsfall eine Abwägung im Sinne einer praktischen Konkordanz erfordert.[837] Aus diesem Grund hat die Implementierung des Art. 37 Grundrechtecharta in das Primärrecht ebenso wie Art. 11

830 Vgl. Teil 4: A. III. 2. b).

831 Szczekalla in: Rengeling, § 12 Rn. 77.

832 Erläuterungen zur Charta der Grundrechte: ABl. EU vom 14.12.2007, Nr. C 303, 17 ff. Zudem lehnt sich Art. 37 Grundrechtecharta nach den Erläuterungen auch an die Verfassungsbestimmungen einiger Mitgliedstaaten an.

833 Rest in Tettinger/Stern, Art. 37 Rn. 17.

834 Vgl. Teil 4: A. III. 2. b).

835 Vgl. Teil 4: A. III. 2. b).

836 Vgl. Teil 4: A. III. 2. b).

837 Vgl. Teil 4: A. III. 2. b).

AEUV dazu geführt, dass dem Umweltschutz die Qualität eines eigenständigen Rechtfertigungsgrundes zukommt.[838]

### *d) Umweltschutz als eigener Titel im Rahmen der internen Politiken und Maßnahmen der Union*

Dem Schutz der Umwelt ist schließlich ein eigener Titel XX im AEUV mit den Art. 191 bis 193 AEUV gewidmet. Materiell-rechtlich bedeutsam ist insbesondere Art. 191 AEUV, da in Abs. 1 und 2 die Umweltpolitik konkretisiert wird. Gemäß Art. 191 Abs. 1 AEUV trägt die Umweltpolitik der Union zur Erhaltung und zum Schutz der Umwelt sowie der Verbesserung ihrer Qualität, zum Schutz der menschlichen Gesundheit, zur umsichtigen und rationellen Verwendung der natürlichen Ressourcen sowie zur Förderung von Maßnahmen auf internationaler Ebene zur Bewältigung regionaler oder globaler Probleme und insbesondere zur Bekämpfung des Klimawandels bei. Art. 191 Abs. 2 Uabs. 1 AEUV stellt Handlungsgrundsätze für die Umweltpolitik der Union auf, die unter Berücksichtigung der unterschiedlichen Gegebenheiten in den einzelnen Regionen auf ein hohes Schutzniveau abzielen. Zu den Handlungsgrundsätzen gehören der Grundsatz der Vorsorge und Vorbeugung, das Ursprungsprinzip sowie das Verursacherprinzip.

Regelungsgegenstände des Art. 191 AEUV sind mithin die Zielrichtung und die Prinzipien der Umweltpolitik der Union. Er füllt den europarechtlichen Umweltbegriff mit Leben. Für den Stellenwert, den die Umweltpolitik der Union einnimmt, und über die Stellung des Umweltschutzes innerhalb des Gefüges des Europarechts lässt sich aus Art. 191 AEUV nichts ableiten. Dies dürfte auch der Grund dafür sein, dass der EuGH in der Rs. *PreussenElektra* bei der Analyse der Bedeutung des Umweltschutzes nicht auf den gesamten Art. 130r EGV Bezug nahm, sondern allein auf Art. 130r Abs. 2 Uabs. 1 Satz 3 EGV abstellte: Art. 191 AEUV entspricht Art. 130r EGV; Art. 191 Abs. 2 Uabs. 1 AEUV gibt jedoch nur Art. 130r Abs. 2 Uabs. 1 Satz 1 und 2 EGV wieder. In der Rs. *PreussenElektra* nahm der EuGH Bezug auf Satz 3 des Art. 130r Abs. 2 Uabs. 1 EGV,[839] der regelte, dass die Erfordernisse des Umweltschutzes bei der Festlegung und Durchführung anderer Gemeinschaftspolitiken einbezogen werden müssen. Diese Regelung wurde bei der Neufassung des EG nicht in Art. 174 Abs. 2 Uabs. 1 EG implementiert, der die formelle Nachfolgeregelung des Art. 130r Abs. 2 Uabs. 1 EG-Vertrag (von Maastricht) darstellte, sondern in nur leicht veränderter Form zunächst in Art. 6 EG, nun in Art. 11 AEUV verortet.[840] Der EuGH führt in der Rs. *Preussen-*

838 Vgl. Teil 4: A. III. 2. b).

839 EuGH Rs. C-379/98 (PreussenElektra), Urt. v. 13.03.2001, Slg. 2001, I-2099, Rn. 76.

840 EuGH Rs. C-379/98 (PreussenElektra), Urt. v. 13.03.2001, Slg. 2001, I-2099, Rn. 76.

*Elektra* aus, dass bei der Frage der Vereinbarkeit mit Art. 30 EGV (nunmehr Art. 34 AEUV) zu berücksichtigen ist, dass die streitige Regelung dem Umweltschutz diene, und betont in den folgenden Urteilsgründen die Bedeutung des Umweltschutzes.[841] Wenn er hierbei ausdrücklich hervorhebt, dass die Erfordernisse des Umweltschutzes bei der Festlegung und Durchführung der Gemeinschaftspolitiken einbezogen werden müssen und auf Art. 130r Abs. 2 Uabs. 1 Satz 3 EGV (nunmehr materiell-rechtlich Art. 11 AEUV) verweist, verdeutlicht dies, dass er dieser Bestimmung im Verhältnis des Umweltschutzes zum freien Warenverkehr eine besondere Bedeutung beimisst. Im Umkehrschluss folgt daraus für Art. 191 AEUV, der auf Art. 130r EG mit Ausnahme von Art. 130r Abs. 2 Uabs. 1 Satz 3 EGV zurückgeht, dass diesem im Hinblick auf das Verhältnis Umweltschutz und Warenverkehrsfreiheit keine Bedeutung zukommt.

Art. 192 AEUV stellt eine rein verfahrensrechtliche Vorschrift für den Erlass von Maßnahmen bzw. Rechtsakten dar, die den vorstehend aufgeführten, in Art. 191 AEUV genannten Zielen Rechnung tragen. Ebenso wenig wie Art. 191 AEUV bringt Art. 192 AEUV zum Ausdruck, welcher Stellenwert dem Schutz der Umwelt innerhalb des Europarechts zukommt.

Art. 193 AEUV regelt, dass Mitgliedstaaten trotz Rechtsakten, die auf Art. 192 AEUV zurückgehen und somit den in Art. 191 AEUV genannten Zielen Rechnung tragen, verstärkte Maßnahmen zum Schutz der Umwelt beibehalten oder ergreifen können. Da Art. 193 Satz 2 AEUV bestimmt, dass diese Maßnahmen mit dem Vertrag, mithin mit dem Primärrecht, vereinbar sein müssen, kann auch aus dieser Bestimmung keine Schlussfolgerung für das Verhältnis zwischen Umweltschutz und freiem Warenverkehr sowie der eigenständig rechtfertigenden Wirkung des Umweltschutzes abgeleitet werden.

Obwohl der Umweltschutz einen eigenen Titel im AEUV einnimmt, sind dem Inhalt dieses Titels XX keine Bestimmungen zu entnehmen, auf deren Grundlage dem Umweltschutz ein Gewicht zukommt, das der Bedeutung entspricht, welche die Warenverkehrsfreiheit als Grundfreiheit innehat, und somit dazu führt, dass der Umweltschutz für Beeinträchtigungen des freien Warenverkehrs einen eigenständigen Rechtfertigungsgrund darstellt.

#### *e) Umweltschutz in weiteren Politik- und Handlungsbereichen der Europäischen Union*

Der Schutz der Umwelt ist in zahlreichen Handlungsfeldern der Europäischen Union zu berücksichtigen. Im Folgenden werden diese Handlungsfelder dargestellt und die Bedeutung des Umweltschutzes in diesen Bereichen herausgearbeitet.

841 EuGH Rs. C-379/98 (PreussenElektra), Urt. v. 13.03.2001, Slg. 2001, I-2099, Rn. 72 f.

### *aa) Umweltschutz im Rahmen der Rechtsetzung*

Der Umweltschutz ist bei der Rechtsetzung zur Verwirklichung des Binnenmarktes zu beachten. Dies ist in Art. 114 AEUV niedergelegt, der verfahrensrechtliche Bestimmungen bei der Angleichung von Rechtsvorschriften enthält. Gemäß Abs. 3 Satz 1 dieser Vorschrift geht die Kommission in ihren Vorschlägen für rechtsangleichende Rechtsakte (Richtlinien) von einem hohen Schutzniveau im Bereich Umweltschutz aus und berücksichtigt dabei insbesondere alle auf wissenschaftliche Ergebnisse gestützten neuen Entwicklungen. Gemäß Art. 114 Abs. 3 Satz 2 AEUV streben das Europäische Parlament und der Rat dieses Ziel im Rahmen ihrer Befugnisse ebenfalls an. Der Anwendungsbereich dieser Bestimmung ist jedoch begrenzt auf die Rechtsetzungsaktivitäten der Union und hat keine Auswirkungen auf die Prüfung nationaler Maßnahmen am Maßstab der Grundfreiheiten. Demzufolge stellt Art. 114 AEUV keine Grundlage dar, auf die eine der Warenverkehrsfreiheit gleichwertige Stellung des Umweltschutzes unmittelbar zurückgeführt werden kann.

### *bb) Umweltschutz bei der Errichtung von Kohäsionsfonds*

Berücksichtigt wird der Umweltschutz auch im Titel XVIII des AEUV „Wirtschaftlicher, sozialer und territorialer Zusammenhalt". Art. 177 Uabs. 2 AEUV sieht vor, dass ein Kohäsionsfonds zu Vorhaben u. a. im Bereich Umwelt finanziell beiträgt. Aufgrund der Beschränkung des Regelungsbereichs auf Kohäsionsfonds lassen sich jedoch Grundsätze für das Verhältnis zwischen Umweltschutz und freiem Warenverkehr aus dieser Bestimmung nicht ableiten.

### *cc) Umweltschutz im Energietitel*

Mit dem Vertrag von Lissabon wurde der Titel XXI über Energie neu in das Primärrecht eingefügt. Die Energiepolitik der Union verfolgt gemäß Art. 194 AEUV im Rahmen der Verwirklichung oder des Funktionierens des Binnenmarkts und unter Berücksichtigung der Notwendigkeit der Erhaltung und Verbesserung der Umwelt Ziele, die in einem Katalog aufgeführt sind. Hier wird ebenso wie in Art. 3 Abs. 3 Uabs. 1 EUV die Gleichwertigkeit der Errichtung des Binnenmarkts als Unionsziel, zu dem auch das Prinzip des freien Warenverkehrs zählt, und der Umweltschutz deutlich und auf die Energiepolitik bezogen.[842] Für das allgemein gültige Verhältnis von Umweltschutz und freiem Warenverkehr und die Frage

842 So anklingend auch Breier in: Lenz/Borchardt AEUV Art. 194 Rn. 6 sowie Kotzur in: Geiger/Khan/Kotzur, Art. 194 AEUV Rn. 2 und 5.

nach der dogmatischen Grundlage für einen eigenständigen Rechtfertigungsgrund kann dieser Bestimmung aufgrund ihres spezifischen, auf die Energiepolitik bezogenen Regelungsgehalts jedoch lediglich Indizwirkung zukommen. Im Rahmen der Energiepolitik sind Binnenmarkt und Umweltschutz gleichermaßen zu gewichten. Auf die Anwendung der Warenverkehrsfreiheit erstreckt sich der Regelungsgehalt des Art. 194 AEUV hingegen nicht.

#### *dd) Umweltschutz im Rahmen des auswärtigen Handelns der Union*

Gemäß Art. 21 Abs. 2 lit. f EUV besteht ein Ziel des auswärtigen Handelns der Union darin, zur Entwicklung von internationalen Maßnahmen zur Erhaltung und Verbesserung der Qualität der Umwelt und der nachhaltigen Bewirtschaftung der weltweiten natürlichen Ressourcen beizutragen, um eine nachhaltige Entwicklung sicherzustellen. Mit dieser Bestimmung erlangt der Umweltschutz eine Außenwirkung, die seine Innenwirkung widerspiegelt. Auf das Verhältnis zwischen Umweltschutz und freiem Warenverkehr und auf die Frage, ob der Umweltschutz als eigenständiger Rechtfertigungsgrund anzuerkennen ist, hat die Bestimmung jedoch keinen Einfluss.

### *f) Ergebnis*

Aus dem sowohl in Art. 11 AEUV als auch in Art. 6 Abs. 1 EUV i.V.m. Art. 37 Grundrechtecharta enthaltenen Gebot, die Erfordernisse des Umweltschutzes bei der Festlegung und der Durchführung der Unionspolitiken und -maßnahmen, somit auch bei der Definition und der Anwendung der Warenverkehrsfreiheit einzubeziehen, folgt unmittelbar, dass die Vertragsziele Umweltschutz und freier Warenverkehr gleichrangig sind. Diese Gleichrangigkeit von Umweltschutz und Binnenmarktprinzip, welches auch die Warenverkehrsfreiheit einschließt, führt allerdings nicht dazu, dass beide Vertragsziele Antagonismen sind, sondern als gleichwertige Säulen der europäischen Wirtschaftsordnung koexistieren und daher in Ausgleich zu bringen sind.[843] Infolge dieser Gleichrangigkeit, die seit Inkrafttreten des Vertrags von Lissabon nicht mehr nur aus Art. 11 AEUV, sondern auch aus dem nahezu gleichlautenden Umweltgrundsatz in Art. 37 Grundrechtecharta entspringt, kommt dem Umweltschutz allein aufgrund seiner Stellung im Primärrecht eine rechtfertigende Wirkung zu. Denn im Falle einer Kollision erfolgt stets eine Abwägung der beiden Ziele im Sinne einer praktischen Konkordanz. Da diese Abwägung grundsätzlich zu dem Ergebnis führen kann,

843 So im Ansatz Krzeminska, S. 125, 131. A. A. wohl Nettesheim in: Grabitz/Hilf/Nettesheim, AEUV Art. 11 Rn. 24.

dass Maßnahmen gleicher Wirkung wie mengenmäßige Einfuhrbeschränkungen aufgrund ihrer umweltschützenden Zielrichtung gerechtfertigt sind, kommt dem Umweltschutz aufgrund der genannten primärrechtlichen Bestimmungen die Qualität eines eigenständigen Rechtfertigungsgrundes zu, dessen dogmatische Grundlage Art. 11 AEUV sowie Art. 6 Abs. 1 EUV i. V. m. Art. 37 Grundrechtecharta verbinden mit den Grundsätzen der praktischen Konkordanz besteht.

### *3. Reichweite und Grenzen der rechtfertigenden Wirkung*

Im Folgenden werden Reichweite und Grenzen des Umweltschutzes als eigenständiger Rechtfertigungsgrund für Beeinträchtigungen der Warenverkehrsfreiheit aufgezeigt. Reichweite und Grenzen werden bestimmt durch die Anforderungen, die sich für die umweltschützende Wirkung einer zu rechtfertigenden Maßnahme aus dem unionsrechtlichen Umweltbegriff ergeben [a)]. Des Weiteren können sich Grenzen ergeben, die auf die praktische Wirksamkeit der Warenverkehrsfreiheit und der Unantastbarkeit ihres Wesensgehalts zurückzuführen sind [b)].

#### *a) Anforderungen an die umweltschützende Wirkung*

Voraussetzung für die Rechtfertigung einer nationalen Maßnahme aus Gründen des Umweltschutzes ist, dass sie im Sinne des Art. 11 AEUV und des Art. 6 Abs. 1 EUV i.V.m. Art. 37 Grundrechtecharta – welche die maßgeblichen dogmatischen Grundlagen für die Qualifizierung des Umweltschutzes als eigenständiger Rechtfertigungsgrund für Beeinträchtigungen der Warenverkehrsfreiheit darstellen – den Erfordernissen des Umweltschutzes entspricht und auf die Förderung einer nachhaltigen Entwicklung gerichtet ist.

Der Begriff des Umweltschutzes ist in Art. 11 AEUV und in Art. 37 Grundrechtecharta nicht definiert. Art. 191 Abs. 1, 2 und 3 AEUV stellen jedoch die Ziele, Handlungsgrundsätze und Leitlinien für die Umweltpolitik der Union auf und konkretisieren auf diese Weise den europarechtlichen Umweltbegriff.[844] Diesem europarechtlichen Umweltbegriff müssen die Maßnahmen entsprechen, für die eine Rechtfertigung aus Gründen des Umweltschutzes im Sinne des Art. 11 AEUV und Art. 37 Grundrechtecharta in Betracht gezogen wird. Insofern stellen die Cassis-Formel als Rechtfertigungsgrundlage und Art. 11 AEUV sowie Art. 37 Grundrechtecharta, auf die der Umweltschutz als eigenständige Rechtfertigungsgrundlage zurückzuführen ist, gleiche Anforderungen an die umweltschützende Wirkung der zu rechtfertigenden Maßnahmen.

---

844 Vgl. im Einzelnen hierzu bereits Teil 4: A. II. 3. b).

Für die Erfordernisse des Umweltschutzes ergeben sich aus Art. 191 Abs. 1 AEUV zunächst Anforderungen an das Ziel der nationalen Maßnahme, das entweder in der Erhaltung und dem Schutz sowie der Qualitätsverbesserung der Umwelt, im Schutz der menschlichen Gesundheit, in der umsichtigen und rationellen Verwendung natürlicher Ressourcen oder in der Förderung von Maßnahmen auf internationaler Ebene bestehen muss. Aus Art. 191 Abs. 2 AEUV folgen Handlungsgrundsätze, die der nationalen Maßnahme zugrunde liegen müssen. Diese Handlungsgrundsätze bestehen in einem hohen Schutzniveau, dem Vorsorge- und Vorbeugeprinzip, dem Ursprungsprinzip sowie dem Verursacherprinzip. Schließlich legt Art. 191 Abs. 3 AEUV Leitlinien fest. Diesen Zielen, Handlungsgrundsätzen und Leitlinien muss eine nationale Maßnahme gerecht werden, um den Umweltanspruch der Union zu erfüllen und – sofern sie Handelsbeeinträchtigungen zur Folge hat – gerechtfertigt werden zu können.[845]

Art. 11 AEUV und Art. 37 Grundrechtecharta enthalten darüber hinaus das finale Element der Förderung einer nachhaltigen Entwicklung. Nach dem Wortlaut der Vorschriften müssen die Erfordernisse des Umweltschutzes insbesondere zur Förderung einer nachhaltigen Entwicklung bei der Festlegung und Durchführung der Unionspolitiken einbezogen werden. Damit muss – anders als im Rahmen der Cassis-Formel – bei der Beurteilung der Rechtfertigung einer nationalen Maßnahme aus Gründen des Umweltschutzes auf dogmatischer Grundlage des Art. 11 AEUV und des Art. 37 Grundrechtecharta positiv feststellbar sein, dass die Maßnahme insbesondere auf die Förderung einer nachhaltigen Entwicklung gerichtet ist.

Im primären Recht hat der Begriff der nachhaltigen Entwicklung, obgleich es sich um eine Aufgabe der Union gemäß Art. 3 Abs. 3 Uabs. 1 EUV handelt, keine Definition erfahren. Die Europäische Kommission und der Rat der Europäischen Union haben die Definition der World Commission on Environment and Development[846] aufgegriffen, deren Aufgabe in der Entwicklung von langfristigen Umweltstrategien für eine nachhaltige Entwicklung besteht:[847] Diese definiert den Begriff der nachhaltigen Entwicklung als die Erfüllung der Bedürfnisse der gegenwärtigen Generation, ohne die Bedürfnisse künftiger Generationen zu

845 Vgl. hierzu bereits Teil 4: A. II. 3. b).

846 Hierbei handelt es sich um eine von den Vereinten Nationen 1983 eingesetzte Kommission.

847 Mitteilung der Kommission KOM(2001) 264 endg., S. 2; Nr. 19 der Schlussfolgerungen des Vorsitzes – Europäischer Rat (Göteborg), 15. und 16.06.2001 online unter: http://www.consilium.europa.eu/ueDocs/cms_Data/docs/pressData/de/ec/00200-r1.d1.pdf. (abgerufen am 06.03.2008). Des Weiteren: Rat der Europäischen Union, Die erneuerte EU-Strategie für nachhaltige Entwicklung, Ratsdokument Nr. 10917/06 vom 26.06.2006, Nr. 1, online unter: http://ec.europa.eu/sustainable/docs/renewed_eu_sds_de.pdf, (abgerufen am 06.03.2008).

beeinträchtigen.[848] Diese dem Umweltvölkerrecht entsprungene Definition wird vorwiegend von der deutschen Lehre unmittelbar herangezogen, um den europarechtlichen Begriff der nachhaltigen Entwicklung in Art. 3 Abs. 3 Uabs. 1 EUV und 11 AEUV sowie Art. 37 Grundrechtecharta zu definieren.[849] Völkerrechtliche Bestimmungen können rechtssystematisch jedoch nur dann bei der Auslegung von europarechtlichen Bestimmungen berücksichtigt werden, wenn sie Bestandteil völkerrechtlicher Abkommen im Sinne des Art. 216 AEUV sind. Dies folgt aus Art. 216 Abs. 2 AEUV, der die Verbindlichkeit völkerrechtlicher Übereinkünfte im Sinne des Art. 216 AEUV zwischen der Europäischen Union und einem oder mehreren Staaten oder internationalen Organisationen für die Organe der Union und für die Mitgliedstaaten vorsieht.[850] Aus dieser Vertragsbestimmung folgt im Umkehrschluss, dass völkerrechtliche Übereinkünfte, die die Europäische Union nicht im Rahmen ihrer Außenkompetenz im Sinne des Art. 216 Abs. 1 AEUV abgeschlossen hat, eine solche Verbindlichkeit für die Organe der Union und mithin für das Europarecht selbst nicht zukommt. In Ermangelung einer solchen Verbindlichkeit können entsprechende völkerrechtliche Bestimmungen bei der Auslegung von Europarecht nicht herangezogen werden. Die europarechtlichen Grundsätze über die Verbindlichkeit völkerrechtlicher Bestimmungen führen dazu, dass die oben genannte von der World Commission on Environment and Development entwickelte Definition der nachhaltigen Entwicklung nicht unmittelbar zur Auslegung des entsprechenden primärrechtlichen Begriffs herangezogen werden kann. Zwar haben die Organe der Union mit der Definition der World Commission on Environment and Development den Begriff der nachhaltigen Entwicklung mit Leben gefüllt und so die Definition in das Europarecht eingeführt, jedoch muss hierbei berücksichtigt werden, dass die Auslegung des primären Europarechts aus sich heraus mittels anerkannter Auslegungsgrundsätze zu erfolgen hat. Zu den Auslegungshilfen werden die Akte der Organe der Europäischen Union, die der Sekundärebene zuzuordnen sind, aus rechtssystematischen Gründen nicht gezählt.[851]

---

848 World Commission on Environment and Development, S. 43, wo der Begriff der nachhaltigen Entwicklung im Original als „development that meets the needs of the present without compromising the ability of future generations to meet their own needs“ definiert wird.

849 Breier in: Lenz/Borchardt, Art. 11 AEUV, Rn. 10; Calliess, Rechtsstaat und Umweltstaat, S. 142.

850 Ein völkerrechtliches Abkommen, das diese Voraussetzungen erfüllt, ist das Protokoll von Kyoto zum Rahmenübereinkommen der Vereinten Nationen über Klimaänderungen, das mit der Entscheidung des Rates Nr. 2002/358/EG auf der Kompetenzgrundlage des Art. 175 Abs. 1 i.V.m. Art. 300 Abs. 2 Uabs. 1 S. 1 und Art. 300 Abs. 3 Uabs. 1 EG (nun Art. 192 Abs. 1 i.V.m. Art. 218 AEUV) vom 25.04.2002 angenommen wurde, ABl. EG Nr. L130, 1 ff. vom 15.05.2002.

851 Vgl. Teil 3: A. III.

Angesichts dessen ist der Begriff der nachhaltigen Entwicklung einer eigenständigen Definition zuzuführen. Die Semantik des Begriffs Entwicklung weist auf einen Prozess hin, der in die Zukunft führt. Die Nachhaltigkeit beinhaltet das Gebot, dass sich der Zustand, der durch den Prozess in der Zukunft erreicht wird, nicht gegenüber dem gegenwärtigen Zustand negativ unterscheiden darf. Damit ist der Begriff der nachhaltigen Entwicklung so auszulegen, dass die Lebensfähigkeit in der Zukunft gewährleistet sein muss und sich von dem gegenwärtigen Zustand nicht negativ abhebt. Es dürfen keine Prozesse in Gang gesetzt werden, die dies gefährden.[852] Dem trägt inhaltlich die von der World Commission on Environment und Development verwendete und von den Organen der Europäischen Union aufgegriffene Definition freilich Rechnung. Aus alldem folgt, dass Art. 11 AEUV und Art. 37 Grundrechtecharta mit dem finalen Element der Förderung der nachhaltigen Entwicklung erfordern, dass eine nationale Maßnahme, deren Rechtfertigung auf der dogmatischen Grundlage des Art. 11 AEUV sowie Art. 6 Abs. 1 EUV i. V. m. Art. 37 Grundrechtecharta zur Beurteilung steht, die Lebensfähigkeit und die Befriedigung der Bedürfnisse künftiger Generationen fördern muss.

#### *b) Anforderungen aufgrund der praktischen Wirksamkeit der Warenverkehrsfreiheit*

Aus der praktischen Wirksamkeit der Warenverkehrsfreiheit, die bei einer Abwägung nicht verloren gehen darf, können sich Anforderungen an den Regelungsgehalt einer zu rechtfertigenden Maßnahme sowohl in qualitativer als auch in quantitativer Hinsicht ergeben.

##### *aa) Qualitative Eigenschaften einer nationalen Maßnahme*

Im Hinblick auf die qualitative Eingriffsintensität einer nationalen Maßnahme gleicher Wirkung wie eine mengenmäßige Einfuhrbeschränkung stellt sich die Frage, ob sie unterschiedslos wirken muss. Als Argument dafür ließe sich eine Parallele zu der ebenfalls rechtfertigenden Cassis-Formel anführen, auf deren Grundlage dem Umweltschutz als zwingendem Erfordernis im Sinne dieser Formel ebenfalls eine rechtfertigende Wirkung zukommt. Der Anwendungsbereich der Cassis-Formel ist beschränkt auf unterschiedslos wirkende Maßnahmen.[853] Gegen das Erfordernis der unterschiedslosen Wirkung spricht hingegen

---

852 Stookes, S. 26, formuliert retrospektiv „Belassen wir den Planeten so, wie wir ihn vorgefunden haben!“.

853 Vgl. Teil 4: A. II. 3. a) dd).

Art. 36 AEUV, der Rechtfertigungstatbestände auch für diskriminierende Maßnahmen gleicher Wirkung wie mengenmäßige Einfuhrbeschränkungen enthält.[854] Diese Bestimmung zeigt, dass der unantastbare Wesensgehalt der Warenverkehrsfreiheit nicht deshalb berührt wird, weil eine mitgliedstaatliche Maßnahme an die Herkunft der Ware anknüpft und somit diskriminierenden Charakter hat. Für die Frage nach der Reichweite der rechtfertigenden Wirkung ist zudem bemerkenswert, dass in Art. 114 Abs. 3 AEUV dem Umweltschutz die gleiche Bedeutung wie der Gesundheit und der Sicherheit beigemessen wird.[855] Beide Rechtsgüter gehören zu den in Art. 36 Satz 1 AEUV ausdrücklich aufgeführten, geschriebenen Rechtfertigungsgründen für Maßnahmen gleicher Wirkung im Sinne der Warenverkehrsfreiheit. Sowohl Gesundheit als auch Sicherheit sind Gründe, die selbst diskriminierende Maßnahmen im Rahmen des freien Warenverkehrs rechtfertigen können.[856] Der Umstand, dass der Umweltschutz neben Gesundheit und Sicherheit zu den Rechtsgütern gehört, für die die Organe der Union gemäß Art. 114 Abs. 3 AEUV im Rahmen ihrer Rechtsetzungstätigkeiten ein hohes Schutzniveau zu gewährleisten haben, spricht dafür, dass er ebenfalls zu den Rechtsgütern gehört, die eine rechtfertigende Wirkung für diskriminierende Maßnahmen gleicher Wirkung im Bereich des freien Warenverkehrs entfalten können.[857] Dieser Auslegung steht nicht entgegen, dass der Verbraucherschutz ebenfalls in Art. 114 Abs. 3 AEUV erwähnt ist, aber – ebenso wenig wie der Umweltschutz – im Gegensatz zu Gesundheit und Sicherheit ausdrücklich zu den in Art. 36 Satz 1 AEUV genannten Rechtfertigungsgründen zählt.

Die Zulässigkeit einer Rechtfertigung auch diskriminierender Maßnahmen folgt im Ergebnis aus der Rs. *PreussenElektra*. Aus Gründen des Umweltschutzes hat hier eine Regelung des deutschen StrEG eine Rechtfertigung erfahren, die in objektiv diskriminierender, mithin nicht unterschiedslos wirkender Weise bei der Förderung von Strom aus erneuerbaren Energien an die Herkunft des Stromes anknüpfte.[858] Die Reichweite des Umweltschutzes als eigenständiger Rechtfertigungsgrund ist nach alldem nicht auf unterschiedslos wirkende Maßnahmen begrenzt.

---

854 Vgl. Teil 4: A. I. 1.

855 Vgl. Teil 4: A. III. 2. c).

856 Vgl. Teil 4: A. I. 1.

857 Die Frage nach der eigenständig rechtfertigenden Wirkung des Verbraucherschutzes ist nicht Untersuchungsgegenstand. Auszuschließen ist jedoch nicht, dass eine vergleichbare Untersuchung für den Verbraucherschutz zu dem Ergebnis führte, dass auch dieser einen eigenständigen Rechtfertigungsgrund darstellt.

858 Vgl. Teil 4: A. II. 3. a) bb) (2) und Teil 1: B. II.

*bb) Quantitative Eigenschaften einer nationalen Maßnahme*

Vor dem Hintergrund, dass nationale Maßnahmen zum Schutz der Umwelt – wie die Förderinstrumente des EEG und KWKModG – mit einer zumindest billigend in Kauf genommenen Marktabschottung einhergehen können, stellt sich die Frage nach der quantitativen Reichweite bzw. den quantitativen Grenzen der Warenverkehrsfreiheit.

Wenn man berücksichtigt, dass die Warenverkehrsfreiheit gemäß Art. 26 Abs. 2 AEUV ein Grundbaustein des Binnenmarktes ist, dessen Funktionieren aber ebenfalls durch die festzulegenden Wettbewerbsregeln sichergestellt wird,[859] könnten sich die Grundsätze der Wettbewerbsregeln zur Eingriffsintensität auf die Warenverkehrsfreiheit übertragen lassen. Beide Systeme verfolgen mit der Verwirklichung des Binnenmarktes dasselbe Telos.

Im Rahmen von Art. 101 AEUV, eine der Kernvorschriften des europäischen Wettbewerbsrechts, wird die Binnenmarktkonformität von Eingriffen anhand quantifizierbarer Kriterien bestimmt: Nach Abs. 1 dieser Vorschrift sind Vereinbarungen zwischen Unternehmen[860] mit dem Binnenmarkt unvereinbar, wenn sie geeignet sind, den Handel zwischen Mitgliedstaaten zu beeinträchtigen und eine Verhinderung, Einschränkung oder Verfälschung des Wettbewerbs bezwecken oder bewirken. Der EuGH hat in ständiger Rechtsprechung dieses Kartellverbot so ausgelegt, dass Vereinbarungen mit dem Binnenmarkt vereinbar sind, die keine spürbaren Auswirkungen auf den innergemeinschaftlichen Handel haben oder keine spürbare Wettbewerbsbeschränkung darstellen.[861] In ihrer Bagatellbekanntmachung[862] quantifiziert die Europäische Kommission anhand von Marktanteilsschwellen die Stufe der Spürbarkeit einer Wettbewerbsbeschränkung. Keine spürbare Wettbewerbsbeschränkung haben nach Ziffer 7 lit. a der Bagatellbekanntmachung horizontale Vereinbarungen zwischen Wettbewerbern, wenn der insgesamt gehaltene Marktanteil auf keinem der betroffenen relevanten Märkte 10 Prozent übersteigt. Vertikale Vereinbarungen zwischen Nichtwettbewerbern erreichen gemäß Ziffer 7 lit. b) der Bagatellbekanntmachung die Schwelle der Spürbarkeit, wenn der von jedem der beteiligten Unternehmen

859 Dies folgt aus Art. 3 Abs. 1 lit. b AEUV und dem Protokoll (Nr. 27) über den Binnenmarkt und den Wettbewerb, ABl. EU 2008 Nr. C 115, S. 309.

860 Ebenso wie Beschlüsse von Unternehmensvereinigungen und aufeinander abgestimmte Verhaltensweisen.

861 Ansteller vieler: EuGH Rs. C-1/71 (Cadillon./.Höss), Urt. v. 06.05.1971, Rn. 7–10; EuGH Rs. C-22/71 (Béguelain), Urt. v. 25.11.1971, Rn. 16–18; EuGH Rs. C-279/95 (Langnese-Iglu), Urt. v. 01.10.1998, Rn. 42 ff.

862 Diesen Begriff verwendet beispielsweise Khan in: Geiger/Khan/Kotzur, Art. 101 AEUV Rn. 24. Die Bagatellbekanntmachung ist ein unverbindlicher Akt im Sinne des Art. 288 Uabs. 5 AEUV. Sie führt damit lediglich zu einer Selbstbindung der Europäischen Kommission.

gehaltene Marktanteil auf einem der betroffenen relevanten Märkte 15 Prozent überschreitet.[863] Diese Quantifizierung hat nach Ziffer 2 Satz 2 und 3 der Bagellverordnung jedoch nicht zur Folge, dass in jedem Fall bei einem Erreichen der 10 bzw. 15 Prozent-Schwelle eine Spürbarkeit und damit eine Unvereinbarkeit mit dem Binnenmarktziel gegeben sind.

Angesichts des Umstandes, dass Unternehmenszusammenschlüsse eine Marktabschottung für andere Akteure in Höhe des betroffenen Marktanteils zur Folge haben können und eine solche Marktabschottung ebenso bei einer Maßnahme gleicher Wirkung wie eine mengenmäßige Einfuhrbeschränkung vorliegt, lassen sich diese Grundsätze zur Quantifizierung der Spürbarkeit auf die Warenverkehrsfreiheit übertragen.

Dem steht nicht entgegen, dass der EuGH die Prüfung der Spürbarkeit von Handelsbeeinträchtigungen im Rahmen des Art. 34 AEUV ablehnt.[864] Der EuGH betont, dass Art. 34 AEUV, anders als Art. 101 AEUV, den freien Warenverkehr verwirklichen solle, indem nationale Maßnahmen der Mitgliedstaaten zu beseitigen seien, die den Warenverkehr in irgendeiner Weise beeinträchtigten.[865] Um dies zu gewährleisten, unterscheide Art. 34 AEUV Maßnahmen nicht nach dem Grad der Beeinträchtigung, anders als Art. 101 AEUV, dessen Adressat Unternehmen als Marktakteure seien. Dieser Rechtsprechung liegt die Annahme des EuGH zugrunde, dass jede Handelsbeeinträchtigung, die von einem Mitgliedstaat, anders als Handelsbeeinträchtigungen, die von den Marktakteuren selbst ausgehen, mit den Prinzipien eines Binnenmarkts unvereinbar sein können. Die Frage der Vereinbarkeit einer solchen Handelsbeeinträchtigung mit dem Binnenmarkt verlagert der EuGH im Rahmen der Warenverkehrsfreiheit vielmehr auf die Rechtfertigungsebene.[866] Hier können jedoch quantifizierbare Kriterien grundsätzlich Anwendung finden, um die finale Entscheidung treffen zu können, ob eine Vereinbarkeit mit dem Binnenmarktprinzip vorliegt oder nicht. Derartige quantifizierbare Kritierien lassen sich zwar der Rechtsprechung zur Rechtfertigung gemäß Art. 36 AEUV und nach der Cassis-Formel nicht entnehmen. Gleichwohl ist kein Grund erkennbar, warum die quantitativen Grundsätze der Wettbewerbsregeln im Rahmen der praktischen Konkordanzprüfung und der damit verbundenen Fragen nach Reichweite und Grenzen der Warenverkehrsfreiheit nicht Anwendung finden sollten, denn diese Kriterien reflektieren den Wesensgehalt des Binnenmarktes und können somit auch einen Rückschluss auf den

863 Zum Hintergrund dieser Schwellenwerte: Rinne/Loest in: Liebscher/Flohr/Petsche, § 16 Bagatellbekanntmachung Rn. 12.

864 Teil 3: A. III. 3. a).

865 EuGH Rs. C-177+178/82 (van Justitie./.de Haar), Urt. v. 05.04.1984, Slg. 1984, 1797, Rn. 11–13. Vgl. Teil 3: A. III. 3. a).

866 Vgl. zu den Rechtfertigungsmöglichkeiten Teil 4 A.

unantastbaren Wesensgehalt der Warenverkehsfreiheit zulassen. Dies gilt jedenfalls dann, wenn eine Quantifizierung der Eingriffsintensität nach der Natur der zugrundeliegenden Maßnahme möglich ist. Bei Marktabschottungen wird dies regelmäßig der Fall sein.

Schließlich ist zu berücksichtigen, dass der EuGH, wenn er eine Maßnahme gleicher Wirkung unabhängig von deren Spürbarkeit prüft, Art. 34 AEUV eng zugunsten der Verwirklichung des Binnenmarkts auslegt. Lässt man nun ein solches Spürbarkeitskriterium auf Rechtfertigungsebene bzw. bei der Abwägung im Zuge einer Konkordanzprüfung zu, so steht dies jedenfalls im Einklang mit einer engen Auslegung zugunsten des Binnenmarktprinzips.

#### *cc) Ergebnis*

Aus der praktischen Wirksamkeit der Warenverkehrsfreiheit ergeben sich grundsätzlich keine qualitativen Anforderungen an den Regelungsgehalt einer zu rechtfertigenden Maßnahme. Die Abwägung kann mithin auch zu einer Zulässigkeit einer diskriminierenden Maßnahme führen. Demgegenüber können sich jedoch je nach der Natur der nationalen Maßnahme Anforderungen quantitativer Hinsicht aus der praktischen Wirksamkeit der Warenverkehrsfreiheit ergeben. Wenn mit der nationalen Maßnahme eine meßbare Marktabschottung verbunden ist, darf diese nicht über die Spürbarkeitsschwelle des Art. 101 Abs. 1 AEUV hinausgehen, der als eine der Kernvorschriften des europäischen Wettbewerbsrechts ebenfalls auf die Verwirklichung und das Funktionieren des Binnenmarktes zielt. Dies folgt aus dem Gleichklang der den Binnenmarkt konstituierenden Systeme der Warenverkehrsfreiheit einerseits und dem eines unverfälschten Wettbewerbs andererseits. Daraus folgt, dass bei Marktabschottungen von mehr als 10–15 Prozent entsprechend der Bagatellbekanntmachung der Wesensgehalt des Binnenmarkprinzips bzw. der Warenverkehrsfreiheit berührt werden kann.

### *4. Ergebnis*

Die vorstehenden Untersuchungen haben gezeigt, dass für Beeinträchtigungen der Warenverkehrsfreiheit neben Art. 36 AEUV und der Cassis-Formel als dritte Rechtfertigungsgrundlage eigenständige Rechtfertigungsgründe anerkannt sind.[867] Es handelt sich dabei um Vertragsziele, die im System des Europarechts ebenso bedeutsam sind wie die Verwirklichung der Warenverkehrsfreiheit. Zu diesen Vertragszielen zählt der Umweltschutz.[868] In Art. 11 AEUV sowie in Art.

867 So in Bezug auf den Umweltschutz Gebauer/Wollenteit/Hack, ZNER 2001, 12, 14.

868 Ebenso Gebauer/Wollenteit/Hack, ZNER 2001, 12, 15.

6 Abs. 1 EUV i.V.m. Art. 37 Grundrechtecharta hat er eine Stellung erfahren, die hinter der Stellung der Warenverkehrsfreiheit als Vertragsziel nicht zurücksteht. Die rechtfertigende Wirkung ist das Ergebnis einer Abwägung, die durchzuführen ist, wenn zwei gleichrangige Vertragsziele im Einzelfall kollidieren und miteinander im Sinne einer praktischen Konkordanz in Ausgleich zu bringen sind. Diese Abwägung muss stets zu einer optimalen Wirksamkeit von Umweltschutz und Warenverkehrsfreiheit führen sowie gewährleisten, dass keiner der beiden Belange vorschnell auf Kosten des jeweils anderen realisiert wird.[869] Erzielt werden muss vielmehr ein schonender Ausgleich, der in der Herstellung der praktischen Konkordanz zwischen Umweltschutz und freiem Warenverkehr besteht.[870] Dieser Ausgleich kann grundsätzlich dazu führen, dass – auch diskriminierende – Maßnahmen gleicher Wirkung wie mengenmäßige Einfuhrbeschränkungen wegen ihrer umweltschützenden Wirkung mit Art. 34 AEUV im Einklang stehen.

Voraussetzung ist, dass die nationale Maßnahme den Erfordernissen des Umweltschutzes entspricht und auf die Förderung einer nachhaltigen Entwicklung gerichtet ist. Für die Erfordernisse ergeben sich aus Art. 191 AEUV Anforderungen an das Ziel der nationalen Maßnahme, Leitlinien sowie Handlungsgrundsätze, die der nationalen Maßnahme zugrunde liegen müssen. Die zu rechtfertigende Maßnahme erfüllt das Erfordernis der Förderung einer nachhaltigen Entwicklung, wenn sie die Lebensfähigkeit und die Befriedigung der Bedürfnisse künftiger Generationen fördert. Des Weiteren sind die Erfordernisse, die sich aus der praktischen Wirksamkeit der Warenverkehrsfreiheit ergeben können, zu beachten. Zu diesen Erfordernissen gehört das im Rahmen des Art. 101 Abs. 1 AEUV entwickelte Spürbarkeitskriterium, welches besagt, dass Marktabschottungen von mehr als 10–15 Prozent mit den Prinzipien des Binnenmarktes als nicht vereinbar angesehen werden müssen.

## IV. Zusammenfassung

Zusammenfassend lässt sich für das Verhältnis von freiem Warenverkehr und Umweltschutz sowie der Vereinbarkeit von nationalen Maßnahmen gleicher Wirkung wie mengenmäßige Einfuhrbeschränkungen, die den Umweltschutz zum Ziel haben, mit der Warenverkehrsfreiheit Folgendes feststellen: Da der Schutz der Umwelt in Art. 36 AEUV nicht als Rechtfertigungsgrund vorgesehen ist, stellt diese Bestimmung keine Rechtfertigungsgrundlage für nationale Maßnah-

869 Dem Grunde nach Schröder in: Rengeling, § 9 Rn. 7.

870 Hesse, Rn. 72.

men zum Schutz der Umwelt dar.[871] Demgegenüber ist der Umweltschutz nach ständiger Rechtsprechung des EuGH als ein zwingendes Erfordernis im Sinne der Cassis-Formel anerkannt.[872] Nach dieser Formel können nationale Regelungen, die mit Hemmnissen für den Binnenhandel einhergehen und unterschiedslos für einheimische wie für eingeführte Erzeugnisse gelten, dadurch gerechtfertigt werden, dass sie notwendig sind, um zwingenden Erfordernissen des Gemeinschaftsrechts (nun des Rechts der Union) gerecht zu werden.[873] Dem Wortlaut nach können nach der Cassis-Formel nur unterschiedslos wirkende Maßnahmen gerechtfertigt werden. Eine Rechtfertigung diskriminierender Maßnahmen, die für einheimische und eingeführte Waren unterschiedliche Regelungen vorsehen, kann nicht auf die Cassis-Formel gestützt werden, und zwar selbst dann nicht, wenn die nationale Maßnahme dem Umweltschutz oder einem anderen zwingenden Erfordernis dient. Gleichwohl ist eine Rechtfertigung diskriminierender nationaler Regelungen möglich, die auf den Schutz der Umwelt gerichtet sind, aber den Binnenhandel hemmen. Diese Rechtfertigung geht auf die Stellung des Umweltschutzes in Art. 11 AEUV sowie in Art. 6 Abs. 1 EUV i. V.m. Art. 37 Grundrechtecharta zurück. Aufgrund dieser primärrechtlichen Bestimmungen kommt dem Umweltschutz als Vertragsziel im Europarecht eine Bedeutung zu, die nicht hinter der Bedeutung der Warenverkehrsfreiheit zurücksteht. Wenn eine nationale Maßnahme dem Umweltschutz dient, aber die Warenverkehrsfreiheit beeinträchtigt, kollidieren beide Vertragsziele. Diese Kollision ist durch eine Abwägung mit der Methode der praktischen Konkordanz aufzulösen, die beiden Zielen zu optimaler Wirkung verhilft. Resultat einer solchen Abwägung kann – wie in der Rs. *PreussenElektra* – sein, dass eine nationale – auch diskriminierende – Maßnahme zum Schutz der Umwelt gerechtfertigt und demzufolge mit Art. 34 AEUV vereinbar ist. Angesichts der Zulässigkeit einer Rechtfertigung von diskriminierenden Maßnahmen reicht die Rechtfertigungswirkung, die auf die selbständige Stellung des Umweltschutzes im Gefüge des Europarechts zurückgeht, weiter als die Wirkung der Cassis-Formel, welche ihre Grenze bereits bei Maßnahmen findet, die unterschiedslos wirken. Die Grenze dieser Rechtfertigung liegt dort, wo der Wesensgehalt der Warenverkehrsfreiheit und des Binnenmarktes beginnt. Indiz hierfür ist das im Rahmen des Art. 101 Abs. 1 AEUV entwickelte Spürbarkeitskriterium, nach dem Marktabschottungen von mehr als 10–15 Prozent nicht mit dem Gedanken des Binnenmarktes vereinbar sind.

871 Vgl. Teil 4: A. I. 4.

872 Vgl. Teil 4: A. II. 1. b).

873 Zur vollständigen Formel und ihren Voraussetzungen vgl. Teil 4: A. II.

## B. Rechtfertigung von Handelsbeeinträchtigungen durch Abnahme- und Vergütungsinstrumente aus Gründen des Umweltschutzes

Im Hinblick auf umweltpolitische Steuerungsinstrumente zur Förderung umweltfreundlicher Elektrizitätserzeugung wie die Abnahme- und Vergütungsinstrumente in §§ 8 Abs. 1 und 16 Abs. 1 EEG sowie §§ 4 Abs. 1 und 3 KWKModG, die Maßnahmen gleicher Wirkung wie mengenmäßige Einfuhrbeschränkungen darstellen und den in Art. 34 AEUV gewährleisteten freien Handel auf diskriminierende Weise beeinträchtigen, stellt sich die Frage, ob eine Rechtfertigung aus Gründen des Umweltschutzes unter Berücksichtigung der vorstehenden Ergebnisse bejaht werden kann.

Der EuGH berücksichtigt bei der Wahl der Rechtfertigungsgrundlage das der jeweiligen Maßnahme zugrunde liegende subjektive Element.[874] Eine Rechtfertigung aus Gründen des Umweltschutzes kommt daher nur dann in Betracht, wenn der deutsche Gesetzgeber mit dem Erlass bzw. der Neufassung des EEG und des KWKModG dem Umweltschutz Rechnung tragen wollte. Der Zweck des EEG besteht gemäß § 1 EEG darin, im Interesse des Klima-, und Umweltschutzes eine nachhaltige Entwicklung der Energieversorgung zu ermöglichen. Gemäß § 1 Abs. 2 KWKModG wollte der Gesetzgeber mit Erlass des KWKModG im Interesse der Energieeinsparung, des Umweltschutzes und der Erreichung der Klimaschutzziele der Bundesregierung einen Beitrag zum Ausbau der Stromerzeugung in Kraft-Wärme-Kopplung leisten. Sowohl mit dem EEG als auch mit dem KWKModG zielte der Gesetzgeber mithin auf den Schutz der Umwelt. Demzufolge kommt eine Rechtfertigung aus Gründen des Umweltschutzes grundsätzlich in Betracht.

### I. Rechtfertigung gemäß Art. 36 AEUV

Eine Rechtfertigung aus Gründen des Umweltschutzes kann nicht auf Art. 36 AEUV gestützt werden, da der Schutz der Umwelt nicht zu den Rechtfertigungsgründen in Art. 36 Satz 1 AEUV zählt. Er ist nicht von dem in Art. 36 Satz 1 AEUV geschriebenen Rechtfertigungsgrund „Schutz der Gesundheit und des Lebens von Menschen, Tieren und Pflanzen“ erfasst, da dieser erfordert, dass die jeweils zu rechtfertigende nationale Maßnahme unmittelbar und spezifisch

874 Teil 4: A. III. 1. b) bb) (2).

Gesundheit und Leben schützt.[875] Mit den Abnahme- und Vergütungsinstrumenten in §§ 8 Abs. 1, 16 Abs. 1 EEG und §§ 4 Abs. 1 und 3 KWKModG werden unmittelbar und spezifisch ein Schutz der Umwelt, jedoch nur mittelbar ein Schutz von Gesundheit und Leben für Menschen, Tiere und Pflanzen bezweckt.

Da es sich bei der Aufzählung der Rechtfertigungsgründe in Art. 36 AEUV um eine enumerative Aufzählung handelt, kann Art. 36 Satz 1 AEUV auch nicht dahingehend ausgelegt werden, dass der Umweltschutz als ungeschriebener Rechtfertigungsgrund in Ergänzung zu den in Art. 36 AEUV geschriebenen Rechtfertigungsgründen besteht.[876] Demzufolge stellt Art. 36 AEUV keine Rechtsgrundlage für die Rechtfertigung der den Binnenhandel beeinträchtigenden Abnahme- und Vergütungsinstrumente dar.

Dieses Ergebnis steht im Einklang mit der in den Schlussanträgen zur Rs. *PreussenElektra* dargelegten Rechtsauffassung des Generalanwalts Jacobs. Im Hinblick auf das mit den Abnahme- und Vergütungspflichten des EEG und KWKModG vergleichbare umweltrechtliche Steuerungsinstrument im StrEG baute er unabhängig von dem Rechtfertigungstatbestand des Art. 36 AEUV eine Rechtfertigung aus Umweltschutzgründen auf.[877] Der EuGH bestätigte dies in dem darauf folgenden Urteil in der Rs. *PreussenElektra* dadurch, dass er die Rechtfertigung des umweltrechtlichen Steuerungsinstruments im StrEG nicht auf Art. 36 Satz 1 AEUV stützte. Zwar stellte der EuGH einen Bezug zu Art. 36 Satz 1 AEUV her, indem er ausführte, dass die (durch das umweltrechtliche Steuerungsinstrument bezweckte) Politik zugleich den Schutz der Gesundheit und des Lebens von Menschen, Tieren und Pflanzen bezwecke.[878] Damit stützte er jedoch die Rechtfertigung des Steuerungsinstruments nicht auf Art. 36 Satz 1 AEUV. Denn diese Erwägung ist in den Urteilsgründen in eine Reihe weiterer Erwägungen, mit denen der EuGH die Bedeutung des Umweltschutzes untermauerte, eingebettet und erlangt daher in der Argumentation keine eigenständige Bedeutung.[879] Mithin kann im Einklang mit der Rechtsprechung des EuGH festgestellt werden, dass Beeinträchtigungen des Binnenhandels durch umweltrechtliche Steuerungsinstrumente wie im Falle der Abnahmeinstrumente in § 8 Abs. 1 EEG und § 4 Abs. 1 KWKModG sowie der Vergütungsinstrumente in § 16 Abs.

---

875 Vgl. Teil 4: A. I. 2. d).

876 Vgl. Teil 4: A. I. 3.

877 Generalanwalt Jacobs, Schlussanträge v. 26.10.2000 in der Rs. C-379/98 (PreussenElektra), Slg. 2001, I-2099, Rn. 232.

878 EuGH Rs. C-379/98 (PreussenElektra), Urt. v. 13.03.2001, Slg. 2001, I-2099, Rn. 75.

879 Zu den Erwägungen, mit denen der EuGH die Bedeutung des Umweltschutzes erläutert: EuGH Rs. C-379/98 (PreussenElektra), Urt. v. 13.03.2001, Slg. 2001, I-2099, Rn. 73–80, sowie Teil 4: A. II. 3. a) bb) (2) und III. 1. b) aa).

1 EEG und § 4 Abs. 3 KWKModG nicht aus Gründen des Umweltschutzes auf der Grundlage des Art. 36 AEUV gerechtfertigt sind.[880]

## II. Rechtfertigung auf Grundlage der Cassis-Formel

Für eine Rechtfertigung der Hemmnisse für den Binnenhandel, die durch die umweltpolitischen Steuerungsinstrumente in §§ 8 Abs. 1, 16 Abs. 1 EEG sowie §§ 4 Abs. 1 und 3 KWKModG entstehen, ist nach der Cassis-Formel zunächst erforderlich, dass sie eine unterschiedslose Wirkung für einheimische wie für eingeführte Waren entfalten.

Gemäß § 2 Nr. 1 i. V. m. 2 EEG und § 2 Satz 1 KWKModG erstreckt sich der Anwendungsbereich der Förderung durch EEG und KWKModG nur auf Strom aus Erzeugungsprozessen auf dem deutschen Hoheitsgebiet und in der deutschen ausschließlichen Wirtschaftszone. Strom, der in Anlagen auf dem Hoheitsgebiet anderer Mitgliedstaaten erzeugt wurde, fällt aufgrund dieser Regelungen nicht unter die Fördertatbestände der §§ 8 Abs. 1, 16 Abs. 1 EEG sowie der §§ 4 Abs. 1 und 3 KWKModG.[881] Aus diesem Grund entfalten die Abnahme- und Vergütungsinstrumente keine unterschiedslose Wirkung auf einheimischen Strom und Strom aus anderen Mitgliedstaaten. Da der Anwendungsbereich der Förderinstrumente territorial begrenzt ist, wird Strom entsprechend seiner Herkunft unterschiedlich behandelt und somit formell diskriminiert.[882] Diese Diskriminierung gilt für Strom, der die sachlichen Voraussetzungen der Fördertatbestände erfüllt und aus erneuerbaren Energien oder in KWK erzeugt wurde, gleichermaßen wie für Strom, der aus konventionellen Erzeugungsprozessen stammt.

Der Feststellung des diskriminierenden Charakters steht nicht entgegen, dass die Elektrizität im Hinblick auf die Feststellung ihrer Herkunft Besonderheiten aufweist. Der EuGH betonte in der Rs. *PreussenElektra*, dass es in der Natur der Elektrizität liege, dass sich ihre Herkunft nach der Einspeisung in ein Übertragungs- oder Verteilernetz kaum noch bestimmen lasse.[883] Ob der EuGH damit nationalen Regelungen, die an die Herkunft von Elektrizität anknüpfen, grundsätzlich die Eignung zur Diskriminierung von Elektrizität abgesprochen hat, kann bestenfalls vermutet, nicht jedoch anhand der Urteilsgründe mit hinreichender Sicherheit festgestellt werden. Unterstellt, dass sich diese Vermutung bestätigen ließe, ist jedoch zu berücksichtigen, dass der EuGH weiter ausführte, dass nach dem Vorschlag der Kommission für eine Richtlinie zur Förderung der

880 A. A. in Bezug auf das insoweit vergleichbare EEG 2000: Nagel, ZNER 2001, 231, 234.
881 Vgl. hierzu Teil 1: B. II.
882 Teil 3: B. II. 1. b) und c).
883 EuGH Rs. C-379/98 (PreussenElektra), Urt. v. 13.03.2001, Slg. 2001, I-2099, Rn. 79.

Stromerzeugung aus erneuerbaren Energiequellen im Elektrizitätsbinnenmarkt die Einführung eines Systems von Herkunftszertifikaten für Strom aus erneuerbaren Energiequellen unabdingbar sei, um den Handel mit diesem Strom zuverlässig und praktisch möglich zu machen.[884] Diesem Erfordernis wurde durch Art. 5 der EE-RL 2001, die nahezu ein halbes Jahr nach Erlass des PreussenElektra-Urteils verabschiedet wurde, Rechnung getragen. Gemäß Art. 5 Abs. 1 EE-RL 2001 mussten die Mitgliedstaaten bis spätestens zum 27. Oktober 2003 die Herkunft des aus erneuerbaren Energiequellen erzeugten Stromes nach festzulegenden objektiven, transparenten und nichtdiskriminierenden Kriterien garantieren. Die Herkunftsnachweise mussten gemäß Art. 5 Abs. 3 EE-RL 2001 Angaben zur Energiequelle, aus der der Strom erzeugt wurde, sowie zu Zeitpunkt und Ort der Erzeugung enthalten. Art. 15 EE-RL führt dieses System fort. Ein vergleichbares Herkunftszertifikatesystem besteht gemäß Art. 5 KWK-RL für Strom aus hocheffizienter KWK. Aus diesem Grund kann die Herkunft der Elektrizität aus erneuerbaren Energiequellen oder Kraft-Wärme-Kopplung nunmehr bestimmt werden, so dass einer nationalen Regelung, die an die Herkunft von Elektrizität anknüpft, nicht unter Verweis auf die Besonderheiten der Elektrizität ein diskriminierender Charakter abgesprochen werden kann.

Da die Abnahme- und Vergütungsinstrumente in §§ 8 Abs. 1, 16 Abs. 1 EEG sowie in §§ 4 Abs. 1 und 3 KWKModG wegen der Beschränkung des Anwendungsbereichs in § 2 Nr. 1 i. V. m. Nr. 2 EEG und § 2 S. 1 KWKModG formell Strom nach seiner Herkunft diskriminieren und somit keine unterschiedslose Wirkung auf einheimischen (deutschen) Strom sowie Strom aus anderen Mitgliedstaaten entfalten, ist eine Rechtfertigung auf Grundlage der Cassis-Formel, deren Anwendungsbereich auf unterschiedslos wirkende Maßnahmen beschränkt ist, nicht gegeben.

### III. Rechtfertigung als Ergebnis einer Abwägung von Umweltschutz und freiem Warenverkehr

Für die Hemmnisse des Binnenhandels, die durch die in §§ 8 Abs. 1, 16 Abs. 1 EEG und §§ 4 Abs. 1 und 3 KWKModG enthaltenen Abnahme- und Vergütungsinstrumente begründet werden, kommt schließlich eine Rechtfertigung aus Gründen des Umweltschutzes als eigenständiger Rechtfertigungsgrund in Betracht.[885] Diese Rechtfertigung geht auf eine umfassende Konkordanzprüfung zurück, bei der beiden Vertragszielen – der Warenverkehrsfreiheit und dem Umweltschutz –

884 EuGH Rs. C-379/98 (PreussenElektra), Urt. v. 13.03.2001, Slg. 2001, I-2099, Rn. 80.

885 Zum Umweltschutz als eigenständiger Rechtfertigungsgrundlage vgl. Teil 4: A. III. 4.

Grenzen gesetzt werden und sie schließlich so gegeneinander abgewogen werden, dass sie zu optimaler Wirksamkeit gelangen können. Dabei ist anhand sämtlicher Umstände des Einzelfalles festzustellen, ob das rechte Gleichgewicht zwischen der Warenverkehrsfreiheit und dem Umweltschutz gewahrt wird.[886] Für die Untersuchung, ob die Abnahme- und Vergütungsinstrumente vom Gesetzgeber so ausgestaltet worden sind, dass sowohl der freie Warenverkehr (in den sie eingreifen) als auch der Schutz der Umwelt (den sie bezwecken) zu optimaler Wirksamkeit gelangen können, ist zunächst ihre Relevanz für den Umweltschutz (1.) und für den Warenverkehr (2.) zu untersuchen, um auf dieser Grundlage eine Abwägung (3.) vornehmen zu können.

### *1. Umweltschützende Wirkung*

Maßgeblich für die Reichweite und die Grenzen der rechtfertigenden Wirkung sind zunächst die Erfordernisse, denen die umweltschützende Wirkung der Abnahme- und Vergütungsinstrumente entsprechen muss.

#### *a) Umweltschützende Zielrichtung*

Die Erfordernisse des Umweltschutzes werden durch Art. 11 AEUV sowie Art. 6 Abs. 1 i.V.m. Art. 37 Grundrechtecharta vorgegeben und in Art. 191 AEUV konkretisiert. Gemäß Art. 191 Abs. 1 AEUV ergeben sich zunächst Anforderungen an das Ziel der nationalen Maßnahme, das in der Erhaltung und dem Schutz sowie der Qualitätsverbesserung der Umwelt, im Schutz der menschlichen Gesundheit, in der umsichtigen und rationellen Verwendung natürlicher Ressourcen oder in der Förderung von Maßnahmen auf internationaler Ebene bestehen muss. Für die Steuerungsinstrumente des EEG und KWKModG kommt neben dem Ziel der Erhaltung und dem Schutz sowie der Qualitätsverbesserung der Umwelt das Ziel einer umsichtigen und rationellen Verwendung natürlicher Ressourcen in Betracht.

##### *aa) Erhaltung und Schutz sowie Qualitätsverbesserung der Umwelt*

Eine nationale Maßnahme dient der Aufrechterhaltung des Status quo der natürlichen und der vom Menschen geschaffenen Umwelt, wenn negative Belastungen für die Umwelt vermieden oder bereits eingetretene beseitigt werden.[887]

886 So die Prüfungsweise des EuGH in der Rs. C-112/00 (Schmidberger), Urt. v. 12.06.2003, Slg. 2003, I-5659, Rn. 81.

887 Vgl. Teil 4: A. II. 3. b) bb) (1).

Eine Qualitätsverbesserung der Umwelt liegt vor, wenn gemessen am Status quo eine Anhebung des Umweltniveaus erfolgt.[888] Die Abnahme- und Vergütungsinstrumente stellen Maßnahmen zur indirekten Verhaltenssteuerung von Elektrizitätserzeugern dar.[889] Diese erhalten einen finanziellen Anreiz, um bei der Elektrizitätserzeugung erneuerbare Energien als Primärenergieträger einzusetzen und das Verfahren der Kraft-Wärme-Kopplung anzuwenden.[890] Beide Erzeugungsprozesse sind mit einer Verringerung des Ausstoßes von Kohlendioxid und infolgedessen mit einer Verminderung des Treibhauseffektes verbunden.[891] Demzufolge werden mit den Abnahme- und Vergütungsinstrumenten in EEG und KWKModG negative Belastungen für die Umwelt vermieden und deren Qualität verbessert.[892]

*bb) Umsichtige und rationelle Verwendung natürlicher Ressourcen*

Zu den Ressourcen zählen neben erneuerbaren Ressourcen die nicht erneuerbaren Ressourcen wie Kohle, Erdöl und Erdgas. Bei einem Einsatz von erneuerbaren Energien zur Elektrizitätserzeugung werden die nicht erneuerbaren Ressourcen Kohle, Erdöl und Erdgas nicht angetastet. Insofern dient das Abnahme- und Vergütungsinstrument in §§ 8 Abs. 1, 16 Abs. 1 EEG mit seiner indirekt steuernden Wirkung einer umsichtigen und rationellen Verwendung natürlicher, nicht erneuerbarer Ressourcen. Erneuerbare Ressourcen hingegen werden „verwendet". Da sich Luft, Sonne, Wasser und Geothermie bei ihrer Verwendung als Primärenergieträger jedoch nicht verbrauchen, zielt das EEG auch insoweit auf die umsichtige und rationelle Verwendung natürlicher Ressourcen. Kritischer sind die Anreize des EEG zur Verwendung von Pflanzen als Biomasse zu betrachten, die zu den erneuerbaren Ressourcen zählt. Aufgrund der finanziellen Anreize durch das EEG steigt die Nachfrage von Elektrizitätserzeugern nach Biomasse. Auf diese Weise entsteht eine Nutzungskonkurrenz in Bezug auf die Verwendung der Pflanzen als Nahrungsmittel bzw. die Nutzung der Ackerflächen zur Nahrungsmittelerzeugung. Zu berücksichtigen ist, dass die Schonung der Ressourcen bei der Verwendung von Biomasse vom Gebot der Schonung fossiler Energieressour-

888 Vgl. Teil 4: A. II. 3. b) bb) (1).
889 Teil 1: A. II. 2.
890 Teil 1: A. II. 2.
891 Teil 1: A. I. 1. b).
892 So bejahte auch Generalanwalt Jacobs in seinen Schlussanträgen zur Rs. *PreussenElektra* die umweltschützende Wirkung des StrEG unter Verweis auf dessen wesentlichen Beitrag zur Verringerung der Emissionen von Treibhausgasen [Generalanwalt Jacobs, Schlussanträge v. 26.10.2000 in der Rs. C-379/98 (PreussenElektra), Slg. 2001, I-2099, Rn. 217]. Zur umweltschützenden Wirkung der Förderung erneuerbarer Energien vgl. auch Europäische Kommission, KOM(2008) 19 endg., S. 3.

cen in § 1 Abs. 1 EEG umfasst ist sowie durch § 5 Abs. 1 Biomasseverordnung[893] gewährleistet wird. Demzufolge hat die auf das Abnahme- und Vergütungsinstrument im EEG zurückzuführende Nutzung der Biomasse im Rahmen einer umsichtigen und rationellen Verwendung der natürlichen Pflanzenressourcen zu erfolgen.

Bei der Elektrizitätserzeugung in Kraft-Wärme-Kopplung werden zwar nicht erneuerbare Ressourcen wie Kohle und Erdgas verwendet. Da jedoch durch die gekoppelte Erzeugung ein höherer Wirkungsgrad erreicht wird, sind für die Erzeugung dieser Elektrizität weniger Primärenergieträger als für die gleiche Elektrizitätsmenge bei ungekoppelter Erzeugung erforderlich.[894] Das Abnahme- und Vergütungsinstrument im KWKModG fördert daher die umsichtige und rationellere Verwendung von Kohle und Erdgas als natürliche, nicht erneuerbare Ressourcen.

*b) Umweltrelevante Handlungsgrundsätze*

Aus Art. 191 Abs. 2 AEUV folgen Handlungsgrundsätze, die der nationalen Maßnahme zugrunde liegen müssen.[895] Diese Handlungsgrundsätze bestehen in der Sicherstellung eines hohen Schutzniveaus, dem Vorsorge- und Vorbeugeprinzip, dem Ursprungsprinzip sowie dem Verursacherprinzip.

*aa) Hohes Schutzniveau*

Gemäß § 1 Abs. 2 EEG sind die Regelungen des EEG darauf gerichtet, den Anteil erneuerbarer Energien an der Stromversorgung bis zum Jahr 2020 auf mindestens 30 Prozent zu erhöhen. Zu diesem Zweck wurden die Abnahme- und Vergütungsinstrumente implementiert, denen im Jahr 2010 Treibhausgasvermeidungen in Höhe von 76 Mio. t. zuzurechnen waren.[896] Dem im Juni 2011 vorgelegten Entwurf eines Gesetzes zur Neuregelung des EEG liegt der politische Wille der Bundesregierung zugrunde, Treibhausgasemissionen bis 2020 um 40 Prozent, bis 2030 um 55 Prozent, bis 2040 um 70 Prozent und bis 2050 um 80 bis 95 Prozent

893 Biomasseverordnung vom 21. Juni 2001 (BGBl. I S. 1234), geändert durch die Verordnung vom 9. August 2005 (BGBl. I S. 2419). Die Verordnung über Anforderungen an eine nachhaltige Herstellung von flüssiger Biomasse zur Stromerzeugung vom 23. Juli 2009 (BGBl. I S. 2174) hat mit der Zielrichtung Nachhaltigkeit ebenfalls die umsichtige und rationelle Verwendung natürlicher Ressourcen zum Ziel.

894 Teil 1: A. I. 1. b).

895 Teil 4: A. II. 3. b) bb).

896 Bundesministerium für Umwelt, Naturschutz und Reaktorsicherheit, Erneuerbare Energien 2010, 23.03.2011, S. 4, online unter: http://www.erneuerbare-energien.de/files/pdfs/allgemein/application/pdf/ee_in_zahlen_2010_bf.pdf (abgerufen am 15.06.2011).

jeweils gegenüber 1990 zu reduzieren.[897] Da die Erzeugung von Elektrizität als Hauptemissionsquelle für Treibhausgase gilt, die durch den Einsatz erneuerbarer Energieträger vermieden werden, ist das Schutzniveau in Bezug auf die Umwelt angesichts des angestrebten Anteils als hoch zu bewerten.

Gemäß § 1 KWKModG zielt die KWK-Förderung darauf ab, einen Beitrag zur Erhöhung der Stromerzeugung aus Kraft-Wärme-Kopplung in der Bundesrepublik im Interesse des Umweltschutzes und der Erreichung der Klimaschutzziele der Bundesregierung zu leisten. Unterlegt ist dies durch den Willen des Gesetzgebers, den Anteil von Strom aus Kraft-Wärme-Kopplung an der jährlichen Gesamtstromerzeugung bis 2020 auf 25 Prozent zu verdoppeln.[898] Verbunden ist damit eine Minderung der Kohlendioxid-Emissionen. Bis 2005 wurden infolge des KWKModG die $CO_2$-Emissionen um 8,5 – 10 Mio. t. pro Jahr gemindert.[899] Darin kann ebenfalls ein hohes Schutzniveau des KWKModG gesehen werden.

*bb) Vorsorge- und Vorbeugeprinzip*

Sowohl das EEG als auch das KWKModG sind darauf gerichtet, Umweltschäden zu vermeiden, indem sie Anreize für Elektrizitätserzeuger geben, Elektrizität ohne Ausstoß von Kohlendioxid (im Fall des EEG) oder mit vermindertem Ausstoß von Kohlendioxid (im Fall des KWKModG) zu erzeugen. Sie tragen mithin dem Präventionsgedanken des Vorsorge- und Vorbeugeprinzips Rechnung.[900]

---

897 Bundesministerium für Wirtschaft und Technologie/Bundesministerium für Umwelt, Naturschutz und Reaktorsicherheit, Energiekonzept für eine umweltschonende, zuverlässige und bezahlbare Energieversorgung, 28.09.2010, S. 5, online unter: http://www.bmu.de/files/pdfs/allgemein/application/pdf/energiekonzept_bundesregierung.pdf (abgerufen am 15.06.2011). Ebenso Gesetzentwurf der Bundesregierung, Entwurf eines Gesetzes zur Neuregelung des Rechtsrahmens für die Förderung der Stromerzeugung aus erneuerbaren Energien, S. 1, online unter: http://www.bmu.de/files/pdfs/allgemein/application/pdf/eeg_novelle_entwurf_2011.pdf (abgerufen am 15.6.2011).

898 BT-Drs. 16/8305 vom 28.02.2008, S. 1. Der Anteil der KWK an der Gesamtstromerzeugung konnte von 13,61 Prozent im Jahr 2003 auf 15,75 Prozent im Jahr 2009 erhöht werden, Umweltbundesamt, online unter: http://www.umweltbundesamt-daten-zur-umwelt.de/umweltdaten/public/theme.do?nodeIdent=2323 (abgerufen am 03.12.2010).

899 Vgl. Bundesministerium für Wirtschaft und Technologie/Bundesministerium für Umwelt, Naturschutz und Reaktorsicherheit, Zwischenüberprüfung des Kraft-Wärme-Kopplungsgesetzes, Oktober 2006, S. 8, online unter: http://www.bmu.de/files/pdfs/allgemein/application/pdf/zwischenbericht_kwk.pdf (abgerufen am 12.07.2007). Ob das dem KWKModG zugrundeliegende Ziel einer jährlichen Emissionsminderung in Höhe von 45 Mio. t. $CO_2$ bis zum Jahr 2010 erreicht wurde, ist Gegenstand des Monitoringberichts, der gemäß § 12 KWKModG im Jahr 2011 zu erstellen ist. Zu den Emissionszielen http://www.bmu.de/klimaschutz/doc/2930.php (abgerufen am 15.06.2011).

900 Im Ergebnis ebenso zu den vergleichbaren Regelungen des StrEG: Gent, S. 171. Zu diesem Prinzip: Teil 4: A. II. 3. b) bb) (2). Zur Umweltschädigung durch Kohlendioxid: Teil 4: A. I. 1.

### *cc) Ursprungsprinzip*

Das Ursprungsprinzip erfordert eine Bekämpfung von Umweltbeeinträchtigungen mit Vorrang an ihrem Ursprung und demzufolge eine Vermeidung und Begrenzung der Abgabe von Emissionen an die Umwelt.[901] Da die konventionelle Elektrizitätserzeugung eine Emissionsquelle für Kohlendioxid darstellt und die Steuerungsinstrumente des EEG und KWKModG auf eine Elektrizitätserzeugung ohne bzw. mit verminderter Emission von Kohlendioxid gerichtet sind, werden die durch Kohlendioxid hervorgerufenen Umweltbeeinträchtigungen bereits an ihrem Ursprung bekämpft.

### *dd) Verursacherpinzip*

Das Verursacherprinzip beinhaltet den Kostentragungsgrundsatz, dass der Verursacher einer Umweltbelastung für deren Beseitigung bzw. Vermeidung zu zahlen hat.[902] Die Umweltbelastungen, die durch die emissionsreiche konventionelle Elektrizitätserzeugung verursacht werden, sind unmittelbar auf die Elektrizitätserzeuger und mittelbar auf die Letztverbraucher zurückzuführen.[903] Die Letztverbraucher sind es auch, die die Kosten – als Kehrseite der Förderung nach dem EEG und dem KWKModG – tragen. Die Kostentragungspflicht der Letztverbraucher, die aus dem EEG resultiert, geht auf § 37 Abs. 1 EEG zurück, wonach Stromlieferunternehmen verpflichtet werden, den Strom, der gemäß § 8 Abs. 1 EEG von Netzbetreibern abgenommen wurde, abzunehmen und zu vergüten. Daher beziehen die Letztverbraucher, die Vertragspartner des abnahme- und vergütungsverpflichteten Stromlieferanten sind, einen Teil des Stroms, der dem Fördersystem des EEG unterliegt, und vergüten ihn nach Maßgabe des Stromliefervertrags als rechtlicher Grundlage. Im Hinblick auf die KWK-Förderung erfolgt die Kostentragungspflicht der Letztverbraucher über die Netzentgelte. Gemäß § 9 Abs. 7 KWKModG sind Netzbetreiber berechtigt, geleistete Zuschlags- und Ausgleichszahlungen, soweit sie nicht erstattet worden sind, bei der Berechnung der Netzentgelte in Ansatz zu bringen. Schuldner der Netzentgelte ist der Netznutzer. Zu dem Kreis der Netznutzer im Sinne des § 3 Nr. 28 EnWG gehören auch die Letztverbraucher, da sie Energie aus einem Elektrizitätsnetz beziehen. Damit tragen die Letztverbraucher die Kosten für die Vermin-

---

b).

901 Teil 4: A. II. 3. b) bb) (3).

902 Teil 4: A. II. 3. b) bb) (4).

903 Gent, S. 194, sieht die Stromkunden hingegen nicht als Verursacher an.

derung der Kohlendioxidemissionen, die durch das EEG und KWKModG erzielt wird. Dem Verursacherprinzip ist daher hinreichend Rechnung getragen.

*c) Beachtung von Leitlinien*

Schließlich legt Art. 191 Abs. 3 AEUV Leitlinien fest. Die Justiziabilität dieser Leitlinien ist auf offensichtliche Beurteilungsfehler beschränkt. Anhaltspunkte, die darauf hindeuten, dass bei der Implementierung der Steuerungsinstrumente in EEG und KWKModG die verfügbaren wissenschaftlichen und technischen Daten, Umweltbedingungen in den einzelnen Regionen der Europäischen Union, Vorteile und Belastungen aufgrund des Tätigwerdens bzw. eines Nichttätigwerdens sowie der wirtschaftlichen und sozialen Entwicklung der Europäischen Union sowie der ausgewogenen Entwicklung nicht berücksichtigt wurden, sind nicht erkennbar.[904] Folglich ist von einer Beachtung dieser Leitlinien auszugehen.

*d) Nachhaltige Entwicklung*

Da sowohl die Instrumente des EEG als auch die Instrumente des KWKModG darauf gerichtet sind, nicht erneuerbare Primärenergieträger zu schonen sowie Treibhausgasemissionen zu vermeiden und somit die Erderwärmung – im Vergleich zu einer konventionellen Elektrizitätserzeugung – zu verzögern, fördern beide Gesetze die Lebensfähigkeit und die Befriedigung der Bedürfnisse künftiger Generationen.[905] Mithin tragen sie zu einer nachhaltigen Entwicklung bei.

*e) Ergebnis*

Die Abnahme- und Vergütungsinstrumente in EEG und KWKModG entsprechen den Zielvorgaben, Handlungsgrundsätzen sowie Leitlinien, die in Art. 191 AEUV für umweltschützende Maßnahmen vorgesehen sind. Zudem fördern sie eine nachhaltige Entwicklung im Sinne des Art. 11 AEUV sowie des Art. 6 Abs. 1 EUV i.V.m. Art. 37 Grundrechtecharta. Damit tragen sie den Erfordernissen des Umweltschutzes Rechnung, die gemäß Art. 11 AEUV sowie des Art. 6 Abs. 1 EUV i.V.m. Art. 37 Grundrechtecharta bei der Festlegung und Durchführung der Politiken der Union insbesondere zur Förderung einer nachhaltigen Entwicklung einzubeziehen sind.

---

904 Vgl. Teil 4: A. II. 3. b) cc).

905 Im Hinblick auf die Förderung erneuerbarer Energien so ausdrücklich auch Europäische Kommission, KOM(2008) 19 endg., S. 3.

### 2. *Intensität des Eingriffs in den freien Warenverkehr*

Die umweltschützende Zielrichtung der Abnahme und Vergütungsinstrumente ist mit Beeinträchtigungen des freien Warenverkehrs im Binnenmarkt verbunden.[906] Diese Beeinträchtigungen werden zum Zwecke der sich anschließenden Abwägung in qualitativer und quantitativer Hinsicht dargestellt.

#### *a) Qualitative Eingriffsintensität*

Die in §§ 8 Abs. 1, 16 Abs. 1 EEG sowie §§ 4 Abs. 1 und 3 KWKModG enthaltenen Förderinstrumente knüpfen an die Herkunft des Stromes an.[907] Sie behandeln demzufolge einheimischen Strom sowie eingeführten Strom aus anderen Mitgliedstaaten nicht unterschiedslos.[908] Die Abnahme- und Vergütungsinstrumente greifen mithin auf diskriminierende Weise in den freien Warenverkehr ein.

Die im Rahmen der Dassonville-Formel des EuGH entwickelten Kriterien zugrunde gelegt, beeinträchtigen die Abnahme- und Vergütungsinstrumente den Warenverkehr nicht tatsächlich, sondern nur potentiell; nicht unmittelbar, sondern mittelbar.[909] Diese im Vergleich zu einer tatsächlichen und unmittelbaren Beeinträchtigung qualitativ geringe Eingriffsintensität steht zwar der Qualifizierung der Regelungen als Maßnahmen gleicher Wirkung wie mengenmäßige Einfuhrbeschränkungen im Sinne der Dassonville-Formel nicht entgegen, findet jedoch im Rahmen einer Abwägung Berücksichtigung.[910]

#### *b) Quantitative Eingriffsintensität*

In der Regel sind mittelbare und potentielle Handelsbeeinträchtigungen kaum quantifizierbar. Dies mag der Grund sein, warum der EuGH auch auf Rechtfertigungsebene den quantitativen Grad einer Handelsbeeinträchtigung im Rahmen der Warenverkehrsfreiheit nicht berücksichtigt. Aufgrund der Auswirkungen der Abnahme- und Vergütungsinstrumente auf den Strommarkt einerseits; und

906 Vgl. Teil 3: B II.

907 Teil 3: B. II. 1. b) und 2 b).

908 Zur diskriminierenden Wirkung der Abnahme- und Vergütungsinstrumente: Teil 3: B. II. 1. b) und c).

909 Teil 3: B. II. 3.

910 Gleichermaßen hat der EuGH in der Rs. C-169/91 (Sonntagsöffnungsverbot), Urt. v. 16.12.1992, Slg. 1992, I-6635, bei der Frage der Auslegung der Warenverkehrsfreiheit im Hinblick auf die Zulässigkeit einer nationalen Maßnahme darauf abgestellt, ob die Maßnahme unmittelbar, mittelbar oder hypothetisch den Binnenhandel beeinträchtigte. Entsprechend führt Gellermann, DVBl. 2000, 509, 517, die potenzielle Beeinträchtigung des StrEG im Rahmen seiner Angemessenheitsprüfung an.

der Struktur der Strommärkte und der entsprechenden Erfassung der relevanten Daten bzw. Verbrauchsmengen andererseits soll im Rahmen der durch das EEG und KWKModG verursachten Handelsbeeinträchtigungen dennoch der Versuch einer Quantifizierung unternommen werden. Aufgrund der verfügbaren Daten und der Natur der Märkte kann hierbei nicht zwischen Abnahme- und Vergütungsinstrumenten unterschieden werden, sondern zwischen Förderinstrumenten des KWKModG und Förderinstrumenten des EEG.

*aa) Handelsbeeinträchtung durch das KWKModG*

Das KWK-Abnahme- und Vergütungsinstrument führt dazu, dass Netzbetreiber ihren Bedarf an Verlustdeckungsenergie und zudem Übertragungsnetzbetreiber ihren Bedarf an Regelenergie mit den Strommengen decken, die von dem KWK-Abnahmeinstrument erfasst sind.[911] Damit verbunden ist eine teilweise Abschottung des deutschen Strommarktes.[912] Flankiert wird das Abnahmeinstrument durch die Vergütungsregelung, die letztlich dazu führt, dass Anlagenbetreiber einen monetären Anreiz haben, die Förderregelungen des KWKModG tatsächlich in Anspruch zu nehmen.

Der Anteil des im Wege der Kraft-Wärme-Kopplungstechnologie erzeugten Stroms an der Gesamtstromerzeugung[913] stieg von 13,61 Prozent im Jahr 2003 auf 15,75 Prozent im Jahr 2009.[914] Angestrebt ist eine Erhöhung des Anteils von Strom aus Kraft-Wärme-Kopplung an der jährlichen Gesamtstromerzeugung bis 2020 auf 25 Prozent.[915] Dieser Anteil wird zur Bedarfsdeckung auf dem deutschen Strommarkt eingesetzt und nicht mehr nachgefragt. Er steht demzufolge nicht mehr für einen potentiellen Stromimport zur Verfügung. Dabei ist zu berücksichtigen, dass der Anteil der Stromerzeugung, für den Daten im Rahmen des KWKModG erhoben werden, nicht notwendigerweise identisch mit dem Stromverbrauch auf dem deutschen Markt ist. Daher entspricht der vorgenannte Anteil der KWK-Stromerzeugung nicht dem Anteil des deutschen Stromverbrauchs, der auf dem deutschen Markt nachgefragt wird. Gleichwohl kommt diesem Anteil eine gewisse Indizwirkung zu.

---

911 Teil 3: B II. 1.b) aa) (2).

912 Teil 3: B II. 1.b) bb).

913 Es handelt sich hierbei um die Gesamtstromerzeugung für Industriekraftwerke und Kraftwerke der allgemeinen Versorgung.

914 Umweltbundesamt, online unter: http://www.umweltbundesamt-daten-zur-umwelt.de/umweltdaten/public/theme.do?nodeIdent=2323 (abgerufen am 03.12.2010).

915 BT-Drs. 16/8305 vom 28.02.2008, S. 1.

*bb) Handelsbeeinträchtigung durch das EEG*

Das EEG-Abnahmeinstrument führt dazu, dass Stromlieferanten einen Teil ihrer Lieferverpflichtungen gegenüber den Letztverbrauchern mit dem Anteil, der von den Förderinstrumenten erfasst ist, decken.[916] Dieser Anteil wird deshalb nicht mehr nach Marktgrundsätzen beschafft und steht auch einem möglichen Stromimport nicht zur Verfügung. Legt man die Annahme zugrunde, dass ein Stromlieferant nur Strommengen in einem Umfang beschaffen wird, die er an Letztverbraucher vertreiben kann, so entspricht die insgesamt nachgefragte Strommenge der Lieferanten derjenigen der Letztverbraucher. Als maßgebliche Bezugsgröße für die Bemessung der Handelsbeeinträchtigungen, die auf das EEG-Abnahme- und Vergütungsinstrument zurückgehen, ist mithin der deutsche Stromverbrauch heranzuziehen.[917]

Während seit Beginn der Förderung der Stromerzeugung aus erneuerbaren Energien die qualitative Intensität der Beeinträchtigungen der Warenverkehrsfreiheit unverändert geblieben ist, hat sich die Intensität in quantitativer Hinsicht maßgeblich geändert. Der PreussenElektra-Rechtsprechung des EuGH aus dem Jahr 2001 lag eine durch das StrEG verursachte Marktabschottung von einem Prozent des Stromverbrauchs zugrunde.[918] Die Berechnungsgrundlagen hierfür sind weder den Schlussanträgen des Generalanwalts noch dem Urteil selbst zu entnehmen. Laut Angaben des Bundesministeriums für Umwelt, Naturschutz und Reaktorsicherheit betrug der Anteil der erneuerbaren Energien im Jahr 2000 vielmehr 6,4 Prozent des inländischen Stromverbrauchs.[919] Im Jahr 2010 betrug demgegenüber der Anteil erneuerbarer Energien am gesamten inländischen Stromverbrauch 16,8 Prozent und war damit um 3,1 Prozent gegenüber dem Vorjahr gestiegen.[920] Etwa 80 Prozent dieses erneuerbaren Stroms gelangten im Jahr 2010 aufgrund des Abnahme- und Vergütungsinstruments des EEG in

916 Teil 3: B II. 1.b) aa) (1).

917 Nicht maßgeblich ist der Endenergieverbrauch, der nicht auf Strom beschränkt ist, ebenso wenig der Primärenergieverbrauch, der den Bedarf der Lieferanten nicht hinreichend spiegelt.

918 Generalanwalt Jacobs verwies in seinen Schlussanträgen auf das Vorbringen der Streithelfer und der Bundesregierung, wonach der Strom aus erneuerbaren Energien, der vom StrEG 1998 erfasst sei, lediglich 1 Prozent des Stromverbrauchs in Deutschland ausmache (Generalanwalt Jacobs, Schlussanträge vom 26.10.2000 in der Rs. C-379/98 (PreussenElektra), Slg. 2001, I-2099, Rn. 203).

919 Bundesministerium für Umwelt, Naturschutz und Reaktorsicherheit, Erneuerbare Energien 2010, 23.03.2011, S. 20, online unter: http://www.erneuerbare-energien.de/files/pdfs/allgemein/application/pdf/ee_in_zahlen_2010_bf.pdf (abgerufen am 15.06.2011).

920 Bundesministerium für Umwelt, Naturschutz und Reaktorsicherheit, Erneuerbare Energien 2010, 23.03.2011, S. 3, online unter: http://www.erneuerbare-energien.de/files/pdfs/allgemein/application/pdf/ee_in_zahlen_2010_bf.pdf (abgerufen am 15.06.2011).

das deutsche Netz und damit auf den deutschen Strommarkt.[921] Dies entspricht einem Anteil erneuerbarer Energien am Stromverbrauch aufgrund der Abnahme- und Vergütungsinstrumente von ca. 13,4 Prozent im Jahr 2010.

Gemäß § 1 Abs. 2 EEG soll der Anteil erneuerbarer Energien an der Stromversorgung bis zum Jahr 2020 auf mindestens 30 Prozent erhöht werden. Dieses Ziel wird nach dem politischen Willen der Bundesregierung nicht nur fortgeführt, sondern auch ambitioniert angehoben: So soll der Anteil der erneuerbaren Energien am Stromverbrauch 35 Prozent bis 2020, 50 Prozent bis 2030, 65 Prozent bis 2040 und 80 Prozent bis 2050 betragen.[922] Allein die Offshore-Windleistung soll bis zum Jahr 2030 auf 25 GW ausgebaut werden.[923]

Diese vorgenannten Prozentsätze reflektieren das Maß der potentiellen Marktabschottung, die durch die Förderinstrumente des EEG sicher nicht intendiert, aber dennoch verursacht wird: Im Jahr 2010 war der deutsche Strommarkt etwa zu 13,4 Prozent potentiell abgeschottet. Diese potentielle Marktabschottung wird entsprechend den politischen Ausbauzielen zunehmen.

### *3. Abwägung*

Da die Abnahme- und Vergütungsinstrumente in EEG und KWKModG, die den Binnenhandel und somit den freien Warenverkehr beeinträchtigen, den Erfordernissen des Umweltschutzes insbesondere zur Förderung einer nachhaltigen Entwicklung Rechnung tragen und deshalb dem unionsrechtlichen Umweltschutzerfordernis in Art. 11 AEUV sowie des Art. 6 Abs. 1 EUV i. V. m. Art. 37 Grundrechtecharta entsprechen, liegt eine Kollision der primärrechtlich gleichrangigen Ziele Warenverkehrsfreiheit und Umweltschutz vor. Diese Kollision ist mittels einer umfassenden Konkordanzprüfung durch eine Abwägung auf der Grundlage der zuvor dargelegten Umwelt- und Marktwirkungen der Abnahme-

921 Bundesministerium für Umwelt, Naturschutz und Reaktorsicherheit, Erneuerbare Energien 2010, 23.03.2011, S. 4, online unter: http://www.erneuerbare-energien.de/files/pdfs/allgemein/application/pdf/ee_in_zahlen_2010_bf.pdf (abgerufen am 15.06.2011). Damit gehört Deutschland neben Dänemark, Ungarn, Irland, Litauen, Polen und Portugal zu den Mitgliedstaaten, die das für 2010 sekundärrechtlich gesetzte Ausbauziel im Stromsektor erreicht haben. Vgl. hierzu Mitteilung der Kommission, KOM(2011) 31 endg., S. 4.

922 Bundesministerium für Wirtschaft und Technologie/Bundesministerium für Umwelt, Naturschutz und Reaktorsicherheit, Energiekonzept für eine umweltschonende, zuverlässige und bezahlbare Energieversorgung, 28.09.2010, S. 5, online unter: http://www.bmu.de/files/pdfs/allgemein/application/pdf/energiekonzept_bundesregierung.pdf (abgerufen am 15.06.2011).

923 Bundesministerium für Wirtschaft und Technologie/Bundesministerium für Umwelt, Naturschutz und Reaktorsicherheit, Energiekonzept für eine umweltschonende, zuverlässige und bezahlbare Energieversorgung, 28.09.2010, S. 8, online unter: http://www.bmu.de/files/pdfs/allgemein/application/pdf/energiekonzept_bundesregierung.pdf (abgerufen am 15.06.2011).

und Vergütungsinstrumente aufzulösen. Untersucht wird dabei, ob der deutsche Gesetzgeber mit der Implementierung dieser Instrumente das rechte Gleichgewicht zwischen der Warenverkehrsfreiheit und dem Umweltschutz gewahrt hat.

Da die Abwägung zwischen Vertragszielen auf Primärebene zu erfolgen hat, finden im Gegensatz zur Rs. *PreussenElektra* die sekundärrechtlichen Bestimmungen zur Erzeugung von Elektrizität keinen Eingang. Sie stellen lediglich aus dem Primärrecht abgeleitetes Recht dar und können der Rechtssystematik von Primär- und Sekundärrecht entsprechend nicht zur Auslegung primärrechtlicher Bestimmungen herangezogen werden. Eine Abwägung zwischen Umweltschutz und freiem Warenverkehr erfolgt vielmehr auf Basis einer Auslegung primärrechtlicher Vertragsziele bezogen auf einen Einzelfall, den Umwelt- und Marktwirkungen der Abnahme- und Vergütungsinstrumente. Eine Einbeziehung sekundärrechtlicher Bestimmungen bei der Auslegung primärrechtlicher Bestimmungen entspricht zwar der Prüfungsweise des EuGH[924], missachtet gleichwohl das systematische Verhältnis von Primär- und Sekundärrecht und wird demzufolge hier nicht vorgenommen.

Die Abwägung von Umweltschutz und freiem Warenverkehr muss zunächst berücksichtigen, dass die Abnahme- und Vergütungsinstrumente dem Umweltschutz in tatsächlicher und auch quantifizierbarer Weise Rechnung tragen. Aufgrund der anhaltenden und vom Gesetzgeber weiterhin intendierten Anreizwirkung insbesondere der Abnahme- und Vergütungsinstrumente im EEG nimmt der Ausbau der erneuerbaren Energien zu, womit weitere Minderungseffekte für Treibhausgasemissionen und eine steigende umweltschützende Wirkung der Instrumente verbunden ist. Dies entspricht nicht nur der Intention des nationalen Gesetzgebers, sondern auch dem politischen Willen auf europäischer Ebene.[925]

Zu berücksichtigen im Rahmen der Abwägung sind auch die qualitativen Wirkungen der umweltschützenden Instrumente auf die Warenverkehrsfreiheit. Diese würden jedenfalls dann keine Beeinträchtigung erfahren, wenn sich die Abnahme- und Vergütungsverpflichtungen auch auf Strom erstreckten, der in anderen Mitgliedstaaten erzeugt wird.[926] Eine solche Ausweitung der Förderge-

924 EuGH Rs. C-379/98 (PreussenElektra), Urt. v. 13.03.2001, Slg. 2001, I-2099, Rn. 77.

925 Bundesministerium für Wirtschaft und Technologie/Bundesministerium für Umwelt, Naturschutz und Reaktorsicherheit, Energiekonzept für eine umweltschonende, zuverlässige und bezahlbare Energieversorgung, 28.09.2010, S. 5, online unter: http://www.bmu.de/files/pdfs/allgemein/application/pdf/energiekonzept_bundesregierung.pdf (abgerufen am 15.06.2011). Mitteilung der Kommission, KOM (2011) 31 endg., S. 2, und Mitteilung der Kommission, KOM(2010) 639 endg., S. 3.

926 Diesen Gedanken greift auch Klinski, ZNER 2005, 207, 214, auf, lehnt die Option jedoch mit dem Argument der Unzumutbarkeit der Verbraucherlasten ab.

setze wäre zumindest nicht mit einer verminderten umweltschützenden Wirkung verbunden. Die Beschränkung der Förderungsregelungen auf Erzeugungsprozesse auf deutschem Hoheitsgebiet ist nicht allein deshalb notwendig, um Treibhausgasemissionen zu mindern und einen Schutz der Umwelt zu erzielen. Bei einer Ausweitung des Förderungstatbestandes wäre jedoch das umweltrechtliche Verursacherprinzip nicht mehr gewahrt, weil Letztverbraucher auf deutschem Hoheitsgebiet Kosten für Erzeugungsprozesse außerhalb des deutschen Hoheitsgebietes zu tragen hätten, die ihnen bei Beachtung des Verursacherprinzips nicht zugerechnet werden könnten. Eine Einbeziehung der Letztverbraucher aus anderen Staaten ist nicht möglich, da der nationale Gesetzgeber keine Kompetenz hat, auf die Akteure außerhalb seines Hoheitsheitsgebiets regelungstechnisch Einfluss zu nehmen. Im Gegensatz zur Cassis-Formel findet diese Rechtfertigung aufgrund der praktischen Konkordanzprüfung, die darauf zurückzuführen ist, dass Warenverkehrsfreiheit und Umweltschutz gleichrangige Vertragsziele darstellen, nicht ihre Grenze in der unterschiedslosen Wirkung der zu rechtfertigenden nationalen Maßnahmen.[927] Der Anwendungsbereich erstreckt sich vielmehr auch auf diskriminierende Maßnahmen.

In Bezug auf die quantitativen Wirkungen der Instrumente auf die Warenverkehrsfreiheit ist zu berücksichtigen, dass die stetig zunehmende umweltschützende Wirkung im Gleichschritt mit einer ebenso wachsenden Marktabschottung und damit einer immer stärkeren Beeinträchtigung des freien Warenverkehrs einhergeht. Insofern wohnt den deutschen Abnahme- und Vergütungsinstrumenten ein Paradoxon inne: Mit jeder eingesparten Tonne Treibhausgas nimmt die Marktabschottung zu. So standen den im Jahr 2010 eingesparten Treibhausgasemissionen in Höhe von 76 Mio. t[928] aufgrund der Anreizinstrumente des EEG ein Anteil erneuerbarer Energien am inländischen Stromverbrauch von ca. 13,4 Prozent[929] gegenüber. Dieser Anteil determiniert die Marktabschottung. Die weiteren beabsichtigten Treibhausgasminderungen von bis zu 95 Prozent gegenüber 1990[930] sollen unter anderem mit einem weiteren Ausbau des Anteils erneuerbarer Energien am Bruttostromverbrauch in Höhe von 80 Prozent einhergehen.[931] Da der Gesetzgeber den Ausbauerfolg an die Abnahme- und Vergütungsinstrumente des EEG knüpft,[932] ist davon auszugehen, dass das vorgenannte ange-

927 Vgl. Teil 4: A. III. 3.
928 Vgl. Teil 4: B. III. 1 b) aa).
929 Vgl. Teil 4: B. III. 2 b) bb).
930 Vgl. Teil 4: B. III. 1 b) aa).
931 Vgl. Teil 4: B. III. 2 b) bb).
932 Bundesregierung, Erfahrungsbericht 2011 zum Erneuerbare-Energien-Gesetz, S. 4, online unter: http://www.erneuerbare-energien.de/files/pdfs/allgemein/application/pdf/eeg_erfahrungsbericht_2011_bf.pdf (abgerufen am 15.06.2011).

strebte Ausbauziel von 80 Prozent durch die Fördermechanismen des EEG und demzufolge durch eine Marktabschottung in gleicher Höhe erfolgen wird. Das Dilemma des inzwischen holistischen Binnenmarktes[933] im weiten Sinne, der nicht mehr nur auf eine ökonomische Integration gerichtet ist, sondern in dem neben weiteren Allgemeinwohlzielen der Umweltschutz immanenter Bestandteil ist, zeigt sich hier auf signifikante Weise: Denn die sicher nicht beabsichtigte, aber zumindest für Treibhausgasminderungen in Höhe von 95 Prozent billigend in Kauf genommene Marktabschottung hätte zur Folge, dass nur noch 20 Prozent des deutschen Strommarktes für importierten Strom zur Verfügung stünden und ein freier Warenverkehr fast nicht mehr stattfinden würde. Eine Marktabschottung diesen Ausmaßes liegt weit über der Spürbarkeitsschwelle des Wettbewerbsrechts. Wie bereits dargelegt, ergibt sich aus der praktischen Wirksamkeit der Warenverkehrsfreiheit, dass in quantitativer Hinsicht das Spürbarkeitskriterium des Art. 101 Abs. 1 AEUV i. V. m. der Bagatellbekanntmachung zu berücksichtigen ist. Marktabschottungen, die über die Spürbarkeitsschwelle hinausgehen, sind – das Wettbewerbsrecht analog angewendet – auch mit einem holistischen Binnenmarkt sicher nicht mehr zu vereinbaren. Andernfalls würden Wettbewerbsrecht und Warenverkehrsfreiheit den Binnenmarkt quantitativ unterschiedlich verwirklichen und somit zu einer Verzerrung der Prinzipien des Binnenmarktes führen.

Die Spürbarkeitsschwelle liegt nach Ziffer 7 lit. a Bagatellbekanntmachung bei 10 Prozent und nach lit. b bei 15 Prozent des bezifferten Marktanteils an dem jeweils betroffenen relevanten Markt. Der sachlich relevante Markt ist der Markt für die leitungsgebundene Stromversorgung der Endkunden.[934] Der räumlich relevante Markt wird durch das Netz bzw. das Versorgungsgebiet bestimmt[935] und ist unter Berücksichtigung der Wirkung der Abnahme- und Vergütungsinstrumente gleichzusetzen mit den den vier Übertragungsnetzen auf deutschem Staatsgebiet nachgelagerten Verteilnetzen. Daraus folgt, dass eine Spürbarkeit und damit eine Berührung des Wesensgehalts von Binnenmarkt und Warenverkehrsfreiheit bei einer Marktabschottung des deutschen Strommarktes, der leitungsgebunden mit den vorgenannten Verteilnetzen auf deutschem Hoheitsgebiet gleichzusetzen ist, bei einem Anteil erneuerbarer Energien oder KWK-Strom in Höhe von 10 bis 15 Prozent liegt.

Während im Hinblick auf das Abnahme- und Vergütungsinstrument nach dem KWKModG die Spürbarkeit noch nicht erreicht sein dürfte (denn in der

933 So bezeichnen Craig/de Búrca, S. 606, die Binnenmarktkonzeptionierung.

934 Vgl. zum insoweit vergleichbaren Gasmarkt die Entega-Entscheidung des BGH WuW/E DE-R 2739, 2742.

935 BGH Urt. v. 07.12.2010 – KRZ 4/10 Rn. 14 sowie BGH Urt. v. 07.12.2010 – KRZ 5/10 Rn. 14, diskutiert von Füller, ZNER 2011, 163, 168.

Regel liegt der deutsche Stromverbrauch unter der Stromerzeugung), bewegt sich das Abnahme- und Vergütungsinstrumentarium des EEG mit einer verursachten Marktabschottung von ca. 13,4 Prozent im Jahr 2010 an der Spürbarkeitsgrenze bzw. in dem vorgegebenen Grenzbereich. Damit ist noch nicht notwendigerweise der Wesensgehalt des Binnenmarktes und der Warenverkehrsfreiheit derart berührt, dass sich die EEG-Instrumente nicht mehr im Rahmen einer solchen Abwägung rechtfertigen ließen. Allerdings wird diese Schwelle mit einem Fortschreiten des Ausbaus, wie es bereits nach dem derzeit geltenden EEG bis zum Jahr 2020 intendiert ist, erreicht und quantitativ in einem Maß überschritten werden, dass die Warenverkehrfreiheit in ihrem Wesensgehalt angetastet wird. Dies hat zur Folge, dass eine Abwägung zwischen Umweltschutzziel und Warenverkehr nicht mehr vertretbar so vorgenommen werden kann, dass sich derartige Eingriffe in den Warenverkehr rechtfertigen lassen.

Im Ergebnis ist daher festzustellen, dass die Abnahme- und Vergütungsinstrumente ab einer Eingriffsintensität bzw. Marktabschottung von mehr als 15 Prozent trotz ihrer signifikanten umweltschützenden Wirkung nicht mehr gerechtfertigt sind. Derzeit dürfte die Marktabschottung durch die KWK-Instrumente und die EEG-Instrumente noch in einem Bereich liegen, der mit den Prinzipien des Binnenmarktes vereinbar ist. Jedenfalls für das EEG wird diese Grenze jedoch bei Fortschreiten des Ausbaus überschritten werden mit der Folge, dass die Instrumente des EEG trotz ihrer umweltschützenden Wirkung nicht mehr im Einklang mit der Warenverkehrsfreiheit und dem Binnenmarkt stehen.

### *4. Zusammenfassung*

Da die Abwägung derzeit noch zugunsten des Umweltschutzes ausfallen kann, sind die Abnahme- und Vergütungsinstrumente in §§ 8 Abs. 1, 16 Abs. 1 EEG und §§ 4 Abs. 1, 3 KWKModG aus Gründen des Umweltschutzes gerechtfertigt. Sie stehen folglich mit der Warenverkehrsfreiheit in Einklang.[936] Zurückzuführen ist dies darauf, dass der Umweltschutz aufgrund seiner Stellung im Gefüge des Europarechts, insbesondere in Art. 11 AEUV sowie in Art. 6 Abs. 1 EUV i. V. m. Art. 37 Grundrechtecharta, einen eigenständigen Rechtfertigungsgrund für Beeinträchtigungen der Warenverkehrsfreiheit darstellt.

Die Instrumente des EEG werden jedoch mit einem Fortschreiten des Ausbaus künftig nicht mehr im Einklang mit der Warenverkehrsfreiheit stehen, weil die durch sie verursachte Marktabschottung die Spürbarkeitsschwelle von 10–15

936 Im Ergebnis ebenso für das EEG 2004: Klinski, ZNER 2005, 207, 215, und für das KWKModG: Gronau/Topp, ZNER 2001, 141, 150.

Prozent überschreiten wird und so der Wesensgehalt der Warenverkehrsfreiheit in einer Weise angetastet wird, die sich auch aus Umweltschützgründen nicht mehr rechtfertigen lässt.

# Schlussfolgerungen

## I.

Es gilt als gesicherte Erkenntnis, dass ursächlich für den Klimawandel ein Anstieg der Konzentration von Treibhausgasen – insbesondere des Kohlendioxids – in der Erdatmosphäre ist. Da dieses maßgeblich bei der Erzeugung von Elektrizität aus fossilen Brennstoffen entsteht, kann durch eine Verringerung der Kohlendioxidemissionen bei der Elektrizitätserzeugung ein wesentlicher Beitrag zum Umweltschutz geleistet werden.

## II.

Eine Verringerung der Kohlendioxidemissionen bei der Elektrizitätserzeugung kann zum einen durch die Nutzung erneuerbarer Primärenergieträger, zum anderen durch den Einsatz der KWK-Technologie erreicht werden. Beide Varianten widersprechen jedoch einer ökonomischen Rationalität, weil sie für den Erzeuger mit höheren Kosten als eine konventionelle Elektrizitätserzeugung verbunden sind. Daher bedarf es direkt oder indirekt verhaltenssteuernder Maßnahmen des Staates, um zu erreichen, dass die Akteure Elektrizität auf emissionsarme oder -freie Weise erzeugen. Zu diesen Maßnahmen zählen das deutsche EEG und KWKModG, die durch Förderung des Einsatzes erneuerbarer Energien und KWK einen wirtschaftlichen Anreiz für eine umweltfreundliche Elektrizitätserzeugung setzen und Instrumente indirekter Verhaltenssteuerung darstellen.

## III.

Zur Förderung hat der deutsche Gesetzgeber Anschluss-, Abnahme-, Vergütungs- sowie im Falle des EEG ein Übertragungs- und Verteilungsinstrument implementiert. Bei der Abnahme- und Vergütungsverpflichtung handelt es sich um Vermarktungsinstrumente. In Bezug auf das Abnahmeinstrument ist festzustellen, dass dieses nicht nur bedeutet, dass der Netzbetreiber die erzeugte elektrische Energie an der im Anschlussvertrag vereinbarten Übergabestelle in sein Netz übernimmt und demzufolge die Einspeisung zulässt, sondern vielmehr weitergehend, dass er wie ein Eigentümer die Verfügungsgewalt über die Elektrizität erlangt. Die Abnahmeinstrumente entledigen den Erzeuger mithin von der Aufgabe der Vermarktung seines Stromes. Einspeisung und Abnahme stellen keine Antonyme dar, das Antonym zur Einspeisung ist vielmehr die tatsächliche Aufnahme des Stromes, das Antonym zur Abnahme hingegen die Stromlieferung. Für das Förderinstrument der vorrangigen Übertragung und Verteilung im EEG kann festgestellt werden, dass dieses für den vorrangigen Transport sowohl im Übertragungs- als auch im Verteilungsnetz gilt. Der Gesetzgeber hat alle Steuerungsinstrumente im EEG als gesetzliche Ansprüche ausgestaltet, die Steuerungsinstrumente im KWKModG hingegen als Kontrahierungszwang.

## IV.

Da die deutschen umweltpolitischen Instrumente im EEG und KWKModG an die Herkunft des Stromes anknüpfen, indem sie nur die Stromerzeugung auf deutschem Hoheitsgebiet und – im Falle des EEG – in der deutschen ausschließlichen Wirtschaftszone fördern, begünstigen sie eine Heterogenität der rechtlichen Rahmenbedingungen auf dem Binnenmarkt und können dessen Funktionieren daher beeinträchtigen. Dies zeigt, dass sich für einen nationalen Gesetzgeber, der umweltpolitische Steuerungsinstrumente mit Relevanz für den Binnenmarkt implementiert, die Frage nach der Grenze einer europarechtlichen Zulässigkeit für diese Maßnahmen stellt.

## V.

Eine Anwendung der primärrechtlich verankerten Warenverkehrsfreiheit setzt voraus, dass der jeweilige Rechtsbereich nicht bereits durch Sekundärrecht abschließend harmonisiert ist. Bei einer entsprechenden Prüfung ist zunächst zu berücksichtigen, dass im Hinblick auf die jeweiligen Fördersysteme die EE-RL und die KWK-RL jeweils als lex specialis die EltRL verdrängen. Dies gilt jedoch nicht in Bezug auf einzelne Förderinstrumente. Diese können auch von der EltRL abschließend geregelt werden.

## VI.

Die EE-RL enthält ebenso wenig abschließende und harmonisierende Bestimmungen für eine Förderung der Elektrizitätserzeugung aus erneuerbaren Energien wie die KWK-RL für die Förderung der Stromerzeugung unter Verwendung der KWK-Technologie. Die Richtlinien belassen die Wahl des Fördersystems auf mitgliedstaatlicher Ebene und verfolgen demzufolge dezentralisierte Ansätze. Beide Richtlinien sehen auch keine Harmonisierung der Anschluss-, Abnahme- und Vergütungsinstrumente vor. So stellen insbesondere die Netzzugangsregelungen in Art. 16 Abs. 2 lit. b EE-RL keine abschließenden Vorschriften für die Abnahme von Strom aus erneuerbaren Energien dar, da der Begriff des Netzzugangs als Zugang zu den Infrastruktureinrichtungen des leitungsgebundenen Elektrizitätsmarktes zwar die Einspeisung von Strom als physikalischen Vorgang, nicht hingegen die Abnahme als wirtschaftlich-rechtliche Entbindung des Erzeugers von der Dispositionsbefugnis erfasst. Eine abschließende Regelung trifft die EE-RL in Art. 16 Abs. 2 lit. a und c hingegen für das Übertragungs- und Verteilungsinstrument im EEG, so dass den Prüfungsmaßstab hierfür nicht das Primärrecht, sondern die EE-RL als Sekundärrecht bildet.

## VII.

In die EltRL wurden abschließende Regelungen für die Systeme zur Förderung einer Elektrizitätserzeugung aus erneuerbaren Energien und KWK nicht implementiert. Im Hinblick auf die in die Systeme integrierten energiewirtschaftlichen Förderinstrumente ist festzustellen, dass die Anschlussinstrumente in Art. 23 und 37 Abs. 6 lit. a EltRL eine Harmonisierung erfahren haben. Demzufolge bilden diese Bestimmungen den sekundärrechtlichen Prüfungsmaßstab für die im EEG und im KWKModG implementierten Anschlussinstrumente. Für die Abnahme- und Vergütungsinstrumente enthält die EltRL hingegen keine Regelungen. Insbesondere sind die Abnahmeinstrumente nicht von den Netzzugangsregelungen, den Einspeiseregelungen in Art. 15 Abs. 2 EltRL, den Vorrangregelungen für die Inanspruchnahme von Erzeugungsanlagen in Art. 15 Abs. 3 Satz 2 und Art. 25 Abs. 3 EltRL sowie den Beschaffungsregelungen in Art. 15 Abs. 6 und Art. 25 Abs. 5 EltRL erfasst. Die EltRL enthält zudem Bestimmungen über die Übertragung und Verteilung von Strom. Da die EE-RL die Übertragung und Verteilung von Strom speziell aus erneuerbaren Energien regelt, verdrängt sie als lex specialis die EltRL, so dass das Übertragungs- und Verteilungsinstrument zwar sekundärrechtlichen Beurteilungsmaßstäben unterliegt, jedoch nicht denen der EltRL.

**VIII.**

Die NetzzugangsVO harmonisiert im Einzelnen die Zuweisung von Übertragungskapazitäten und die Tarifierung, nicht hingegen den grundsätzlichen Anspruch auf Übertragung innerhalb eines Übertragungsnetzes oder andere für die Förderung erneuerbarer Energien oder KWK implementierte Förderinstrumente.

**IX.**

Die in EEG und KWKModG enthaltenen Vergütungspflichten sind nicht mit einer Übertragung staatlicher Mittel auf die Anspruchsberechtigten verbunden und stellen somit keine Beihilfen im Sinne der Art. 107 ff. AEUV dar.

**X.**

Die Warenverkehrsfreiheit, die in Ermangelung abschließender sekundärrechtlicher Bestimmungen den Prüfungsmaßstand für die Abnahme- und Vergütungsinstrumente im EEG und im KWKModG darstellen kann, gilt für Strom, da dieser vom Warenbegriff des Art. 28 Abs. 2 AEUV erfasst ist. Dies entspricht der ständigen Rechtsprechung des EuGH, der jedoch in dogmatischer Hinsicht offen lässt, ob er Elektrizität als bewegliche Sache im Sinne seiner Rechtsprechung in der Rs. *Italienische Kunstschätze* ansieht oder ob er eine „stillschweigende" Erweiterung des dort definierten Warenbegriffs vorgenommen hat und nunmehr auch immaterielle Sachen vom Warenbegriff umfasst sieht.

**XI.**

Im Rahmen der Prüfung, ob eine nationale Maßnahme keine vom Verbot des Art. 34 AEUV umfasste Maßnahme gleicher Wirkung wie eine mengenmäßige Einfuhrbeschränkung darstellt, muss nach der Keck-Rechtsprechung *positiv* feststellbar sein, dass die Bestimmung Verkaufsmodalitäten regelt, indem sie diese beschränkt oder verbietet. Nationale Bestimmungen, die neue Modalitäten des Verkaufs eröffnen, ohne diese zwingend vorzuschreiben, sind nicht aufgrund der Keck-Formel vom Anwendungsbereich des Art. 34 AEUV ausgenommen.

## XII.

Eine Maßnahme gleicher Wirkung wie eine mengenmäßige Einfuhrbeschränkung liegt auch dann vor, wenn der Handel in nur geringem Grad und Ausmaß beeinträchtigt wird. Zu verneinen ist die Eignung einer Maßnahme zur Handelsbeeinträchtigung und damit das Vorliegen einer Maßnahme gleicher Wirkung hingegen dann, wenn die handelsbeschränkenden Wirkungen der in Frage stehenden Maßnahme als ungewiss und indirekt angesehen werden müssen.

## XIII.

Festzustellen ist im Hinblick auf Art. 34 AEUV, dass die Abnahmeinstrumente formelle Diskriminierungen darstellen und die Einfuhr von Strom aus anderen Mitgliedstaaten beeinträchtigen, indem sie dazu führen, dass Netzbetreiber einen Teil ihres Bedarfs an Verlustdeckungs-, Ausgleichs- und Regelenergie mit dem Strom decken, den sie aufgrund ihrer Verpflichtung im EEG und KWKModG abnehmen müssen und dementsprechend nicht auf dem Strommarkt nachfragen. Im Falle des EEG vermindern sich darüber hinaus auch die Absatzmöglichkeiten von Stromerzeugern aus anderen Mitgliedstaaten bei Lieferanten, weil auch diese einen Teil ihres Beschaffungsbedarfs bereits durch die abzunehmenden Strommengen decken. Aufgrund der mittelbaren und potentiellen Handelsbeeinträchtigung stellen die Steuerungsinstrumente Maßnahmen gleicher Wirkung wie mengenmäßige Einfuhrbeschränkungen dar. Zu einem anderen Ergebnis führt auch nicht die Keck-Formel. Gegenstand der Abnahmeinstrumente ist zwar eine Verkaufsmodalität, jedoch dergestalt, dass neue Verkaufsmöglichkeiten geschaffen werden. Die Abnahmeinstrumente enthalten keine bindenden gesetzlichen Vorgaben an den Erzeuger als Verkäufer und schreiben keine Modalitäten seiner Vertriebsstrategie in beschränkender oder verbietender Weise vor.

## XIV.

Die Vergütungsinstrumente stellen ebenfalls formelle Diskriminierungen und Maßnahmen gleicher Wirkung wie mengenmäßige Einfuhrbeschränkungen dar. Sie beeinträchtigen den Handel mit Strom innerhalb der Union, da sie im Inland umweltschonend erzeugten Strom besser stellen als Strom, der in anderen Mitgliedstaaten erzeugt wird. Maßnahmen, die in dieser Weise den Absatz von nationalen Produkten fördern oder Schutzwirkungen für nationale Produktionsvorgänge entfalten, sind grundsätzlich geeignet sind, den Handel innerhalb der

Union zu beeinträchtigen. Da die Vergütungsinstrumente dem Erzeuger als Verkäufer von Strom aus erneuerbaren Energien und KWK lediglich einen Preis offerieren, den er in Anspruch nehmen kann, ist Regelungsgegenstand der Vergütungsinstrumente nicht eine Beschränkung oder ein Verbot einer Verkaufsmodalität im Sinne der Keck-Rechtsprechung.

## XV.

Für eine Rechtfertigung von Maßnahmen gleicher Wirkung wie mengenmäßigen Einfuhrbeschränkungen bestehen drei Rechtsgrundlagen: der geschriebene Rechtfertigungstatbestand in Art. 36 AEUV, die ungeschriebene, vom EuGH entwickelte und in ständiger Rechtsprechung anerkannte Cassis-Formel sowie eigenständige Rechtfertigungsgründe, die dann in Betracht kommen, wenn das Ziel einer nationalen Maßnahme einem Unionsziel entspricht, dessen Verwirklichung in den Bestimmungen des Vertrags als ebenso wichtig angesehen wird wie die Verwirklichung der Warenverkehrsfreiheit.

## XVI.

Nationale Instrumente zum Schutz der Umwelt können nicht unter Berufung auf Art. 36 AEUV so ausgestaltet werden, dass sie den zwischenstaatlichen Handel beeinträchtigen, da der Schutz der Umwelt nicht als Rechtfertigungsgrund in Art. 36 AEUV enthalten ist. Er ist nicht von dem in Art. 36 AEUV geschriebenen Grund „Schutz der Gesundheit und des Lebens von Menschen, Tieren und Pflanzen“ erfasst. Ebenso wenig kann der Umweltschutz als ungeschriebener Rechtfertigungsgrund in Ergänzung zu den in Art. 36 AEUV geschriebenen Rechtfertigungsgründen anerkannt werden, da die Aufzählung in Art. 36 AEUV enumerativ ist.

## XVII.

Für nationale Maßnahmen, die auf den Schutz der Umwelt gerichtet sind, stellt die Cassis-Formel nur dann eine Rechtfertigungsgrundlage dar, wenn die Maßnahmen einheimische Waren und Waren aus anderen Mitgliedstaaten unterschiedslos behandeln. Der Rechtsprechung des EuGH kann nicht entnommen werden, dass er die Cassis-Formel nunmehr auch auf diskriminierende Maßnahmen anwendet. Dies gilt auch nach Erlass des PreussenElektra-Urteils, in dem der EuGH zwar eine diskriminierende nationale Regelung aus Gründen des Umweltschutzes als gerechtfertigt angesehen, diese Rechtfertigung jedoch nicht auf die Cassis-Formel zurückgeführt hat. Für eine Rechtfertigung nach der Cassis-Formel muss der nationale Gesetzgeber die Instrumente zur Verhaltenssteuerung unterschiedslos ausgestalten und zudem den Erfordernissen des Umweltschutzes Rechnung tragen. Die Erfordernisse des Umweltschutzes werden durch Art. 191 AEUV konkretisiert. Gemäß Art. 191 Abs. 1 AEUV ergeben sich zunächst Anforderungen an das Ziel der nationalen Maßnahme, das entweder in der Erhaltung und dem Schutz sowie der Qualitätsverbesserung der Umwelt, im Schutz der menschlichen Gesundheit, in der umsichtigen und rationellen Verwendung natürlicher Ressourcen oder in der Förderung von Maßnahmen auf internationaler Ebene bestehen muss. Aus Art. 191 Abs. 2 AEUV folgen Handlungsgrundsätze, die der nationalen Maßnahme zugrunde liegen müssen. Diese Handlungsgrundsätze bestehen in einem hohen Schutzniveau, dem Vorsorge- und Vorbeugeprinzip, dem Ursprungsprinzip sowie dem Verursacherprinzip. Art. 191 Abs. 3 AEUV legt Leitlinien fest.

## XVIII.

Schließlich existiert eine dritte Rechtfertigungsmöglichkeit für nationale Verhaltenssteuerungsinstrumente, die auf eine Anerkennung eigenständiger Rechtfertigungsgründe im Unionsrecht zurückgeht. Aus den Rs. *PreussenElektra* und *Schmidberger* folgt, dass der EuGH eigenständige Rechtfertigungsgründe anerkennt. Denn beide Urteile – das PreussenElektra-Urteil in Ansätzen, das Schmidberger-Urteil sehr deutlich – lassen die Methode der praktischen Konkordanz erkennen, durch deren Anwendung die betroffenen Vertragsziele Umweltschutz und Grundrechte mit der Warenverkehrsfreiheit in Einklang gebracht und somit optimaler Wirkung zugeführt wurden. Eine solche Abwägung kann grundsätzlich zur Folge haben, dass sowohl Umweltschutz als auch die Grundrechte Maßnahmen, die die Warenverkehrsfreiheit beeinträchtigten, rechtfertigen. Die dogmatische Grundlage des jeweiligen Rechtfertigungsgrundes liegt in der Stellung bzw. Bedeutung des jeweiligen Vertragsziels im Gefüge des Unionsrechts. Diese Stellung muss derjenigen der Warenverkehrsfreiheit entsprechen, so dass das jeweilige Vertragsziel durch die Methode der praktischen Konkordanz mit der Warenverkehrsfreiheit in Einklang gebracht werden kann. Auf dieser Basis können – im Gegensatz zur Cassis-Formel – auch diskriminierende Maßnahmen gerechtfertigt werden.

## XIX.

Zu den Vertragszielen, die nicht hinter der Warenverkehrsfreiheit als Vertragsziel zurückstehen, zählt der Umweltschutz. Dies folgt aus der in Art. 11 AEUV niedergelegten Querschnittsklausel. Kollidieren beide Ziele, etwa wenn eine nationale Maßnahme den Umweltschutz bezweckt, aber eine Handelsbeeinträchtigung zur Folge hat, ist ein Ausgleich zwischen diesen beiden Vertragszielen herbeizuführen.

## XX.

Dieser Ausgleich kann grundsätzlich dazu führen, dass – auch diskriminierende – Maßnahmen gleicher Wirkung wie mengenmäßige Einfuhrbeschränkungen wegen ihrer umweltschützenden Wirkung schließlich mit Art. 34 AEUV im Einklang stehen. Aus dem auch im Rahmen einer Konkordanzprüfung zu wahrenden Wesensgehalt der Warenverkehrsfreiheit folgt, dass in quantitativer Hinsicht nur solche nationalen Maßnahmen gerechtfertigt werden können, deren Beeinträchtigungen (sofern messbar) nicht über die Spürbarkeitsschwelle des Art. 101 Abs. 1 AEUV i. V. m. der Bagatellbekanntmachung hinausgehen. Dies folgt aus dem gemeinsamen Telos von Wettbewerbssystem und Warenverkehrsfreiheit, das in der Verwirklichung des Binnenmarktes besteht. Diese Spürbarkeitsschwelle liegt bei einer Marktabschottung von 10 bis 15 Prozent.

## XXI.

Die Anforderungen an die umweltschützende Wirkung einer auf dieser Grundlage zu rechtfertigenden Maßnahme folgen aus Art. 11 AEUV i. V. m. Art. 191 AEUV. Danach entspricht eine Maßnahme dann den Erfordernissen des Umweltschutzes, wenn sie die Voraussetzungen erfüllt, die Art. 191 AEUV für das Ziel der nationalen Maßnahme und für die Handlungsgrundsätze vorgibt, die der nationalen Maßnahme zugrunde liegen müssen. Des Weiteren sind die Leitlinien des Art. 191 Abs. 3 AEUV zu beachten. Zudem muss die Maßnahme eine nachhaltige Entwicklung, d. h. die Lebensfähigkeit und die Befriedigung der Bedürfnisse künftiger Generationen fördern.

## XXII.

Die vom deutschen Gesetzgeber auf den Umweltschutz gerichteten Abnahme- und Vergütungsinstrumente des EEG und des KWKModG stehen mit Art. 34 AEUV im Einklang. Sie stellen zwar Maßnahmen gleicher Wirkung wie mengenmäßige Einfuhrbeschränkungen dar, sind aber gerechtfertigt. Diese Rechtfertigung geht nicht auf Art. 36 AEUV zurück, weil der Schutz der Umwelt als Rechtfertigungsgrund in dieser Bestimmung nicht enthalten ist. Ebenso wenig stellt die Cassis-Formel eine Rechtfertigungsgrundlage dar, da ihre Anwendung auf unterschiedslos geltende Maßnahmen beschränkt ist, die Vermarktungsinstrumente des EEG und KWKModG hingegen diskriminierende Maßnahmen darstellen. Die Rechtfertigung basiert vielmehr auf der Anerkennung des Umweltschutzes als eigenständigen Rechtfertigungsgrund im Unionsgefüge für Beeinträchtigungen der Warenverkehrsfreiheit. Mit den Abnahme- und Vergütungsinstrumenten hat der deutsche Gesetzgeber Anreize für die Erzeugung von Elektrizität aus erneuerbaren Energien sowie in KWK gesetzt und die Anforderungen erfüllt, die in Art. 11 i.V.m. 191 AEUV in Form von Zielvorgaben, Handlungsgrundsätzen sowie Leitlinien an die umweltschützende Wirkung von Maßnahmen gestellt werden. Darüber hinaus fördert er mit der Implementierung dieser verhaltenssteuernden Maßnahmen eine nachhaltige Entwicklung. Die in hohem Maße umweltschützende Wirkung, die der Gesetzgeber mit diesen Instrumenten erreicht, steht einer nur mittelbaren und nur potentiellen Beeinträchtigung des freien Warenverkehrs gegenüber, die jedoch im Falle des EEG mit einer Marktabschottung von ca. 13,4 Prozent im Jahr 2010 verbunden ist. Da sich dies im Rahmen der Spürbarkeitsschwelle bewegt, fällt gegenwärtig eine Abwägung der kollidierenden Vertragsziele Umweltschutz und Warenverkehrsfreiheit zugunsten des Umweltschutzes aus. Mit einem Fortschreiten des Ausbaus wird die verursachte Marktabschottung die Spürbarkeitsschwelle von 10–15 Prozent hingegen überschreiten und so der Wesensgehalt der Warenverkehrsfreiheit in einer Weise angetastet, dass die Abwägung zugunsten der Warenverkehrsfreiheit ausfallen wird.

# Literaturverzeichnis

*Ackermann, Thomas,* Omega Spielhallen- und Automatenaufstellungs-GmbH v. Oberbürgermeisterin der Bundesstadt Bonn, CMLRev. 2005, Vol. 42, issue 4, S. 1115 ff.

*Altrock, Martin / Oschmann, Volker / Theobald, Christian,* EEG, 2. Aufl., München 2008.

*Agerbeek, Felix Ronkes,* Case Comment, Freedom of expression and free movement in the Brenner corridor: the Schmidberger case, European Law Review 2004, S. 255 ff.

*Apfelstedt, Gert,* Ökoenergie-Pflichtnutzung und Warenverkehrsfreiheit: Zur warenverkehrsrechtlichen Bewertung des StrEG, des EEG und anderer Pflichtkaufmodelle für Öko(energie)dienstleistungen (ÖDL), ZNER 2001, S. 2 ff.

*Barnard, Catherine,* The substantive law of the EU: the four freedoms, 3. Aufl., Oxford, 2010.

*Bartsch, Michael / Röhling, Andreas / Salje, Peter / Scholz, Ulrich,* Stromwirtschaft – Ein Praxishandbuch, 2. Aufl., 2008.

*Baur, Jürgen F. / Henk-Merten, Katrin / Matthey, Philip / Weck, Markus,* Förderung von KWK-Anlagen, Baden-Baden 2002.

*Bieber, Roland / Epiney, Astrid / Haag, Marcel,* Die Europäische Union: Europarecht und Politik, 9. Aufl., Baden-Baden 2010.

*Boesche, Katharina Vera,* Die zivilrechtsdogmatische Struktur des Anspruchs auf Zugang zu Energieversorgungsnetzen, Berlin 2002.

*Büdenbender, Ulrich / Rosin, Peter,* KWK-AusbauG, Köln 2003.

*Buerstedde, Wolfgang,* Juristische Methodik des Europäischen Gemeinschaftsrechts, Berlin 2006.

*Bydlinski, Franz,* Zu den dogmatischen Grundlagen des Kontrahierungszwanges in: AcP 180. Band, Tübingen 1980, S. 1 ff.

*Ders.,* Juristische Methodenlehre und Rechtsbegriff, 2. Aufl., 1991.

*Calliess, Christian / Ruffert, Matthias,* EUV-EGV: Das Verfassungsrecht der Europäischen Union mit Europäischer Grundrechtecharta, 3. Aufl. München, 2006.

*Dies.,* EUV/AEUV: Das Verfassungsrecht der Europäischen Union mit Europäischer Grundrechtecharta, 4. Aufl., München, 2011.

*Callies, Christian,* Die neue Querschnittsklausel des Art. 6 ex 3c EGV als Instrument zur Umsetzung des Grundsatzes der nachhaltigen Entwicklung, in: DVBl. 1998, S. 559 ff.

*Ders.*, Rechtsstaat und Umweltstaat, Saarbrücken 2000.

*Chalmers, Damian / Davies, Gareth / Monti, Giorgio*, European Union Law, 2. Aufl., Cambridge, 2010.

*Craig, Paul / de Búrca, Gráinne,* EU Law: Text, Cases, Materials, 5. Aufl., Oxford 2011.

*Dederer, Hans-Georg / Schneller, Christian*, Garantierte Stromeinspeisungs-Vergütung versus Zertifikats-Handelsmodell, RdE 2000, S. 214 ff.

*Egenhofer, Christian / Jansen, Jaap C;* A timetable for harmonisation of support schemes for renewable electricity in the EU in: European Review of Energy Markets, Volume 1, issue 2, 2006, S. 57 ff.

*Ehricke, Ulrich*, Staatliche Maßnahmen zur Förderung umweltfreundlicher Energien und europäisches Wettbewerbsrecht, RdE 2003, S. 57 ff.

*Ders.*, Europäische Rechtsharmonisierung zur Förderung der Stromerzeugung aus Kraft-Wärme-Kopplung, in: Kraft-Wärme-Kopplung als Beitrag zu Klimaschutz und Energieeinsparung, hrsg. von der Braunschweigischen Wissenschaftlichen Gesellschaft, Braunschweig 2002, S. 34 ff.

*Elspas, Maximilian Emanuel*, Die Förderung der Stromerzeugung in Kraft-Wärme-Kopplung, Essen, 2005.

*Epiney, Astrid,* Neuere Rechtsprechung des EuGH in den Bereichen institutionelles Recht, allgemeines Verwaltungsrecht, Grundfreiheiten, Umwelt- und Gleichstellungsrecht, NVwZ 2004, S. 555 ff.

*Dies.*, Neuere Rechtsprechung des EuGH in den Bereichen institutionelles Recht, allgemeines Verwaltungsrecht, Grundfreiheiten, Umwelt- und Gleichstellungsrecht, NVwZ 2002, S. 1429 ff.

*Epiney, Astrid / Möllers, Thomas M. J.*, Freier Warenverkehr und nationaler Umweltschutz, 1992.

*Erman,* Bürgerliches Gesetzbuch (Hrsg. Westermann), Band I, 11. Auflage, 2008.

*Flume, Werner,* Allgemeiner Teil des Bürgerlichen Rechts, 2. Band, Das Rechtsgeschäft, 4. Aufl., Bonn 1992.

*Fremuth, Michael,* „Cassis de Dijon" – Zu der dogmatischen Einordnung zwingender Erfordernisse, EuR 2006, S. 866 ff.

*Füller, Jens Thomas*, Grundlagen und inhaltliche Reichweite der Warenverkehrsfreiheiten nach dem EG-Vertrag, Berlin 1998.

*Ders.*, Anmerkung zu BGH, U. v. 7.12.2010 – KZR 5/10 – Bedingungen sachlich gerechtfertigter und missbräuchlicher Preisspaltung (entega II), ZNER 2011, S. 163 ff.

*Gebauer, Jochen / Wollenteit, Ulrich / Hack, Martin*, Der EuGH und das Stromeinspeisungsgesetz: Ein neues Paradigma zum Verhältnis von Grundfreiheiten und Umweltschutz, ZNER 2001, S. 12 ff.

*Geiger, Rudolf / Khan, Daniel-Erasmus / Kotzur, Markus*, EUV/AEUV: Vertrag über die Europäische Union. Vertrag über die Arbeitsweise der Europäischen Union, 5. Aufl. München 2010.

*Gellermann, Martin*, Das Stromeinspeisungsgesetz auf dem Prüfstand des Europäischen Gemeinschaftsrechts, DVBl. 2000, S. 509 ff.

*Gent, Kai*, Mindestpreise und Abnahmezwang als Beitrag zum Europäischen Umweltschutz, Frankfurt 1999.

*Grabitz, Eberhard / Hilf, Meinhard,* Das Recht der Europäischen Union, Band I, 40. Aufl., 2009.

*Grabitz, Eberhard / Hilf, Meinhard / Nettesheim, Martin,* Das Recht der Europäischen Union, Band I, 43. Aufl., 2011.

*Gronau, Wolfgang / Topp, Adolf,* Darf man KWK fördern? Europa- und verfassungsrechtliche Möglichkeiten und Grenzen für Sicherung und Ausbau von Kraft-Wärme-Kopplung, ZNER 2001, S. 141 ff.

*Grunwald, Jürgen,* Das Energierecht der Europäischen Gemeinschaften, Berlin, 2003.

*Haratsch, Andreas / Koenig, Christian / Pechstein, Matthias,* Europarecht, 7. Auflage, 2010.

*Hermann, Marco*, Das US-amerikanische Energierecht am Beispiel Kaliforniens, München 2005.

*Herrmann, Harald*, Artikel 30 EGV im Lichte der „Keck"-Rechtssprechung: Anerkennung sonstiger Verkaufsmodalitäten und Einführung eines einheitlichen Rechtfertigungstatbestandes?, GRUR Int. 1999, S. 579 ff.

*Heselhaus, Sebastian M.*, Rechtfertigung unmittelbar diskriminierender Eingriffe in die Warenverkehrsfreiheit, EuZW 2001, S. 645 ff.

*Hesse, Konrad*, Grundzüge des Verfassungsrechts der Bundesrepublik Deutschland, 20. Auflage, Heidelberg 1999.

*Horspool, Margot / Humpreys, Matthew*, European Union Law, 6. Aufl., Oxford, 2010.

*Intergovernmental Panel on Climate Change,* Climate Change 2007: Synthesis Report – An Assessment of the Intergovenmental Panel on Climate Change, 2007.

*Ipsen, Knut*, Völkerrecht, 5. Auflage, München 2005.

*Isensee, Josef / Kirchhof, Paul*, Handbuch des Staatsrechts der Bundesrepublik Deutschland, Band I, Grundlagen von Staat und Verfassung, Heidelberg 1987.

*Iro, Stephan Philipp*, Die Vereinbarkeit des Stromeinspeisungsgesetzes mit dem EG-Vertrag, RdE 1998, S. 11 ff.

*Kaczorowska, Alina,* Gourmet Can Have his Keck and Eat It!, European Law Journal 2004, Vol. 10, No. 4, S. 479 ff.

*Dies.*, European Union Law, 2. Aufl., 2011.

*Karpenstein, Ulrich / Schneller, Christian*, Die Stromeinspeisungsgesetze im Energiebinnenmarkt, RdE 2005, S. 1 ff.
*Kilian, Wolfgang*, Kontrahierungszwang und Zivilrechtssystem in: AcP 180. Band, Tübingen 1980, S. 47 ff.
*Klinski, Stefan*, Zur Vereinbarkeit des EEG mit dem Elektrizitätsbinnenmarkt – Neubewertung unter Berücksichtigung der Richtlinien 2003/54/EG und 2001/77/EG, ZNER 2005, S. 207 ff.
*Klöpfer, Michael*, Umweltrecht, 3. Auflage 2004.
*König, Christian / Kühling, Jürgen*, Das PreussenElektra-Urteil des EuGH: Freibrief für Abnahme- und Vergütungspflichten in der Energiewirtschaft, NVwZ 2001, S. 768 ff.
*Koziol, Helmut / Bydlinski, Franz / Bollenberger, Raimund*, ABGB, Wien 2005.
*Krezeminska, Joanna*, Are Support Schemes for Renewable Energies Compatible with Competition Objectives? An Assessment of National and Community Rules in: The Yearbook of European Environmental Law, Volume 7, Oxford University Press, 2007, S. 125 ff.
*Kuhnt, Dietmar*, Energie und Umweltschutz in europäischer Perspektive, DVBl. 1996, S. 1082 ff.
*Lecheler, Helmut*, Anmerkung zur Entscheidung EuGH Rs. C-379/98 (PreussenElektra) Urt. vom 13.03.2001, RdE 2001, S. 137 ff.
*Lecheler, Helmut / Gundel, Jörg*, Ein weiterer Schritt zur Vollendung des Energiebinnenmarktes: Die Beschleunigungs-Rechtsakte für den Binnenmarkt für Strom und Gas, EuZW 2003, S. 621 ff.
*Lenz, Carl Otto / Borchardt, Klaus-Dieter*, Kommentar nach dem Vertrag von Lissabon, 5. Aufl., Köln, 2010.
*Lucas, André*, Code Civil 2005, 24. Auflage, Paris 2005.
*Lüdecke, Horst-Joachim*, Klimawandel und menschgemachtes CO2 – Über den Einfluss von anthropogenem $CO_2$ auf unser Klima, online unter: http://www.oekologismus.de/wp-content/upload/CO2_Bericht.pdf (abgerufen am 04.03.2007).
*Mayer, Franz C.*, Die Warenverkehrsfreiheit im Europarecht – eine Rekonstruktion, EuR 2003, S. 793 ff.
*Manstetten, Reiner*, Das Menschenbild der Ökonomie, München 2000.
*Mertens, Bernd*, Gesetzgebungskunst im Zeitalter der Kodifikationen, Tübingen 2003.
*Meyer, Jürgen*, Charta der Grundrechte der Europäischen Union, 3. Aufl., 2011.
*Meyer, Melanie Mabel*, Die gemeinwirtschaftlichen Leistungen in den Beschleunigungsrichtlinien 2003/54/EG (Elektrizität) und 2003/55/EG (Gas), Berlin 2007.
*Mombaur, Peter M. / Balke, Joachim*, EU-Binnenmarkt für Strom und Gas: Ursprung und wirklicher Inhalt des jetzt verabschiedeten neuen Gemeinschaftsrechts, RdE 2003, S. 161 ff.

*Morijn, John*, Balancing Fundamental Rights and Common Law Market Freedoms in Union Law: Schmidberger and Omega in the Light of the European Constitution, European Law Journal, 2006, S. 15 ff.

*Möstl, Markus*, Der Vorrang erneuerbarer Energien, RdE 2003, S. 90 ff.

*Müller, Leonhard*, Handbuch der Elektrizitätswirtschaft, Heidelberg 1998.

*Nagel, Bernhard*, EU-Gemeinschaftsrecht und nationales Gestaltungsrecht – Entspricht das EEG den Vorgaben des Gemeinschaftsrechts, ZNER 2000, S. 3 ff.

*Ders.*, Rechtliche und politische Hindernisse bei der Einführung Erneuerbarer Energien am Beispiel Strom, ZNER 2001, S. 231 ff.

*Nettesheim, Martin*, Normenhierarchien im EU-Recht, EuR 2006, S. 737 ff.

*Nipperdey, Hans-Carl*, Kontrahierungszwang und diktierter Vertrag, Jena 1920.

*Oliver, Peter*, Free Movement of Goods in the European Community, London 2003.

*Ders.*, Some further reflections on the scope of articles 28–30 (ex. 30–36) EC, CMLRev. 36 (1999), S. 783 ff.

*Oliver, Peter / Roth, Wulf-Henning*, The Internal Market and the Four Freedoms, Common Market Law Review 2004, Vol. 41, Issue 2, S. 407 ff.

*Oschmann, Volker*, Die Richtlinie zur Förderung der Stromerzeugung aus erneuerbaren Energien und ihre Umsetzung in Deutschland, RdE 2002, S. 131 ff.

*Oschmann, Volker*, Strom aus erneuerbaren Energien im Europarecht 2002.

*Park, Patricia D.*, Energy Law and the Environment, London, New York 2002.

*Pernice, Ingolf*, Der Vertrag von Lissabon – Ende des Verfassungsprozesses der EU, EuZW 2008, S. 65 ff.

*Rengeling, Hans-Werner*, Handbuch zum europäischen und deutschen Umweltrecht, 2. Aufl., Köln, Berlin, Bonn, München 2003.

*Richters, Swantje*, Diskriminierung im Bereich der Warenverkehrsfreiheit, Frankfurt 2003.

*Roggenkamp, Martha M. / Redgwell, Catherine / Del Guayo, Inogo / Ronne, Anita*, Energy Law in Europe, National, EU and International Regulation, 2. Aufl., Oxford 2007.

*Ruge, Reinhard*, Anmerkung zu „EuGH: Deutsches Stromeinspeisungsgesetz enthält keine Beihilfenregelung“, EuZW 2001, S. 242 ff.

*Säcker, Franz Jürgen*, Berliner Kommentar zum Energierecht, München 2004.

*Ders.*, Berliner Kommentar zum Energierecht, Band I und Band II, 2. Aufl., Frankfurt aM, 2010.

*de Sadeleer, Nicolas*, The Precautionary Principle in EC Health and Environmental Law, European Law Journal 2006, Vol. 12. No. 2, S. 136 ff.

*Salje, Peter*, Die Instrumentalisierung des Zivilrechts für umweltpolitsche Zielsetzungen, dargestellt am Beispiel des erneuerbare Energiengesetzes, RdE 2005, S. 60 ff.

*Ders.*, EEG, 5. Aufl. Köln 2009.

*Ders.*, Kraft-Wärme-Kopplungsgesetz, Köln 2003.

*Schalast, Christoph*, Wettbewerb und Umweltschutz als Regelungsziele des reformierten EU-Strombinnenmarktes, ZNER 2004, S. 133 ff.

*Schneider, Jens-Peter / Theobald, Christian*, Handbuch zum Recht der Energiewirtschaft, München 2003.

*Dies.*, Handbuch zum Recht der Energiewirtschaft, 2. Aufl., München 2008.

*Schneider, Jens Peter*, Europäische Modelle der Förderung erneuerbarer Energien in: Hendler, Energierecht zwischen Umweltschutz und Wettbewerb, S. 71 ff.

*Scholz, Ulrich / Krohs, Christian*, KWK-Förderung in Deutschland und EG-rechtliche Warenverkehrsfreiheit, RdE 2003, S. 1 ff.

*Schütz, Raimund / Tüngler, Stefan*, Die geplante Novelle des EU-Energierechts – Inhalt und Umsetzungsbedarf, RdE 2003, S. 98 ff.

*Skouris, Vassilios*, Das Verhältnis von Grundfreiheiten und Grundrechten im Europäischen Gemeinschaftsrecht, DÖV 2006, S. 89 ff.

*Ders.*, Fundamental Rights and Foundamental Freedoms: The Challenge of Striking a Delicate Balance, European Business Law Review 2006, Vol. 17, Issue 2, S. 225 ff.

*Soltész, Ulrich*, Von PreussenElektra zu France Télécom – Die „Belastung des Staatshaushaltes" als Beihilfekriterium, EuZW 2011, S. 254 ff.

*Spaventa, Eleanor*, Leaving Keck behind? The free movement of goods after the rulings in Commission v Italy and Mickelsson and Roos, European Law Review 2009, S. 914 ff.

*Staudinger*, Kommentar zum Bürgerlichen Gesetzbuch mit Einführungsgesetz und Nebengesetzen Buch 1, Allgemeiner Teil, §§ 90–133; §§ 1–54, 63 BeurkG, Bearbeitung von 2004.

*Staudinger*, Kommentar zum Bürgerlichen Gesetzbuch mit Einführungsgesetz und Nebengesetzen Buch 2, Recht der Schuldverhältnisse, §§ 433–487; Leasing, Bearbeitung von 2004.

*Stookes, Paul*, A Practical Approach to Environmental Law, Oxford 2005.

*Streinz, Rudolf*; EUV/EGV, Kommentar: Vertrag über die Europäische Union und Vertrag über die Gründung der Europäischen Gemeinschaft, München 2003.

*Tettinger, Peter J. / Stern, Klaus*, Kölner Gemeinschaftskommentar Europäische Grundrechtecharta, München 2006.

*Tomala, Sebastian*, Vertragliche Vereinbarungen über den Zugang zu Elektrizitätsversorgungsnetzen am Beispiel des Netznutzungsvertrages mit Endkunden nach der Konzeption der VV Strom II, Berlin 2003.

*Weber, Albrecht*, Vom Verfassungsvertrag zum Vertrag von Lissabon, EuZW 2008, S. 7 ff.

*Weck, Markus*, Die garantierte Einspeisevergütung für Strom nach dem Gesetz über den Vorrang erneuerbarer Energien, Frankfurt 2004.

*Wennaras, Pal / Moen, Ketil Boe*, Selling arrangements, keeping Keck, European Law Review 2010, S. 387 ff.

*World Commission on Environment and Development*, Our Common Future, Oxford 1987.

*Zeitz, Julia*, Der Begriff der Beihilfe im Sinne des Art. 87 Abs. 1 EG-Vertrag, Berlin 2005.

**Veröffentlichungen des Instituts für deutsches und europäisches Wirtschafts-, Wettbewerbs- und Regulierungsrecht der Freien Universität Berlin**

Herausgegeben von Franz Jürgen Säcker

Band 1 Franz Jürgen Säcker (Hrsg.): Deutsch-russisches Energie- und Bergrecht im Vergleich. Ergebnisse einer Arbeitstagung vom 31. März / 1. April 2006. 2007.

Band 2 Franz Jürgen Säcker / Walther Busse von Colbe (Hrsg.): Wettbewerbsfördernde Anreizregulierung. Zum Anreizregulierungsbericht der Bundesnetzagentur vom 30. Juni 2006. 2007.

Band 3 Dirk Zschenderlein: Die Gleichbehandlung der Aktionäre bei der Auskunftserteilung in der Aktiengesellschaft. Zum Problem der Zulässigkeit der Weitergabe von Informationen an einzelne Aktionäre und Dritte. 2007.

Band 4 Simone Kirchhain: Die Anwendung der Vertikal-GVO auf innerstaatliche Wettbewerbsbeschränkungen nach der 7. GWB-Novelle. 2007.

Band 5 Franz Jürgen Säcker: Der Independent System Operator. Ein neues institutionelles Design für Netzbetreiber? 2007.

Band 6 Stefanie Otto: Allgemeininteressen im neuen UWG. § 1 S. 2 UWG und die wettbewerbsfunktionale Auslegung. 2007.

Band 7 Jochen Eichler: Vertragliche Dritthaftung. Eine Auseinandersetzung mit der Frage der Dritthaftung von sogenannten Experten und anderen Auskunftspersonen im Rahmen des § 311 Abs. 3 BGB. 2007.

Band 8 Markela Stamati: Die Anforderungen der operationellen Entflechtung nach den Beschleunigungsrichtlinien der Europäischen Kommission. Umsetzung in Deutschland und Griechenland. 2008.

Band 9 Franz Jürgen Säcker: The Concept of the Relevant Product Market. Between Demand-Side Substitutability and Supply-Side -Substitutability in Competition Law. 2008.

Band 10 Renate Rabensdorf: Die Durchgriffshaftung im deutschen und russischen Recht der Kapitalgesellschaften. Eine rechtsvergleichende Untersuchung. 2009.

Band 11 Franz Jürgen Säcker: Der beschleunigte Ausbau der Höchstspannungsnetze als Rechtsproblem. Erläutert am Beispiel der 380-kV-Höchstspannungsleitung Lauchstädt – Redwitz – Grafenrheinfeld mit Querung des Rennsteigs im Naturpark Thüringer Wald. 2009.

Band 12 Helen Mahne: Eigentum an Versorgungsleitungen. 2009.

Band 13 Franz Jürgen Säcker (Hrsg.): Russisches Energierecht - Gesetzessammlung. 2009.

Band 14 Franz Jürgen Säcker / Maik Wolf: Integrierte Energieversorgung in geschlossenen Verteilernetzen. Zum Gestaltungsspielraum des Gesetzgebers zur Neuregelung des § 110 EnWG im Lichte des Dritten EG-Energiepakets. 2009.

Band 15 Franz Jürgen Säcker (Hrsg.): Das Dritte Energiepaket für den Gasbereich. Deutsch-Englische Textausgabe mit einer Einführung. 2009.

Band 16 Franz Jürgen Säcker (Hrsg.): Das Dritte Energiepaket für den Elektrizitätsbereich. Deutsch-Englische Textausgabe mit einer Einführung. 2009.

Band 17 Thomas Dörmer: Die Unternehmenspacht. Rechtsstellung der Vertragsparteien unter besonderer Berücksichtigung der Pflicht des Unternehmenspächters zur ordnungsgemäßen Unternehmensführung sowie der Rechtslage bei Vertragsbeendigung. 2010.

Band 18 Klaas Bosch: Die Kontrolldichte der gerichtlichen Überprüfung von Marktregulierungsentscheidungen der Bundesnetzagentur nach dem Telekommunikationsgesetz. 2010.

Band 19 Geng-Sook Leem: Einheitliche Corporate Governance-Grundsätze für die Europäische Aktiengesellschaft (SE). Eine rechtsvergleichende Untersuchung anhand der Ausgestaltung der SE im deutschen und britischen Recht. 2010.

Band 20 Wiebke Gebhardt: Gentechnik und Koexistenz nach der Gesetzesnovelle von 2008: Zivilrechtliche Haftung im Vergleich Deutschland und USA. 2010.

Band 21 Cathrin Isenberg: Die Geruchsmarke als Gemeinschaftsmarke. Schutzfähigkeit und Einsatzmöglichkeiten. 2010.

Band 22 Franz Jürgen Säcker / Jochen Mohr / Maik Wolf: Konzessionsverträge im System des europäischen und deutschen Wettbewerbsrechts. 2011.

Band 23 Judith Antonia Loeck: Die unzumutbare Belästigung nach der UWG Novelle 2008 und dem Gesetz zur Bekämpfung unerlaubter Telefonwerbung und zur Verbesserung des Verbraucherschutzes bei besonderen Betriebsformen. 2011.

Band 24 Jörg Jaecks: Konzernverrechnungsklauseln und verwandte einseitige Verrechnungsbefugnisse im Mehrpersonenverhältnis. 2011.

Band 25 Franz Jürgen Säcker: Marktabgrenzung, Marktbeherrschung, Markttransparenz und Machtmissbrauch auf den Großhandelsmärkten für Elektrizität. 2011.

Band 26 Susanne Wende: Die einheitliche Auslegung von Beihilfen- und Vergaberecht als Teilgebiete des europäischen Wettbewerbsrechts. 2011.

Band 27 Leonie Kempel: Die Anwendung von Art. 102 AEUV auf geistiges Eigentum und Sacheigentum. Die Voraussetzungen des Kontrahierungszwangs nach Art. 102 AEUV und der Essential-Facility-Doktrin unter besonderer Berücksichtigung der Unterschiede zwischen geistigem Eigentum und Sacheigentum. 2011.

Band 28 Christoph Schuldt: Werbejingles – schützenswerte Kompositionen!? Die urheberrechtliche und markenrechtliche Schutzfähigkeit von Werbejingles vor unbefugter Nachahmung. 2012.

Band 29 Lydia Scholz: Die Rechtfertigung von diskriminierenden umweltpolitischen Steuerungsinstrumenten. Eine Untersuchung der Reichweite der Warenverkehrsfreiheit und ihrer Begrenzung durch den Umweltschutz als Vertragsziel am Beispiel der deutschen Energiefördergesetze EEG und KWKModG. 2012.

www.peterlang.de